全国高等医药院校管理类规划教材

（市场营销系列）

医药广告学

主　编　侯胜田

副主编　陈玉文　文占权

中国医药科技出版社

内 容 提 要

　　本书全面、系统地介绍了医药广告的基本理论，医药广告的组织、受众、策划、调查、创意、创作与制作、文案、媒体及媒体策略、效果测评、管制、国际广告、广告伦理等。本书在理论体系完整的基础上，力求结合中国国情，具有实用性、针对性与可操作性强的特点。本书适合于医药类普通高等学校市场营销、工商管理、卫生管理、药事管理等专业本科生和研究生（包括 MBA 学员）使用，也可供相关学校其他专业选修课使用，还可供各类医药企业和机构管理人员作为培训教材。

图书在版编目（CIP）数据

医药广告学/侯胜田主编. —北京：中国医药科技出版社，2009.2
　全国高等医药院校管理类规划教材. 市场营销系列
　ISBN 978 - 7 - 5067 - 4084 - 5

　Ⅰ. 医… Ⅱ. 侯… Ⅲ. 医药学：广告学—医学院校—教材
Ⅳ. F713. 80

　中国版本图书馆 CIP 数据核字（2009）第 011478 号

美术编辑　陈君杞
版式设计　郭小平

出版　中国医药科技出版社
地址　北京市海淀区文慧园北路甲 22 号
邮编　100082
电话　发行：010 - 62227427　邮购：010 - 62236938
网址　www. cspyp. cn
规格　787×1092mm $^1/_{16}$
印张　23 ¾
字数　383 千字
印数　1—5000
版次　2009 年 2 月第 1 版
印次　2009 年 2 月第 1 次印刷
印刷　北京市松源印刷有限公司
经销　全国各地新华书店
书号　ISBN 978 - 7 - 5067 - 4084 - 5
定价　35. 00 元

《医药广告学》编委会

总　序

　　市场营销学是管理学、经济学、社会学等多学科相互渗透的一门工商企业管理学科。市场营销专业是市场经济中非常重要和热门的专业，它为工商业界、政府经济管理部门以及非营利机构培养中、高级市场营销人才，中、高级专业市场分析，战略制定和研究人才，中、高级营销策划与咨询人才；营销管理、销售管理、营销与销售执行、市场调研、广告与市场沟通等方面的实际营销执行与管理人才。

　　作为一门综合性、边缘性、应用型学科，市场营销学研究内容非常丰富，适用对象也非常广泛。市场营销学原理不仅应用于以盈利为主要目的的企业单位，而且同样广泛应用于非营利机构（如医院、学校）和行政事业单位。市场营销原理正在被人们应用于微观、中观和宏观三个层次的决策与管理之中，涉及社会、经济、政治、文化、科技发展以及普通百姓日常生活等各个方面。从企业管理角度来讲，市场营销与产品研发、生产制造、人力资源和财务会计等构成企业管理的重要职能。现代管理宗师彼得·德鲁克曾推崇市场营销为企业最重要的职能。掌握市场营销的基本原理与知识，已成为对工商企业管理人员的基本要求。

　　医药健康市场是专业化很强的领域，今后几年，医药行业的竞争将会更加激烈，在尽快提高医药企业营销管理水平的同时，加快医药类高等院校市场营销专业人才的培养，规范专业课程设置，已成为当务之急！

　　2004 年以来，笔者走访了全国各地 20 多所医药类高等院校，组织北京中医药大学管理学院青年教师，对相关学校工商管理与市场营销专业课程设置和教材使用情况进行了调查。调查结果发现，我国大学中有近 400 所高校开设工商管理和市场营销专业。2006 年，开设医学专业的大学共 198 所，而这些医学类院校大部分有管理专业或市场营销专业，有些学校的经济管理学院学生达数千人。各所学校相同专业开设的课程差异很大。调查还发现，医药类高等院校管理专业的学生开设的课程，大部分强调自己的特色为医药与管理的结合，而采用的教材大部分为非医药导向的普通管理学教材。尽管近年来，为了适应形势的变化，很多学校对课程设置做了一些调整，也组织编写了一些优秀教材，但很多教师、学生和用人单位反映，医药类高等院校工商管理与市场营销专业的课程设置和教材仍然存在着一些问题，突出表现在两个方面：一是课程设置不能适应市场经济发展的需要，有待与时俱进，有些教材内容陈旧，有些课程甚至存在名称不规范；二是专业教材不系统，与医药产业的结合不够密切。广大教师和学生迫切希望能使用一套有系统性、权威性的医药企业管理和医药市场营销专业教材。

为满足广大教师和学生们的需求，我们邀请部分医药类高等院校相关学院（或系、教研室）领导和任课教师，组成"全国高等医药院校管理类规划教材"编写团队，在北京召开了医药类高等院校市场营销专业课程设置与教材研讨会。会议决定组织编写全国高等医药院校市场营销专业系列教材，为相关学校市场营销专业课程设置提供参考。本系列教材力图达到以下几个方面的要求：

第一，在结构和内容安排上力求规范性、逻辑性和系统性。本系列教材充分考虑了现阶段我国医药类高等院校的实际情况，在系列教材分册选定和具体教材名称上，参照国际、国内著名院校课程设置及教学大纲，力求规范、系统；在教材内容上力求理论经典，在结构安排上力求系统、逻辑性强。根据对用人单位和毕业生的调查，结合国内外市场营销专业课程设置要求，本系列教材第一批包括：《医药市场营销学》、《医药营销调研》、《医药广告学》和《医药营销案例》。后续教材包括：《医疗服务营销》、《医药战略营销》、《医药销售管理》、《药店营销管理》和《医学推广实务》等。

第二，注重与医药健康产业相结合，在理论体系完整的基础上，强调了实用性与可操作性。医药健康产业是专业性很强的行业，作为特殊商品的药品、医疗器械和医疗服务，其营销所采用的方式与普通商品营销，既有共性，又存在明显的个性。作为为医药卫生领域培养未来管理者的教学科研人员有责任在系统介绍国内外营销实践证明了的实用有效的营销管理理论的同时，对医药营销实践者的经验归纳总结，为在校生和医药企业营销从业人员提供理论上尤其是方法上的引导，给予其启发。

第三，力求结合中国国情，强调了实用性与可操作性。有学者认为，盲目照搬西方理论是我国管理学理论研究与实践的主要误区之一。迄今为止，主流企业管理研究基本上是以西方的管理文化为前提和基础，具体表现在不仅由西方的企业进行实践，而且也采取了特定的西方话语来表达。任何理论都是建立在一定假设前提下才成立的。中国的环境跟西方发达国家的社会历史背景等有差异，市场成熟度和所处的发展阶段不同，所以中国医药企业管理的研究需要基于中国的国情，才能产生真正实用的成果。基于此，本书在编写上注重经典理论与中国实践的结合。

本系列教材由来自 30 多所大学近百名一线任课教师参与编写。参加本系列教材编写的学校（排名不分先后）包括：北京中医药大学、沈阳药科大学、上海交通大学、复旦大学、北京大学、山东大学、江苏大学、暨南大学、河南大学、吉林大学、中国药科大学、天津中医药大学、上海中医药大学、辽宁中医药大学、山东中医药大学、湖北中医学院、首都医科大学、大连医科大学、西安交通大学、贵阳医学院、贵阳中医学院、广东药学院、海南医学院、潍坊医学院、泰安医学院、河南中医学院等。

本系列教材组织者力求为任课教师提供系列化教学解决方案和教学资源，为任课教师免费提供电子版演示课件、习题答案以及案例分析要点和点评，欢迎与中国医药科技出版社或本系列教材编写团队联系索取。本系列教材编写团队和中国医药科技出版社将根据教材使用情况，组织任课教师进行多种形式的交流活动，欢迎相关院校教师、医药卫生行业管理培训师参与本系列后续教材的编写工作。

组织 30 多所大学近百名教师参加本系列教材的编写工作，颇具挑战性。本书是集体智慧和团结协作的结晶，在组织编写过程中，得到了众多单位和个人的鼎力支持，没有他们的支持，系列丛书不可能如期呈现给读者。在此，向全体参编教师及其家人、向支持本教材编写工作的所有个人和单位表示诚挚的谢意！中国医药科技出版社吴少祯社长，对本书的出版给予了大力支持，在此一并致以诚挚的谢意！

侯胜田

2009 年 1 月 8 日

编 写 说 明

　　《医药广告学》是全国高等医药院校管理类规划教材（市场营销系列）之一。本书的体系虽然遵从主流广告学教材的安排，但侧重于广告在医药卫生领域的应用，尤其是广告在药品营销、医疗服务营销中的应用。本书共15章，主要涵盖医药广告原理和实务两部分内容，按照专题，以必要的理论铺垫为基础，突出实践训练环节，对医药广告的理论与实践做了全面、透彻的阐释。本书每章都安排了拓展练习，意在强化学生对实践技能的掌握。

　　本教材编写分工如下：第一章由傅书勇负责，第二章由曾靓和季德安负责，第三章由司建平负责，第四章由王森负责，第五章由聂磊负责，第六章由孔祥金负责，第七章由柯正平负责，第八章由李习平负责，第九章由黄萍和季德安负责，第十章由赵静负责，第十一章由文占权负责，第十二章由杨舒杰负责，第十三章由宿凌负责，第十四章由田海玉负责，第十五章由方芳负责。全书统稿、校对由沈阳药科大学陈玉文副教授和北京中医药大学管理学院文占权副教授负责，框架设计统筹由北京中医药大学侯胜田负责。

　　本书适合于医药类普通高等学校市场营销、工商管理、卫生管理、药事管理等专业本科生和研究生（包括 MBA 学员）使用，也可供相关专业选修使用，还可以供各类医药企业和机构管理人员作为培训教材。也适合医药健康领域从事市场营销管理、广告与市场传播的人员阅读参考。

　　本系列教材力求为任课教师提供系列化教学解决方案和教学资源，本书为任课教师免费提供电子版演示课件、习题答案以及案例分析要点或点评，欢迎与中国医药科技出版社联系索取。本书可与系列丛书另一分册《医药营销案例》配合使用，本系列教材编写团队和出版社将根据教材使用情况，组织任课教师进行各种形式的教材使用经验交流活动。

　　因编写时间较紧，统稿、校对匆忙，加之主编水平所限，书中不妥之处，敬请读者给予指正。

侯胜田
2009 年 1 月 8 日

目录 CONTENTS

第一章 医药广告概述

医药广告概述

广告成了医药产品传播最重要的手段之一

随着医药行业引入市场竞争机制，医药广告运动可谓波澜壮阔、风起云涌，"太阳神"、"三株"、"红桃 K"等医药保健食品牌曾经凭借小广告、专家义诊、会议式营销等营销传播手段显赫一时，可时过境迁，昔日的知名品牌，而今却难以寻觅，回首这些品牌的成功历史，不难发现，制胜的秘诀之一是医药广告。在医药行业进行药品分类管理之后，OTC 获得大众传播的许可，医药保健食品的广告传播真正进入了大众传播时代。"三精葡萄糖酸钙"、"康泰克"、"三九胃泰"、"巨能钙"的品牌知名度凭借铺天盖地的广告传播一路"高歌猛进"。进入 21 世纪以来，以"脑白金"、"斯达舒"为首的医药保健食品牌的广告传播更是一发不可收拾，广告已经成为医药保健食品牌传播最重要的手段之一，并将在医药市场营销中继续发挥重要作用。

资料来源　韩志锋. 医药广告时代终结公关营销时代来临. 阿里巧巧网［OL］. http：//www. aliqq. com. cn/crisis/ggmarket/93942_ 2. html

第一节　医药广告的定义和构成要素及分类

一、医药广告的定义和构成要素

（一）广告与医药广告

1. **广告的来源**　广告的来源可以分为两种：第一种是来自西方国家，如广告词的拉丁文是 Advertere，其意思是"我大喊大叫，以引起注意"。中古英语时代（约公元 1300～1475 年），它演变为 Advertise，其含义衍化为"通知别人某件事，以引起他人注意"。由此可见，英语中广告的定义是引起他人注意的活动，包括"广告活动"和"广告作品"。第二种是来自日本，大约在明治五年（1872 年）左右，日本首次将 Advertising 译成"广告"，不过直到明治二十年（1887 年）才得到公认。

2. 广告概念的发展　在广告学的发展历史中，很多专家都对广告学进行了定义，由于仁者见仁，智者见智，至今对于广告的概念也没有形成统一的认识。以下是其中最具代表性的几种观点。

（1）最精炼者应该是被称为"现代广告之父"的拉斯克（Lasker Albert. D）的定义："印在纸上的推销术"，当然这一定义在广告的媒体形式和广告内容方面都存在着局限性。

（2）哈佛《企业管理百科全书》认为："广告是一项销售信息，指向一群视听大众，为了付费广告主的利益去寻求经由说服来销售商品的服务或观念。"

（3）美国广告学家克劳德·霍普金斯（Claude Hopkins）将广告定义为："广告是将各种高度精炼的信息，采用艺术手法，通过各种媒体传播给大众，以加强或改变人们的观念，最终引导人们行动的事物和活动。"

（4）美国市场营销协会的定义："广告是由特定的出资者（即广告主），通常以付费的方式，通过各种媒体，对商品、劳务或观念等所做的任何形式的非人员介绍及推广。"

（5）1994 年 10 月 27 日颁布的《中华人民共和国广告法》（简称《广告法》）规定的广告定义："商品经营者或者服务提供者承担费用，通过一定媒体和形式直接或者间接地介绍自己所推销的商品或者所提供的服务的商业广告。"

3. 医药广告的定义　借鉴众家之所见，结合医药行业的特点，医药广告可以定义为：医药产品为实现某种营销目标运用各种媒体实施的营销宣传活动，其含义如下。

（1）医药广告区别于其他类广告，是指医药类的产品所做的广告，不是其他产品。

（2）广告主需要运用各种媒体来传播相关信息，包括医药企业、产品及服务等方面的信息。

（3）医药广告是为了实现某种营销目标而创作的，如提高企业或产品知名度、美誉度，增加消费者对企业或产品的了解，提升企业形象等。

（4）医药广告是营销的一种手段，它是为企业营销服务的。

（二）医药广告的构成要素

从医药广告业务的运作流程来看，医药广告的构成要素包括广告主、广告商、广告媒体、广告受众及广告环境等，如图 1-1 所示。

1. 医药广告主　医药广告主，是指对广告内容和广告费用负责的主体。

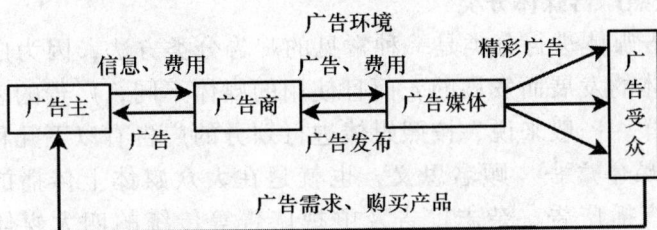

图 1-1　广告构成的基本要素

从广告定义来看，医药广告要传播某种信息，因此要了解信息的来源，也就是说谁想发布信息，一般来说是医药企业，从狭义的角度来说，医药企业是广告主。

2. 医药广告商　广告主想付费做广告，但未必能够制作精美的具有一定艺术性的广告，因此，还需要有一类组织或个人参与广告制作，这些组织或个人一般称之为广告商，其主要功能是制作广告。

3. 广告媒体　广告媒体，是指能够传播广告信息的媒体，包括大众媒体和小众媒体。大众媒体是指传播对象以社会公众为主，覆盖面较广、影响较大的媒体，包括印刷广告媒体（报纸、杂志等）、电子广告媒体（广播、电视、互联网等）。小众广告媒体是指传播对象固定、范围较小，针对性较强的媒体。

4. 广告受众　广告受众是指广告信息的接受者，即广告所要影响的对象，是广告的目标群体。广告受众与消费者既有区别，又有一定联系。区别在于广告受众是从广告传播的对象来定义的，也就是说广告受众是广告信息的传播对象，但并不一定能成为消费者；而消费者是指购买某种产品的人，也可能没有接受到相关广告信息。由此可见，广告受众可能是潜在的消费者，消费者也必然是广告所要传播的对象。

5. 广告环境　广告环境是指能够影响广告活动的各种因素，如社会文化、风俗习惯、法律法规、国家政策等。因为药品是一种特殊的商品，关系到消费者的生命健康以及社会稳定，因此国家对医药广告管制较为严格，如国家有相关的法律法规，禁止处方药在大众媒体上做广告，禁止麻醉药品、精神药品、毒性药品、放射性药品等一些药品做广告，因此，医药广告活动必须在国家法律法规的框架下运作。

二、医药广告的分类

根据不同的标准及要求，医药广告可以分为不同的类别。

（一）按照广告媒体分类

根据广告媒体进行分类是一种常见的广告分类方法，因为广告的发展是伴随着媒体的发展而发展的，而且使用的媒体不同，广告的表现手法及效果也不一样。一般来说，按照媒体进行划分的广告有以下几种。

1. 大众媒体广告　顾名思义，也就是在大众媒体上传播的广告，如报纸广告、广播广告、杂志广告及电视广告等传统的四大媒体广告。此外，随着互联网的发展，互联网广告也逐渐成为一种新兴的大众媒体广告，它是一种在网络上直接播放的广告，如旗帜广告、Flash 广告、按钮广告、浮动图标广告、赞助广告、插入式广告、关键字广告及分类广告等。

2. 小众媒体广告　小众媒体广告是相对于大众媒体广告而言的。小众媒体广告所针对的对象相对固定。随着媒体的发展，小众媒体越来越发挥出难以替代的传播优势。小众媒体广告主要包括：户外媒体广告，如路牌广告、交通工具广告、霓虹灯广告、空中媒体广告等；销售现场广告，也称 POP 广告，如在销售终端（药店）、展销会等场所通过实物展示进行的广告宣传，有橱窗展示、商品陈列、彩旗、条幅、真人试验等方式；DM 广告，即直接邮寄广告，通过邮政系统将相关信息直接寄送给广告受众；赛事广告，如大型体育或文娱活动现场出现的广告活动形式等。大众媒体与小众媒体的特点比较见表 1−1。

表 1−1　大众传播与小众传播的特点比较

	传播媒体	传播范围	传播对象	费用	形式	可信度	效果
大众传播	大众媒体，如电视、报纸、杂志	较广	不确定	较高	较为单一	较好	较好
小众传播	小众媒体，如户外广告媒体、销售现场广告媒体、手机短信等	较窄	较为固定	较低	多样化	较差	较差

3. 其他媒体广告

（1）社区广告　是指通过在某些社区开展一些健康主题的活动，或开展义诊活动等方式传播医药广告信息的广告。

（2）赠品广告　如在药品销售终端发放一些赠品，赠品上印有某种药品信息的广告。

（二）按照广告的目的分类

广告的目的不同，其广告效果也大为不同，因此按照广告的目的可以将广告分为以下类别：产品广告、企业广告、品牌广告、形象广告、观念广告等。

1. *产品广告* 产品广告是指广告的目的在于宣传某种产品，以达到促进产品销售的目的。

2. *企业广告* 企业广告是指广告的目的在于宣传企业，提高企业知名度。

3. *品牌广告* 品牌广告是指广告的目的在于提高某个品牌的知名度和美誉度，以达到提高品牌价值的作用。

4. *形象广告* 形象广告是指广告的目的在于提高产品或企业的形象，以消除社会公众对产品或企业的困惑或误解。

5. *观念广告* 观念广告是指通过广告向广告受众传递一种新的观念，改变消费者传统的认识或看法。

（三）按照广告的传播区域分类

根据市场区域或营销策略不同，广告传播的范围也不尽相同，因此可以按照广告传播的范围划分为全球性广告、全国性广告、地区性广告等形式。

1. *全球性广告* 全球性广告是指广告主在全球范围内传播的广告，主要是争取国际市场消费者的关注与支持。如通过互联网发布广告，在不同国家请国际明星做广告等。

2. *全国性广告* 全国性广告是指传播范围覆盖整个国家的广告，一般来说央视及地方卫视播放的广告基本可以覆盖全国范围。

3. *地区性广告* 地区性广告是指在地方媒体传播的广告，覆盖范围较小，受众人数较少。

（四）按照传播的对象不同进行分类

不同的广告，其受众是有区别的，如有些广告是针对企业的，而有些广告是针对最终消费者的。

1. *组织市场广告* 组织市场广告是指广告的对象是组织市场，而非最终消费者，如一些制药企业。原料药生产企业可以有针对性地做些广告，以影响其组织消费者作出购买决策。

2. *消费者广告* 消费者广告是指广告的对象是最终消费者，如 OTC 广告主要对象是普通药品消费者。

第二节　医药广告的功能与作用

一、医药广告的功能

医药广告的功能是指医药广告所起的作用和产生的效果。从市场营销学的角度来看，医药广告的功能可以分为：传播、营销、社会等三大功能。

（一）传播功能

由广告的定义可知，广告的首要功能是传播信息、树立良好的形象。优秀的广告作品是沟通企业、经营者和消费者三者之间的桥梁。当代社会，信息已成为社会联系的一种重要形式，发挥着积极的作用。在现代广告蓬勃发展的今天，信息作为广告的基本内容，成为社会信息的重要源泉之一，在告知、释疑、解惑、指导等方面具有广泛、积极的功能。医药企业或经营者运用广告手段向市场、消费者提供商品和服务信息，使消费者接受信息，以促成其购买行为。不仅如此，医药企业通过广告活动了解市场和商品信息，根据市场信息的反馈不断地调整企业的经营策略，根据市场的需要制定相应的销售策略，以增强企业的竞争能力，才能在市场竞争中取得主动，立于不败之地。如传统治疗跌打损伤的药物是外贴膏药，患者使用不方便，而云南白药气雾剂的广告让公众了解了喷雾治疗远远比外贴更便捷，这也就实现了云南白药气雾剂广告的传播功能，即告知、释疑、解惑、指导跌打损伤的药物治疗。

然而，好的医药广告并不仅仅是诱导消费者直接购买某种产品，而是让产品在消费者心目中留下美好的印象和回忆，也就是说提高产品或企业的知名度和美誉度，这也是其宣传功能的具体体现。如当看到云南白药回收过期药的广告时，会对企业油然而生敬意，在选择创可贴等产品时有可能就会优先选择云南白药的产品。

（二）营销功能

广告的营销功能包括促销及催化功能，如增加知名度或美誉度，促进产品分销，增加产品使用量，增加新顾客或保持老顾客等。而要想实现上述功能，首要问题是"注意力"问题，也就是说必须要引起公众的注意，进而培养兴趣，并强化记忆，随后能够激发其购买欲望，并最终促成消费行为。然而不同对象有不同的需要、个性、生活方式、价值观，对于同一广告往往有着不同的价值判断。因而，现代广告应尽量"同中求异，异中求变，变则通达"，通过不同的表现手法，树立独特的销售主张，以取悦不同的对象。

在现代社会化大生产中，医药产品同质性越来越强，据不完全统计，中国97.5%的化学药品均为仿制药，因此产品本身的差异性较小。作为制药企业，如何使自己的产品在竞争中脱颖而出，获得竞争优势，利用广告是其重要手段之一。通过广告宣传某种健康理念、树立良好的企业形象或重点介绍产品疗效等，让消费者深入了解其药品的优点，以获得消费者的青睐。

（三）社会功能

医药广告不仅具有传播信息、促进医药产品销售的功能，同时还应当服务于社会，传播符合社会要求、人民群众利益的思想、道德、文化观念，即应该具有一定的社会功能。

医药广告的传播会对社会文化造成广泛而深远的影响，播出的医药广告不管是有意还是无意，都会表达出某种思想观念，体现出某种价值评判和价值追求，而人们在观看广告的同时，也就潜移默化地接受了某种思想或者观念。同时，广告的传播速度快、传播范围广、重复频次高，每天充斥于广大受众的生活时空。日积月累，长此以往，会形成一种深刻的影响力。事实上，改革开放以来，中国社会风尚的变化、思想观念的解放、生活方式的改变，无不与广告息息相关。

二、医药广告的作用

（一）广告对医药企业的影响和作用

1. 广告是医药企业与市场相互沟通信息的桥梁　广告作为传播的一种工具，向目标受众传递有关医药产品或服务方面的信息，并劝说目标受众购买产品或服务，因而广告是连接广告主与目标受众的桥梁。另外，在市场竞争中，通过广告，医药企业既可以了解竞争对手的产品、客户、价格、渠道等方面的信息，也可以了解到行业发展的情况、市场的潜力、产品的受欢迎程度等。

2. 广告促进医药产品的流通　好的广告会促进目标受众积极购买其产品，因此也会促进产品的流通。如某品牌医药产品在某个地区广告做得好，本地区的销量就会逐渐增加，市场占有率也会逐步提高，进而促进该产品的流通，从而可能使该产品从地区性产品发展成为全国性产品乃至世界性产品。

3. 广告是提高医药企业知名度，创造名牌产品的必要条件　广告功能之一是传播信息，让消费者了解其产品或服务，以便作出合理选择。消费者之所以选择本企业的产品，是因为相信广告传播的信息，经过消费后也确实能够达到预期的效果，所以产生了一定的品牌忠诚度，今后若是需要还会继续购买或推荐他人使用。因此优秀的广告不仅仅是传播大量的信息，而且是传播可靠的信息，通过广而告知，获得消费者的信任，从而创造强势的品牌效应。由此可见，创造品牌优势的条件之一是传播可靠的信息，即真实的广告宣传。

4. 成功的广告可以扩大销售量，提高产品利润　广告的本质是解决供需双方信息不对称的问题。消费者在选择所需药品时，总要经过搜集信息和比较评价的过程，企业发布广告有利于消费者搜集相关的信息，作出合理的选择。因此，成功的广告会让更多的消费者作出更为科学合理的产品选择。通过广告，可以提高产品销售量，进而增加利润。

5. 广告发布能够引领行业的发展 广告的发布在一定程度上会对医药行业的发展起到风向标的作用。在整个行业的所有企业中，总会有个别企业率先引导消费新时尚，比如修正制药的喷雾剂治脚气产品，由于使用方便，消费者通过广告获知并购买试用后就可能会喜欢上此类药品，其他企业也会通过模仿进行创新，研发出同类产品，以分割目标市场。因此，好的广告能够促使行业内的企业提高创新力，并起到优化产业结构的作用。

6. 广告促进和支援了医药企业的人员促销活动

（1）电视广告、报纸广告等可以为人员推销提供有力支持。广告可以借助媒体的光环效应，提高说服力，弥补人员推销中个人信誉与威信较低的缺点。消费者比较相信看到或听到的曾经宣传的产品，比如央视广告的产品往往具有较高的可信度。

（2）广告可以作为说明性材料之一，如有的药品广告，在电视、报纸进行了详细的广告宣传之后，可以弥补人员推销宣传上的不足。

（3）广告的传播速度和范围远远超出人员推销，它可以作为人员推销的有效补充。

（二）广告对消费者的作用

1. 广告是消费者获得商品信息的一个重要来源 消费者在作出购买决策前，甚至产生购买想法时，会通过各种渠道搜集相关信息，而广告是最直接、最省力且费用最低的一种信息搜集方式。

2. 广告能够改变消费者的消费习惯和观念，引导消费 广告最大的功能是传播信息，当然对于消费者来说，一部分人喜欢尝试新鲜事物或新的消费方式，所以一些广告便突出宣传药品新的疗效、新的使用方法，以诱使消费者尝试购买。长此以往，会改变这些消费者的消费习惯，从而引导其他消费者产生同样的消费习惯。如青少年补充锌、钙等，要把握时机，夏天孩子更容易缺钙，所以应该在夏天多补充钙元素。哈药三精制药公司正是通过此种理念的传播，使其"三精葡萄糖酸钙"口服溶液的特点脱颖而出，备受消费者青睐。再比如"克咳"咀嚼片也是重点突出宣传其咽喉用药不用含化，只需咀嚼即可达到治疗效果的特点。

3. 广告丰富了人们的文化生活 创意独特、幽默的医药广告会给人以美的享受。比如人们乘车长途旅行时看到的一些设计精美的墙体广告或者观看车载电视广告，可以起到缓解旅行中单调生活的效果。

（三）广告对社会文化事业发展的影响和作用

1. 广告促进了大众传播媒体的发展 当今社会，广告传播的主要媒体仍然是大众传播媒体，而大众传播媒体通过刊播医药广告获得了可观的经济收入。或者说，广告为大众传媒提供了主要的财源，为大众媒体的发展奠定了坚实的经济基础。如拥有了较高的经济收入之后，报刊、杂志可以提高印刷质量，扩大发行区域，广播电视节目也可以办得更加丰富和精彩。在许多发达国家，绝大多数报纸、杂志、电视台和电台等，都是依赖广告才得以生存和发展的。其中，广播电视业收入的90%以上是通过广告获得，报业则有一半的收入来自广告，杂志的广告收入也在20% ~ 70% 不等。

广告媒体的选择是受媒体的覆盖范围、视听众的喜爱程度等因素影响的，反之，大众媒体通过广告收入也可以进一步扩大覆盖范围，提高视听众的喜爱度，因此二者相辅相成，相得益彰。现代大众媒体，无论是在传播内容还是在表现形式上，都力求变化和创新，贴近生活、贴近受众（消费者）。如报纸版面由白纸黑字到图文并茂、多版化、彩色化；广播电视节目琳琅满目，精彩纷呈。可以说，大众传播媒体的发展与广告的发展是相互促进的。

2. 广告促进了文学、艺术的发展　广告不仅是传播信息的工具，同时也是一种艺术表现形式。因而，在广告表现中特别强调创意，只有好的创意才可能有好的广告。创意往往是对广告素材进行加工处理的过程。广告的艺术表现可以是文字、诗歌、歌曲、舞蹈、雕塑、音乐、动画及视频片断等，还往往将几种艺术形式进行综合处理，使之更具感染力。广告虽然时间短，篇幅小，但却蕴涵着浓厚的文学艺术，可以说是文学艺术水平的一种集中体现，因而在广告发展过程中，文学艺术自然也会得到极大的推进。

3. 广告美化了环境　广告形式很多，其中最惹人注目的是户外广告。有些广告放置在城市街道两旁或建筑物上，如灯箱或霓虹灯等。这些广告对城市的亮化、美化起着重要作用。好的户外广告的制作和设置装扮着城市街道，增加了城市美感，让人赏心悦目。到了夜晚，灯火齐明，光彩靓丽的广告牌让城市变得更加美丽与繁华。

第三节　医药广告学的研究对象和研究方法

一、医药广告学的研究对象

（一）医药广告学的属性

1. 关于医药广告学属性的探讨　对于医药广告学的学科性质、研究对象及内容等问题，还存在很多不同的看法。一种看法认为，医药广告学是一种科学，不是艺术。有些广告工作者更多地强调医药广告的科学性质，仅从营销学的角度研究医药广告学。另一种看法是将医药广告学看成一种艺术，其科学性是通过艺术形式表现出来的，因此有些广告创作人员把自己看成是艺术工作者。还有一种意见认为，医药广告学既是一种科学，又是一门艺术，它属于边缘科学，认为广告学的研究对象没有确定的范畴，凡是与医药广告学有关的心理学、营销学、传播学等学科，都与广告学相互渗透，共同构成广告学。持这种观点的人过分强调医药广告学与其他相邻学科的关系，把医药广告学的研究对象与其他学科的研究对象混淆在一起，这种观点也是不足取的。虽然，当今科学发展的趋势之一是各学科之间的相互渗透和交叉，但这并不否定各学科的相对独立性。而一门学科之所以能独立存在和发展，就在于它必须具有自己特定的研究对象。因此，即使是边缘学科也应有自己独立的研究对象和特定的范畴体系。

2. 医药广告学科的双重属性　20 世纪 30 年代，随着市场营销学的逐渐兴起，这一学科将作为商业活动中一种销售手段和推广方式的广告纳入到其研究的范畴。直至现在，医药广告作为现代营销的一个重要推广要素，依然是现代营销学关注的重点。广告学的市场营销学属性，是由广告的营销推广本质所决定的。正是因为广告在市场营销中的特殊地位和作用，因此获得了独立发展。

医药广告是一种营销手段，同时也是一种信息传播方式和传播形态。对广告传播属性的认识，是 20 世纪 50 年代以来才逐步确立的。20 世纪 50 年代，广告作为一种传播方式和特殊的传播形态，在传播学兴起之时，就成为其重要的实证研究领域，也是在这一时期之后，广告的传播学研究才悄然兴起，才逐渐成为广告学研究中的一个重要研究方向。

医药广告学是研究广告及其运动规律的一门学科。从学科上来看，广告学与文学、艺术学、美学、社会学、心理学、新闻学、历史学等多门学科都存在着千丝万缕的联系。学科的综合性是广告学的一个重大特点。因此，在 19 世纪末以来的广告学研究中，可以看到相关的广告社会学研究、广告心理学研究、广告艺术学研究、广告历史学研究等多重研究取向。但从根本上讲，广告学最基础的学科理论，却是经济学和传播学。经济学的说法也许过于笼统，具体而言，应是经济学中的市场营销学。也就是说，广告学是以市场营销学与传播学为其两大理论基石的，社会学、心理学、新闻学等重要学科理论都蕴含其中。因此，广告学作为一门学科，其本质属性应是市场营销学与传播学。

（二）医药广告学的研究对象

随着广告学科的发展，医药广告学的研究对象和研究范畴也处于不断丰富和扩展的过程之中。概括起来，包括以下几个方面。

1. 医药广告本体研究　其具体内容包括医药广告的相关概念、分类、基本理论与方法等，核心内容是关于医药广告的基本性质与基本功能。广告本体的研究是其他广告研究的基点和出发点。在未来的研究中，关于广告的本体研究将继续贯穿于现代医药广告与广告学的发展过程。

2. 医药广告营销研究　医药广告是为医药企业营销服务的，是市场营销的一个重要要素。19世纪末20世纪初，广告与产品销售，就已成为当时广告研究的关注点。尤其是20世纪20～30年代，随着市场营销学的兴起及其对广告理论的深入研究，广告营销研究逐步被提到日程上来。20世纪50年代以来，现代营销学的逐步成熟，更为广告的营销研究提供了充分的理论支持。医药广告营销研究的核心内容，是广告在现代营销中的地位和作用以及如何运用医药广告达到企业市场营销的目的。没有医药广告营销研究，所有的广告研究至少是没有经济意义的，只能作为一种艺术作品而已。

3. 医药广告的传播研究　医药广告是为企业营销服务的，准确地说，它是以一种特定的传播方式应用于企业营销的。传播是一种手段，营销是目的，这就是医药广告的本质内容。从本质上讲，医药广告是一种信息传播，但又不同于一般意义上的信息传播，而是一种特殊的商业信息传播。营销是医药广告的最终目的，因此医药广告的营销研究显得极为重要，但医药广告既然是以一种特定的传播方式应用于商业营销的，其传播研究也具有同样重要的地位。医药广告传播研究涉及广告信息的处理（其具体形态为广告作品），广告传播方式的选择（广告媒体），广告信息的到达与接受（广告受众）以及广告效果的测量等诸多方面，总之，医药广告的传播研究就是研究如何在营销目标的指导下，实现有效的广告传播。

4. 医药广告与营销、医药广告与营销传播之间的整合研究　上述三方面属于医药广告分类研究，而医药广告与营销、医药广告与营销传播之间的整合研究，则是把广告放在营销系统与营销传播系统之中所做的进一步深入研究。其主要研究内容包括两个层面：一是医药广告与营销的整合，即医药广告作为营销要素之一，与营销其他可控要素如产品、价格、分销渠道、其他促销手段以及服务诸要素的有效配合与优化组合；二是医药广告与营销传播的整合，即广告作为营销传播要素之一，与其他营销传播要素如公共关系、新闻宣传等诸要素的有效配合与优化组合。其目的在于进一步有效发挥和强化广告的营销传播功能。

5. **医药广告与心理学研究** 实践证明，医药广告的效果取决于对消费者心理的把握程度，只有那些满足广告受众心理需求的广告才会被人所喜爱、所津津乐道，收到广告预期效果。对于广告学研究来说，传播学和营销学的相关知识和理论必不可少，但心理学方面的知识也是非常重要的，因此医药广告心理学也成为本学科研究的重点。

6. **医药广告与社会学研究** 社会学研究的兴起，是 20 世纪后期以来整个人文社会科学发展的重要趋向。营销学社会营销观念的提出，传播学文化批判学派的兴起，都是重要的表征，医药广告学也应是如此。医药广告学关注的不应仅止于广告自身，同时也应关注广告作为一种社会文化现象，对整个社会从经济到政治直至社会文化的正面影响和负面效应。广告研究的社会文化关注，不仅应成为现代广告学的重要构成，也应成为广告学未来发展的重要研究领域。

7. **医药广告美学研究** 医药广告本身也是一门艺术，好的医药广告能够通过优秀的广告作品使广告受众体会到一种美的感觉、美的享受，进而才能达到喜欢医药产品的目的，因此从美学的角度研究广告学也是今后广告学研究的方向之一。

（三）医药广告学研究的注意事项

1. 医药广告学是不同于广告学专业的广告学。广告学专业的广告学更多地是从传播学的角度研究广告，研究的最终目的是如何制作、设计精美的广告；而医药广告学更多地是从营销学的角度研究广告，研究的最终目的是如何让广告更好地为医药营销服务。因此，它是市场营销学学科体系重要的组成部分，它的研究对象包括了医药广告构成要素、广告传播规律以及广告效果等。

2. 虽然医药广告可以以医药广告及其运动规律为中心，并由此进行学科划分，如广告调查、广告策划、广告文案写作、广告创意与表现、广告受众与效果研究等，但是，假如只注重广告本身的研究，而忽视医药广告与其他学科的交叉与联系，对于广告学研究来说，仍然是不完美的。因此，医药广告学的研究中，注重医药广告学和市场营销学与传播学的交叉研究将是今后研究的趋势之一。

3. 本书仅从理论上对医药广告学研究范畴与研究内容进行界定，而不是基于对广告及其运动的实务性分析。其用意在于目前的医药广告学研究缺少理论支持，大部分靠实务论证。事实上，医药广告学是一门实用性极强的学科，但是，在广告学研究中，只注重实务的分析，经验的描述，而不注重理论的研究，显然不够。当然，不重视实务的分析与研究，只做学院式、学究式的纯学术研讨，也同样不可取，因此，必须将理论的探求与实务的分析相结合。

4. 医药广告学以广告及其运动规律为主要研究对象，包括商业广告和非商业广告，其中商业广告是一种最主要的广告形式，最能体现广告的本质和特点，因此在现实中往往以商业广告研究为主。

二、医药广告学的研究方法

根据医药广告学自身的性质，在学习和研究广告学的过程中，应该采用以下几种方法。

（一）比较借鉴法

所谓比较借鉴法，是把医药广告学的概念、范畴以及相关的理论方法，进行比较与分析，才能够真正理解掌握医药广告的相关知识。如广告情感诉求与理性诉求的区别是运用的表现手法不同，一种是以情动人，另一种是以理服人，但最终目的都是让消费者心动或行动。如果不进行比较，无法掌握医药广告学相关概念的内涵与外延。

（二）观察评析法

要想尽快学好医药广告学，最有效的方法是注意观察周围的医药广告，利用所学过的知识和理论去分析、揣摩，分析其成功与失误之处，并提出自己的观点和见解，不断积累自己对广告的感性认识。如在小区门口发现一医药广告牌，是治疗心血管疾病的公益广告，色彩主调是红色。据此可以这样进行分析，红色是一种比较鲜艳的颜色，会让人产生一种冲动或亢奋的情绪，假如患有心血管疾病的患者看到这样的广告，可能会心跳加快，造成不良后果，特别是在小区门口，人流量较大，且年纪偏大的人群经常经过，因此此类广告牌不宜出现在小区门口。假如色彩换成绿色，以关爱健康为主题，效果可能更好一点。

（三）定性与定量结合法

在医药广告活动和广告理论中，应该在医药广告的创作、选择与评析上，学会运用定量化的内容来界定其确定性。要把统计及决策的方法应用于广告学之中，如采用抽样调查的方法收集信息，并运用SPSS等统计软件统计广告效果。采用定性与定量相结合的方法，制定科学合理的广告计划，尊重客观事实，尊重社会公众现有的思想与观念。

（四）理论联系实际法

医药广告理论必须运用于广告实际，实践是检验真理的惟一标准，广告好不好，关键看有没有达到预期的效果，有差异可以在实践中进行修正、完善。医药广告理论必须以广告实践来检验,而且只能用广告实践来检验。广告理论的是与非、优与劣绝对不能用纯粹逻辑方法来推论,必须得到广告实践的验证。

(五) 系统动态研究方法

系统动态研究方法是近几十年发展起来的一种现代科学研究方法,它把广告活动看成是一个系统,站到全局的角度进行筹划,使整体与部分辨证统一起来。用系统性和动态性的分析方法来研究广告学理论,就会培养出对于广告学的完整性、严谨性和科学性的研究作风。

三、医药广告学的学科任务

(一) 必须适应中国现阶段的经济发展环境

医药广告学的首要任务,就是立足于中国国内实际,基于中国现有的经济发展水平,遵循中国医药行业发展的基本规律,注重中国民族文化实际,探索适合中国现阶段和未来一段时期里医药广告活动的规律,建立符合于中国国情的、能够行之有效的医药广告学体系。

(二) 理清医药广告的相关概念和基本理论

在中国目前广告活动中,对于医药广告和医药广告学中诸多的基本概念和范畴,常常存在仁者见仁、智者见智的现象,在概念和基本理论的界定上,往往各执一辞。在医药广告实务中,大量存在着"重视觉设计,轻文案创意"、"靠广告信息取胜,忽视视听众心理感受"的现象,似乎广告活动就是信息、色彩、点、线、面的问题。因此,诸如此类的问题要想得到根本解决,必须使医药广告学成为一门有严格概念、范畴和严谨理论逻辑的学科,以科学化的理论来规范广告行为,从而使广告理论和实务达到有序化和规范化。

(三) 创立符合时代要求的广告理论

医药广告学是一门实践性、操作性极强的学科,医药广告学应该时刻注意广告活动实务,从广告实践中抽象、概括和归纳出对实践具有指导意义、符合时代要求的广告理论,并指导医药广告实践活动。因此,在医药广告学的研究上,要做到既要宏扬中华民族文化,挖掘传统文化中优秀的广告表现方法和技巧,又要积极学习国际成功的广告经验和理论。

(四) 提高医药广告人才实践能力,提升其广告理论水平

自从改革开放以来,中国的广告业和其他行业一样,也得到了迅速发展。从总体上看,目前从事广告经营活动的广告创作、运营人员,在综合知识背景上、技能素质上,尤其是对于现代广告理论的掌握上,常常显得力不从心。这必然限制了中国医药广告业的发展,因此提高医药广告人才的知识水平及

业务素质成为当前医药广告发展的重中之重。

总之，医药广告学的学科任务应该是在立足于中国国情的基础上，从广告活动的现实出发，吸收各种成功的广告经验和理论，规范广告学的概念和范畴，完善广告理论体系；探索在中国现阶段和未来一段时期里行之有效的广告规律；推动中国广告事业的发展，促进中国的经济繁荣。

第四节 医药广告学与其他学科

一、医药广告学与心理学的关系

(一) 广告学与心理学的关系

心理学是研究心理现象和心理规律的科学，是以人的心理作为其主要研究对象。科学的心理学不仅对心理现象进行描述，更重要的是对心理现象进行说明，以揭示其发生发展的规律。而广告活动是一种信息传播活动，就是对人们视觉和听觉等感觉器官的刺激引起人们的心理反应。所以，要使广告效果最大化，实现广告目标，就必须研究广告受众的心理，使广告传播符合人的心理活动规律。因此，广告学与心理学的关系密切，要想学好广告学，必然要了解心理学基本知识和基本理论。

广告学的一些理论和研究方法也借鉴了心理学的相关理论和研究方法。心理学是一门古老的科学，已有两千多年的历史，在历史发展过程中，心理学得到不断的完善，成为一门独立的科学，而且心理学的渗透性极强，已广泛渗透入到一些应用科学中，如心理学在广告学中也有所渗透。正是这种渗透才形成了一门新的边缘学科——广告心理学。广告心理学是广告学的一个组成部分，主要是运用心理学原理研究广告问题。

(二) 心理学在医药广告中的运用

1. 刺激反应原理　刺激反应原理是心理学中的一个基本原理，它认为人的心理活动是由客观世界的刺激引起的，包括 3 个方面：外在的客观刺激因素、内在的主观因素、社会环境影响因素。而广告活动要产生效果，也必须从这 3 个方面入手，如广告通过文字、图案、视频、音响等刺激因素，来刺激和影响某些环境中的人，以使这些人能够产生一定的心理变化。例如，通过云南白药集团向社会回收过期药的举动，消费者对云南白药集团产生了好感；还有修正"唯达宁"利用喷雾的方式治疗脚气，让人感觉使用方便，因此当有需求时，会优先购买此类药物。这些例子均是运用刺激反应原理的结果。

2. 色彩心理效应原理　色彩心理效应原理指出不同的色彩会产生不同的心理作用。如红色容易使人激动，情绪高昂；橙色会给人一种轻快、欢欣、热烈、温馨的感觉；黄色能够给人带来一种快乐、希望、清快的感觉；绿色属于中间色，给人一种和睦、宁静、清新的感觉；蓝色给人一种凉爽、清朗的感觉；茶色给人一种温馨、安全的感觉；紫色给人一种神秘、庄严、豪华的感觉；灰色给人的感觉是沉静、优雅；黑色给人的感觉是寂静、悲哀、罪恶、绝望、灭亡；白色给人的感觉是洁白、明快、纯真、清洁。因此，不同的色彩，会带来不同的感觉，在创作广告时应该注意色彩的搭配，以实现不同的效果。

3. 从众原理　从众指个人受到外界人群行为的影响，而在自己的知觉、判断、认识上表现出符合于公众舆论或多数人的行为方式。通常情况下，多数人的意见往往是对的。从众是指个人服从多数，一般是不会错的。这是一种常见的心理现象，作为广告也可以运用从众原理实现广告目标，如明星广告效应，诸如歌迷、影迷、星迷等比较关注明星的行为，并且明星的行为有被模仿的倾向，当这些人模仿明星使用某种医药产品时，会引起从众效应，周围的人也会使用此种产品，所以广告主比较喜欢花巨资请明星做广告，是因为从众效应的缘故。

二、医药广告学与市场营销学的关系

（一）广告学与市场营销学的联系

1. 广告学与市场营销学的关系误区　广告学作为一门学科，在国外始于1900年前后。现代市场营销学的产生大约是从1906年美国第一位学者登台讲市场学开始。而美国从1950年起就把广告学归入市场学，国外很多研究广告学的文章也都是从市场营销的角度出发。

市场营销学研究一般有如下4个内容：产品、价格、渠道、促销。广告只是市场营销促销组合中的一种手段。由此便产生一种错觉，广告是属于市场营销的一部分，还有人提出把广告放在市场营销学中"销售促进"这个范畴，甚至有人把广告学与市场营销学等同起来。

而事实上，当今广告学的发展，已大大超出了市场营销学研究的范畴，成为当今社会传播信息的一种必不可少的手段。政治家传播自己的政治主张、扩大自己的影响，可以利用广告；新技术、新产品的介绍和推广，也求助于广告；文化娱乐活动要深入人心，蓬勃发展，也要借助于广告才能实现。

2. 广告学与市场营销学的区别　市场营销学是研究目标市场需求的，主要通过产品、价格、渠道、促销等营销组合实现营销目的，而狭义的广告只是促销的组成部分之一。市场营销学把消费者及其需要作为研究的出发点和中心内容，而广告学则把信息传播的过程和效果作为研究对象。因此，广告只是市场营销学研究的一个内容，市场也只是广告活动一个方面。当然，必须承认，由于经济是社会发展的基础，因此广告最重要的作用是通过传播经济信息提高经济效益。

3. 广告学与市场营销学的联系　广告和市场营销都是社会经济发展到了一定程度的必然结果。作为一门学科，广告学的创立与发展，也是市场经济孕育的结果。现代市场营销学产生于 19 世纪末、20 世纪初，而广告学也在这一时期兴起。由此可见，这两门学科从一开始就紧密地结合在一起，相互影响、相互促进、密不可分。研究广告学，需要从市场营销的角度去审视。研究市场营销学，又必须考虑广告的原理和运用。

从研究内容上看，它们同属于经济研究的范畴。市场营销是个人和群体通过创造并同他人交换产品和价值，以满足需求和欲望的一种社会和管理过程。涉及到的概念，如需要、欲望和需求、产品、效用、交换、交易和关系、市场、市场营销和市场营销者等核心概念。而这些概念对于广告活动来说也是至关重要的，广告是一种信息传播活动，而传递什么样的信息必须要研究有什么样的需求，如何传播以及怎样传播必须要研究营销环境和市场状况，做好这些工作才能达到较好的传播效果，因此，研究广告学，必须了解和掌握相关的市场营销理论。

从系统角度来看，广告和市场营销是医药企业经营管理的重要组成部分。由于市场竞争的加剧，医药企业要保持竞争力，拥有更多的发展机会，必须以目标消费者为中心，重视市场营销的应用。促销是市场营销组合中不可或缺的组成部分，特别是整合营销传播理论的提出，要求各种促销策略整合与搭配，并进行统一的信息传播，而广告则是实现医药企业传播信息的重要手段和方式。对于医药企业来说，市场营销的最终目的是实现产品销售。广告是为了实现市场营销目标而进行的信息传播活动，与目标市场和消费者建立有效的沟通机制，改善医药企业形象，最终会促进产品销售。所以，广告策略必须以市场营销策略为中心，二者之间体现了一种局部与整体的关系。

从最终目的来看，二者也是一致的。市场营销的最终目的是实现交换，手段是市场营销组合。而广告的最终目的也是促进产品销售，不过手段是信息传播而已。

（二）市场营销学理论在医药广告学中的运用

1. STP 营销理论与广告定位　STP（segmenting targeting positioning，市场细分、目标市场选择、市场定位）营销理论是指市场细分、目标市场选择、市场定位的过程。医药企业要想使产品特点深入人心，获得目标消费者的青睐与偏好，必须进行准确的市场定位。而要成功进行市场定位，首先要进行市场细分，找到目标市场，找到目标市场才能在目标市场中进行定位，定位的目的是使产品差异化，以便在消费者心目中留下独一无二、旗帜鲜明的印象，而这一策略需要广告传播出去，这就是广告定位，也就是说，STP 营销是制定营销战略的过程，而广告定位则是实现战略的必要手段之一。

2. *产品生命周期与广告策略* 产品生命周期是指医药产品进入市场，经历导入期、成长期、成熟期及衰退期，直至被市场淘汰的全部过程。在不同的产品生命周期阶段，医药企业要制定不同的促销策略，而促销手段之一的广告在不同的阶段也会有不同的表现。在导入期，由于消费者对产品不了解，广告的作用是告知产品功能，迅速提高知名度，因此广告费的投入最大；进入成长期，随着消费者对产品的熟知，广告投入可以逐步减少；在成熟期前期，由于竞争加剧，为争夺市场，医药企业会增加广告投入；到了成熟期后期，市场格局已定，医药企业为降低广告费用，还要保持品牌知名度，会适当降低广告投入；而到了衰退期，随着销量的下降，为保持利润，广告投入也会随之减少。

3. *整合营销传播与广告* 整合营销传播以消费者为中心，重在与消费者的沟通。整合营销传播的目的就是在目标消费者心中，建立起统一的品牌形象，强调各种传播手段和方法的统一。广告、公关、促销、包装、新媒体等方式都是整合营销传播的工具。整合营销传播的理念突出了广告的作用，作为统一传播的手段，广告的优势无可比拟。

三、医药广告学与社会学的关系

社会学是从社会整体出发，通过社会关系和社会行为来研究社会的结构、功能、发生、发展规律的综合性学科。它从过去主要研究人类社会的起源、组织、风俗习惯的人类学，演变为以研究现代社会的发展和社会中的组织性或者团体性行为的学科。在社会学中，人们不是作为个体，而是作为一个社会组织、群体或机构的成员存在。

社会学总是将其研究对象作为一个整体来分析，而广告也是一种大众传播方式，在研究大众广告传播时，也要把广告受众作为一个整体来研究，因此二者有相通之处。要对广告受众进行调查、分析就离不开广告受众的社会学分析，如了解广告受众所处的社会文化环境、家庭背景、职业、社会阶层、民族风俗等社会学要素，只有运用社会学相关原理，才能使广告发挥到最佳效果。

四、医药广告学与传播学的关系

(一) 医药广告学与传播学

1. **传播学的发展**　传播学是适应人类社会交流活动不断扩大、传播技术不断进步的趋势产生的，它成为近几十年来在许多国家流行的一门重要学科，近年来在中国日益受到重视和运用。目前西方国家十分依赖"大众传播"，它实际上已经成为社会经济生活、政治生活和个人日常生活的重要组成部分。从研究的范围来看，传播学研究显然扩展了新闻学的研究范围，不再局限在传统的新闻报业领域，而涉及到广告、公共关系、广播、电视等方面。

2. **医药广告学与传播学的关系**　传播学研究范围包括所有传播媒体及附属媒体的种类、性质与功能，并探讨媒体的选择与运用。医药广告具有传播信息的功能，所以作为传播学研究中的一项内容，必须以传播学所研究的基本理论为指导。例如，传播学关于传播过程五要素的理论，关于"双向传播"的理论等，都为医药广告学研究提供了科学的依据。医药广告学是在传播学所揭示的信息传播运动规律的基础上，进一步研究医药广告领域的特殊矛盾和特殊规律。两者的不同在于：传播学以传播理论研究为重点，医药广告学则以医药广告实务操作研究为重点。

(二) 医药广告传播与销售效果的关系

1. **广告传播对其产品销售效果的促进作用**　通常情况下，广告传播效果对其产品销售效果的影响总是积极的。广告通过各种媒体途径把产品或其他相关信息传播给消费者，使消费者逐渐了解产品，并对产品产生好感，最终会产生购买欲望，因此对产品销售具有一定的促进作用。具体表现在以下几个方面。

(1) **通过广告传播使产品在消费者心目中树立良好形象**　比如，有些医药广告创造一些具有吸引力的产品概念，诱导目标消费者购买其产品，从而增加产品销售量。如"排毒养颜胶囊"排出毒素能够美容的概念、"脑白金"前期的"脑白金体"概念，还有如生长因子、活性因子、离子通道等概念都是做得比较成功的。

(2) **运用各种媒体传播强化企业价值观念**　企业的价值观念可以是一种民族情感、一种对真理或对美好事物的追求等心理趋向等。如"修正药业"不断向外界传播的价值观是"良心药、放心药、管用的药"，也获得社会公众的关注与信赖。哈佛大学年会主办方曾3次诚挚邀请修正药业总裁修涞贵参加第十一届哈佛大学中国年会。作为受美国哈佛大学邀请演讲的第一位中国民营企业家、第一位中国医药企业家，修涞贵在第十一届哈佛大学中国年会上，向国内外与会者阐述中国制作，质量为先，介绍修正药业的"良心药、放心药"理念。由此可见，企业价值观的传播对于提升企业知名度和美誉度起到至关重要的作用。

（3）利用媒体直接展示产品的 USP　USP（unique selling proposition strategy）是指独特的销售主张。这种方法简单有效，能够增加消费者印象，如"脑白金"的"让你享受婴儿般的睡眠"，"斯达舒"的"胃酸、胃痛、胃胀，请用'斯达舒'胶囊"等宣传均产生良好的销售效果。

（4）通过各种广告传播活动向大众传达某种积极的生活哲理　此种方法可以博取大众对企业的认可，提升企业美誉度，间接增加产品销售量。这类广告多以公益广告的形式出现。如强生的《因爱而生篇》广告，随着一段稚嫩、清澈而又悠扬的童声，广告词响起："强生相信，在人们身边，存在着一些巨人，他们以巨大的爱和细小的事，让心灵获得慰藉，让创伤得到安抚，让人们得到关爱。强生，以医疗卫生和个人护理的经验和智慧，与这些巨人并肩，用爱，推动人与人的关爱。强生，因爱而生。"强生所说的这些"巨人"，正是那些关爱人们健康的医生、护士、家人……清纯的声音，关爱的场景和直透心底的广告词，一种亲切的感动油然而生。此则广告，让人们感动的同时，也会对强生的品牌记忆更加深刻。而哈药六厂推出的"父母是孩子最大的老师"公益广告篇与之异曲同工，极大地促进了其各类产品的销售。

（5）通过传播某种理念"恐吓"目标消费者，以产生购买行为来提升销售效果　此种状况最经典的要数"海王银得菲"的电视广告了。它通过《生日篇》、《剃头篇》、《中奖篇》、《宝宝篇》这一系列的戏剧性的生活场景淋漓尽致地表现出了感冒给人们带来的麻烦，提示人们在得了感冒后应该想办法尽快恢复。该广告效果极佳，在系列广告投放后的 2 个月后，在全国 4 个城市调查，显示知名度是 89%，而投放前还不到 10%！通过该广告，"海王药业"在短时间内就在竞争激烈的抗感冒药市场占得一席之地，销量稳步提升。广告传播的范围越广，力度越强，那么其传播效果对产品销售效果的促进作用也就愈大，反之则愈小。

2. 医药广告传播也会对销售效果有一定的阻碍作用　如果医药企业所传播的理念、价值观与目标消费者的理念、价值观、文化、宗教等相悖时，也会起到相反的效果。

（1）医药企业在概念制造上，其内容和目标消费者的某种价值标准发生冲突，导致反感时，广告就会阻碍销售量的提升。

（2）广告创意主题与广告投放区域的文化背景、宗教信仰相悖时，不仅不能提升产品的销售效果，而且可能引发其他的社会矛盾，给企业造成不可估量的损失。

一般来说，医药广告传播对销售效果的促进作用是比较明显的，而其阻碍作用只是偶然的、非普遍性的，因此及时作出调整是可以克服其不良后果的，而大多数的问题产生于广告前期调研工作没有做好充分准备。

3. 产品的销售效果也能反作用于其医药广告传播　当医药产品进入成熟期后，随着市场占有率的提高，销售情况达到比较理想的状态，即使产品在广告投放的力度上适当减弱，其传播效果也不会随之而降。因为产品本身特别是产品包装也是一种传播媒体，当更多的产品被消费者购买后，人们会对该产品更加熟悉。

反之，当医药产品还处在导入期或成长期，其销量相对较小，消费者对医药产品不了解，此时需要大量的广告来支持。

总之，医药广告传播与产品的销售效果虽然存在极为密切的联系，但两者之间并不是绝对的因果关系，如果将商品销售额的变化完全归因于广告传播的效果是不正确的，也是非常危险的。因为产品的销售效果还受产品本身、包装、品牌形象、铺货、促销、人员销售、价格、服务等多种因素制约和影响，产品销售量是各种因素综合作用的结果。

本章小结

医药广告由医药广告主、医药广告商、广告媒体、医药广告受众及广告环境等要素构成，医药广告学按广告媒体可分为大众媒体广告、小众媒体广告和其他媒体广告；按广告目的可划分为产品广告、企业广告、品牌广告、形象广告、观念广告；按传播区域可分为全球性广告、全国性广告、地区性广告；按照传播的对象不同可分为组织市场广告、消费者广告。

医药广告的三大功能是传播功能、营销功能、社会功能，医药广告学的本质属性应是市场营销学与传播学，医药广告既是一种传播信息的艺术，也是一种营销的手段。

医药广告的研究对象包括医药广告本体研究、医药广告营销研究、医药广告的传播研究、医药广告与营销、医药广告与营销传播之整合研究、医药广告与心理学研究、医药广告与社会学研究、医药广告美学研究。

医药广告学的研究方法包括比较借鉴法、观察评析法、定性与定量结合法、理论联系实际法、系统动态研究方法。

思 考 与 讨 论

1. 医药广告的功能有哪些?
2. 对于医药广告效果来说,哪种广告要素最为重要?
3. 结合目前中国医药广告的现状,请分析医药广告都具备哪些功能。
4. 请简要分析医药广告学的学科任务。
5. 心理学对医药广告有哪些影响?

● **拓展练习** ●

比较广告(comparative advertising),指的是在广告中将自我品牌同其他竞争品牌相比较,以特别突出自我品牌某方面的特性,使受众接受该品牌比对比品牌更优越,更适合目标消费者的主张。

对于想进入相对成熟市场的新产品而言,比较广告是最有戏剧性、成本最低的,因而也是效果最好的广告策略。尽管比较广告在众多行业中均能应用,但在健康产业中,比较广告也许是效果最好的,但同时也是争议最多的。

在竞争异常激烈的保健食品、医药行业,比较广告同样应用频繁。

美多膳食营养素:"轻松排毒不腹泻"

近几年,云南盘龙云海的排毒养颜胶囊,在排毒产品中一骑绝尘。统计资料显示,2001年排毒养颜胶囊销量已超过"脑白金"等众多强劲对手,一跃成为保健食品的新领头羊。排毒市场的迅速扩大引来了众多的竞争对手。

能够在强手如林的保健食品市场上独具鳌头,排毒养颜胶囊主要靠的是产品的效果好、见效快,一般情况下,服用排毒养颜胶囊后,当天就会"腹部有阵阵涤荡感,大小便增加,所排大小便有异臭"。虽然排毒养颜胶囊在广告中称,这是"排毒与通便的明显区别,也是检验排毒是否奏效的一个现象,更是人们信服云南排毒养生的根本理由",但排毒养颜胶囊的竞争对手对此有完全不同的意见,并以此作为突破点,对"排毒养颜胶囊"发起了攻击。

上海市场刚上市几个月的美多膳食营养素,让排毒养颜胶囊着实手忙脚乱了一番。针对排毒养颜胶囊"见效快"、服后快速排便的特点。上海美好生物技术有限公司以"天然膳食纤维"、"轻松排毒不腹泻"等为主卖点，在上海电视台体育频道反复播放制作精美、富有时尚感的广告片，灌输以"毒素少了，美丽多了"为立足点，以"轻松排毒，从不腹泻"为武器和排毒养颜进行对比，声称自己排毒不同于"其他产品，不是靠抽取体内水分冲洗肠道"，试图吸引排毒产品的重点消费群体——年轻时尚女性群体反戈。

被攻击的排毒养颜胶囊，迅速加大了在报纸广告的投放力度。尴尬的是，在这场"战争"中，面对直接进攻的"美多"，"排毒养颜胶囊"既不能反驳，更不能发动进攻；只能忍气吞声，在广告中强调快速排便是排毒生效的证据。

"美多"的广告做得不错，可惜"美多"出身广告公司，其终端无法和排毒养颜胶囊相提并论。"美多"忙活一场，在上海所得有限，倒是利用上海电视媒体对周边的辐射作用，在江、浙取得了不错业绩，可谓"无心插柳柳成荫"。

"美多"并不是第一个采用"反腹泻"大旗对抗排毒养颜胶囊的产品。而采用比较广告攻击排毒养颜胶囊的快速见效还将继续，今后，排毒养颜胶囊将因此而丧失部分市场。

竹林众生："只提取第一第二道煎汁"

在OTC药品市场，中药OTC产品大概是最难推广的。因为多数产品都是验方、古方，没有独占性，很多厂家都有同类产品在销售推广，最典型的例子就是六味地黄丸，这样的产品全国上百家药厂都在生产销售，因为同质化严重，名气不大的药厂没有品牌积累，就很难操作这类产品。

怎样让自己的产品从众多同类产品中拥有独有的USP（独特销售主张）并形成自己的竞争优势呢？在这方面，河南竹林众生制药股份有限公司（简称"竹林众生"）无疑是一个非常成功的典范。"竹林众生"在推广自己的中成药时，面临着中成药厂家共同的问题，但是"竹林众生"却通过对比广告形成了自己独有的USP。

"竹林众生"在其中药口服液产品广告中，诉求"中药煎几遍，差别看得见"，并将视觉差别明显、浓度明显不同的中药第一煎、第二煎、第三煎、第四煎、第五煎药汁放在一起，让消费者自己得出第一煎、第二煎药汁质量更好的结论，并顺理成章地推出了自己的独特销售主张："竹林众生，只提取第一、第二道中药煎汁"。

　　眼见为实，看到了差别这么明显的药汁，消费者自然相信"竹林众生"产品的质量比竞争对手的产品更加可靠、可信。更妙的是，该广告没有涉及竞争对手，因而也没有争议，结果却在毫无争议的前提下，形成了消费者偏爱，打击了竞争对手。"竹林众生"的对比广告，和"农夫山泉"的广告有异曲同工之妙，堪称经典。

资料来源　陈奇锐. 健康产业：比较广告天地宽. 中国营销传播［OL］.
http：//www. emkt. com. cn/article/93/9381－2. html.

拓展练习思考题

1. 在健康产业领域，比较广告能够获得成功，其主要原因有哪些？
2. 请举例分析广告心理在比较广告中的应用。
3. 健康产品概念营销的关键点在哪里？

第二章 实践中的医药广告

江中健胃消食片的广告策略

在胃药市场上，为了避开和"吗丁啉"等知名品牌进行正面竞争，江中制药决定利用广告来反复告诉消费者，江中健胃消食片究竟是什么，它能起什么作用，来不断吸引消费者尝试和购买。于是，江中制药为健胃消食片制定了广告语"胃胀、腹胀，不消化，用江中牌健胃消食片"，并在传播上尽量凸现江中健胃消食片作为"日常用药、小药"，广告风格则相对轻松、生活化，而不是采用药品广告中经常使用的恐怖或权威认证式的宣传方式。

针对儿童群体的主要症状是"食欲不振"，而不是成人的"胀"以及儿童及家长的媒体收视习惯，儿童适用药品在广告的表现上均有较大不同的情况，"江中制药"决定对儿童单独拍摄一条广告片，在儿童及家长收视较高的时段投放，推广主题为"孩子不吃饭，快用江中牌健胃消食片"。广告画面中，"哄也不吃，喂也不吃"是最真实的生活写照，引起家长的关注。最后告诉消费者解决之道："孩子不吃饭，快用江中牌健胃消食片。"

在针对成人消费者的电视广告中，穿浅绿衬衣的郭冬临关怀地对着镜头询问："您肚子胀啦？"接着镜头拉远，他坐在椅子上，作出胃胀腹胀的表情，"胃胀?! 腹胀?!"随后提出解决之道，"胃胀、腹胀、不消化，用江中牌健胃消食片"。广告片的画面干净简单，马上引起了消费者的共鸣。这使得众多的消费者在出现消化不良、胃胀腹胀的症状时，立刻会想到服用江中健胃消食片来解决问题。

资料来源：张旭. 江中健胃消食片营销全案［J］. 销售与市场（案例版），2007.

第一节 广告学的产生与发展

一、广告学的产生

(一) 广告学产生的原因

随着经济的发展，为了促进商品的进一步推广和流通，作为一门宣传和推广商品的学科，广告学开始兴起。广告学之所以能兴起，主要受到以下 3 个因素的影响。

1. 商品经济发展的客观推动力　20 世纪初，商品经济进一步发展，使得广告公司开始陆续出现；同时，商品经济的飞速发展又对广告业提出了更高的要求，急需在理论上将广告实践中的经验加以总结和提高。正是由于商品经济在 20 世纪初的大发展，才形成了广告学理论研究的客观基础。

2. 心理学理论的发展奠定了广告理论基础　自 1879 年德国的冯特教授在莱比锡大学创立了第一家心理学实验室之后，即开始了从实证角度对心理机制和心理活动的研究，并且取得了一系列成果，从而使得心理学作为一门独立的学科从哲学中分离出来。同时，心理学理论的每一次发展和突破都带动了广告理论研究的深入和新理论的产生。

3. 学科独立大潮的必然结果　20 世纪初期是社会科学学科分化的时期。随着 18 世纪在形而上学的发展和 19 世纪学科经验和萌芽概念的积累，社会科学中的许多领域开始出现了分化现象，从而产生了一大批的 20 世纪的新独立学科。就广告学而言，它是适应这一学科大综合和大分化的客观形势，把原属新闻、传播、营销和心理活动中的概念、范畴加以综合、抽象和分离出来，并找出其中的内在逻辑，进行新的结构组合，从而构建出的独立广告学理论体系。

(二) 广告的产生、演变过程

据资料考证，现存最早的广告是在埃及尼罗河畔古城底比斯发现的一张写在羊皮纸上的广告。这则广告产生于公元前 3000 多年前，现存于英国博物馆，其内容是缉拿一个名叫谢姆的逃奴，悬赏一个金币。其实，早在古希腊、古罗马时期的一些商业比较发达的沿海城市里面，已经有了有叫卖、陈列、音响、文图、诗歌和商店招牌等多种形式的广告，在内容上有推销商品的经济广告、文艺演出宣传广告、寻人启示等，甚至还有用于竞选的政治广告。例如，罗马商人为了引起人们的注意，在墙壁上刷上商品广告，或者由奴隶们写好挂牌，悬挂在全城固定的地点。

从广告的历史来看，广告到底是起源于何时何地，是广告界一直争论不休的问题。就目前的资料来看，应该是在东方和西方几乎同时出现了广告现象。但是，现代广告的发源地为西方国家，这是不容置疑的。

在世界文明发展的几千年之中，由于生产力水平的不断发展和提高，先后出现了几次大的社会分工，出现了社会物质财富的交换，广告就产生于这种交换之中。由于中外社会经济发展的轨迹不同，各自的广告发展史也具有不同的特色。但是，从广告在东西方的产生和发展来看，虽然存在差异，但是它们之间也有着共同的规律。它们都是随着商品的产生而产生，随着科技进步的发展而发展的。科学技术的进步带来传播手段的革新，从而对广告的发展产生了巨大的推动作用，与此同时，特定的社会制度和社会发展水平也制约着广告的发展。

依据各个历史时期的广告技术发展水平和特征，可以把广告的发展分为5个阶段。

1. 原始广告阶段　这一阶段，是从远古时代到 1450 年，由于受当时经济条件的限制，广告的形式简单，技术手段也很落后，只能靠手工抄写，数量有限，传播范围也有限。在这一时期，广告的形式主要有口头广告、实物广告、音响广告、旗帜广告、悬物广告、招牌广告、彩楼广告和粗糙的印刷广告等。

（1）口头广告　又称叫卖，是最原始、最简单，同时也是至今为止最为常见的广告形式之一，它是适应物物交换的需要而产生的，即要换什么东西，用什么东西换，都需要口头叫喊让其他人知道。相传辅佐周文王建立霸业的姜太公在未被起用时曾隐居市井，操屠宰之业，他在铺子里"鼓刀扬声"，高声叫卖以招徕主顾。事实上，中国古代的叫卖广告十分发达，商贩叫卖时往往采用不同的腔调，一听便知小贩在卖什么东西。而在西方，古希腊的奴隶市场和牲畜市场也是通过有节奏的吆喝作广告宣传，同时还出现过诗歌形式的口头广告。

（2）音响广告　是在口头广告的基础上产生的，它是利用工具所发出的音响来代替口头叫卖，如收破烂的人利用鸣锣招徕顾客。西周以前，商贩以走街串巷、贩运叫卖为主，由于吆喝不但费口舌，声音又传不远，于是"音响广告"应运而生。

中国古时候，行商采用不同的器具，摇、打、划、吹，以各类特殊音响来代表不同的行业。例如，布贩子摇拨浪鼓，货郎敲小铜锣，补锅的敲大铜锣，卖油的敲油梆子等，不胜枚举。这种原始的音响广告至今偶尔还能见到。在西方社会，以演奏形式影响、招徕顾客同样也很普遍。此方式最早源于

1141 年法国由 12 个人组成的口头广告团体，该口头广告团体获得法国国王路易七世的特许，可以在特定的酒店里吹笛子，招徕顾客，从而对光顾的客人进行推销宣传。

（3）实物广告 实物广告是将要换的东西直接陈列出来，靠陈列商品样式来招徕顾客。为了出卖商品，商贩就直接将商品摆出，以便买者挑选。《诗经》里对这种广告形式的描述为："氓之蚩蚩，抱布贸丝。"这描述了当时以物换物展示商品的形式。实物广告至今仍是商业广告中的最基本形式，只是在展示设计水平上比过去要高超得多。

（4）旗帜广告 旧时用旗帜做广告，在一定的历史时期里曾经十分流行，旗帜广告以酒旗使用最多。酒旗也称酒帘、青帘，是周围呈锯齿状的长条旗子。最初的酒旗用青白二色布制作，后来发展到用五彩酒旗绣上图案或店名。酒旗广告可大可小，可制成大帘垂于店门前，也可制成 1 尺左右缀于竿头，悬于店门外，招引来往过客。在《外储说右上》中，有对酒旗的记载："宋人有沽酒者，升概甚平，遇客甚谨，为酒甚美，悬帜甚高。"可见远在春秋战国以前，已出现旗帜广告，而时至今日，北方地区还有以酒旗作为小酒店招牌者。

（5）悬物广告 在中国，有些商店，尤其是现时南方一些经营饮食的小店，往往在门前悬挂与其经营特征有关的物品（如山货野味）或习惯性标志（如灯笼）作为广告。这种习惯也已有很悠久的历史。以灯笼为广告为例，它是唐代以后酒楼、饭馆的特色之一，一般夜间悬挂在店铺的门前，灯笼上用文字表明其商号商业的性质，如写上"酒楼"、"茶馆"或"客栈"等字样，从而起到招牌广告和悬物广告的作用，或是以不同的造型来区别不同行业。这类悬物广告随处可见，如中药店前的药葫芦、铁匠铺的锄头、镰刀等。

（6）招牌广告 招牌悬挂在店门前能起广告的作用，这是古代广告的一种常见形式。招牌有横额、竖牌和挂板之分，一般用文字写出店名，也有图文并用的，如铁匠铺的广告除写上店名外，还画上钳、刀等图案。此外，还有用对联形式的对联广告，也成为商业广告的一种宣传形式，并在春联里赋以商业性的内容。如旅店对联："未晚先投宿，鸡鸣早看天。"明清时期，酒楼用对联较多，如九江浔阳楼就有这样一付对联："世间无此酒，天下有名楼。"在 1000 多年前张择端画的《清明上河图》中，北宋汴州城内十字街口的商店已广泛地出现各种横的和竖的招牌，而到了明清时期，招牌广告已不再是以单调的姓氏或街坊的名字作为内容，而是赋予招牌文字以特定的内涵，其次在招牌文字上选用吉祥如意为主题。时至今日，不分中外，凡是商店企业都有招牌。

这种招牌广告在西方也很常见。据史料考证，商店的标牌广告起源于公元前5世纪至公元前2世纪的以色列、庞贝和希腊、古罗马。在古罗马，人们用一个正在喝酒的士兵图案表示酒店，而用一头骡子拉磨表示面包房。招牌和标记把不同的行业划分开来，使人一目了然。

2. 印刷广告阶段　这一阶段是从1450年到1850年，由于报纸、杂志尚未成为大众化工具，广告的作用范围很有限。中国最先发明了印刷术和纸，其后发展出雕版印刷工艺。中国雕版印刷工艺始于隋朝，唐朝开始流行，到宋朝时已发展到极为精湛的水准。宋朝时期，毕昇发明了活版印刷术，印刷广告的历史由此而开展。可以说，印刷广告的出现使中西方广告的发展都进入了一个新的阶段。中国现存最早的印刷广告是北宋时期（公元960～1127年）济南刘家针铺的广告铜板。铜板四寸见方，上面雕刻有"济南刘家功夫针铺"的字样，中间是白兔抱铁杵捣药的图案，在图案的左右各有四字："认门前白兔儿为记。"在铜板的下半部刻有说明商品质地和销售办法的文字："收买上等钢条，造功夫细针，不误宅院使用；客转为贩，别有加饶。请记白。"该铜板现存上海博物馆，是迄今为止所发现的世界上最早的印刷广告物。

在西方国家，1450年，德国人谷登堡使用活字印刷术，从此，西方步入印刷广告时代。欧洲的第一张印刷广告是英国的出版人威廉·坎克斯在1473年为宣传宗教内容的书籍而印制的广告，并广泛张贴于伦敦街头。这是西方最早的印刷广告，比中国北宋刘家针铺印刷广告晚三四百年。此后，印刷业逐渐在欧洲大陆的其他国家得以发展。

16世纪，欧洲经历了文艺复兴的洗礼之后，资本主义经济进一步发展，美洲大陆的发现，环球航行的成功和殖民化运动的兴起，使生产和消费都成为具有世界色彩的事物。也就是在这一时期，出现了现代形式的广告媒体——报纸。

西方的第一份印刷报纸是1609年在法国斯特拉斯堡发刊的。1622年英国尼古拉斯·布朗和托玛斯·珂切尔创办了第一份英文报纸《每周新闻》（Weekly News），并在伦敦出版。在该年，《每周新闻》上出现一则书籍广告。到1650年，在其有关"国会的几则诉讼程序"一栏里，登出某家12匹马被盗的寻马悬赏启事。之后，到1710年，《观察家》杂志已经开始刊登有关推销茶叶、咖啡、巧克力、书刊、房产、成药拍卖物品以及转让物品的广告。

在美国，1704年第一份报纸《波士顿新闻报》创刊，并在其创刊号上刊发了一则向广告商推荐的报纸为宣传媒体的广告，这是美国的第一份报纸广告。到1830年，美国已有报纸1200种，其中65种为日报。英国在1837年有报纸 400 多种，刊出广告 8 万余条。但是，在这一时期，由于经济原因，报纸的发行量很小，作为传播媒体，远远未达到大众化的程度，因而，报纸广告的影响面很小。1729 年，被认为是美国广告业之父的本杰明·富兰克林创办的《宾夕法尼亚日报》，把广告栏放在创刊号第一版社论的前面。其首次刊登的是一则推销肥皂的广告。在整个殖民地时代美国的报纸中，《宾夕法尼亚日报》的发行量和广告量上都居首位。在这家报纸上经常可以看到有推销船舶、羽毛制品、书籍、茶、等商品的广告。富兰克林既是一个广告作家，又是广告经理和推销员，他所选写的一篇最著名的广告作品要算为宾夕法尼亚壁炉厂所做的推销广告，该广告的内容是："带有小通风孔的壁炉能使冷空气从每个孔源钻进室内，所以坐在这通风孔前是非常不舒服并且是危险的——而尤其是妇女，因为在家里静坐的时间比较长，经常因为上述原因致使头部受风寒、鼻流清涕、口眼歪斜，终至延及下颌、牙床，这便是北国好多人满口好牙过早损坏的一个原因。"从这则广告中可以看到，富兰克林和当代巧妙的广告创作者一样，强调使用产品的效益，而不是单纯介绍产品。而这种壁炉后来定名为"富兰克林炉"。另外，到 1830 年，美国已有 1200 种报纸，其中 65 种是日报，许多报纸第一版大部或整版都是广告。

从 1830 年到 1850 年期间是所谓的"便士报"时代，因为每份售价 1 便士，价格低廉，销路增加，这样使得广告的效力也相应地获得提高。在报纸广告盛行的同时，杂志广告也不断增加，并出现了广告代理商和广告公司。世界上最早的杂志是创刊于 1731 年的英国杂志《绅士杂志》。10 年后，美国的费城有两种杂志创刊。1830 年，海尔夫人在费城创办《哥台妇女书》杂志，成为美国妇女杂志的先驱。在此杂志出版前，1741 年美国出版过两本杂志《美国杂志》和《大众杂志和历史记事》，分别在出版 3 个月和 6 个月后就夭折了，但毕竟开创了杂志的新纪元。

同一时期的 1706 年，德国人阿洛依斯·重菲尔德发明了石印，开创了印制五彩缤纷的招贴广告的历史。

3. 媒体大众化阶段 从 1850 年到 1911 年期间，报纸、杂志大量发行，媒体大众化。报纸广告开始成为广告的重要形式，并开始出现专业性广告公司。

中国在 1200 多年前的唐初，便有最早的官报《邸报》，据认为是世界上最早的报纸。《邸报》在宋朝开始定期出版发行，明朝开始采用活字排版。清朝时《邸报》更名为《京报》。这份报纸只在宫廷和官僚之间传阅，不对外发行，也不准刊登广告。在中国出现报纸广告是在鸦片战争后。1840 年第一次鸦片战争失败后，上海等 5 个城市被辟为通商口岸，外国"洋货"大量通过口岸城市向内地倾销，洋人也开始在口岸城市投资设厂。在此情况下，报纸广告便开始在上海等地大量涌现。外国人开始在中国办报，从南方扩展到北方，在半个多世纪中先后创办了300余份报纸，多用中文出版。主要的报纸有《上海新报》、《万国公报》、《申报》、《新闻报》等，当时这些报纸主要刊登船期广告和市场行情、货物广告，目的都是为了推销舶来商品和劳务服务，沟通中外商业行情。

19世纪末，中国开始出现民族资产阶级创办的报纸，用来刊登国货广告，和外商展开"商战"。这些报纸有1873年创办于汉口的《昭文新报》、1874年创办于香港的《循环日报》、创办于上海的《汇报》，它们大都刊登很多广告。1907年清朝末年创刊的《政治官报》也允许登商业广告，并制定了广告章程，随后出现的许多新办报纸也都刊登广告，提倡国货。

从1850年到1911年，世界上有影响的报纸相继创刊。这些报纸有英国的《泰晤士报》和《每日邮报》、美国的《纽约时报》、日本的《读卖新闻》和《朝日新闻》以及法国的《镜报》等。在当时，所有报纸的主要收入来源都是广告，工厂企业也利用这个媒体来推销产品。

1853年，在发明摄影之后的几年后，纽约《每日论坛报》第一次用照片为一家帽子店做广告。从此，广告就开始利用摄影艺术作为其技术手段。

在19世纪末，一些大众化媒体刊物的出现，也为这一时期的广告发展提供了便利条件。美国的杂志多创刊于18世纪初叶，这些早年出版的杂志只是一些小册子，多数不刊登广告。直到19世纪中叶，美国经济开始走向繁荣，杂志广告才逐步发展。第一家中文杂志是1815年8月在马来西亚的马六甲创办的《察世俗每月统计传》，而第一家在中国境内出版的中文杂志则是于1833年在广州创办的《东西洋考每月统计传》月刊，内容有社会新闻、宗教、政治、科学和商业动态等。这些杂志均刊出中文广告。"五四"运动前后，各种刊物纷纷面世，也大多刊登广告，作为解决经费来源和改善员工生活的措施。1883年创刊的《妇女家庭杂志》，在1900年发行量即达100万份之多，可见大众化媒体的发展速度。

广告在这一发展阶段的另一重要进步，就是广告公司的兴起。1841年诉茂在费城创立了世界上最早的广告公司，它们通过向客户收取服务费的方式，在报纸上承包版位，卖给客户。1869年，美国费城出现了第一家具有现代意义的广告公司——爱益父子公司。他们通过代理报纸的广告业务，为报纸承揽客户，并从报纸收取佣金。这个办法，后来推广到杂志。此后，不同规模的广告公司相继出现。

另外，早在19世纪末，西方国家已有人开始进行广告理论研究。美国人路易斯在 1898 年提出了 AIDA 法则，认为一个广告要引人注目并取得预期效果，在广告程序中必须达到引起注意（attention）、产生兴趣（interest）、培养欲望（desire）和促成行为（action）这样一个目的。在此后，其他人对 AIDA 法则加以补充，加上了可信（conviction）、记忆（memory）和满意（satisfaction）这样几项原则内容。因此，在 19 世纪末，广告学就已成为了一门独立学科。

4. 广告行业化阶段　这一阶段是从 1911 年到 20 世纪 70 年代。广告作为一个行业，由于电讯电器技术的发明和发展而得以走向成熟。

随着资本主义大生产的出现，商品生产的高度发展，交换规模庞大，市场扩展到世界范围，市场竞争异常激烈，加上科学技术的昌盛，广告可以利用各种先进媒体与技术传递经济信息、促进销售，已成为发达国家工商企业的重要推销手段。

第二次世界大战后，由于竞争的进一步加剧和科学技术的突飞猛进，推动了广告业的迅速发展。电视机、录像机、玻璃屏幕投影电视、印刷油墨、纸张、复印技术和彩色印刷方面的重大改进，各种杂志、报纸的发行量和种类大量增加，电子广告、霓虹广告、路牌广告、街车广告、售点广告、邮递广告及广告书刊大量涌现，使现代广告业得到了前所未有的发展。当时在美国，流行着这么一种说法："你随便拿起一份报纸或杂志，打开电视，拆阅邮件，甚至走在路上，接一个电话，都会受到广告的疲劳轰炸"。并且仅 1946～1959 年，美国广告业收入就增加了 2 倍，这个时期广告业务的增长速度超过了整个国民收入增长的速度，购买广告工具的资金有了明显的增长。1970 年以后发展更快，据统计，美国 1977 年在广告上的费用高达 370 亿美元，在每 1 美元销售额中约有 3 美分用于广告费用。目前，美国注册的广告公司有 3800 多家，工作人员 20 万，占全国人口的千分之一，总投资额 153 亿美元，占全世界广告业的首位。

因此，19 世纪末和 20 世纪初，是世界经济空前活跃的时期，广告业在这一时期也得到了重大发展。广播、电视、电影、录像、卫星通讯、电子计算机等电讯设备的发明创造，使得广告进入了现代化的电子技术时代。

新的广告形式不断产生，新技术的采用，提高了广告的传播效益。这一阶段的三大广告形式也成为现代广告的主要形式之一。

（1）广播　广播的出现，是人类传播领域最大的突破之一，由此产生了不受时间、地点以及复杂制作工艺限制的广播广告。世界上最早开办广播电台的是美国，1902 年第一家领取营业执照的广播电台——匹兹堡西屋电器公司的商业电台开始播音。继美国之后，其他国家也相继建立了广播电台，这些电台都设有商业节目，主要播放广告。

1920 年，美国首家商业广播电台创立，正式开展商业广告播放；1924 年美国人埃尔创建了第一个无线电联播网，开展大规模商业广告活动；1926 年出现了全国性广播电台，直到广播电台开始成为主要广告媒体；到 1928 年，无线电广播的广告费用已达到 1050 万元。中国于 1922 年开始创办电台，但电台正式开展广告活动则是在 1927 年才开始。随后，世界上各个国家纷纷建立自己的电台。由于各个国家的国情不同，在电台广播领域，有的国家政府明令限制或禁止电台广播广告，但是就多数国家或地区的广播电台而言，广播广告是电台经费开支的重要来源之一。

（2）电视　电视广告是广告中的后起之秀，它兼有报纸、广播和电影的视听功能。世界上最早的电视台于 1929 年在英国试播，1936 年正式建成开播。美国在 1941 年才开始播放商业广告。电视的大规模商业化发生在第二次世界大战以后，电视广告在西方成为了举足轻重的广告形式。中国于 1958 年建成第一座电视台，1973 年开始试播彩色电视，而在 1979 年 12 月才开播商品广告。

（3）橱窗广告　这是在 19 世纪末随着百货公司的出现而广泛运用的广告形式。而霓虹灯广告，是在 1896 年英国化学家拉姆斯发明了霓虹灯后，才将其逐渐应用到商业广告中。霓虹灯广告 1910 年首次出现在法国巴黎，现在已成为户外广告的主要形式。路牌广告，出现于 19 世纪末，到 20 世纪 20 年代已很盛行，至今风行不衰。电影广告和幻灯广告，流行于 21 世纪初，现在很多见。交通广告，是指在汽车、轮船的身上以及码头、车站等处设立的广告牌，日常多见。此外，还有 POP 售点广告，礼品广告，包装广告，如购物袋等。

除了电视、广播和橱窗广告外，报刊杂志及其他形式的印刷广告，也因电子技术的应用而得以迅速发展。广告已成为报纸杂志的生命主宰和收入来源。例如，进入 20 世纪以后，报纸广告发展更为迅速。随着广告刊载数量的增多，一份报纸的版面越来越多，报纸广告从政治、军事、经济、文化等信息的传播，到个人生活的各个领域，如订婚、嫁娶、求职、供职、租房、家教、育儿、计点工等。在西方经济发达国家，有的报纸的周末版上信息容量竟然达五六十万字，而其中有很大部分为广告信息以及与广告有关的宣传信息。此外，各种博览会也成为重要的广告形式。

现代广告的重大发展，就是广告管理水平的提高。广告公司的专业水平和经营管理水平均大有改进，而政府部门也通过立法管理等形式规范和约束广告公司的行为，规定广告业的发展方向。同时，政府还设立专门管理机构，从事广告管理。

现代广告事业的进步，最重要的还是表现在广告理论方面。由于广告实践发展的需要，广告理论的研究工作得以深入开展，从而使广告学成为了一门独立的具有完整系统的综合学科。

5. 信息广告产业阶段　进入 20 世纪 80 年代后，广告业已不再单纯是一种商业宣传工具，已经发展成为一门综合性的信息产业，广告活动走向整体化。

这一时期，现代工商业迎来了信息革命的新时期。现代产业的信息化大大地推进了商品市场的全球统一化进程，广告行业也相应地发生了一场深刻的革命。在这场信息革命中，广告活动遍布全球。许多广告公司也由简单的广告制作和代理发展成为了一个综合性的信息服务机构，广告技术也由电子技术代替。由于有了先进的科学技术，广告信息的传递速度大大提高，通过卫星可把相隔万里的广告信息在一瞬间传递过来，通过电子计算机可以对广告信息进行存储分析。同时，由于现代科技的进步，又出现了空中广告。空中广告分飞行广告、书云广告、烟雾广告。飞行广告采用飞机、气球、气艇刷写标语和带动标语等。书云广告是在地面上用抛物线反射器的技术在夜空或暗云上面打字。烟雾广告是采用飞机喷出的烟来书写广告。这种烟由于加了轻石蜡油等化学剂，能附着于空气微粒上较长时间。此外，还有卫星广告、电视报纸、电子广告、激光广告、光纤广告、录像广告、传真广告、电话广告、闭路电视和有线电视等广告媒体。随着科学技术的进步，新的广告媒体将不断出现，广告媒体将会越来越丰富。

与此同时，现代广告公司也发展成了集多种职能为一体的综合性信息服务机构，负责收集和传递政治、经济、社会、文化等各种各样的信息，并把这些信息用来指导企业的新产品开发、生产和销售，为工商企业的商品生产和销售提供一条龙的信息服务。

广告的信息在传递过程中也变得高度科学化和专业化。一幅广告，从市场调查入手，从开展市场预测、广告策划到设计、制作、发布，再经过信息反馈、效果测定等多个环节，形成了一个严密的、科学的和完整的过程，尤其是近年整体策划观念的兴起，更使广告活动趋于系统化，充分发挥了广告业的信息指导和信息服务作用。

二、广告业的发展现状与前景

（一）中国广告业的发展现状与前景

改革开放以来，随着国门的打开，中国经济开始与世界经济接轨，从而给中国经济带来了巨大的推动力。一大批实力雄厚的跨国公司来中国投资，在带来资金、带来新的管理理念、方法和先进科技的同时，也带来了大量的广告需求。例如，仅仅从 1990～1995 年 6 年间，中国获得的外国投资就达到了 1600 亿美元，而这些进入中国大陆的外资企业，包括中外合资企业，率先成为了推动中国广告市场发展的主力军。

与此同时，中国巨大的消费大市场也为中国广告业的发展与成熟提供了坚实的基础。而且，中国的大众传媒也经历了一个快速的恢复、扩展、创新的过程，形成一个密布全国的大网络，为广告发布的广泛性和密集性提供了客观保证。因此，面对这样巨大的机遇和强大的市场条件，通过改进包装、推出产品、强化品牌、引导消费，短短的 17 年，中国的广告业得到了空前的发展。

虽然中国的广告业起步较晚，广告运作存在很多问题，但同时，中国的广告业仍然具有很强的生命力，它正在经历一个不断成熟的过程，表 2－1 给出了中国广告业的发展情况。

表 2－1　1981～2005 年中国广告产业发展状况

单位：万元

年度	经营单位	从业人员	营业额	增长幅度	占 GDP 比重	人均广告营业额
1981	1160	16160	11800	686.7%	0.02%	0.73
1982	1623	18000	15000	27.1%	0.03%	0.83
1983	2340	34853	23407	56.1%	0.04%	0.67
1984	4077	47259	36528	56.1%	0.05%	0.78
1985	6052	63819	60523	65.7%	0.07%	0.95
1986	6944	81130	84478	39.6%	0.08%	1.04
1987	8225	92279	111200	31.6%	0.09%	1.21
1988	10677	112139	149294	34.3%	0.10%	1.33
1989	11142	128203	199900	33.9%	0.12%	1.60
1990	11123	131970	250173	25.2%	0.14%	1.90
1991	11769	134506	350893	40.3%	0.16%	2.61
1992	16683	185428	678475	93.4%	0.26%	3.66
1993	31770	311967	1340874	97.6%	0.39%	4.30
1994	43046	410094	2002623	49.4%	0.43%	4.88
1995	48082	477371	2732690	36.5%	0.48%	5.72
1996	52871	512087	3666372	34.2%	0.55%	7.16
1997	57024	545788	4619638	26.0%	0.63%	8.46

续表

年度	经营单位	从业人员	营业额	增长幅度	占 GDP 比重	人均广告营业额
1998	61730	578876	5378327	16.4%	0.70%	9.30
1999	64882	587474	6220506	15.7%	0.76%	10.59
2000	70747	641116	7126632	14.6%	0.80%	11.12
2001	78339	709076	7948876	11.5%	0.82%	11.21
2002	89552	756414	9031464	13.6%	0.86%	11.94
2003	101786	871366	10786800	19.4%	0.92%	12.38
2004	113508	913832	12646000	17.2%	0.79%	13.84
2005	125394	940415	14163000	12.0%	0.78%	15.06

资料来源 中国广告年鉴. 北京: 新华出版社, 2006.

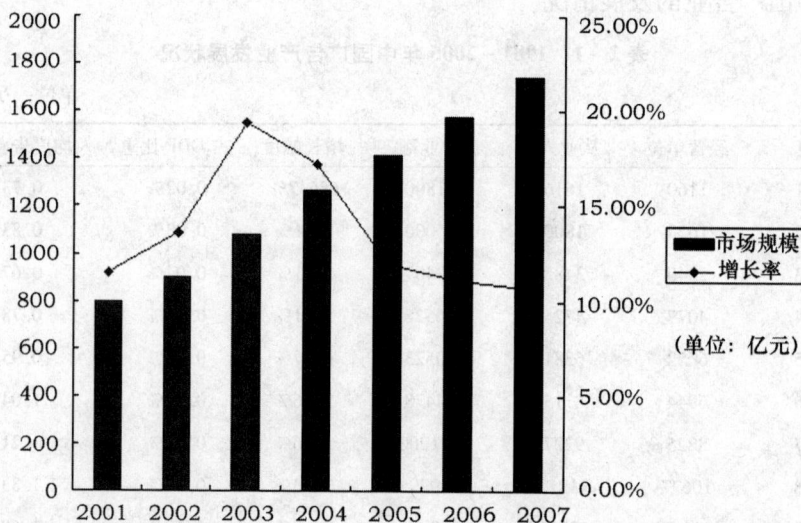

图 2-1　2001~2007 年中国广告市场规模及增长率

资料来源 艾瑞咨询 [OL]. www. iresearch. com. cn/.

图 2-1 是中国 2001~2007 年广告市场规模及增长率, 从中可以看出, 2001 年到 2007 年 7 年间, 中国的广告业可以说是处在一个稳定的高速发展状态, 平均增长率达到 13.69% 。同时, 从中国广告业的发展趋势也可以发现, 从 2003 年开始, 中国广告业的发展速度开始放缓, 进入了一个平稳的增长期, 可以说中国广告业经过刚开始的高速增长之后, 开始进入一个新的健康

发展时期。

目前，由于欧美和日本的广告业已经相对成熟，而且相对于这些国家的广告业受到本国经济增长滞缓的影响，中国广告业的高速发展使得中国与这些发达国家和地区的差距正在逐年减小，截止到2007年，中国广告市场的规模已经接近日本的2/5，达到美国的1/12。

虽然现在中国的广告市场规模已经在世界排名第五，但是从人均来看，全球人均广告费用是70.4美元，美国和日本的分别高达921.4美元和485美元，而中国的仅为18美元（表2-2）。所以说，虽然中国的广告业目前发展状况良好，但也必须正视和发达国家之间的差距，可以说，中国的广告业离成熟阶段还有一段很长的路要走。

表 2-2   2007 年主要国家人均广告费用情况

地区	广告市场规模（亿美元）	人口数（亿人）	人均广告费用（美元/人·年）
全球	4648	66.07	70.4
美国	2838	3.08	921.4
日本	616	1.27	485.0
中国	239	13.22	18.0

资料来源　实力传播［OL］. http：//www. zenithoptimedia. com. cn/.

另外，中国广告业还存在不容忽视的严重问题。一是具有国际竞争力的广告企业集团和媒体集团不多。总体来说，中国广告业总体规模有待扩展，规模化和集团化还未成为广告业发展的主流。二是高端专业人才缺乏，广告从业人员素质偏低，导致广告运作水平低。三是广告业发展极不平衡。例如，2006年，中国广告业的营业额是1573亿元，但是，其中仅上海、北京、广东三地的广告营业额就达到767.5亿元，占全国广告营业额的48.8%。四是社会对广告业认识存在偏差，广告诚信度不高以及广告业法律法规不健全。最突出的是，虚假违法广告在一些行业成为一种普遍现象，例如医药、食品、房地产行业等。这几大问题正严重阻碍中国广告业的健康持续发展，因此，在看好广告业发展大好前景的同时，还要积极着手解决现存这些问题。

（二）国外广告事业的发展现状与前景

1. 从国家范围看，各国广告业发展极不平衡　目前，全球的广告市场仍以美国为主，而拉丁美洲和亚太地区是广告市场增长最快的地区。但是近几年受美国经济衰退的影响，美国广告业的发展速度相对来说有所放缓，同时，大多数发达国家的广告市场相对来说增长速度也已经变慢。相对于其他发达地区的迟缓发展，中国广告业的发展速度虽然较前几年的发展速度来说，要缓慢多了，但是还是处于一个平稳增长的势头，现在中国已经成为亚太地区快速增长的广告市场的一个强大动力。

以 2004 年为例，全球广告业的营业额 594 亿美元，其中，美国占了全球广告市场的 42.6%，其他依次为日本占 10.7%，英国占 5.4%，德国占 5.3%，法国占 3.3%，意大利占 2.7%，中国占 2.4%，韩国占 1.8%。可见，仅这排前八位的几个国家的总和就占了全球广告比重的接近 3/4。

根据广告业权威机构实力媒体（Zenith Optimedia）的数据，美国在未来相当长一段时间内仍将是世界最大的广告市场，另外巴西、中国、印度尼西亚、墨西哥、波兰和俄罗斯 6 国的广告份额将位列全球前 10 位。中国在 2005 年是全球第七大广告市场，预计 2008 年将上升至第 5 位。表 2-3 给出了全球十大广告支出国 2005 年和 2008 年的市场份额及增长情况。

表 2-3　全球十大广告支出国 2005 年、2008 年的市场份额及增长速度

（单位：百万美元）

国别	市场份额	2005 年所占比例	2008 年所占比例
美国	23318	41.9	40.5
中国	6441	2.4	3.5
俄罗斯	5968	1.3	2.3
日本	4444	10.3	9.7
英国	3118	5.4	5.2
印度尼西亚	2512	0.8	1.2
巴西	1661	1.6	1.7
西班牙	1443	2.1	2.1
墨西哥	1382	0.9	1.0
波兰	1239	0.9	1.0

资料来源　实力传播. http：//www. zentieptimedia. com. cn. 2006. 4

2. 从广告公司来看，全球广告市场主要由几家大型跨国广告公司掌控

经过 30 多年的整合，全球广告市场渐趋稳定，目前的广告市场主要由几家大型跨国广告公司掌控。现在全球最大的五大广告集团分别是奥姆尼康 Omnicom Group、Wire & Plastic Products Group，WPP、英特帕布里克（Interpublic Group），IPG、阳狮（Publcis Group）以及电通（Dentsu Group）。无论从集团的规模还是从单一广告公司在世界的排名来看，这五大广告集团都在世界广

告市场上占有举足轻重的地位。这五大广告集团在全球广告市场所占市场份额从1993年的46%飚升到了2004年的66%。就单一广告公司而言，2003年全球十大广告公司中，奥姆尼康集团占3家，法国阳狮和WPP各占2家，日本电通和IPG各有1家。因此，这五大广告集团在全球广告市场上的霸主地位不易撼动。

3. 从广告媒体看，传统广告媒体增长稳定，新型广告媒体发展迅速

从收益率来看，电视仍是最重要的广告媒体，其次是报纸。除了传统的四大媒体，即报纸、杂志、电视以及广播，互联网成为增长最快的广告媒体。2006年到2009年间，全球互联网广告的增长速度将比传统媒体快6倍；2007年全球互联网广告支出增长28.2%，而其他媒体增长仅3.7%；到2008年，互联网广告支出将超过广播广告，到2009年，互联网广告支出将接近全球广告支出的9%，并且在以后的10年内，其所占份额将会达到两位数（表2-4）。

另外，预计到2009年，电影院和户外将是除互联网之外发展最快的广告媒体。电影院广告以极快的速度在全球广告舞台上崭露头角。而承包商加大投资于版面和调研的力度，也使户外媒体得以稳步增长。

表2-4　2006~2009年全球各广告媒体支出情况

（单位：百万美元）

广告媒体	2006年	2007年	2008年	2009年
电视	160670（37.9%）	167823（37.7%）	178735（37.8%）	186412（37.6%）
报纸	123405（29.1%）	126191（28.3%）	130231（27.6%）	133719（27%）
杂志	54604（12.9%）	56445（12.7%）	58626（12.4%）	61154（12.4%）
广播	35334（8.3%）	36347（8.2%）	37503（7.9%）	39105（7.9%）
互联网	24385（5.8%）	31271（7.0%）	37910（8.0%）	42912（8.7%）
户外	23775（5.6%）	25483（5.7%）	27396（5.8%）	29487（6.0%）
电影院	1836（0.4%）	1950（0.4%）	2135（0.5%）	2356（0.5%）

资料来源　实力传播. http://www.zentieptimedia.com.cn.

总之，从全球广告业的发展情况来看，广告业的发展趋势如下：①电子信息对广告业的渗透极为引人注目；②由于传播媒体多样化，广告形式不断创新；③现代广告比以往任何时候都更加注重广告的效果测定和信息反馈，并使调查活动成为一种行业行为；④对广告行业的管理趋于严格；⑤广告活动具有世界化、全球化倾向；⑥国际广告业的合作进一步发展。

第二节　中国医药广告业的发展现状与前景

一、中国医药广告业的发展现状

随着中国广告业在近 10 年来的蓬勃发展，相应的，中国的医药广告业也获得了充分的发展空间和更多的市场机会，特别是近 5 年，医药广告业一直是促进中国广告业发展壮大的主力军。自 2001～2006 年，中国医药广告投入逐步增加（图 2 - 2）。

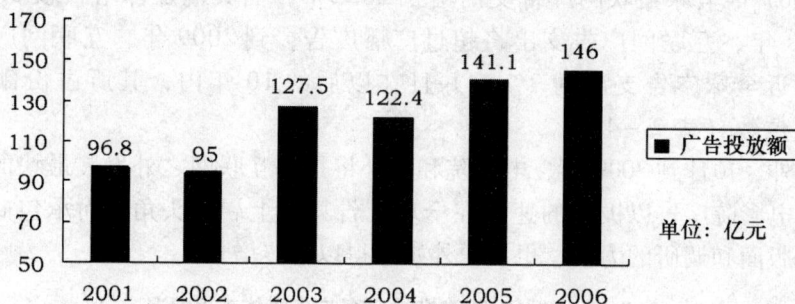

图 2 - 2　2001～2006 年中国医药广告投放额

但是，近年来，在医药广告市场繁荣发展的同时也出现了一些问题，如在密集广告投放中，高投入的同时面临的边际收益递减所带来的资金浪费；广告制作、发布不够科学，缺乏创意；医药广告未经审批进行宣传，处方药违法在大众媒体进行宣传，擅自篡改审批内容违法发布。对这些违法广告涉及的医药产品，有关监督管理部门缺乏控制和制裁的法律依据，从而在客观上导致生产、经营企业肆无忌惮地借助违法医药广告促销，误导消费者。

医药广告对信息的传递具有十分积极的作用，但同时也在某些方面带来了一定的消极作用。例如，医药广告影响力的扩大会带来不合理用药的隐患，对于不具备专业知识的患者，如果仅仅根据广告来选择用药或要求医师处方，会造成严重的药品误用或滥用。根据国家食品药品监督管理局的监测数据显示，仅 2005 年 1～7 月期间，在所抽查的 181 份报纸发布的 10598 次药品广告中，违法发布的医药广告就有 9680 次，违法率高达 91.3%；在抽查的全国 35 家地市级电视台（频道）发布 20792 次药品广告中，违法发布药品广告 9573 次，违法率 46%；2006 年第一季度，各省（区、市）食品药品监督管理部门以发布《违法药品广告公告》等方式予以通报并移送同级工商行政管理部门查处的违法药品广告共计 9371 次，2006 年 1～8 月份，国家食品药品监督管理局共监测了全国 250 份报纸所发布的药品广告 11564 条次，违规率约占 91%。可见，由于药品的特殊性，使得药品广告业飞速发展的同时，虚假药品广告也带来了极大的危害性和社会负面影响。

针对医药广告泛滥问题，国家已采取一系列有关措施来规范医药广告市场秩序。

1. 对药品广告的管理　国家食品药品监督管理局和国家工商行政管理总局联合公布了新修订的《药品广告审查办法》和《药品广告审查发布标准》，并于 2007 年 5 月 1 日起正式施行。

与以前的《药品广告审查办法》相比，新修订的《药品广告审查办法》新增加的内容共涉及 12 项条款，包括注销广告文号的几种情形、篡改广告内容的处理、行政强制措施、提供虚假材料的处理、停止备案的几种情形、对未备案的广告的处理、县以上药监部门的职责、发布违法公告的部门、对未经审批药品广告的处罚、审查和监督人员的法律职责、广告批文等内容。

简而言之，新修订的《药品广告审查办法》重点增加和明确了两点规定：第一，对于篡改经批准的药品广告内容进行虚假宣传的，撤销广告所涉及的药品品种的所有广告文号，并在一年内不受理该药品广告批准文号申请；第二，将药品广告与产品挂钩，对任意扩大产品适应症范围、绝对化夸大药品疗效、严重欺骗和误导消费者的违法广告，将对其产品实行强制控制措施，暂停该产品的销售，并责令其消除影响。

而修订后的《药品广告审查发布标准》，进一步规范了广告审查和发布管理，加大了监管执法的力度。新标准对药品广告的监管更加严格，新增了药品广告不得含有军队单位或者人员的名义、形象，利用军队装备、设施从事药品宣传；不得涉及公共信息、公共事件或与公共利益相关联的内容；不得在未成年人出版物和广播电视频道、节目、栏目发布药品广告；不得含有与医疗机构有关的医疗服务内容等规定。为保证用药安全，引导合理用药，新标准还规定，药品广告中涉及药品适应症或者功能主治、药理作用的内容，必须以国家批准的说明书为准，不得扩大或者恶意隐瞒，不得含有说明书以外的理论、观点等，如药品广告不得含有"安全无毒副作用""毒副作用小"等内容，也不得明示或暗示服用该药能应付现代紧张生活和升学考试等需要，帮助提高成绩、精力旺盛、增强竞争力、增高、益智等内容，不得直接或间接怂恿消费者任意、过量地购买和使用药品，不得含有免费治疗、免费赠送、有奖销售、以药品作为礼品或者奖品等促销药品的内容，不得含有评比、排序、推荐、获奖等综合性评价内容。

2. 对医疗广告的管理　为了遏制虚假违法医疗广告的滋生和蔓延，2007年1月1日，新《医疗广告管理办法》（简称《办法》）开始实施。2007年新实施的《办法》不仅加强了医疗广告的审查制度，首次对发布的广告内容作出了明确限定，通过严格控制医疗广告内容来整治医疗广告，而且加大了对违法医疗广告主、广告经营者、广告发布者的处罚力度。

例如，在审查制度上，新《办法》规定审查由事后审查变为事先审查，以有效地将虚假广告拦截于刊播之前，真正保护消费者利益，促进广告业和经济的健康发展。新《办法》实施后，要求对广告成品进行审查，也就是在广告公司创意后、广告发布前送交省级卫生行政部门或中医药管理部门，由监管部门对广告的画面、文字表达进行全面检查，并出具证明，一旦审查通过后，广告成品内容在刊发或播出时连一个标点都不得改动，从而在法律法规上消除违法广告的空间，具有很强的可操作性。新《办法》还授权卫生行政部门和中医药管理部门负责医疗广告的审查，并对医疗机构进行监督管理，而在此之前，卫生行政部门仅负责医疗广告审批，对医疗广告的发布没有执法权。这一新的授权使得卫生行政部门可根据自身的职能权限对违法广告的发布单位进行处罚，以此解决此前卫生行政和工商行政管理部门执法衔接不好的问题。

在广告内容的控制上，新《办法》分别规定了可发布的8项内容和不可发布的8种情形，同时禁止医疗机构利用新闻形式、医疗资讯服务类专题节（栏）目发布或变相发布医疗广告。另外，一些医疗资讯服务类专题节目中的人物专访、专题报道等，也不得出现有关医疗机构的地址、联系方式等广告内容。在处罚问题上，工商行政管理机关除可依据《广告法》、《反不正当竞争法》对其予以处罚外，对情节严重、造成严重后果的，可以并处1～6个月暂停发布医疗广告，直至取消广告经营者、广告发布者的医疗广告经营和发布资格的处罚。卫生行政部门和中医药管理部门可以责令医疗机构停业整顿、吊销相关诊疗科目，直至吊销《医疗机构执业许可证》。对法律法规没有规定的，工商行政管理机关应当对负有责任的广告主、广告经营者、广告发布者给予警告或者处以1万元以上3万元以下的罚款。

对于国家采取的这一系列有关措施，虽然给医药广告业的发展增加了很多限制，医药广告的难度大幅度增加，但这也为中国医药广告业未来的健康发展创造了一个更好的市场空间。

●小链接●

国外医药广告管理制度简介

1. 美国

美国是世界上药品广告市场最发达的国家,美国制药企业平均1年花在处方药广告上的开支高达27亿美元。在美国,只要是药品都可以做广告。根据一项调查数据显示,每个美国市民平均1年能看的药品电视广告高达30小时以上。

虽然药品都可以做广告,但是由于存在着各种法律制度漏洞,美国医药广告市场同样比较混乱。有资料显示,美国人全年因上虚假医药广告的当而花费的金钱,每年高达数百亿美元。

为此,FDA在打击虚假药品广告方面采取了许多有力手段,针对医药广告有详细的规定,对新药的推广宣传把关尤其严格。例如,FDA要求所有的药品广告都要符合与药品标签同样的要求。药品广告不但必须包括对药品副作用、禁忌症和疗效不偏不倚的简要介绍,还必须包括关于被批准的药品所有适应症的资料,但可以不包括任何未经批准或"标签范围以外"用途的资料,而且所有的促销材料都必须以有关信息和科学知识为依据。另外,FDA可以根据一则广告的重点或表达方式来指证广告虚假、误导或缺乏合理的公正性。同时,FDA对标签和广告的要求适用于所有出现在何种媒体上的推销宣传材料。因此,药品信息在因特网上的交流、传送都受到与在纸质媒体上宣传一样的限制。为此FDA还成立了一个专门的工作组,处理英特网所独有的事项。

2. 英国

英国政府坚信,医药广告的有效管理与政府的高度重视密切相关。因此,为了规范医药广告,杜绝虚假广告,英国从法律法规的制定到监管机构的设置和监督实施,从规范媒体广告承接到消费者投诉受理,从药品生产、商业推销到患者用药等,已经形成一整套严格制度,做到任何一个环节都有章可循,有法可依。由于在英国,任何一种药品在投入使用之前,都必须得到英国医药监管局的许可证。医药监管局对药品的药效、质量、不良反应及安全标准都有严格的一整套监审和试验程序,许可证也并非一劳永逸,而是每5年审核更新1次。

英国广告行业委员会是英国负责制定、修改和实施国内非广播性广告和促销法的机构。该委员会有关治疗、保健和美容产品广告法规明确规定：对产品的介绍必须准确；任何药品不得声称等同或超过其他同类药品的疗效；广告中不得有导致患者自我误诊的言辞；广告不得对患者提出治疗忠告或提供诊断；不得鼓励广告受体过量使用广告产品；广告中可以说缓解老年症状，但是诸如"治疗"和"恢复精力"之类不实之词一般不许出现；对矫正轻微毒瘾和恶习的产品，广告词必须言明意志力量至关重要；广告商不得利用人们的担心与焦虑推销药品；广告不准宣传药品没有副作用，夸大药效等。

负责电视广告监管的独立电视委员会对医药广告文字的规定有36条50多款，涵盖医药、治疗、保健、营养和食品添加剂五大类。其具体规定除了与广告行业委员会的法规大体一致外，还规定广告中不准出现社会名人，包括体育和娱乐界名人对产品的褒奖，更不允许这些名人直接做药品广告；不准在16岁以下少儿节目中或节目前后刊播医药广告；无须获得医药许可证的边缘产品的广告中不得出现有关医疗作用的用词。

根据规定，媒体在刊登药品广告之前必须首先根据法律检查欲做广告的产品是否已获得医药监管局颁发的许可证，其次还要检查它的合法性。

此外，投诉制度是监督广告的最后一道防线，如果受广告诱导使用药品导致有害后果，或发现广告违反了某项法规，可以通过任何途径直接向该局的信访部门投诉。

3. 法国

法国国家卫生制品安全局在药品广告管理方面对专业广告和大众广告都有一系列的具体要求，甚至从字体到字迹都有明显的要求和标准。如在对专业广告的要求中，该局特别提到对组成某种药品名称的所有单词必须采取统一标准处理，无论是字迹、字体，还是颜色都应该完全一样，以避免为突出广告效益而损害该药品名称整体性的情况出现。

为防止公众利益受到侵害，该局规定，尚未获得上市批准的药品不得先期进行广告宣传；为避免夸大药效，不允许在药品广告中使用"特别安全"、"绝对可靠"、"效果最令人满意"、"绝对广泛使用"等吹嘘药品安全和疗效的过激字样；为避免出现不公平竞争，不能在广告中出现"第一"、"最好"等绝对字样。此外，任何药品在投放市场 1 年后，不能再继续标榜为"新药"。

在针对大众的广告中，绝对不能宣称某种药品因为纯天然而安全有效，不能将药品与食品类比；也不能宣称某种药品有效是由于这种药品已经经过长期使用，因为药品有效与否只有通过科学实验才能得到验证；更不能宣称某种药品的功效与另外某种药品或治疗方法的效果一样（或更好）。此外，除疫苗、戒烟药及一些预防性药品广告外，其他任何治疗性药物的广告中都不能使用"健康人服用后身体状况能有所改善"，或"健康人不服用身体就会受到影响"之类的用语，以避免鼓动公众滥服药物。

4. 德国

德国的医疗及制药水平居于世界领先地位，但德国的电视和报纸等大众媒体上，药品广告却寥寥无几。究其原因，首先是德国法律对药品广告加以重重严格限制，其次是德国采用医药分离体系，面向大众的药品宣传多数无法收到直接利益回报。

德国 1994 年修订颁布的《医疗广告法》对包括药品及医疗设备等所有医疗范畴内的商品广告都给予了严格规定。《医疗广告法》规定，处方药只允许在专业药店中出售，也只允许在专业杂志上做广告。非处方药品的广告投放稍微宽松一点，但是对其广告描述却有着苛刻的限制。此外，法律还规定所有医药广告都必须清楚注明药品副作用及服用方法等所有相关要素，否则制药商和广告商就将受到严厉处罚。例如，阿司匹林这样的药物，可以在非专业媒体的印刷品或者电视上做广告说："您治疗疼痛的选择"，但不可以说"预防脑卒中、心肌梗死等疾病"。这是因为，前者只介绍其适于治疗疼痛这一属于非处方药许可范围内的疗效，而后者提及的疾病则属于处方药医治范畴，因此是违法的。除此以外，法律还规定，所有医药广告必须清楚注明药品副作用及服用介绍等相关要素，并单独注明"为预防用药风险及副作用，请您仔细阅读药品说明书并向专业医生咨询"。因此，制药商会更加倾向于多投资用于研发而不是投资于不能直接获得利益回报的广告。

除了法律上的严格规定，德国完善的"医药分离"制度真正从源头上挤掉了德国药品广告中带来的超额利润。德国法律规定，所有人都必须参加医疗保险。通常情况下，投保者在政府许可的医疗保险诊所自由选择就医，只有急诊或得到医保诊所医生的转诊证明才能前往其他医院继续治疗。医生虽然具有给患者开具处方的权力，但病人究竟前往众多药店中的哪一家购药，却是不受医生约束的，医疗和医药费用则交由保险公司核对报销。这样，医生在开处方时就只会考虑"对症下药"，以维护诊所的信誉，吸引患者前来就医，而不会成为制药公司推销药品的渠道。

5. 加拿大

加拿大对公众的处方药物专用广告只限出现于药房的公告栏，广告中应标出某种特定药物的名称、价格及数量，供消费者比较药物的价格。虽然有来自药厂的压力，政府并不认为广告是向公众提供处方药物信息的适当方法，而广告的主要意图是鼓励使用和销售产品，并不是教育消费者。

二、中国医药广告业的前景与就业机会

近几年，中国医药广告业发展迅猛，成为中国广告市场的重要生力军，广告投放额占整个广告市场总额的较大比重；在行业的分类统计中，医药广告业在广告额上一直处于前三甲的位置（表2-5）。

表2-5 2003～2006年中国不同行业广告投放额排名

年份	广告投放额排名顺序
2003	房地产、药品、食品、家用电器、化妆品
2004	房地产、药品、食品、化妆品、家用电器
2005	药品、食品、房地产、化妆品、汽车行业
2006	房地产、药品、食品、化妆品、汽车行业

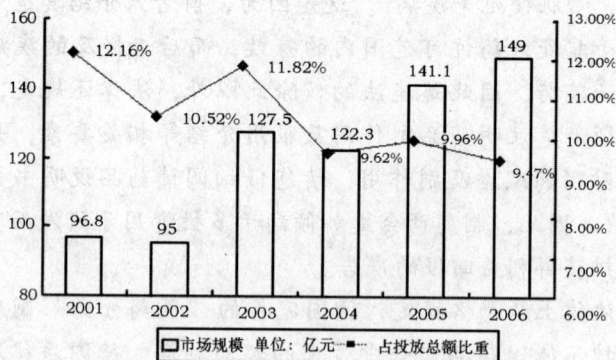

图2-3 2001～2006年中国医药广告投入情况

图2-3是2001～2006年中国医药广告投入情况。2001～2004年，药品

广告的投放额一直仅次于房地产业，排在第 2 位；2005 年药品广告投放额的分类排序升至第 1 位，这一方面与国家对房地产业的治理整顿有关；另一方面也与国家税务总局下发《关于调整制药企业广告费税前扣除标准的通知》有关。2005 年执行该标准后，企业每一纳税年度可在销售（营业）收入 25%（之前为 8%）的比例内据实扣除广告费支出，超过比例部分的广告费支出可无限期向后年度结转，使得企业的广告费用成本下降。另外，由于药品的特殊性，在医药广告发布上，国家有较为严格的法律、法规要求，如广告审批制度、处方药不能在大众媒体上发布广告等，因而医药广告的发布也受到较强的政策影响，明显表现在其投放额分别在 2002 年和 2004 年出现了小幅下滑，医药广告投放额占整个广告市场总额的比重从 2001 年的 12.16% 逐年下降至 2004 年的 9.62%。这一方面与国家对药品广告发布的宏观调控政策有关；另一方面也与企业经营的日趋理性有关。随着医药市场竞争的深化，除了广告这种非价格竞争手段之外，企业倾向于选择终端促销、服务等多种差异化营销手段。

总之，据 2001～2006 年医药广告占广告业总额的比重情况以及 2003～2006 年广告业投放前 5 位行业趋势情况分析显示，医药广告业的发展前景是非常广阔的。虽然从 2002 年规定处方药不能在大众媒体上做广告起至今，有关医药广告的管理政策频频出台，消费者也对药品广告毁多誉少，但投放额的逐年攀升恰恰说明了医药广告市场需求巨大以及医药广告市场的巨大发展潜力。此外，随着社会竞争的加剧和工作生活节奏的加快，新时代名词"白领综合征"应运而生，神经系统紊乱引起的头痛失眠，亚健康时代的咽痛感冒，神经系统药、抗微生物类药、补益药和痔疮药等治疗都使常见病的药品成为竞争焦点，广告投放量将明显上升，而具有广阔上升空间的儿科用药市场，也将抓住这个时机宣传品牌，加大广告投放。

从就业趋势上看，医药广告业在未来很长一段时间内，对于人才的需求将会不断增加，就业形势一片大好。

从现阶段中国医药广告市场主要面临的问题上看，主要体现在人、财、物 3 个方面。从人的角度看，存在医药广告业战略人才极度匮乏，缺乏同时具有医药背景和广告学背景的专业人才，缺乏富有想象力、创造力的广告设计者等。但是正是从这些问题中，可以发现巨大的就业机会，医药广告业现在急需大量人才，特别是具有以上特点的人才，因此，不管是从医药广告业的发展前景还是就业机会上看，中国医药广告业都具有非常大的发展空间。

第三节 医药广告与整合营销传播

一、医药市场营销组合策略

医药市场营销组合策略，是指医药企业在选定的目标市场上综合运用各种市场营销策略和手段，以销售医药产品，并取得最佳经济效益的策略组合。

医药市场营销组合有多种组合方式，其中运用最广泛的是杰罗姆·迈卡锡（美）提出的"4P"理论，即把市场手段或营销因素分成四大类：产品（product）、价格（price）、销售渠道（place）和促销（promotion）。这个"4P"理论是整合营销传播的核心。

1990 年 Lauteborn 针对传统的"4P"理论，从消费者的角度出发，提出了"4C"理论，即消费者的需要与欲望（customer solution），即企业要生产消费者所需要的产品而不是卖自己所制造的产品；消费者的意愿成本（cost），即企业定价不是根据企业的具体生产成本，而是要研究消费者的收入状况、消费习惯以及同类产品的市场价格；商品购买的便利条件（convenience），即销售过程在于如何使消费者快速、便捷地获得产品；与消费者的沟通（communication），即消费者不再只是单纯的受众，其本身也是新的信息传播者，因此必须实现企业与消费者之间的双向沟通，以谋求与消费者建立长期稳定的关系。图 2－4 显示了从"4P"理论向"4C"理论的转变。

图 2－4 "4P"理论向"4C"理论的转变

（一）医药市场营销组合的特点

1. 医药市场营销组合是企业可控因素的组合 医药企业可以自由的选择不同的市场营销手段，进行有效组合，使之相互协调。医药市场营销组合的因素，是企业可以主动控制的因素。企业可以根据目标市场的特点，针对消费者的需求，调整产品结构和服务；根据竞争状况，确定定价目标和定价策略；根据产品特点选择适当的营销渠道，以加快商品流通速度；还可以针对不同消费者的购买行为和消费方式，展开立体的、不同层次的促销活动。

由于市场情况瞬息万变，因此，医药企业在发挥主观能动性，利用自身优势，制定市场营销组合策略的同时，还必须随时监测市场环境的变化，适时调整市场营销组合策略。

2. 医药市场营销组合是动态的组合 制定营销组合策略时，产品、价格、渠道和促销这 4 个因素，只要其中一个因素发生变化，就会影响其他因素，从而形成一个新的组合。例如，某一医药企业打算扩大原来仅在医院销售药品的销售渠道，不仅在医院销售，还要在零售药店和药房销售，这时其营销组合将发生变化，不仅销售渠道会变宽，促销方式也需要更加灵活多变。因此，医药市场营销组合是一个不断变化的动态组合。

3. 医药市场营销组合策略是复合、多层次的组合 医药企业可控制的 4P 组合是企业的整体营销策略，包括产品策略、价格策略、渠道策略和促销策略。而每一个策略又包括众多营销子因素，例如，促销策略又包括广告、人员推销、营业推广、公共关系等具体因素。这些具体的营销因素形成一个次级的营销组合。

因此，医药企业可以自主的在 "4P" 组合的各个次级营销组合所组成的多层次、多维度、多角度的市场营销组合中，选择最适应市场环境的营销组合。

4. 医药市场营销组合策略是统一的整体策略 医药市场营销组合中的各种营销手段都会对消费者的购买行为产生影响，因而必须采取整体最优营销组合，以保证市场营销活动的有效性。即在运用营销组合时，必须强调组合的整体性，以提高营销策略的整体运作水平、提高营销效果为目标，在对每一个因素进行分析的基础上，综合运用，突出整体效果，而不是各自为政，单兵作战，仅考虑某一因素的优势。

（二）医药市场营销组合基本决策构架

1. 产品策略（product strategy） 产品策略是整个营销组合的基石。产品策略可以从产品研究的不同角度分为整体产品策略、产品组合策略、产品生命周期策略和新产品开发策略。

整体产品策略包括商标策略、包装策略和服务策略等。

产品组合策略是企业根据市场需求和自身能力条件，确定生产经营规模和范围的决策，即企业对产品组合的广度、深度和关联性方面进行选择、调整的决策。可供选择的产品组合策略一般有扩大产品组合策略、缩减产品组合策略和产品线延伸策略。

产品市场生命周期策略是企业根据产品生命的不同阶段制定相应的营销策略，包括：引入期的营销策略，如快速取脂策略、缓慢取脂策略、快速渗透策略、缓慢渗透策略等；成长期的营销策略，如提高产品质量，适当降价，加强分销渠道建设，突出产品宣传重点等；成熟期的营销策略，如开发新的目标市场，改革产品，加强产品促销的力度等；衰退期的营销策略，如维持策略、收缩策略、放弃策略等。

2. 价格策略（pricing strategy） 按照产品与市场情况，灵活地运用各种定价方法与策略，可以吸引顾客，刺激购买，扩大产品销路，实现营销目标。价格策略包括以下内容。

（1）新产品定价策略 在企业的新产品上市，竞争对手还没有同样的产品跟上时，企业有两种价格策略可供选择，即速取策略和渐取策略。

（2）折扣价格策略 对基本价格作出一定的让步，直接或间接降低价格，以争取顾客，扩大销量。主要的形式有数量折扣、现金折扣、功能折扣、季节折扣等。

（3）差别定价策略 根据需求中的某项差别而制定不同的价格，包括细分市场差价、式样差价、销售地点差价。

（4）心理价格策略 该策略是考虑到消费者购买心理而实行的各种价格策略的总称，包括零头价格、整数价格、声誉价格、"特价品"价格和投标价格等，主要适于零售企业使用。

3. 分销渠道策略（placing strategy） 这是企业选择商品从制造商到消费者手中的最佳途径。分销渠道策略包括区域分布、中间商选择、营业场所、网点设置、运输储存及配送中心、服务标准等因素组合运用。

4. 促销策略（promotion strategy） 促销策略是指以人员或非人员的方式，说服和帮助顾客购买某项商品或劳务，或使顾客对卖方的观念产生好感。促销策略可分为人员推销或非人员推销二大类；非人员推销又可分为广告、公共关系、营业推广等各种方式。

二、医药广告与整合营销传播的关系

传统的"4P"市场营销组合策略是以企业为中心的，一切从企业出发进行规划，它把消费者视为被动的接受者，把广告传播视为单向的发布行为。但是随着消费者的个性化消费需求日益突出，加之媒体分化，信息量成几何倍数增加，传统的"4P"逐渐被"4C"所取代。"4C"全面转向对消费者的关注，它改变以往"消费者请注意"的口号，转而强调"请注意消费者"，把广告传播视为和消费者之间的互动过程。

整合营销传播就是以"4C"营销组合作为理论基础发展而来的。整合营销传播（integrated marketing communications，IMC）是一种具有极强实战性和操作性的营销策略。所谓整合营销传播，是指以消费者为核心重组企业行为和市场行为，综合协调地使用各种形式的传播方式，以统一的市场为目标，以统一的传播形象传播一致的产品信息，实现与消费者之间的双向沟通，迅速树立产品在消费者心目中的地位，建立产品与消费者之间的长期密切关系，更有效地达到传播和促进产品销售的目的。

由整合营销传播的含义可见，企业在传播信息时，要"speak with one voice"。信息高速发展，消费者借由各种各样的媒体获得各种形式、不同来源、种类各异的大量信息，这些信息只有"speak with one voice"才能发挥最大作用。因此，对各种传播媒体的整合运用显得尤为重要。

整合营销传播组合（marketing communication mix）由5种主要传播工具组成：

（1）广告 为了某种特定的需要，通过一定形式的媒体，主办人以付款方式，利用创意、商品和服务的非人员展示和推广活动，公开而广泛地向公众传递信息的宣传手段，如印刷和广播广告、外包装广告、电影画面、宣传小册子、海报传单、广告牌、工商名录、销售点陈列等。

（2）销售促销 利用各种鼓励、试用或赠送商品和服务的短期刺激，向消费者传递有关本企业及产品的各种信息，说服或吸引消费者购买其产品，以达到扩大销售的目的，如兑奖、赠品、展销会、赠券、折扣、商品搭配等。

（3）公共关系 通过传播、沟通手段来影响公众，以促进或保护公司和产品形象，如演讲、研讨会、慈善捐款、公司杂志、捐赠等。

（4）人员推销 利用沟通方式来说服、暗示，运用一切可能的方法把产品或服务提供给顾客，使其接受或购买。

（5）直接营销或互动营销 利用邮寄、电话、传真、电子信箱或互联网直接向特定顾客或目标顾客传播信息，如目录销售、邮购、电话营销、电视购物等。

三、医药广告在整合营销传播中的作用

广告策略是整合营销传播的重要组成部分，也是整合营销传播成功的关键。因此，广告策略必须对各种传播媒体进行整合运用。

1. 传递信息，沟通产需 整合营销传播强调的一个重点就是如何与消费者进行沟通。广告最基本的功能是认识功能。广告可以让消费者认识和了解

各种商品的商标、性能、用途、使用和保养方法、购买地点和购买方法、价格等项内容，从而起到传递信息、沟通产销的作用。

俗话说，"酒香不怕巷子深"。但在现实生活中，这个观念已经无法适应商品经济发展的需求，现在要强调的是"酒香也怕巷子深"。目前，虽然医药广告在广告市场上已经占有相当大的市场份额，但是还有一些医药企业对广告的作用并不重视，认为做广告花费大，得不偿失。因此，他们宁可天南海北、火车轮船、辛辛苦苦到处推销，也不愿做广告。实践证明，广告在传递经济信息方面，是最迅速、最节省、最有效的手段之一。好的产品借助于现代化科学手段的广告，其所发挥的作用明显高于人力。

2. 激发需求，增加销售　营销的目的就是为了扩大销售，而整合营销传播就是为了适应信息高速传递的现代商品经济而发展起来的。面对众多的信息和各种各样的商品，消费者该如何选择？一则好的广告，能起到诱导消费者的兴趣和感情，引起消费者购买该商品的欲望，直至实现消费者的购买行动。药品需求具有自己的独特性，但是由于药品信息存在严重的不对称现象，医药广告能及时将有关的医药信息传递给消费者，从而能有效激发消费者的需求，扩大药品销量。

3. 促进竞争，开拓市场　大规模的广告是企业在整合营销传播中的一项重要竞争策略。当一种新产品上市后，如果消费者不了解它的名称、用途、购买地点、购买方法，就很难打开销路，特别是在市场竞争激烈，产品更新换代不断加快的情况下，企业通过大规模的广告宣传，能使消费者对本企业的产品产生吸引力，这将有利于企业开拓市场。

同时，提高产品的知名度是企业竞争的重要内容之一，而广告则是提高商品知名度不可缺少的武器。跨国企业总是善于利用广告，提高企业和产品的品牌知名度，从而大大提高产品竞争力。

4. 介绍知识，指导消费　现代医药产品种类繁多，新药不断研发出来，而药品销售上的信息不对称，使得消费者很难及时掌握有关产品信息，及时买到自己需要的医药产品，而广告通过商品知识介绍，就能起到指导消费的作用。

正是由于医药广告在营销整合中的重要作用，制定整合营销的广告策略时必须注意以下几点：仔细研究产品，明确该产品所能满足的消费者需求及产品卖点；锁定目标消费者，做到有的放矢；了解竞争品牌，比较竞争品牌的优势及其市场形象；树立自己品牌的个性；明确消费者的购买诱因，即消费者购买该品牌的诱因是什么；强化广告说服力，通过内容和形式的完美结合说服消费者；对电视广告、广播广告、平面广告、DM 广告、POP 广告等各种形式的广告进行一元化整合，以实现消费者最大程度的认知；研究消费者的接触形式确定投放方式，即消费者如何接触到广告，如何增加其接触次数，确定广告投放方式，以到达品牌认知；对广告效果进行评估，对广告的效果进行量化评估，为下次广告策略提供科学依据。

本章小结

广告的出现主要由商品经济的发展、心理学的发展和学科分化这三大原因决定。商品经济的发展为广告的产生提供了客观上的推动力、心理学的发展为广告的产生奠定了理论基础，而广告学作为独立学科的产生是学科分化的必然结果。

依据各个历史时期的广告技术发展水平和特征，可以把广告的发展分为 5 个阶段：即原始广告阶段、印刷广告阶段、媒体大众化阶段、广告行业化阶段和信息广告产业阶段。

从总体上看，目前国际广告业显现出三大趋势：从国家范围看，全球广告业发展极不平衡，几个国家的广告市场几乎占了世界广告市场的一大半；从广告公司来，全球广告市场经过 30 多年的整合渐趋稳定，目前的广告市场主要由几家大型跨国广告公司掌控；从广告媒体看，传统广告媒体增长稳定，新型广告媒体发展迅速。

医药市场营销组合策略，又称医药市场营销组合，指医药企业在选定的目标市场上综合运用各种市场营销策略和手段，以销售医药产品，并取得最佳经济效益的策略组合。

医药市场营销组合是企业可控因素的组合，是动态的组合，是复合、多层次的组合，同时也是统一整体策略。医药市场营销组合运用最广泛的是"4P"理论，即产品（product）、价格（price）、销售渠道（place）和促销（promotion）。到了 20 世纪 90 年代，强调以消费者为中心的"4C"开始逐步取代传统以企业为中心的"4P"组合。"4C"即消费者的需要与欲望（customer solution），消费者的意愿成本（cost），商品购买的便利条件（convenience）以及与消费者的沟通（communication）。

整合营销传播（integrated marketing communications，IMC）是指以消费者为核心重组企业行为和市场行为，综合协调地使用各种形式的传播方式，以统一的市场为目标，以统一的传播形象传播一致的产品信息，实现与消费者之间的双向沟通，迅速树立产品在消费者心目中的地位，建立产品与消费者之间的长期密切关系，更有效地达到传播和促进产品销售的目的。广告策略是整合营销传播的重要组成部分，也是整合营销传播成功的关键。

思考与讨论

1. 广告业产生的原因是什么？
2. 技术因素是如何推动广告发展的？
3. 中国医药广告的现状如何？存在哪些主要问题？该如何解决？
4. 如何在整合营销传播中运用广告策略？

● 拓展练习 ●

徙木为信

商鞅变法令既具，未布，恐民之不信已，乃立三丈之木于国都市南门，募民有能徙置北者予十金。民怪之，莫敢徙。复曰："能徙者予五十金。"有一人徙之，辄予五十金，以明不欺。卒下令，令行于民。

释文：商鞅变法的法令已经准备就绪，但没有公布。他担心百姓不相信自己，就在国都集市的南门外竖起一根三丈高的木头，告示：有谁能把这根木条搬到集市北门，就给他十斤黄金。百姓们感到奇怪，没有人敢来搬动。商鞅又出示布告说："有能搬动的给他五十斤黄金。"有个人壮着胆子把木头搬到了集市北门，商鞅立刻命令给他五十斤黄金，以表明他说到做到。接着商鞅下令变法，新法很快在全国推行。

拓展练习思考题

商鞅变法的故事里，广告的作用是否得以体现？

第三章

医药广告组织

宛西制药的媒体选择

河南宛西制药股份有限公司（以下简称宛西制药）创建于1978年，2003年改制为股份制民营企业。多年来，宛西制药坚持做行业先锋、树百年品牌、创百年企业的战略目标，发展成为集医药研究、药材基地、中成药、中药饮片、现代中药零售连锁为一体的多元化产业集团。连续多年被认定为中国中药企业五十强。企业拥有"月月舒"和"仲景"两大中国驰名商标。

在营销层面，宛西制药以国内重点大学毕业生为核心组建了一支专业知识强、素质水平高的营销团队，构筑覆盖全国的营销网络。在北京成立了3家公司，除广告代理外，还筹拍30集电视剧《张仲景》，并致力于借助北京的科技优势加强张仲景经方的开发。

2007年，宛西制药的媒体策略进行了较大调整，从以往主要投放全国性央视媒体为主调整为全国性的央视和强势省级卫视联播齐头并进。年初，公司广告部通过对众多卫视的分析，在收视率、覆盖率、到达率、成长性以及媒体的品牌等多项指标的对比中选择了安徽卫视作为省级卫视传播的重要媒体之一。通过合作，安徽卫视专业周到的服务使宛西制药的销售量和品牌价值得到了提升，同时，在宛西制药强势品牌的带动下，安徽卫视覆盖范围继续扩大，收视人口持续增加，收视率在全国卫视中稳居前列。

资料来源　王珏. 宛西制药的媒体选择. 中国安徽电视网 [OL]. http：//www. ahtv. com. cn/ggfw/2007 – 08/01/cms 66015article. shtml.

第一节　广告组织系统概述

一、组织的概念与职能

（一）组织的概念

组织工作作为管理的一项重要职能在经营管理过程中有着十分重要的地位，良好的组织建设为有效实现各种管理目标提供了前景和保障。

归纳起来，组织有以下两层含义：如果把组织当作名词来解释，是指两个或两个以上的个人为了实现共同的目标而组成的有机整体；如果把组织当作动词来解释，是指组织活动和组织工作。

综上所述，组织的概念可以理解为：组织是以一定的计划任务为前提，按照某种权责关系，将所要进行的活动进行分解与合成，并把组织成员编排和组合成一个分工协作的管理工作系统或管理机构体系，以便实现组织内外部环境的优化组合，从而圆满实现既定的目标的管理过程。

（二）组织的职能

组织的职能是指为有效实现组织目标，建立组织结构并配备相关人员，使组织协调运行的一系列活动。组织能够完成个体独立活动所不能实现的目标，组织职能的内容主要包括以下 4 个方面。

1. 分配工作　即通过组织工作把企业总体目标分解成若干部分并落实到每个组织成员身上，形成每位组织成员的任务。

2. 确定权力与责任的关系，促进沟通与协调　作为组织核心要素的权责关系，确定了组织的信息沟通渠道并使领导功能得以体现。组织工作使每位组织成员明确其具体责任，知道自己必须负责的对象是谁以及是谁向自己分配工作并对自己进行管理，进而使组织中全体成员都能清楚地了解组织的权力结构和权力关系。

3. 构建分工协作体系，提高工作效率和质量　通过组织工作将各项有助于预定目标实现的活动进行相互配合，把不同的任务进行有机地协调，从而实现"协同效应"，即一个有效的群体的共同努力往往要大于个体单独努力的的效果之和。

4. 培养组织能力，支撑与促进企业成长　组织工作的深层次功能是为了培养出一种能够支撑与促进企业成长的能力，这是组织的核心功能所在。

上述功能由表及里形成了功能层次体系（图 3 - 1）。

二、医药广告组织的定义

从组织的定义出发，对医药广告组织的定义界定如下：医药广告组织

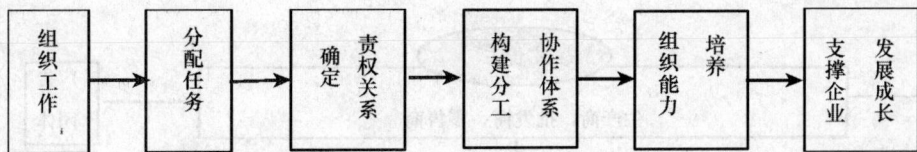

图 3 - 1　功能层次体系

是指医药行业的广告人以及广告相关人士，为了实现共同目标而组成的，具有稳定的社会关系和活动关系的，从事医药广告或医药广告相关活动的集合体，包括广告主、广告公司、下游公司、媒体组织、广告团体等。

三、医药广告组织系统的构成

系统科学认为，世界上任何事物都处于一定的系统之中。所谓系统，是指由相互联系、相互制约的若干部分结合在一起并且具有特定功能的有机整体。

实际上，每个医药广告组织单元本身和作为各医药广告组织单元之集合的广告业都是一个系统。在医药广告组织系统内部，各医药广告组织单元之间相互制约、相互依赖，共同形成广告业内部的生态环境。同时，医药广告组织系统还存在于一定的社会环境之中，它不断地与外部环境之间形成互动，实现资金、物质、技术、信息、知识和人力资源的流动与交换。

图 3 - 2 所示的是一个相对完整的医药广告组织系统内部结构，在该系统中，最主要的广告组织主体是广告主、广告公司、媒体组织。图 3 - 2 左边的直线表明，广告主在某些时候不利用广告公司的服务，而是直接通过媒体机构发布自己的广告，有时在准备广告的过程中接受一点技术（而不是创意）上的支持而已。

四、广告主、广告公司、媒体组织三大主体之间的关系

广告业作为一个系统，整个系统运转的好坏取决于其内部三大主体之间的关系是否协调。在此基础上，中国台湾广告学家樊志育认为，三大主体之间存在着四大空间（图 3 - 3）。

首先，广告主和广告公司之间存在着"共鸣空间"。广告主与广告公司之间良性的互动关系即是二者正确的合作关系，也就是说，在思想上、观念上广告主与广告公司有所接近，而最关键的在于彼此的共鸣和尊重，也就是良好的沟通。美国广告学者威廉·阿伦斯认为，广告主与广告公司

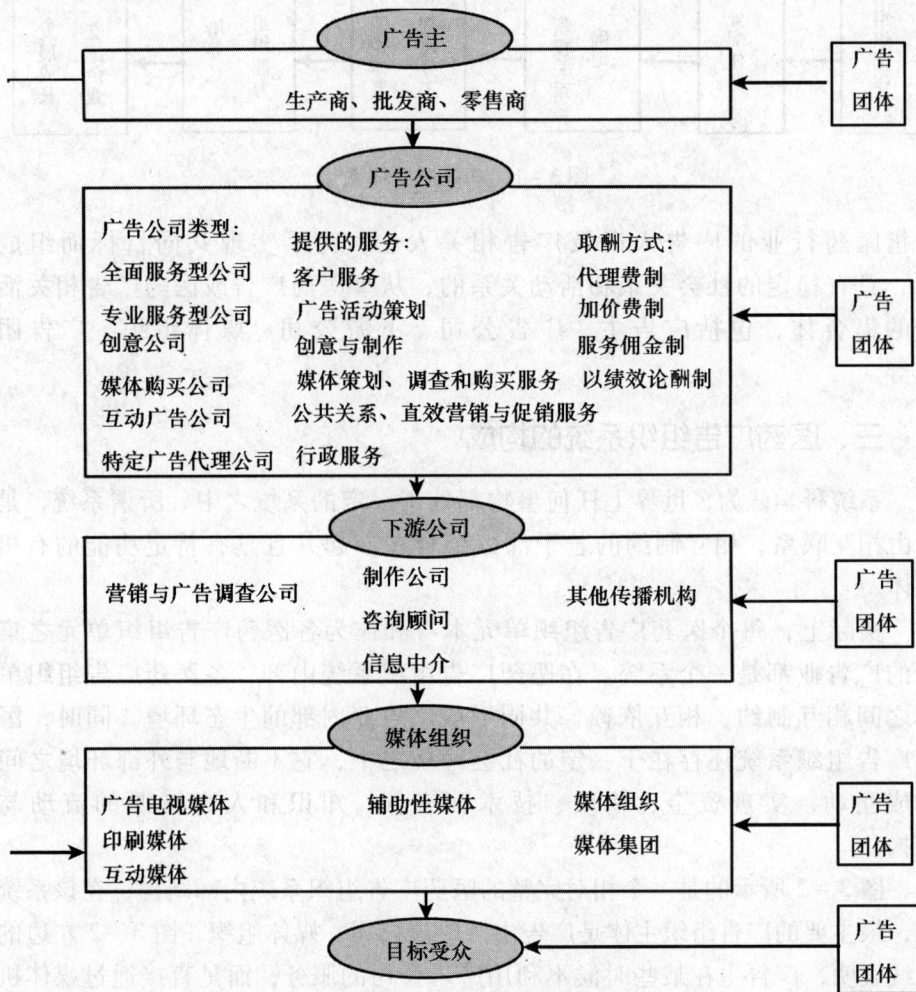

图 3-2 医药广告组织系统的构成

的关系受诸多因素的影响，通常可将这些因素分为 4 "Cs"：化合因素（chemistry）、沟通因素（communication）、操作因素（conduct）和变化因素（change）。

其次，广告公司与媒体组织之间存在着"剀切空间"。所谓剀切，是指双方目标的一致性。广告公司与媒体组织同时为广告主服务，双方有着共同的利益。在如何选择媒体的版面或时间上，媒体组织应给予广告公司充分的理解。由于媒体上的版面和时间常被某个广告公司买断，其他广告公司如想安排广告，只能通过买断者才能实现，有时根本就不能获得想要的版面或时间。因此，广告公司和媒体组织之间若不建立剀切关系，往往会产生许多问题，只有双方达成共识，才能产生对双方都有利的结果。

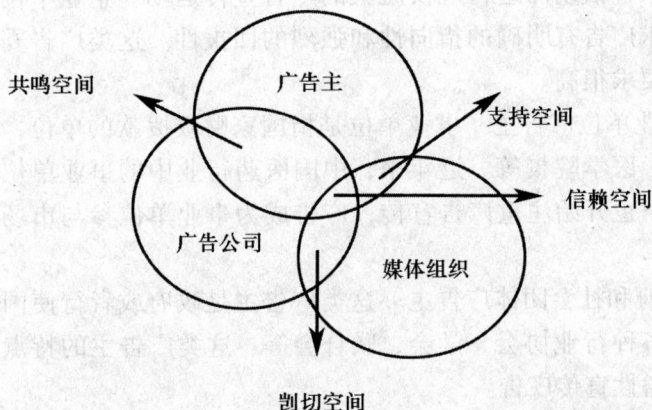

共鸣空间

广告主

支持空间

信赖空间

广告公司

媒体组织

削切空间

图 3－3　广告主、广告公司、媒体组织三大主体之间的关系

再次，广告主和媒体组织之间存在着"支持空间"。广告主和媒体组织的目的各不相同，广告主希望通过高收视率的媒体来扩大知名度，为产品促销，而媒体则希望提高节目收视率或内容的阅读面而承揽更多的广告。有时，媒体组织播出低俗节目赢得高收视率；有时，广告主刊播不良广告赢得利润。这些做法都会招致非议而损害两者的关系。因此，双方必须相互协调，才能共同发展。

最后，这三大空间的支持点，则是所谓的"信赖空间"。广告主、媒体组织和广告公司只有在相互信赖的基础上，才能保持协调的关系，使得广告活动取得良好效果。

第二节　主要的广告组织

一、广告主

（一）广告主的定义

广告主（advertiser）是指直接或委托广告经营者（主要指广告代理公司）实施广告宣传活动的主体，是广告信息的发出者。

（二）广告主的类型

1. 按经营性质分　按经营性质分，广告主可分为企业单位广告主、事业单位广告主、政府机构和社会团体广告主、个人广告主。

（1）企业单位广告主　企业单位是主要的广告主成员之一，如云南白药、西安杨森等企业，这类广告主拥有雄厚的资金，通常情况下为了促销某种产品或者推广某种活动而进行规模庞大的广告宣传运动。企业单位十分注重广告效果，要求广告有明确的指向性和强烈的回报性。这类广告委托方式最为复杂，策划要求很高。

（2）事业单位广告主　事业单位是指国家财政拨款的单位，医药行业中主要指医院、医学院校等。近年来，中国医药行业中的事业单位在激烈的市场竞争环境下也开始注重广告宣传，广告成为事业单位参与市场竞争的有力手段。

（3）政府和社会团体广告主　这类广告主是政府或者行使国家职能的国家机关以及各种行业协会、学会、联合会等。这类广告主的特点是委托内容多为社会公益性宣传广告。

（4）个人广告主　这类广告主是国家公民、一般的社会成员。他们的广告行为主要是非商业性的，往往集中于一些个体信息的社会传播上，如捐赠器官、寻药等。目前，有些报刊、电台等大众传播媒体开始瞄准这类广告主，常用专门的篇幅来招揽这类广告。这类广告委托方式较简单，广告策划要求不高。

2. 按经营规模细分　按经营规模分，广告主可以分为国际性广告主、全国性广告主、区域性广告主及地方性广告主。

（1）国际性广告主　国际性广告主的营销网络非常大，往往遍布全球，所以，他们必然在全球范围内进行广告传播，他们或者以统一的广告主题、内容、创意和表现，在各目标市场国实行一体化传播，或者是根据不同目标市场的特点，有针对性地开展广告活动，制作不同的广告作品。这类广告主广告投放量大，服务要求非常高，如美国辉瑞制药有限公司、美国强生等。

（2）全国性广告主　全国性广告主的市场范围一般覆盖全国，广告投放以选择全国性媒体为主，并辅之以地方性广告媒体。这类广告主广告意识非常强，特别注重企业形象的维护与宣传，注重培养并提高顾客的品牌忠诚度，如宛西制药、哈药集团等。这些广告主是目前中国广告市场的主流，对媒体和广告公司的服务要求也越来越高。在中央电视台黄金时段的广告竞标中，参与角逐的往往少不了这类企业。

（3）区域性广告主　区域性广告主是指采用差异性营销策略开拓区域性市场而选择区域性广告媒体，以特定地区为传播目标的广告主。区域性广告主的广告投入比较少，但随着市场的不断拓展，他们也可能成为全国性甚至全球性的广告主。

（4）地方性广告主　地方性广告主是目前数量较多的一类广告主，主要是利用地方性传播媒体在当地或地方商业圈内发布广告的广告主。地方性广告主一般生产能力比较弱，产品销售范围局限于某一特定的地方市场。地方性广告主擅长利用地方性媒体的长处来较好地宣传自己的产品。

3. 按经营内容分　按经营内容分，广告主可以分为从事 OTC 生产的广告主、从事处方药生产的广告主和从保健食品生产的广告主。

（1）从事 OTC 生产的广告主　从事 OTC 生产的广告主是目前市场上数量最大的广告主，OTC 病人可以自行购买，自行服用，大多选择电视、报纸、广播、杂志、户外等大众媒体发布广告的产品。

（2）从事处方药生产的广告主　中国规定："处方药只准在专业性医药报刊进行广告宣传，非处方药经审批可以在大众传播媒体进行广告宣传。"

（3）从事保健食品生产的广告主　按照国家 1996 年 3 月颁布的《保健食品管理办法》中的规定，"保健食品系指表明具有特定保健功能的食品。即适用于特定人群食用，具有调节机体功能，不以治疗疾病为目的的食品"。2005年 8 月 1 日起，经食品药品监督管理部门审查批准后，可以在任何媒体上发布广告。

（三）广告主的权力与义务

根据中国广告管理的有关规定，广告主在广告活动中享有一定的权利并履行相应的义务，这一规定同样适用于医药企业。

1. 医药企业广告主享有的权利　医药企业广告主享有的权利主要有：要求广告管理机关保护自己依法从事广告活动的权利；是否做广告、做多少广告、何时做广告、采用何种方式做广告的自由决定权；选择广告经营者、广告媒体的自主权；要求广告经营者履行合同的权利及违约后的赔偿权；要求发布侵害自己合法权益广告的单位或者个人停止侵害、恢复名誉和赔偿损失的权利；对虚假、违法广告的举报权；对广告管理机关的行政处罚决定及其他行政处理决定不服时的申请复议权和提起诉讼权。

2. 医药企业广告主应履行的义务　医药企业广告主在享有相关权利的同时，也应当履行相应的义务：遵守国家广告管理法律、法规的有关规定，依法从事广告活动的义务；按照合同向广告经营者支付广告及服务费用，不得索取和接受"回扣"的义务；主动提交相应主体资格证明文件的义务；自觉提供保证广告内容真实性、合法性的真实、合法、有效的证明文件或者材料，不得欺骗和误导消费者的义务；自觉或者委托他人设计、制作、发布广告，所推销的商品或者提供的服务，应符合广告主的经营范围和国家法律、法规规定的许可范围的义务；广告业务应该委托给具有合法经营资格的广告经营者和广告发布者设计、制作、代理、发布的义务；在广告活动中应自觉维护他人的合法权益，不得利用广告进行任何形式的不正当竞争的义务；应主动接受和积极配合广告管理机关的检查义务；应履行广告管理机关和人民法院作出的已发生法律效力的广告行政处罚决定和广告行政处罚诉讼案件判决的义务。

（四）医药企业广告主的领导体制

虽然多数医药企业都设有某种形式的广告部门，但广告部门的重要与否还要取决于企业的规模、广告在该企业营销组合中的角色以及高层管理人员对广告的重视程度等。常见的医药企业广告主领导体制有以下5种。

1. **总经理直辖型** 在这种类型中，广告部门与生产、销售等部门地位相同，广告部门经理直接向总经理负责（图3-4）。其优点在于：利于企业总经理对广告部门的集中管理，协调和统一广告部门与其他组织机构的关系。这种类型在中小型医药企业或高度重视、依赖广告的医药企业中较为多见。

图3-4 总经理直辖型广告部门

2. **营销经理直辖型** 在这种类型中，广告部门从属于营销部门，广告部门经理向营销经理负责（图3-5）。其优点在于：广告直接与销售紧密联系起来，成为医药企业促销的有力手段，并为医药企业开拓新的销售渠道。这种类型适用于多种营销方式、多种促销手段配合的医药企业。

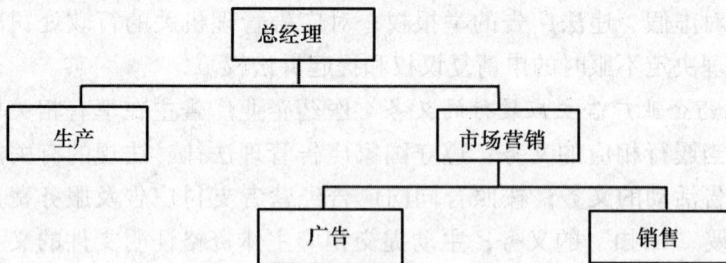

图3-5 营销经理直辖型广告部门

3. **广告部门集权型** 在这种类型中，大型医药企业在总公司领导下，有多个分公司（子公司、分部），总公司只设立一个广告部门来管理全部广告工作（图3-6）。其优点在于：可以避免不同分公司（子公司、分部）产品分析和市场分析的重复，并能形成集中统一的广告管理和企业统一的广告风格。这种类型适用于设有分公司（子公司、分部）的大型医药企业以及组织结构采用事业部的医药企业。

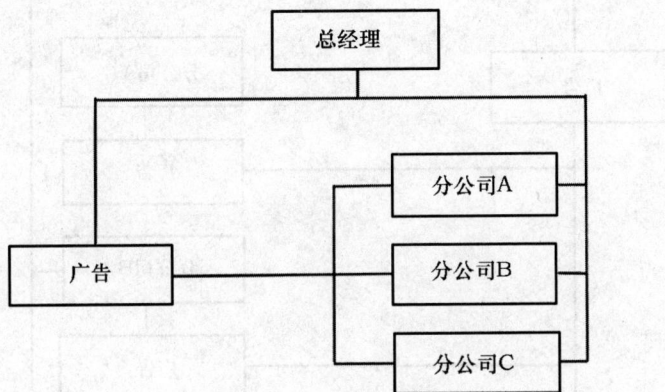

图 3-6　集权型广告部门

4. 广告部门分权型　大型医药企业下属各分公司（子公司、分部）都设立广告部门，作为分公司（子公司、分部）的直属机构，负责分公司（子公司、分部）的广告工作（图3-7）。其优点在于：各分公司（子公司、分部）可以根据自己生产经营的产品和市场行情，灵活地实施广告策略，形成广告诉求重点和确定诉求对象。这种类型适用于分公司（子公司、分部）规模较大的医药企业。

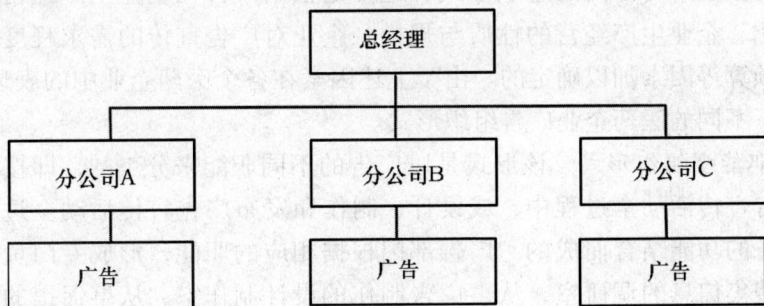

图 3-7　分权型广告部门

5. 集权与分权混合型　总公司下设广告部门，所属分公司（子公司、分部）也各自设立自己的广告部门，承担自己的广告活动，在业务上接受总公司广告部门的指导、监督与协调（图3-8）。这种类型适用于运行机制较完善的大型医药企业。

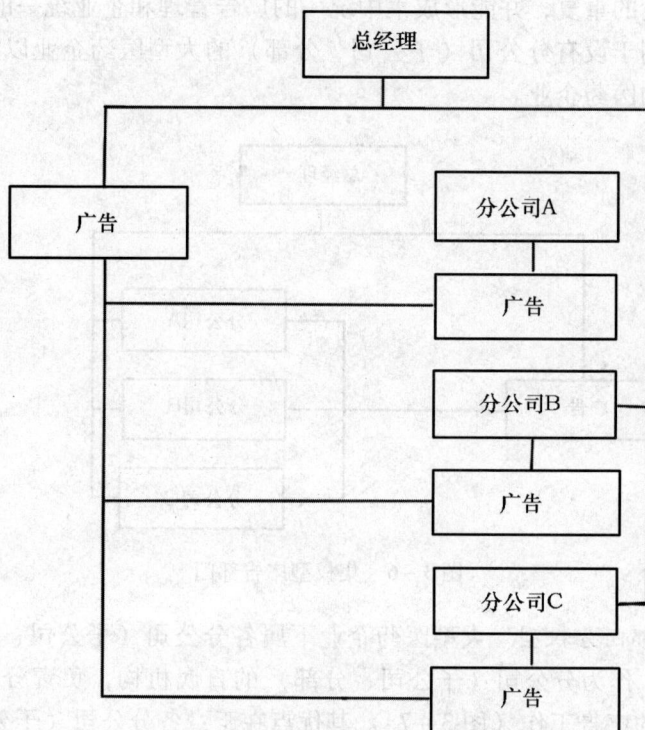

```
                    ┌──────────┐
                    │   总经理   │
                    └────┬─────┘
       ┌─────────────────┴─────────────────┐
  ┌─────────┐                        ┌──────────┐
  │   广告   │                        │  分公司A  │
  └─────────┘                        └────┬─────┘
       │                              ┌─────────┐
       │                              │   广告   │
       │                              └─────────┘
       │                              ┌──────────┐
       │                              │  分公司B  │
       │                              └────┬─────┘
       │                              ┌─────────┐
       │                              │   广告   │
       │                              └─────────┘
       │                              ┌──────────┐
       │                              │  分公司C  │
       │                              └────┬─────┘
       │                              ┌─────────┐
       └──────────────────────────────│   广告   │
                                       └─────────┘
```

图3-8 集权、分权型广告部门

（五）医药企业广告部门的组织形式

医药企业广告部门的组织形式，通常是根据广告在企业生产经营中的地位与作用、企业生产经营的性质与规模、企业对广告宣传的需求程度以及广告费用预算等因素加以确定的。由于上述因素在各个医药企业中的表现不同，就形成了不同的医药企业广告组织形式。

1. 职能型组织形式 该形式是以广告的不同职能来分工的，即按照医药企业广告宣传活动全过程中，或设计、制作和发布广告宣传活动全过程中所必须具备的功能结合而成的。广告部门根据相应的职能，形成专门负责市场调研、搜集信息的调研室，从事广告制作的设计制作室，从事促销的促销室以及与媒体单位接触的媒体室等（图3-9）。该广告组织模式的优点有：有利于各广告职能部门的专业特长得到发挥，提高广告创作的质量，发扬集体协作的优势。这种广告组织形式在大型医药企业中比较完善，但在一些中小型医药企业中，由于广告业务量较少，广告组织规模不大，采取这种组织形式时，往往将上述各种功能做合理有效的配置。

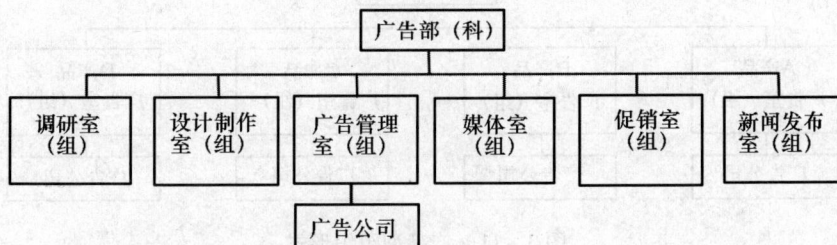

图3-9　职能型组织形式

2. **地区型组织形式**　该形式中医药企业的广告组织是以产品的销售地区的分布来进行组织划分和职能分工的。其基本结构是：在企业广告部（科）内部，分别按产品销售的不同地区而设立A地区广告室（组）、B地区广告室（组）、C地区广告室（组）、D地区广告室（组）等（图3-10）。该广告组织模式的优点有：可以根据不同地区市场的特点分别实施不同的广告宣传策略和广告发展策略，有针对性地进行广告诉求，强化广告宣传的适应性。这种组织模式适用于产品品种单一而又同时销往各个不同市场的医药企业。

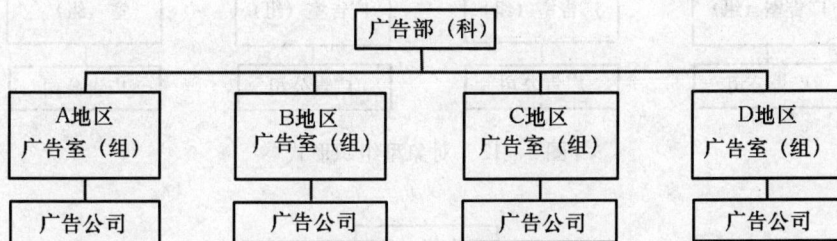

图3-10　地区型组织形式

3. **产品型组织形式**　该形式中医药企业广告部门是以企业的产品进行内部职能分工和组织策划的。其基本结构是：在医药企业广告部（科）内部，按照不同性质的产品分别设立A产品广告室（组）、B产品广告室（组）、C产品广告室（组）等（图3-11）。这种组织模式的优点有：可以把医药企业各种专业广告人才集中起来，针对不同性质产品的不同情况和要求，有条不紊地开展产品广告活动，有利于确定不同产品广告的策略、诉求对象、诉求重点和诉求方式，有利于医药企业选择不同产品目标市场进行广告宣传，有利于医药企业准确掌握各种产品的市场信息。这种组织模式主要适用于生产经营不同产品的大型医药企业或特大型医药企业。

4. **对象型组织形式**　该形式中医药企业广告组织是以广告的对象来分工

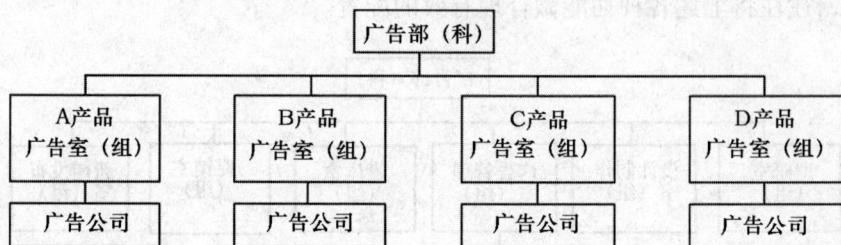

图 3 - 11　产品型组织形式

的。其基本结构是：在企业广告部（科）内部，设置 OTC 广告室（组）、处方药广告室（组）、保健食品广告室（组）等若干单位（图 3 - 12）。这种组织模式的优点有：可以根据不同消费对象采取不同的广告策略、诉求重点、诉求方式等，获得较好的广告效果。这种组织模式适用于产品销售对象较为集中、销售量也较大的医药生产企业或大型医药批发商业。

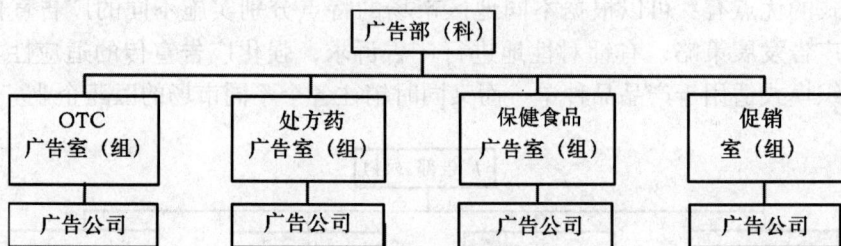

图 3 - 12　对象型组织形式

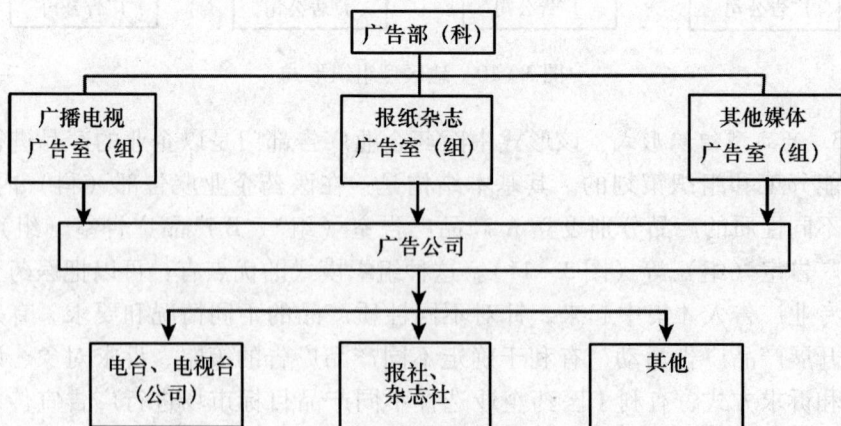

图 3 - 13　媒体型组织形式

5. 媒体型组织形式　该形式是按不同媒体的要求对其内部进行组织划分和职能分工的。其基本结构是：在医药企业广告部（科）内部，根据经常采用的不同媒体而设置多个媒体广告室（组），如广播电视广告室（组）、报纸杂志广告室（组）、其他媒体广告室（组）等（图 3 - 13）。这种组织模式的优点有：可以集中医药企业广告调研、设计制作、广告管理、广告发布等各种专业人员，对医药企业经常采用的媒体分别进行全面的研究，充分发挥各种媒体的功能。这种组织模式适用于广告预算费用较大又采用多种媒体的大型或特大型医药企业。

二、广告公司和相关机构

（一）医药广告公司的内涵

医药广告公司是专门从事医药广告代理与医药广告经营的盈利性服务组织机构。它是以医药企业广告主的需求为中心制定广告方案并根据该方案购买媒体并实施广告活动。作为医药企业广告主与广告媒体的中介，在广告活动中有着重要的地位，是广告活动的承担者。

（二）医药广告公司的类型

由于业务领域、经营规模、客户对象和专业方向的不同，医药广告公司有不同的种类，主要有以下几种。

1. 全面服务型医药广告公司　全面服务型医药广告公司，也称综合型医药广告公司。全面服务型医药广告公司是指可以向医药企业广告主提供全面广告代理服务的广告经营企业，是广告代理制的典型组织形式。多数情况下，这类广告公司内部一般采取团队作业方式，针对不同的客户组建相应的团队，为客户提供长期的一对一服务。这类广告公司规模一般比较大，在广告业中数量虽然不多，但营业额非常大；一个国家医药广告业发展水平通常由这类广告公司的经营规模和专业水平来反映。全面服务型医药广告公司的服务内容主要包括以下几个方面。

（1）产品分析　这是指通过对广告中所宣传产品的功能、特点、价格、包装、品牌等的研究，同竞争对手比较，以发现它的优势和劣势，为广告主提供制定广告计划所需的产品分析资料。

（2）市场调查与预测　这是指以市场调查为基础，了解谁是现实购买者，谁是潜在购买者，掌握他们的消费心理、消费习惯等因素，以提高广告促销决策的针对性和准确性。

（3）产品销售分析　产品销售分析主要是对广告产品的销售渠道、销售网络等进行全面深入的分析，使广告宣传能在分销网络建立健全和良性循环的基础上发挥作用。

（4）广告媒体分析　广告媒体是广告活动的重要组成部分，是广告创意的重要载体，广告媒体使得各种各样的广告创意和广告诉求传递给了消费者。因此，广告媒体选择的适当与否将直接影响广告的传播、发布以及广告目标的实现。

（5）制定广告计划　广告计划是开展广告活动的具体安排，包括目标市场选择、媒体运用、广告预算、价格水平、广告主题、广告策划人员的安排以及广告效果的测定等内容。

（6）实施广告计划　广告公司与广告主以及广告媒体分别签订合同，并按合同规定，实施广告计划。

（7）与其他促销活动相配合　广告宣传是企业促销活动的一部分，因此广告公司要积极配合医药企业的人员推销、公共关系、营业推广等促销活动，使广告活动发挥更大的作用。

2. 专业型医药广告公司　专业型医药广告公司，即只做某一类医药广告或只提供某一类医药广告服务或只经营医药广告活动某一部分的企业。专业型广告公司是社会专业化分工的产物。近年来，专业型医药广告公司主要从一些高科技行业领域分化出来，一般有如下几类。

（1）广告调查和检测公司　主要提供有关广告信息数据搜集和反馈方面的业务。目前中国很多咨询机构和调查公司内都设有专门的广告调查部门。调查和检测的内容主要有：市场信息、媒体信息、广告效果等。

（2）广告策划公司　即专门为广告主进行广告及营销策划和咨询服务业务的专业性广告公司。一般来说，专营此项业务的公司不多，其中一个重要原因是，通常情况下广告策划大多由综合性广告公司进行，尤其是一些大的广告公司一般都负责总体营销策划。在中国，近年来也出现了不少这样的公司，一般由各类专家学者组成，策划常带有权威性。

（3）专业媒体代理公司　这类公司主要进行各类媒体的代理业务。媒体自营广告业务，会导致条块分割、垄断经营、恶性竞争，媒体走代理之路是发展方向，是市场经济与社会分工发展的必然趋势。这类专业广告公司有很好的发展前景。

（4）广告设计、制作公司　即主要为广告主提供广告表现设计制作的企业。这类公司大多是从影视行业里分离出来的，导演和摄制力量较高。

另外，一些大公司或企业集团内也设有广告公司。中国目前这类广告公司有很多，这是转型期广告业发展的特殊组织形式。

（三）医药广告公司内部的职能分工

全面服务型的医药广告公司为了满足客户的整体广告需求，一般设有客户部、营销（调研）部、创意制作部、媒体部和行政部门。

1. 客户部 客户部是医药广告公司的龙头，直接与广告客户接触和联系，承揽客户广告委托的业务，对客户的广告活动进行策划，并据此进行管理及支配使用内部资源。客户部的职位有：客户总监、客户经理、客户主任、客户主任助理，他们与客户共同商定怎样才能使客户的产品或服务最有效地利用广告。客户部对内代表客户，对外代表广告公司，是广告公司与客户联系的纽带，主要负责联系客户、接洽客户、协调客户与广告公司之间的关系。客户部协调运作情况见图 3-14。

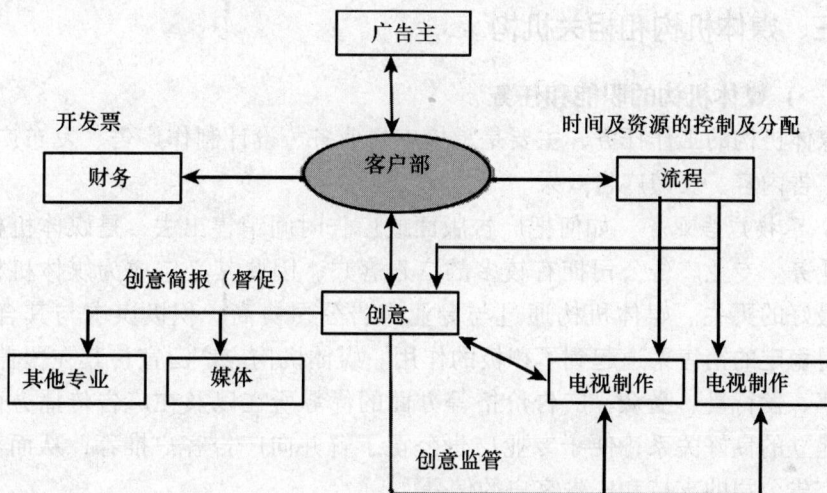

图 3-14 客户部协调运作图

客户部的工作内容通常情况下有以下 6 项：协调、策划、提案、熟知广告法律法规、管理广告公司利润和开发新客户。

在西方，客户部的工作人员一般称作 AE（account executive）。AE 在业务方面一般必须具备所谓"5A"（analysis，approach，attach，attack，account）素质和能力，即分析、接触、联系、攻击和计算能力。

2. 营销（调研）部 营销（调研）部要根据客户的要求，进行产品调查、市场调查与预测，了解消费者的兴趣偏好以及趋势动态，测定广告效果等。

3. 创意制作部 创意制作部是广告公司承担广告创意、策划和制作业务的核心部门。其主要职能是依照广告计划完成创意和制作方案，经客户审核同意后进行制作，包括拍片、配音、印刷或摄影等具体工作。创意制作部人员的职责，就是用有趣而难忘的方式表达企业品牌的价值。

4. 媒体部 广告作品完成后，广告公司按其广告策略安排的媒体刊播，利用大众媒体及其他媒体传递广告信息。媒体部的职责主要有：负责制定广告的媒体策略，选择合适的媒体并进行组织搭配，以实现广告的预定目标；负责广告成品在选定媒体上的播放，制定播放计划以及媒体预算分配方案；负责与媒体联系，监督播放计划的实施；代媒体收取广告费等。

在广告公司中，媒体工作分为 4 种类型：媒体计划、媒体购买、媒体调查和媒体检测。

5. 行政部门　行政部门是为公司业务正常运转提供服务的部门，包括人力资源部、财务部、协调部等。

三、媒体机构和相关机构

（一）媒体机构的职能和任务

媒体机构的工作任务，主要是承接广告业务、设计制作广告、发布广告、审查广告内容、反馈广告效果。

1. 承接广告业务　如何把广告版面或广告时间销售出去，是媒体机构的主要业务。专业广告公司拥有较多的广告客户，因此其必定成为媒体机构最大、最好的买主。媒体机构通过与专业广告公司协商，积极谋求与其合作，为获得稳定的销售渠道起到了积极的作用。媒体机构应广泛宣传其在覆盖面、收视率、发行量、受众、广告价格等方面的优势所在以及在广告传播方面与公众建立的良好关系，便于专业广告公司了解并向广告客户推荐，从而获得专业广告公司的支持和广告客户的偏爱。

2. 设计制作广告　媒体机构在接受广告任务时，有时广告已制作成广告作品，只是负责安排版面或时间；有时广告客户只提供广告资料和广告要求，需由广告部门负责策划、设计和制作；如报纸、杂志广告的文稿撰写，美工设计；电台、电视广告的脚本撰写，演员排演，录音录像，拍摄，剪辑等。

3. 发布广告　媒体机构是实施广告的工具和手段，是传播广告信息的载体，它们的主要任务就是发布广告。如何发布广告，直接关系到广告效果的大小。广告的来源主要有两方面：一是直接受理广告客户的广告；二是专业广告公司代理承揽的各项广告业务。媒体机构与本地或外地的专业广告公司签订合约出售一定的广告版面或广告时间，以便各专业广告公司有计划地安排版面或时间发布广告。

4. 审查广告内容　媒体机构传播的所有信息都应该对社会和公众负责。媒体机构广告部门应加强对广告内容的审查。广告业自律的首要内容是自觉抵制和杜绝违法广告和不良广告的传播。目前，国内审查广告主要是以《中华人民共和国广告法》相关规定为依据。

5. 反馈广告效果　媒体机构发布广告后，往往有很多读者或听众、观众通过投诉或询问的方式反映广告的相关问题。媒体机构广告部门应定期或不定期地对投诉或询问进行整理并向客户如实反映和建议，加强同广告客户的联系，使广告客户及时了解广告播出后的效果，为广告客户提供及时准确的信息。

（二）报纸广告部门的组织结构

从中国报纸广告组织结构来看，常见的报纸广告组织结构有综合型广告组织和职能型广告组织。

1. 综合型广告组织　综合型广告组织隶属于报社经理部或编辑部。通常情况下，在报社内部设立广告科，在广告科下设立编排、营业和分类广告股等（图3-15）。一般适用于中小型报社。

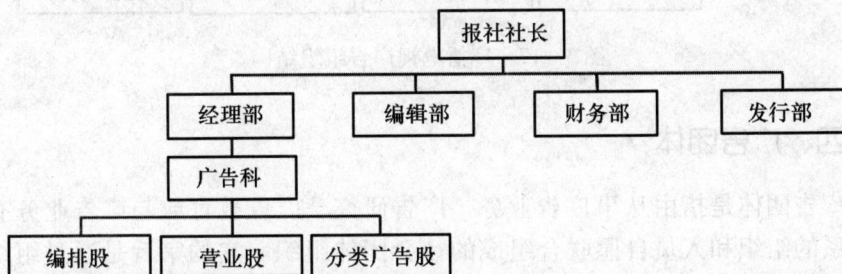

图3-15　综合型广告组织

2. 职能型广告组织　这种广告组织是在报社内设广告部，在广告部下设业务经营科、调查计划科、设计制作科、编排校对科和财务管理科等部门（图3-16）。广告部（科）可根据报社管理体制的需要与要求，设立经理和副经理，或主任和副主任。这是一种在报社社长（总编辑）领导下独立的广告组织，功能比较齐全，主要适用于大型报社。

图3-16　职能型广告组织

（三）广播电视广告组织结构

中国的广播电视广告部门，一般隶属于电台、电视台的业务部。通常在业务部下设广告科（组），在广告科内设立业务人员、编导人员、美术人员、财会人员若干人（图3-17）。一般说来，业务人员主要担任招揽、承接广告业务，签订广告合同，收集广告资料，有的还兼任广告策划和文稿的撰写工作。其他广告工作人员分工比较专一，职责比较明确。

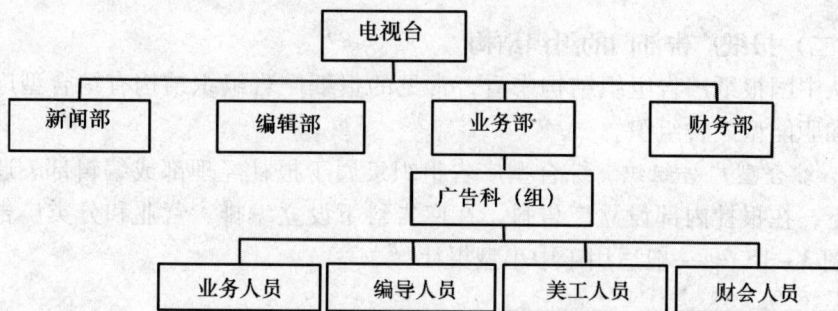

图3-17　广播电视广告组织结构

四、广告团体

广告团体是指由从事广告业务、广告研究、广告教育或与广告业务有密切关系的组织和人员自愿联合组成的社会团体组织。它的宗旨是通过组织活动，交流广告学术和经验，互相参观学习，评选优秀广告作品，出版广告刊物，举行联谊活动等，加强广告组织之间、人员之间的联系，共同推进广告事业。常见的广告团体有综合性广告团体和广告公司团体两种类型。

（一）综合性广告团体

1. 中国广告协会　中国广告协会（简称中广协），是全国广告经营单位联合组成的行业组织。在国务院有关部门指导下，对全国广告经营单位进行指导、协调、咨询、服务活动。

1981年，在成立中国广告联合总公司的同时，又成立了中国广告艺术协会筹备委员会，会上通过了中国广告艺术协会章程（草案）。1983年12月27日在北京正式成立时更名为中国广告协会，是具有法人资格的团体。

中国广告协会实行民主集中制的组织原则，其最高权力机构是全国会员代表大会。闭会期间，由会员代表大会选举产生的理事会及常务理事会行使领导职权，理事会每年召开1次，必要时可临时召开。理事会选举会长、副会长、秘书长和常务理事若干人组成常务理事会，常务理事会行使理事会的职权。理事会设名誉会长1人，设顾问若干人。常务理事会设秘书处，在秘书长的领导下处理日常工作。

中国广告协会的任务是：①宣传贯彻国家有关广告的方针、政策、法规，坚持社会主义经营方向，维护社会主义广告的真实性，提高广告的思想性和艺术性，发展民族风格，推动社会主义广告健康发展；②调查研究国内外广告发展趋势，传播信息，开展咨询服务，促进广告的现代化；③在广告业务、经营方面，协调广告经营单位之间的关系，加强协作，对体制、价格和发展规划向政府提出建议；④组织广告工作经验交流，进行业务指导，注意宣传优质名牌产品、新产品和国内外先进科学技术，为促进生产发展和提高经济效益服务；⑤培训广告人才，提高广告工作人员的思想水平、艺术水平和业务能力，举办优秀广告作品、先进设计展览，开展学术交流；⑥开展国际交往，加强同国外广告行业组织的联系，维护会员的正当权益。

2. 中国对外经济贸易广告协会　中国对外经济贸易广告协会，是对外经济贸易部领导的全国性社会经济团体，具有法人资格，对外代表中国对外经济贸易广告界，参加国际广告活动。协会成立于 1981 年 8 月 21 日，由全国对外贸易经济系统的专业广告公司、报社、杂志社等兼营广告的单位以及专业进出口公司和工贸进出口公司的广告宣传部门联合组成，是中国改革开放后最早成立的广告团体组织。

中国对外贸易广告协会会员有专业团体会员、企业团体会员和个人会员。

中国对外经济贸易广告协会的组织原则是民主集中制，最高权力机构是会员代表大会，会员代表大会每两年举行 1 次。在会员代表大会闭会期间，领导机构是协会常务理事会，由会长、副会长、秘书长以及常务理事组成，常务理事会每半年召开 1 次。在常务理事会闭会期间，日常工作则由会长、常务副会长、秘书长等人主持并领导。常务理事会下设秘书处作为执行机构。秘书处由秘书长、副秘书长及秘书若干人组成。秘书处处理日常工作。可根据工作需要，设立若干专门工作委员会或研究机构。

中国对外经济贸易广告协会的任务是：①组织协会会员，在开展出口和来华广告业务中，努力贯彻执行国家的各项方针政策，为实现对外经济贸易的长远规划和年度计划服务，为扩大出口、增强创汇能力服务，为利用外资引进技术服务。②坚持联合对外、统一对外的原则，协调经贸系统专业广告公司之间、专业广告公司、媒体和对外经济贸易专业公司之间的关系，充分发挥各方面的积极性，分工合作、共同发展，提高整个对外经济贸易广告的水平和效益。③在会员中进行遵守国家有关广告的法规、政策，讲求职业道德，坚持社会主义经营方向的宣传教育活动，以维护社会主义广告的真实性和信誉，保护消费者利益。④积极开展有关广告业务的调查研究工作，出版有关刊物，举办有关广告的展览和评比竞赛活动等。为会员服务，以促进会员业务水平和经营管理水平的提高。⑤以协会名义开展对外活动，加强同国外广告界的联系，组织会员出国考察，参加国际性广告会议和广告业务交流。⑥协会要加强同全国广告业的团结和协作，共同为发展中国社会主义广告事业作出贡献。⑦密切注意国内外广告发展趋势，及时传播信息，加强广告理论的研究以及推动广告事业的发展。⑧采取多种形式，培养广告人才，以提高经贸系统广告工作人员的思想水平、艺术水平和业务能力。

现该协会主要承办《国际广告》专业杂志。2001年5月26日，中国对外经济贸易广告协会在北京改组设立"中国4A广告公司委员会"。

3. 国际广告协会 国际广告协会（International Advertising Association，IAA），最早叫"出口广告协会"，于1938年在美国成立，是目前世界上最大和最有权威的广告团体，由广告主、广告公司和媒体组织三方面组成。

国际广告协会的会员包括个人会员、团体会员、组织会员、准会员、院校会员、资深会员和名誉会员7种。

国际广告协会设立理事会、办事处和执行委员会。由各区区域理事、协会理事和前任协会主席担任法定理事，组成理事会。每两年召开1次国际广告协会的世界会议。

国际广告协会的宗旨是：满足世界范围内对广告和市场营销的行业和消费集团的不同需要，把广告界的品德高尚、有声誉的人士团结起来。

国际广告协会的任务是：①依照惯例的约定，把广告、公共关系、销售推广、发行物、广告媒体、市场调查等有关的从业者以及有兴趣的人们联合起来，探讨各种商品或劳务广告发布方式与构思；②建立广告组织，使广告协会会员之间交流思想、信息与经验，相互学习，共同提高广告专业知识与创作技巧；③为提高世界广告活动的实践经验和水平，努力贯彻执行所拟定的各种方案；④加强与目标相近的其他机构的合作，为整个广告业服务。

4. 亚洲广告协会联盟 亚洲广告协会联盟（Asian Federation of Advertising Association，AFAA），简称亚广联，成立于1978年，由亚洲地区的广告公司协会、与广告有关的贸易协会和国际广告协会在亚洲各国、各地区的分会等联合组成的洲际广告行业组织，每两年召开1次广告会议。它是一个松散型的组织。中国于1987年6月15日以"亚洲广告联盟中国国家委员会"的名义加入亚广联。亚洲广告协会联盟是亚洲地区广告业的权威行业组织。

亚洲广告协会联盟的会员有正式会员、准会员和特别会员。

亚洲广告协会联盟的宗旨是：团结亚洲从事广告事业的协会，提高会员单位的业务水平，促进各国对广告作用的认识，收集广告信息，加强广告业自我调节的能力，制定和实施关于广告的教育计划，开发亚洲广告人才。

（二）广告公司团体

1. 美国广告代理商协会 "4A"这一概念最早是"美国广告代理商协

会"的简称，即"美国4A"（Association of American Advertising Agency），成立于1971年，是美国最权威的广告行业组织。

"美国4A"的主要职能是：①加强和改进美国的广告代理业务，提供综合经验，培训专业人才，制定行为规范，完善组织机构；②通过联邦州和地方政府的合作来影响公众政策的制定，抑制不明智、不平等的有关规章制度，减少政府在立法方面给企业带来的不利影响，保证协会成员的利益；③作为广告业务的代言人致力于研究广告对经济和社会的贡献及方法，提供广告信息及咨询服务；④向广告主证明广告代理机构的作用和价值，并帮助广告主解决实际困难；⑤向广告媒体介绍广告代理公司的实力，提供建设性的意见和解决问题的方法，并向媒体提供技术性帮助；⑥时刻关注广告人的利益和要求，并在协会的管理机构内体现这些措施。

2. "美国4A"、"国际4A"和"中国4A"　"4A"这一概念最早是"美国广告代理商协会"的简称，即美国"4A"，后来逐步演变为国际通用的一种叫法，也就是"国际4A"，即"合格的广告代理商协会（Association of Accredited Advertising Agency）"。在中国的广告界，"美国4A"和"国际4A"的成员通常意味着具有国际化、广告代理水平高、理念先进、人才济济、员工薪酬高等特征。发达国家和地区的广告行业，大都成立了自己的广告协会。

1996年11月，中国广州参照"中国香港4A"的章程成立了"4A"组织并设置"游戏规则"。

2001年5月26日，中国对外经济贸易广告协会在北京改组设立"中国4A广告公司委员会"，同年7～9月，"上海4A"和"北京4A"相继组建。这些组织的建立，可谓是本土广告公司为应对中国加入世界贸易组织后广告业更加激烈的市场竞争而采取的积极对策。

第三节　广告公司的运营

一、现代广告公司的组织结构和职能

（一）按照公司职能设计的组织结构及其职能

按照公司职能进行广告公司的构建是广告公司业务中广泛采用的一种基本方法。图3-18是按照职能表示的一家标准广告公司的组织结构。这是一家综合性的广告代理公司，主要为广告主提供市场调查、推广计划、创意制作、媒体策略与购买方面的服务。

（二）按地区设计的公司组织结构及其职能

按地区设计公司组织结构能够有效提高办事效率。区域经理与客户在同

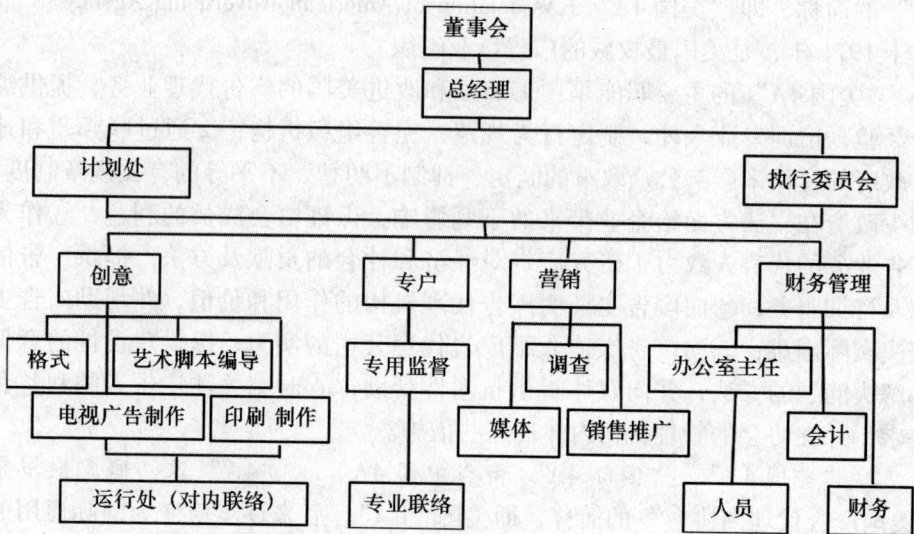

图 3 - 18　按照职能表示的标准广告公司的组织结构

一地区，一方面加快了沟通的速度，另一方面能感受同一地区的文化，因而有更多的共同之处，便于沟通。从经济上讲，在同一地区也更有利于节约成本。但这种组织结构也有其不足之处：首先，增加了广告公司管理的难度，业务小组不能及时地面对面讨论；其次，对区域经理的素质要求较高，需要他们有很强的理解力和表达力，才能更好地和异地的同伴通力合作，提高客户服务质量（图 3 - 19）。

图 3 - 19　按地区设计的公司组织结构

（三）按客户设计的公司组织结构及其职能

公司在组织设计时，除了财务部、办公室、媒体部和市场部（有时还包括创作部）以外，其他部门都是按照服务的客户设置，如公司有A、B、C、D 4个客户，每一组配备客户服务人员、创作人员及公共协调员（图3-20）。

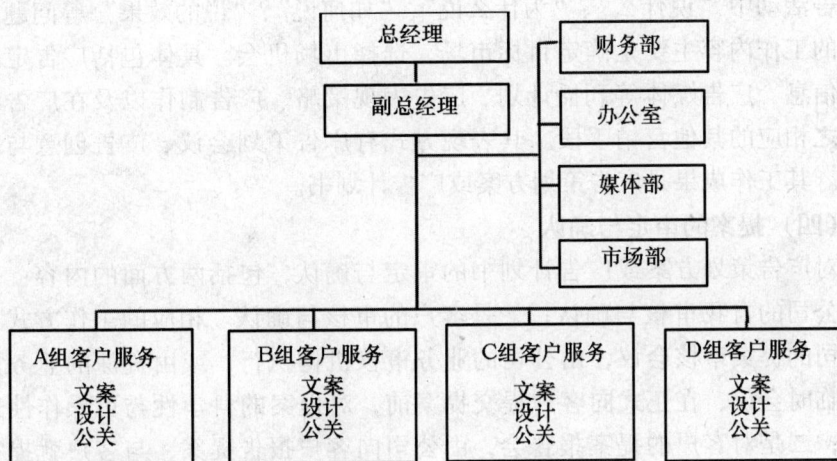

图3-20 按客户设计公司组织结构

二、广告活动的运营流程

广告活动的运营，是围绕客户的代理服务业务展开的。其程序如下：客户接洽与客户委托——代理议案——广告计划——提案的审定与确认——广告提案的执行——广告后的评估与总结。

（一）客户接洽与客户委托

客户接洽与客户委托是广告公司具体业务的起点，以谋求客户下达正式的代理委托书为目标。这一阶段有3个环节：一是通过与客户的接触与交流，了解客户委托代理的意图与愿望，委托代理的业务内容及欲达到的目标；二是针对客户委托代理的业务内容，并收集客户的相关资讯和有关产品、服务和市场的情况，推荐本广告公司；三是召开客户高层代表和相关业务人员参加的客户说明会，完成客户与广告公司高层的、深层次的交流，最终形成客户业务委托。

（二）代理议案

广告公司在接受客户的正式代理委托后，召开公司内的业务工作会议，对客户委托的代理事宜的具体业务项目进行讨论分析，确认这项业务的重心和难点，对有关业务开展的信息进行收集与分析，在此基础上制订出该项业务开展的具体工作计划，包括指定该项目的客户联系人与业务负责人，按进度编写工作计划书。

（三）广告计划

这一阶段是广告代理水平的集中体现，是广告公司业务运作的重点。解决广告活动中"说什么"、"为什么说"、"如何说"、"说的效果"等问题。该阶段的工作内容主要是确定目标市场，选择市场机会。具体包括广告定位与广告信息、广告媒体等刊播计划、广告表现策略、广告制作以及在广告活动中与之相应的其他营销手段。其表现方式有广告策划会议、广告创意与表现会议。其工作成果是广告策划方案或广告计划书。

（四）提案的审定与确认

对广告策划方案或广告计划书的审定与确认，包括两方面的内容：一是广告公司的自我审核与确认；二是客户的审核与确认。相应的工作方式：一是公司的提案审核会议，由公司的业务审核机构执行，或由资深的业务人员组成临时会议，在正式向客户提交提案前，对提案的科学性与可操作性进行审核；二是对客户的提案报告会，由公司向客户报告提案，与客户就提案中的质疑进行沟通，最终获得客户对方案的认可。

（五）广告提案的执行

该阶段的工作内容为具体执行客户签字认可的广告策划方案。一是依据方案确定的广告创意与表现策略，开展由本公司或委托专门的制作机构进行广告创作，并对广告的作品进行发布前的效果测试；二是依据方案所确定的市场时机，媒体策略和计划，与相关媒体接洽购买刊播的时段、版面、版式和版位。

（六）广告后的评估与总结

这是根据广告公司与客户双方的评估方案，对广告活动进行事后评估。评估的内容主要有经济效果评估、社会效果评估和心理效果评估。广告公司还应以报告会的形式，对项目完成情况进行评估与总结。

广告公司的业务运作流程如图 3－21 所示。

三、广告公司的报酬模式

目前，广告公司常用的报酬模式一般有 4 种，即代理费制、服务佣金制、加价费制和以绩效论酬制。

（一）代理费制

这种收费方式以广告主投放在媒体上的资金数量为依据。按照这种说法，

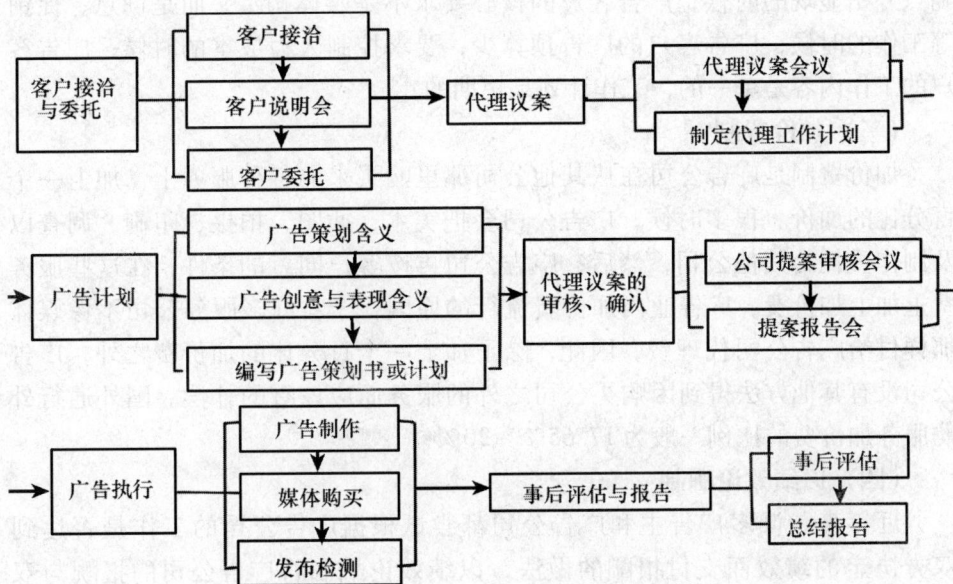

图 3-21　广告公司的业务运作流程

广告经营者将广告主支付给媒体的全部资金按固定比例留下来，作为为该客户创作广告的全部费用。不同国家对代理费比例有不同的规定，大多数为15%。2005年1月1日起施行的《广告管理条例施行细则》中规定："广告代理收费标准为广告费的15%"。

代理费制的优点有：能稳定广告公司与广告客户的关系，使两者的工作内容一致化；可预测广告公司的营业额，广告客户营业额的增加可间接推动广告公司营业额的增加；广告客户可灵活运用广告公司的全部资源。

（二）服务佣金制

20世纪80年代初，欧美的广告公司改变了代理费的收费模式，收取服务佣金成为广告交易的主要趋势。目前采用的服务佣金种类很多，常用的有固定佣金和计时服务费两大类。

1. 固定佣金　这是指广告主与广告公司共同认可的，由广告主按预定年工作量或者按某个项目，确定付给广告公司的一定数量的酬金，一般来说，佣金按年定下来后，每月按相同数目支付，而不论当月的工作量多少。

2. 计时服务费　广告主和广告公司以小时为计价单位，商定不同服务的费用。

服务佣金制通常适用于以下情况：广告客户减少媒体投入，广告公司盈利点开始显现的时候；广告客户的核心要求不是媒体购买，而是创意、促销等工作的时候；广告客户的广告预算少，要求控制人力成本的时候；广告客户的工作内容是单一的，工作计划是短期的。

（三）加价费制

加价费制是广告公司在从其他公司那里购买来的各种服务上，加上一个百分比的加价。很多时候，广告公司会把美术、插图、拍摄、印刷、调查以及制作委托给其他公司，然后，广告公司再按客户同意的条件，在这些服务费上加上加价费。广告业内加价费流行的原因在于：许多服务公司不像媒体那样付给广告公司代理费，因此，除了加上一个百分比的加价费之外，广告公司没有其他方法得到因购买公司之外的服务而应该有的补偿。国外通行外购服务加价费的比例一般为 17.65% ~20% 。

（四）以绩效论酬制

近年来，许多广告主和广告公司都尝试根据广告公司的工作是否达到双方协定的绩效而支付报酬的做法，以绩效论酬制将广告公司的报酬与双方预先商定的特定目标的完成效果捆绑在一起。但广告公司和广告主对"绩效"的界定持不同观点。广告公司往往将传播目标，如产品或服务在广告对象中的知名度、品牌识别度作为评判"绩效"的标准；而广告主则将销售额的增长程度作为"绩效"。双方的观点差异使得"以绩效论酬制"比较难推广。

本章小结

医药广告组织是指医药行业的广告人以及广告相关人士，为了实现共同的目标而组成的，具有稳定的社会关系和活动关系的，从事医药广告或医药广告相关活动的集合体，包括广告主、广告公司、下游公司、媒体组织、广告团体等。从系统论的角度来看，医药广告组织是一个系统，在这个系统中，应处理好广告主、广告公司、媒体组织三大主体之间的关系。

医药企业广告主（advertiser）是指直接或委托广告经营者（主要指广告代理公司）实施广告宣传活动的主体，是广告信息的发出者。从经营性质、经营规模和经营内容 3 个方面可以将医药企业广告主分为不同的类型。医药企业广告主享有相应的权利，同时也应该履行相应的义务。医药企业广告主的领导体制主要有总经理直辖型、营销经理直辖型、广告部门集权型、广告部门分权型和集权与分权混合型 5 种；其组织形式包括职能型组织形式、地区型组织形式、产品型组织形式、对象型组织形式和媒体型组织形式。由于业务领域、经营规模、客户对象和专业方向的不同，医药广告公司有不同的种类：全面服务型医药广告公司和专业型医药广告公司。公司不同，其内部的职能分工结构也不同。媒体机构的职能和任务主要是承接广告业务、设计制作广告、发布广告、审查广告内容、反馈广告效果。广告团体是指由从事广告业务、广告学术界和广告业务有密切关系的组织和人员，自愿联合组成的社会团体组织。常见的有综合性广告团体和广告公司团体。

从不同的角度分析，现代医药广告公司有以下3种组织结构：按照公司职能设计的组织结构、按地区设计的公司组织结构、按客户设计的公司组织结构。医药广告活动的运营流程包括：客户接洽与客户委托——代理议案——广告计划——提案的审定与确认——广告提案的执行——广告后的评估与总结。不同的医药广告公司其取酬方式也不同，常用的有4种，即代理费制、服务佣金制、加价费制和以绩效论酬制。

思 考 与 讨 论

1. 如何处理广告主、广告公司、媒体组织三大主体之间的关系？
2. 医药广告公司有哪些类型？
3. 医药广告公司经常采用哪几种收费方式？
4. 试述广告活动的运营流程。
5. 医药企业广告主应履行哪些义务？
6. 媒体机构的职能和任务有哪些？

● 拓展练习 ●

资料一：把区域营销"交给"广告公司

一个优秀的广告公司应该始终通过良好的服务来培养客户；而作为广告客户，也应该用发展的眼光来对待广告公司。医药企业在确认了一家值得合作的广告公司后，应将其当作自己企业的一个组成部分。广告公司由于有专业化的特点，对市场现象比较敏锐，企业在制定营销战略规划时不妨征求一下广告公司的意见。一个好的建议往往能使企业受益不少。

多数医药企业与广告公司合作的目的，主要是基于互相比价或由广告公司先行垫款等，而真正把广告公司当作自己的智囊而与之进行战略合作的企业并不多见。企业在医药营销中应选择什么样的广告公司合作呢？根据一些医药企业选择广告公司的方法、心理状态以及目前广告公司所处的境况等的调查，医药企业应该注意以下几个问题。

1. 要充分认识到选择一个合适的广告公司在产品营销中的重要性

现在广告公司非常多，北京、上海、广州等城市都有300家以上，一些偏远的省会城市也在100家以上。目前的广告公司多处于拼价、比价、承包媒体等阶段，都是在靠"拼缝"生存，但也有少数广告公司对市场营销、媒体策略、广告策划方面有较深的研究，他们往往从产品营销入手，把握产品的适用人群、生命周期、企业实力等，科学定位广告的投量及媒体选择。当然，能够真正把广告做好，特别是把广告和营销结合起来，让广告在营销中确实起到较大作用，并不容易，能够做到这一点的广告公司比较少。所以，企业更应该认识到选择一家合适的广告公司来合作的重要性，必须慎重选择合作伙伴。

2. 真正认识到广告有价、服务无价

广告公司良好的服务会让企业在医药营销中得心应手，并减少很多麻烦。一般医药企业都有多个区域市场，其中一些市场距离总部较远，企业派出的人员对当地的人际关系、风土人情、规章制度等并不十分了解。在这种情况下，在区域市场选择一家具有良好服务质量和社会关系的广告公司展开合作，能为企业解决很多自己难以解决的问题。一些有远见的医药企业在经过认真筛选和考察后，选择了与他们认为比较理想的广告公司合作，在互惠互利的基础上谋求双赢，彼此都得到了很好的发展。

3. 理解与信任是合作的基础

医药企业对广告公司要进行必要的管理，如营销目标的考核、广告效果的评估、广告播出的监督等。但作为广告主，绝对不能把正常的考核建立在不信任的基础之上，这样很容易打击广告公司的积极性。由于广告公司介于客户与媒体之间，有些事情操作起来难免会出现一些预想不到的情况。在这种情况下，企业不能过多地抱怨广告公司，而应在了解问题发生的原因、发展经过后，积极采取相应的补救措施。企业应该做换位思考，当然，也不能过多迁就，因为缺少压力也会使广告公司的积极性和创造性难以充分地发挥。

4. 互相培养才能共同发展

一个优秀的广告公司应该始终通过良好的服务来培养客户；而作为广告客户，也应该用发展的眼光来对待广告公司，如在价格上适当地为广告公司留出一定空间，这样，广告公司在服务上更会得心应手。医药企业在确认一家值得合作的广告公司后，应将其当作自己企业的一个组成部分，在制定企业的发展战略、营销思路、广告投放计划时不妨征求一下广告公司的意见。因为广告公司由于有专业化的特点，对市场现象一般比较敏锐，一个建议或一个点子，往往能使企业受益不少。

5. 对广告比价要注意技巧

当今，比价已成为选择广告公司的重要方式之一。但有的医药企业由于过于看重价格，出现过被广告公司蒙骗甚至造成损失的情况。其实，企业应该意识到，由于竞争激烈，绝大多数广告公司都在打价格战，一些只顾眼前利益、急于想得到客户的广告公司便利用广告客户寻求低价的心理，通过很低的报价吸引客户，以求先同客户接触并从中掌握客户的一些情况，当与客户接触多了，对客户的很多情况有了一定了解时，再以各种理由将广告价格上调，弄得企业进退两难。目前，广告竞争激烈，价格可以说是非常透明的，恶性比价最终受到损失的一定是广告客户，这一点不少医药企业都有深刻教训。

6. 与本土广告公司合作是今后发展的方向

由于本土化的广告公司对本地情况了如指掌，对媒体了解透彻，当地社会资源比较丰富，服务比较完善，收费也不高，是制药企业相对理想的合作伙伴。

资料来源　张东风. 把区域营销"交给"广告公司 [N]. 医药经济报，2006 - 12 - 20（A05）

资料二：奥美广告公司简介

1948 年，广告大师大卫·奥格威在纽约创立自己的广告公司——奥美广告公司（以下简称奥美广告）。在过去的 60 年中，奥美广告从只有两名员工、没有客户，发展成为全球最大的传播集团之一，在全球 159 个城市拥有 497 个办公室，众多富有才干和创新思想的专业人士，为众多世界知名品牌提供全方位传播服务，业务涉及广告、媒体投资管理、一对一传播、顾客关系管理、数码传播、公共关系与公共事务、品牌形象与标识、医药营销与专业传播等。

　　早在 1979 年 3 月 15 日，随着中国对外开放，奥美广告就在上海《文汇报》上为雷达表品牌登出历史性的第一个报纸广告。1985 年在香港成立"奥美（中国）广告公司"，1986 年进入中国大陆，在北京设立办事处，1987 年在上海设立办事处，1991 年在上海与上海广告公司正式合资成立"上海奥美广告有限公司"，1992 年和 1993 年分别在北京和广州成立分公司。随着国内外客户在中国市场日趋活跃，奥美广告在中国正成为最国际化的本土公司，也是最本土化的国际公司。

　　1996 年奥美广告全球营业总收入达 83 亿元。1997 年，奥美广告在中国内地广告营业额达 6.26 亿元。奥美广告服务的品牌有：上海大众、IBM、百服咛、上海旁氏、金施尔康、肯德基、统一、金纺、七喜、多力、好心思、曼妥思等。

资料来源　奥美中国官方网站，奥格威. 广告大师奥格威［M］. 北京：三联书店，1996.

拓 展 练 习 思 考 题

1. 请根据资料一分析医药企业为什么不愿意把自己的营销活动"交给"广告公司？
2. 请根据资料二分析奥美广告公司带给我们的启示是什么？

第四章

医药广告受众

药品广告，问题与对策

作为预防和治疗疾病的重要手段，药品已成为人们生活中不可或缺的主要消费品之一。随着中国医疗体制的改革，人们文化水平的提高，越来越多的人们对轻微病症进行自我诊断，自行购药。除了医生意见和自身经验之外，广告是人们了解药品的重要来源和影响人们购买决策的重要因素。当前，中国的药品生产企业已经认识到广告在消费者选择、购买非处方药过程中所起的重要作用。越来越多的药品广告出现在电视节目中的黄金时段。但是否这些广告都达到了期望的效果，促进品牌建立和产品销售呢？分析药品电视广告，不难发现存在以下问题。

1. 广告诉求重复，难以吸引受众

产品的广告诉求可以从 3 个方面着手：理性诉求、情感诉求、道德诉求。目前药品的诉求一般以前两者为主。就理性诉求而言，由于药品的特殊性，其广告诉求的范围比较狭窄，导致目前药物广告主要以单一的产品疗效为诉求点。这种诉求方式尽管可以使人们对药品的功能一目了然，但容易造成广告形式的呆板乏味。

2. 品牌形象广告较少，与品牌脱离

药品不同于普通商品，它的质量好坏直接关系到人们身体健康，因此人们对于药品的疗效和安全非常重视；同时顾客不会花很多精力去选择品牌；另外，顾客一般缺乏药理知识。这些都决定了在药品购买中顾客对品牌的敏感性高。

3. 盲目使用明星，广告效果不佳

从 1989 年李默然开明星做药品广告的先河以来，药品广告采用明星的现象层出不穷。明星们虽然有一定的市场号召力，但是不同于衣服或装饰品，模仿性差，所以明星广告未必能形成期望的市场效应。

毫无疑问，广告在药品营销中发挥着越来越重要的作用，但是部分药品广告效果并不理想，如何改善广告的效果呢？通过对广告受众的分析，可以有效地把握广告受众的心理，从而改善广告效果，提高广告的效益。

资料来源　佚名. 用公关解决药品广告危机. 中国食品商务网［OL］.
http：//www. 21food. cn/html/news/12/245237. htm.

第一节　医药广告与医药广告受众

一、医药广告信息受众

（一）广告受众

在传播学概念中，受众是指一切大众传媒的接受对象，比如电视的观众、广播的听众、报纸的读者，是信息传播的终端或次终端。

广告受众是指广告信息的接受者，包括广告信息传播的媒体受众或目标受众。广告受众一词属于传播学的范畴，具有一般"受众"的意义，但它又是特定的，指在传播过程中广告信息的接受方。这包括两层含义：一层是通过媒体接触广告信息的人群，即广告的媒体受众；另一层是广告的诉求对象，即广告主的目标受众。医药广告的受众是指接受医药广告信息的受众，他们可能是医药产品的最终使用者，也可能是医药产品的购买者而非直接使用者；既可能是个人，也可能是组织。

（二）医药广告受众的相关概念

1. 医药广告受众的划分　功效分众是根据产品的功效来区分受众群体，根据功效不同来选择传播的受众群体。

人群分众是根据不同的人群来传播不同功能的广告，这在医药行业相对来说是比较常见的，也是应用最为广泛的，如性别分众、年龄段分众、家庭成员分众等。

症状分众是分别出患者出现的不同症状进行传播，让患者对号入座，接受产品。

场所分众是根据不同的场所和地点进行不同的广告诉求。

时间分众是在不同的时间段诉求不同的广告卖点或产品特点，一般分为早晨、中午、晚上；或者白天、晚上等，可使产品的功效有对比感和层次感。

2. 受众的构成（audience composition）　受众的构成是指媒体受众的人数、性别、年龄、职业、经济情况等的构成。

3. 受众份额（audience share）　根据任何日期或时段中，看到广告主广告的受众占总受众的百分比，即为受众份额。也可以是某一电视频道总受众的某一百分比。

4. 医药广告受众的特点

（1）规模的巨大性，在人数上超过大部分社会群体。

（2）分散性，广泛分布于社会各个阶层。

（3）异质性，即具有不同的社会属性。

5. 医药广告受众的类型

（1）积极选择型和随意旁观型。

（2）纯粹受众和介质受众。

（3）预期受众、现实受众与潜在受众。

（4）俯视型受众、仰视型受众和平视型受众。

二、医药广告受众需要分析与心理分析

广告要取得良好的效果，离不开对广告受众心理的理解和把握。尤其在营销以消费者为中心，传播以受众为导向的今天，企业如果对广告受众的心理一无所知，对影响广告受众心理的各种因素一无所知，将无法使其产品广告发挥应有的市场效应。消费者的消费需求由于受经济、社会、心理等各因素的影响，呈现出千差万别、纷繁复杂的状态，但从总体上看，各种需求之间又存在着共性。

消费者的行为受消费者心理活动支配，按照心理学"刺激—认识"的理论，人们的行为动机是一种内在的心理活动过程，是一个不可捉摸的神秘过程，客观的刺激可以使消费者心理产生主观的认识，认同你的产品。所以要为广告主题定位，必须先研究受众心理。

对于医药产品，受众心理具有一定的特殊性，对受众心理的分析就显得尤其重要。受众心理分析包括广告的认知度分析、亲和度分析、记忆度分析、行为度分析、可信度分析。受众心理分析可以通过市场调查方式进行，分析结果对提高广告效果、制定广告策略具有重要的意义。

对广告受众的心理分析一般应从年龄、文化、性别等几个角度进行。

（一）广告受众的年龄心理

1. 儿童接受心理（6~12岁）　由于儿童年龄的特殊性，在给儿童做广告时，要运用活泼的、卡通的、色彩艳丽的广告形式，一般用电视作为传播儿

童广告的广告媒体。

2. 少年接受心理（12～18 岁） 这一时期少年的特点是：喜欢酷，喜欢时尚，喜欢音乐体育，购买行为冲动，所以针对少年的广告一定要注意这 4 个特点。做这种广告要有个性、时尚。

3. 青少年接受广告心理（18～30 岁） 这一时期的少年特点是求美，求新，求名牌；有个性，时尚；憧憬美好的爱情。

（二）东西方广告接受心理

东方：东方广告常常带有很深的人情味，像孔府家酒、南方黑芝麻糊等等以亲情、怀旧为形式的广告。

西方：西方广告的特点是张扬个性、幽默、有创意。

（三）广告受众性别心理

1. 针对男性受众，在做广告时要注意以下几点：①广告中要赋予男性的特征，如成功，强大等；②注意详细的产品信息及功能介绍；③关注体育赛事的广告，如奥运会。

2. 针对女性受众，在做广告时要注意以下几点：①求美心理；②情感心理（感性诉求）；③追求便利；④希望变化。

对广告受众心理分析不准确容易导致以下问题：

1. 定位贪大求全 许多医药企业希望在极为有限的广告时间和空间里挤进所有产品利益点，贪大求全，广告没有特色，没有抓住要害，让消费者无所适从。贪大求全的误区是许多企业易犯的错误，主要是企业舍不得任何一块市场，希望广告能够关照到所有的消费者。

2. 定位空间太狭小 与贪大求全的定位方法相反，定位空间偏小同样是一个误区。许多企业希望自己能在某一狭小的领域获得巨大的市场份额，所以挑选一个认为合适自己产品的市场来运作自己的营销策略或广告策略，但是其效果往往并不明显。

3. 定位搞错了目标消费者 许多企业广告定位搞错了目标消费者，如某某去屑药品广告。

其一，长发女子满脸笑容在餐厅里等待男友来临，男友一落座，便皱眉道："唔…有头屑，真没形象。"女子无奈摇头。改用某某药品之后，重新恢复神采与男友亲密交谈。推出广告产品——某某药。

其二，公共汽车上，青年男子紧挨长发女子侧坐，女子不觉其无礼，反而感觉良好，将长发轻撩起，男子立即变脸，起身离座。字幕提问："你有头屑吗？"

这两则广告的问题都出在同一点：搞错了目标消费者。它们无一例外地将男性的欣赏作为诉求的重点，而把产品的真正消费者——女性放在了次要位置。

三、医药广告媒体及其特点

（一）报刊广告

报纸和杂志中的广告，统称报刊广告。它们是印刷广告中最重要的部分。它们均以文字和图画为主要视觉刺激（信息的吸收大体为直线式，眼睛扫描从左至右，从上至下运动），不像其他广告媒体，比如电视广告与广播广告那样受时间的限制。观看者可以反复阅读，也易保存。

在通常的情况下，当报刊广告介绍商品信息时，观看者往往先看里面的插图，然后才去阅读文字内容。所以，图画或照片要有吸引力，或者先提出问题，吸引读者去阅读内容。

文字内容的阅读，往往读者不一定从第一行读起，而是先停留在那些大字或黑体字上。只是引起他们的兴趣时，再从头读起。这就要求标题醒目、新颖，字体型号选择适当。

美术字的运用，必须有利于内容的理解，防止单纯追求字体美，而造成辨识的困难。此外，版面的安排应当协调，要留出一定的空白。这些都可望在视觉上产生良好的效果。

报纸广告和杂志广告相比较，又有不同。报纸的覆盖面更大，信息传递快，但是，鉴于纸质和印刷工艺上的原因，广告的外观形象不能理想地反映出商品的款式和色彩，势必有损效果。而杂志广告可以有高质量的彩色印刷，在表现力上是报纸难以比拟的，而且有更多的篇幅来传递详尽的信息。这样，既利于理解又便于记忆和保存。杂志专业读者即目标消费者集中，所以，它是做各类专用商品广告的良好媒体。其缺点是影响范围较窄；再者，出版的周期长，经济信息难以及时地传递。

（二）广播广告

无线电广播播放的广告消费可传至四面八方，深入到工厂、车间、商店、商场以及居民家庭、宿舍等，对千百万听众有越来越大的作用。

广播广告以语言、音乐和音响作为要素。语言为其主体，通过它反映出商品的具体信息。这种媒体的广告效果，在很大程度上依赖于听众对其理解的程度。为此，首先力求语言清晰、明了，准确地表达广告内容；在商标品名、生产厂家及销售地址、电话号码等重要内容的播放上，速度应稍慢，并且加以重复，以期增强听觉印象。此外，要求话语中肯、自然，犹如同各位听众单独谈话一样亲切，切忌装腔作势和无边的吹捧，也不宜使用过多的感叹词和插入语。

不和谐的音乐和刺耳的音响是容易引起听众反感的。至于无线电广播广告中的音乐和音响配合，取决于是否有助于更好地表达广告的思想内容。

广播传播迅速，自然是一大长处，但声音传播瞬间即逝，又由于无视觉形象，最后留在记忆中的印象就比较淡薄、模糊。消费者因为不可能随意听取，当然就更难巩固了。

（三）电视广告

电视广告将印刷、绘画、电影、摄影和有声广告融为一体，给收看者以视听同时作用的感觉。这种既能演示商品，又能配以解说词的广告，不但可以介绍商品性能、质量、制作特点、使用方法，而且还能进行现场操作。它的信息吸收方式是串式，即是同时进行而不是阶梯式的。

形式多样，生动活泼，又是电视广告的另一大特色。必要时，可请专家学者做演讲；让时装设计师、工艺美术师介绍服装流行趋势，摆设或装饰艺术；厨师传授和表演菜肴烹饪加工方法；美容师介绍新型化妆品和美容化妆；明星运动员评论体育用品以及普通消费者谈使用特定广告商品的感想、体会。配合行家们的谈话，同时播放商品样品、图片和照片，既易于理解，又令人可信。

由于电视广告将视、听结合起来，既发挥音响的作用，又发挥视觉形象的作用，因此，可能使表现力达到更加完美的地步。正因为电视广告显示的商品形象比较完整、美观，所以它也更容易引起消费者的商品兴趣和好感。今天，电视日益普及，已经拥有广大的观众，影响面比其他媒体更大。但是，它要求特定的条件和地点，显得适应性不强，且费用亦较高。

电视广告同广播广告一样都缺乏保存性，即只有瞬显性。

（四）互联网广告

互联网是指因特网信息服务提供者通过因特网在网站或网页上以旗帜、按钮、文字链接、电子邮件等形式发布的广告。

网络广告主要涉及三类人员：买方、卖方和代理商。买方是指出售商品或提供服务的厂家；卖方是指创立网站并出售广告空间的网站出版商；代理商的作用主要是策划设计广告、广告效果的量化评估等。

1. 互联网广告的媒体

（1）简单网页　最初的网络广告就是网页本身。当越来越多的商业网站出现后，怎么让消费者知道自己的网站就成了一个问题，广告主急需一种可以吸引浏览者到自己网站上来的方法，而网络媒体也需要依靠它来盈利。

（2）企业网站　企业网站本身就是广告宣传的一种，是网络立体式广告宣传的基础，因此建立企业网站，充分表现企业思想，是企业启动网络营销之本。对于大多数企业来说，进入网络广告领域的第一步就是建立自己的企业网站。这些网站的建立仅仅是因为这些企业认为有一个网站是一件很酷的事情，使公司看起来比较新潮，也怕因为没有网站而在竞争中处于劣势。这种网站的雏形就是企业宣传用小册子的在线版。

但是，广告主慢慢会发现，简单的小册子并不能把产品描述清楚，这样的网站无法体现网络的优越性。广告主开始把所有的关于产品的信息搬到网上来，让潜在的消费者通过网络知道尽可能多的信息。与此同时，广告主们开始提高网站的趣味性与知识性，这样可以吸引到更多的浏览者。当然也不能本末倒置，企业网站还是要以产品为中心。

最重要的一点是：企业网站必须要有能把作为潜在消费者的浏览者变为最终消费者的能力。举例来说，在某家具公司网站的网上陈列室里，顾客可以选择自己中意的家具型号，然后屏幕上就会显示出该系列家具的图片，接下来，顾客可以选择他所想要的附件，从家具颜色到整体搭配都可以。他每选择一次，屏幕上的图片就会作出相应的改变。当顾客把整个房间拼装完成后，网页上会显示最终的价格，并可以让顾客选择最近的供货商，便于顾客交易。这一切都在顾客的家中完成，随意舒适，方便快捷，这一切都是互联网带来的。

虽然这里说的是企业网站的广告思想，但是还是有必要提一下企业网站的功能，比如客户服务。拿一些快递公司的网站来说，它为顾客提供了完善的货物跟踪检索服务，这样的服务可以看作是一种用来建立品牌忠诚的极好工具，在顾客心目中建立了完美的服务形象。

2. 互联网广告的形式

（1）静态画面广告　静态画面广告就是在网页上显示一幅固定的图片，它也是早年网络广告常用的一种方式。它的优点就是制作简单，并且被所有的网站接受。它的缺点也显而易见，在众多采用新技术制作的画面广告面前，它就显得有些呆板和枯燥。事实也证明，静态画面广告的点击率比动态的和交互式的画面广告低。

（2）动态画面广告　动态画面广告拥有会运动的元素，或移动或闪烁。它们通常采用 GIF89 的格式，原理就是把一连串图像连贯起来形成动画。大多数动态画面广告由 2～20 帧画面组成，通过不同的画面，可以传递给浏览者更多的信息，也可以通过动画的运用加深浏览者的印象，它们的点击率普遍要比静态的高。而且，这种广告在制作上相对来说并不复杂，尺寸也比较小，通常在 15k 以下。正因为动态画面广告拥有如此多的优点，所以它是目前最主要的网络广告形式。

（3）交互式画面广告　当动态画面广告不能满足要求时，一种更能吸引浏览者的交互式画面广告产生了。交互式画面广告的形式多种多样，比如游戏、插播式、回答问题、下拉菜单、填写表格等，这类广告需要更加直接的交互，比单纯的点击包含更多的内容。

3. 互联网广告的特点

（1）多媒体性　传统媒体是二维的，而网络广告则是多维的，它能将文字、图像和声音有机地组合在一起，传递多感官的信息，让顾客如身临其境般感受商品或服务。网络广告的载体基本上是多媒体、超文本格式文件，广告受众可以对其感兴趣的产品信息进行更详细的了解，使消费者能亲身体验产品、服务与品牌。这种图、文、声、像相结合的广告形式，将大大增强网络广告的实效。

（2）互动性和纵深性　交互性强是互联网络媒体的最大的优势，它不同于传统媒体的信息单向传播，而是信息互动传播。通过链接，用户只需简单地点击鼠标，就可以从厂商的相关站点中得到更多、更详尽的信息。另外，用户可以通过广告位直接填写并提交在线表单信息，厂商可以随时得到宝贵的用户反馈信息，进一步缩短了用户和广告客户之间的距离。同时，网络广告可以提供进一步的产品查询需求。

（3）传播范围广，无时空限制性　通过国际互联网络，网络广告可以将广告信息 24 小时不间断地传播到世界的每一个角落。只要具备上网条件，任何人，在任何地点都可以阅读。这是传统媒体无法达到的。

（4）信息量大，具有重复性和检索性　网络媒体信息量大，而且可以随时修改和添加，不受太多条件限制。网络广告可以将文字、声音、画面完美地结合之后供用户主动检索，重复观看。而与之相比，电视广告却只是让广告受众被动地接受广告内容。如果错过广告时间，就不能再得到广告信息。另外，显而易见，较之网络广告的检索平面广告的检索要费时、费事得多。

（5）更改灵活性　网络广告制作成本低，速度快，更改灵活。网络广告制作周期短，即使在较短的周期进行投放，也可以根据客户的需求很快完成制作，而传统广告制作成本高，投放周期固定。另外，在传统媒体上做广告发布后很难更改，即使可以改动往往也须付出很大的经济代价。而在互联网上做广告能够按照客户需要及时变更广告内容。这样，经营决策的变化就能及时实施和推广。

（6）可统计、衡量性　网络广告能进行完善的统计，"无法衡量的东西就无法管理。"网络广告通过及时和精确的统计机制，使广告主能够直接对广告的发布进行在线监控。而传统的广告形式只能通过并不精确的收视率、发行量等来统计投放的受众数量。

网络广告可以跟踪和衡量广告的效果，广告主能通过 Internet 即时衡量广告的效果。通过监视广告的浏览量、点击率等指标，广告主可以统计出多少人看到了广告，其中有多少人对广告感兴趣进而进一步了解了广告的详细信息。因此，较之其他任何广告，网络广告使广告主能够更好地跟踪广告受众的反应，及时了解用户和潜在用户的情况。

（7）针对性强，关注度高　网络广告的投放更具有针对性，通过提供众多的免费服务，网站一般都能建立完整的用户数据库，包括用户的地域分布、年龄、性别、收入、职业、婚姻状况、爱好等。这些资料可帮助广告主分析市场与受众，根据广告目标受众的特点，有针对性地投放广告，并根据用户特点做定点投放和跟踪分析，对广告效果作出客观准确的评价。

另外，网络广告还可以提供有针对性的内容环境。不同的网站或者是同一网站不同的频道所提供的服务是不同质且具有很强类别划分的，这就为密切迎合广告目标受众的兴趣提供了可能。

网络广告的受众关注度高，据资料显示，电视并不能集中人的注意力，电视观众 40% 的人同时在阅读，21% 的人同时在做家务，13% 的人在吃喝，12% 的人在玩赏它物，10% 在烹饪，9% 在写作，8% 在打电话。而网上用户 55% 在使用计算机时不做任何它事，只有 6% 同时在打电话，只有 5% 在吃喝，只有 4% 在写作。

（8）价格优势　从价格方面考虑，与报纸杂志或电视广告相比，目前网络广告费用还是较为低廉的。虽然中国的互联网广告在 1997 年才开始出现，但是经过十多年的发展，网络广告已经成为中国互联网站的最主要收入形式。由于上述优势，中国互联网广告收入也以每年翻倍递增，网络广告将成为企业市场推广必不可少的高效途径。

4. 互联网广告的前景　截至 2007 年 12 月，中国网民数已达到 2.1 亿人。其中仅 2007 年一年就增加了 7300 万，年增长率为 53.3%。从接入方式上看，宽带网民数达到 1.63 亿人，手机网民数达到 5040 万人，这两种接入方式发展较快。

从地域上看，北京和上海的互联网普及率较高，已经分别达到 46.6% 和 45.8%。增长量上，广东由于手机网民数增长的拉动，增长人数最多，一年内共增加了 1500 万网民。

用户最能接受的网络广告形式为横幅式广告（又名"旗帜广告"）（35.6%），有 78.5% 的用户经常以网络广告作为自己选购物品或服务的参考，并且网络广告的影响（18.1%）已经仅次于电视广告（56.1%）。

另外，中国互联网络信息中心数据显示，快速增长的农村网民成为新增网民的重要组成，7300 万新增网民中的 4 成，即有 2917 万网民来自农村；截至 2007 年 12 月底，中国农村网民数量达到 5262 万，年增长率达到 127.7%。这一数据表明，农村网民的高速增长，使得农村成为一个拥有巨大潜力的互联网消费市场，随着"村村通电话"、"乡乡能上网"、"乡乡有网站"等乡镇信息化普及工程的推进，农村互联网广告市场潜力巨大。

除了上述的报纸广告、杂志广告、广播广告、电视广告和互联网广告以外，其他媒体还有户外与邮递两类。户外媒体包括路牌、招贴、霓虹灯等。它们具有灵活、持续性强的特点，但是，它们无法选择目标消费者，传递的信息也不可能充分。邮递广告主要包括销售信、说明书等。这些是以特定人物、单位为诉求对象，适于推销特种或专门性商品，但是，影响范围很有限，感染力较差。

第二节　医药广告受众的权利

随着社会的不断进步，广告受众对权利的关注程度不断增强，由于医药产品、服务的特殊性，受众的权利更应该关注。医药广告受众享有的基本权利主要包括知晓权、表达权、隐私权、监督权等。

一、知晓权

知晓权是西方新闻理论中一个非常重要的概念。1945 年，美国记者肯特·库柏首先使用了"知晓权"（The Right to Know）的概念，指的是民众享有通过新闻媒体了解其政府工作情况的法定权利。西方新闻界非常强调知晓权，总的来说他们认为知晓权至少有四方面重要意义。

（1）知晓权是公民行使一切民主自由权利的基本前提。

（2）知晓权是现代国家民主宪政的基础要素。

（3）知晓权作为公众的一项社会权利和政治权利，是信息化社会所导致的一种必然性。

（4）知晓权是防止出现恶劣政府的必要条件。

二、表达权

表达权是指公民在法律规定的限度内，使用各种方式表明、显示或传播思想、情感、意见、观点、主张，而不受他人干涉、约束的权利。表达权包括表达方法和表达内容两方面的自由。只要在法律规定的限度之内，权利主体具有包括使用媒体等各种方式表示自己的主张，对参与的公共事务进行表态、表决和提出新的相关请求的权利。知情与参与是实现表达的前提，表达则是实质意义上的知情与参与。人民没有表达权，就没有人民对政府的制约；人民对政府的制约一定是通过表态、表决等自由表达主体意志来实现。

三、隐私权

隐私权是指自然人享有的私人生活安宁与私人信息秘密依法受到保护，不被他人非法侵扰、知悉、收集、利用和公开的一种人格权，而且权利主体对他人在何种程度上可以介入自己的私生活，对自己是否向他人公开隐私以及公开的范围和程度等具有决定权。

在中国现行法律中，并无提及隐私权字眼的明文条款。

四、监督权

监督权是指公民有监督国家机关及其工作人员公务活动的权利。它是公民参政权中的一项不可缺少的内容，是国家权力监督体系中的一种最具活力的监督。实行民主监督，既有利于改进国家机关和国家工作人员的工作，也有助于激发广大公民关心国家大事，为社会主义现代化建设出谋划策的主人翁精神。

监督权包括公民直接行使的监督权和公民通过自己选举的国家代表机关代表行使的监督权，另外，公民的许多权利具有监督国家权力的性质。这里，作为参政权的一项内容的监督权，是一种直接的政治监督权。它主要包括五项内容，即批评权、建议权、申诉权、控告权、检举权。

第三节　医药广告与消费者购买行为

现代的市场观认为，在诸多市场要素组成的复杂关系之中，消费者是中心。将消费者置于中心地位有两点理由：一是商品生产以满足消费者需要为宗旨；二是一切市场策略只有符合消费者的行为特点，才可能奏效。

在现实的购买活动中，许多购买者事先也不一定有明确的购买意图和目标，但是，却把东西买下来了。美国一家商场曾做过实地调查，发现在被调查的购买者中，大多数的人事先只有朦胧的欲望（更多地反映潜在需要），只有少部分买主才是在有明确购买计划时购买的。由此可见，有如此众多的具有潜在需要的消费者在等待着诱发他们的购买愿望，而广告正是诱发消费者潜在需求的一个重要手段。

一、消费者购买行为类型

对不同类型的顾客应采用不同的介绍方法，一般顾客大致划分为以下几种类型。

1. 冲动型　这种类型顾客的兴趣、情绪容易冲动，心境变化激烈，喜欢追求新产品。对商品的选择以直观热爱为主，只对商品的外观、色泽感兴趣，而不太注意商品的实用性。所以，在广告等宣传方式的影响下，就会很快作出反应，形成冲动性购买。但其购买行为完成后，往往会留下后遗症，如购买商品价格过高，规格型号不合适等。

2. 理智型　这类顾客头脑比较冷静，主观性强，购买经验丰富，对商品的品质、用途、价格等有自己的见解，不易受外界因素的影响。在购买活动中，挑选、评价商品以作出购买决策，都受理智控制，很少感情用事。他们能够广泛收集商品信息，了解市场行情，对所需商品进行认真分析与评价，权衡各种因素，才作出决策。

3. 经济型　这类顾客对商品的价格非常敏感，喜欢根据商品价格的高低判断商品质量的优劣及性能好坏。这类顾客又有两种类型：①专爱购买高价商品，他们认为价格不仅意味着商品质量，也具有某种意义，可体现顾客本身的经济实力或身份、地位，而且可能享受更好的服务；②这种顾客则因收入低或其他因素，唯对低廉价格的商品感兴趣，他们宁可多花体力和精力，广泛地了解商品的价格信息，对商品价格之间的差异进行仔细比较，反复衡量，希望买到物美价廉的商品，同时对降价处理商品也十分感兴趣。

4. 习惯型　这类顾客总是根据过去的购买经验或长期形成的消费习惯，去购买某种牌子、规格、档次的商品，或习惯于在某个商场、商店购买。他们在长期的购买活动中，往往会对某种商品或商店形成一定偏好，在这种偏好和信任基础上消费者注意力集中，往往会不加考虑，重复以往的购买行为，不易受广告宣传和时尚的影响。

5. 想象型　这类顾客性情活泼、思想活跃、兴趣广泛，想象力和联想力特别丰富，审美观强，常以自己丰富的想象力去衡量商品的好坏。对感观刺激强的新型产品、功能预留产品都很感兴趣，在整个购买活动中，对所要购买商品都有过种种丰富的想象和设计，但注意力容易转移，兴趣也容易变换。

6. 不定型　这类顾客属于心理尺度尚未定型，因而缺乏一定的主见，没有固定偏好，往往在购买活动中表现出不知所措的举止，不能确定选购商品的标准，一般依赖于朋友或其他人帮购，容易受外界因素的影响产生或中断购买行为。

二、广告对消费者行为的作用

消费者有了一定的需要并注意于某种物品或劳务之后，便产生了如何来满足自己需要的问题。消费者这时便进入到了获得信息的阶段。一般来说，消费者首先是回忆自身的经验，从记忆中获取有关商品的信息。但是，记忆中的经验和知识毕竟有限，特别是对于大件贵重物品的知识，更要有求于各种信息源。广告便是提供商品信息的重要途径。台湾地区奥美广告公司关于"消费者对广告的态度与评价"的调查结果显示，认为广告是一种了解产品功能或服务内容的重要消息来源的人数比例，在中国台湾地区为86%，在香港地区为74%，在美国为76%。

消费者购买行为是受消费者偏好、购买能力和购买意愿的影响。而消费者的购买偏好和购买意愿是由消费者的性格和对相关产品的态度共同决定的。俗话说"江山易改，本性难移"，可见性格一旦形成就很难改变，而消费者对某产品的态度会随着消费者的认知程度的变化而变化。

消费者态度对购买行为的影响，是如何进行的呢？首先，消费者态度将影响其对产品、商标的判断与评价；其次，态度影响消费者的学习兴趣与学习效果；最后，态度通过影响消费者购买意向，进而影响购买行为。

本章小结

广告受众是指广告信息的接受者，包括广告信息传播的媒体受众或目标受众。医药广告受众一词属于传播学的范畴，具有一般"受众"的意义，但它又是特定的，指在传播过程中医药企业广告信息的接受方。

医药生产企业广告要取得良好的效果，离不开对广告受众心理的理解和把握。尤其在营销以消费者为中心，传播以受众为导向的今天，医药生产企业如果不能准确把握广告受众的心理，将无法使其产品广告发挥应有的市场效应。对广告受众需要和心理的分析包括年龄心理、性别心理、社会文化心理分析。

对广告受众的分析还要考虑到不同的广告媒体的特点，报刊广告、广播电视广告以及互联网广告由于传递信息媒体的不同，要根据其特点进行分析。

随着社会的不断进步，广告受众对权利的关注程度不断增强，由于医药产品、服务的特殊性，受众的权利更应该关注。医药广告受众享有的基本权利主要包括知晓权、表达权、隐私权、监督权等。

消费者购买行为类型，包括冲动型、理智型、经济型、习惯型、想象型、不定型等类型，不同购买类型的消费者其购买行为具有很大差异性，需要采取针对性的广告策略。

思考与讨论

1. 什么是医药广告的受众？
2. 医药广告受众享有哪些权利？
3. 互联网广告具有什么特点？
4. 医药消费者购买行为可以分为哪些类型？

● 拓展练习 ●

哈药集团的密集广告营销策略

1. 哈药的法宝——密集广告营销策略

2000年医药市场炒作的明星无疑是哈尔滨医药集团（简称哈药）。一年中，哈药砸出12亿广告费，并以此拉动起60多亿元的销售收入。虽然与销售额增幅不呈比例的利润引来诸多质疑，但"哈药"的名字终于被人们熟悉并牢记。

哈药的成功与广告有着不解之缘。20世纪90年代哈药六厂还是一个亏损大户，当时的厂长汪兆金从银行贷款100万元，用80万元做了广告，结果当年就实现销售收入1000万元。

由于采用了密集广告的营销策略，在市场上树立了哈药几个大产品的品牌。其中占公司主营业务收入和主营业务利润10%以上的产品包括青霉素粉针、严迪、葡萄糖酸钙、盖中盖等。而且从哈药的财务报表看，哈药在销售火爆上升的同时，回款控制也做得比较好，公司2000年的主营收入同比增长44%，而应收账款同比增长21%，其他应收账款还略有下降，说明公司具有强大的营销能力。

2. 哈药密集广告策略成功的原因，主要有以下几个方面

（1）医药行业的特殊性决定了密集广告策略的成功，医药保健、化妆品等生活消费品行业品种多，产品周期短，对医药行业国家鼓励发展非处方药，也许不到一年又出新产品，不打广告谁知道，很可能是产品周期已经结束，企业还没有见到效益。

（2）中国市场的整体发展水平较低且存在较大的地区差异性，

消费者对强行灌输式广告的容忍程度还比较高。在一定的限度内，企业所得到的品牌效应和收益与其在广告方面的投入是呈正比的。同时，医药产品同家电产品或者是酒类产品的消费市场和消费习惯不同，消费者在购买保健食品和非处方药时，特别注重企业的声誉，他们更愿意购买具有社会认同感的产品。

（3）哈药的广告策略有充裕的自有资金作支持。从1999年年报可以看出，哈药的财务制度相当稳健，甚至可以说是保守，以广告费用为例，公司1999年共支付广告费6.19亿元，全部作为当年支出进行消化。公司不仅未采用分年度摊销的财务处理办法，甚至还预付2000年广告费达6725万元。

3. 哈药营销策略的反思

（1）广告打拼市场，能走多远　从目前的反映来看，消费者已经有些厌烦"盖中盖"广告，其广告已趋于饱和，广告弹性很小。"成也广告，败也广告"，此话对哈药来说不为过，密集广告策略现在已到极限，"盖中盖"风波便可略见一斑，今后一两年的销售还可以靠广告来打，三五年以后呢？而且，在以往的广告历史中，"秦池"、"爱多"等标王的失败说明，广告并不是制胜法宝。像"爱多"、"秦池"一样，靠出巨资宣传来建立品牌无形资产是无效的，这应该是一个长期的过程。广告等对外传播手段较注重即时性的效果，在一定时间内可以迅速提高产品的知名度，而要长期见效，则要不断投入。另一个风险来自消费者的认可程度，目前"盖中盖"销量排名跃居第一，如果效果不明显，或者不如其他产品质量好，就不可能得到消费者的长期认可。

（2）名气并不代表"品牌"

将知名度转化为忠诚度：企业的竞争中，随着产品同质化，销售力的愈趋接近，将会步入形象力竞争的阶段。拿钙产品来说，"巨能钙"、"劲得钙"等各类钙产品无论是销售策略还是广告策略越来越接近，今后市场中销售产品不再是决定的因素，销售品牌则在其中显得越来越重要，品牌建立对企业招募优秀员工，吸引投资者，帮助销售等都功不可没。哈药的广告模式基本上是"伪专家"（没有一个真正知名医药专家）与大批影视演员的药品功能推介。药是一种科技含量比较高又非常严肃的产品，而演员式的专家与演员本身的职业特质就是"表演"，用这样的群体为自己的产品做广告，知名度很快就有了，但消费行为的完成最终要靠品牌忠诚度的转化。哈药产品目前的知名度非常高，许多消费者曾经试用过。中国人口太多，少数人的试用就会创造出大的市场空间，所以哈药集团的骄绩不足为奇。一个试用就让哈药取得了巨量的"试用收成"，但与此同时，巨额的广告投入没有按照科学的方式投放，品牌资产却在大量流失。

品牌宣传：哈药只是个地方性产业类别的标示，并没有形成统一的品牌形象。在哈药所属的制药三厂、制药四厂、制药六厂、世一堂药厂中你看不到丝毫的品牌整合痕迹，当然也看不到清晰的品牌结构层次。品牌是企业生命轨迹的记录，是所有各种"投资影响"的总虚拟账户，没有品牌或者是品牌模糊的企业，消费者对品牌的感觉、认识无处可放，资产自然会白白流失。

4. 实现新的腾飞

哈药的目标是让哈药保持每年30%的增长速度，在国内医药板块占据头等位置，并进入世界医药行业50强。从哈药的集团整体发展策略来看，今后仍会以加大广告宣传力度来巩固战果，但是，国家税务总局在《企业所得税税前扣除办法》的通知中明确将企业每年的广告费用限制在销售额的2%。文件的出台，对做广告最火爆的三九医药和哈药等企业冲击巨大，尤其是对广告投放占销售收入比例达到25%的哈药集团。据统计，哈药"盖中盖"的广告在中央电视台停播后，公司每月流水比正常打广告月份少了8000万元。企业不做广告不可能，政策出台后，由于大量广告费用不能摊销入费用，企业会调整广告策略，寻找新的广告办法，减少广告费用，降低此项政策对公司经营的影响。同时，根据哈药以往广告策略中的不足之处，从2001年起，对营销广告策略进行了调整。

（1）增加公益广告的投放力度　哈药六厂在全国绝大多数省市级电视台全天候（包括黄金时间段）播出系列公益广告，每月一个主题版本，全年共12个主题，每天播放2~5分钟，公益广告费用约占全年广告费的一半，初步预算可能至少需要5亿元资金。主题健康明朗，符合时代发展要求，尤其是与中国国情、民情吻合的主题，如亲情、爱心、爱国、民族精神，针对哈药六厂企业的特点制定系列公益广告主题。创意要求冲击力强，能广泛引起百姓共鸣，感人至深，甚至催人泪下，时间长度为1分钟，包括45秒、30秒、15秒。

（2）新的统一品牌战略　以哈药三厂为例，结合三厂的具体现状，量身定做一套企业品牌策划，改变单一产品宣传的模式，将重点转向以"三精"为品牌的新一轮广告攻势，以"产品求精、质量求精、服务求精"的内涵为基础，全力打造"三精"品牌。推出"药品打假篇"公益广告及50年厂庆"精益求精制好药，三精药业"的"企业篇"计划在中央电视台亮相。简言之，"产品会被人不断模仿、取代，而逐渐遭到遗忘，企业高投入、低回报对今后发展极其不利，而品牌效应则可以起到意想不到的影响力和关注度"。虽然"星级"品牌在林林总总的行业中早已不是什么新鲜事儿，但在国内药品行业中有这种举动的却少之甚少，所以哈药三厂进行"三精"品牌的策划，投入药品"打假篇"、50年"厂庆篇"等系列公益广告，可以说哈药开始了从产品宣传到企业宣传的历史性革命。

资料来源 佚名. 哈药集团的营销策略. 中华广告网［OL］. http：//www. a. com. cn/forum/showarticle. asp？aid＝2021369.

拓展练习思考题

1. 你认为哈药集团最初在广告方面成功的主要原因是什么？
2. 随着国家对广告行业管理的日益严格，你认为医药生产企业应该采取哪些对策？

第五章 医药广告理论

"脑白金"的广告策略

在很多人看来，"脑白金"广告一无是处，更有业内人士说其毫无创意，"土得令人恶心"。有趣的是，就靠着这在网上被传为"第一恶俗"的广告，"脑白金"创下了几十个亿的销售额，在2001年，更是每月平均销售额高达2亿元，"巨人"史玉柱也翻了身，再次踌躇满志地重出"江湖"。"土"广告打下大市场，不是用偶然性能解释的。20世纪70年代，A·莱斯和J·屈特提出了奠定他们营销大师地位的广告定位论。他们认为，广告应该在消费者心智上下功夫，力争创造一个心理独有的位置，特别是"第一说法、第一事件、第一位置"等，创造第一，才能在消费者心中造成难以忘记的、不易混淆的优势效果。而"今年过节不收礼，收礼只收'脑白金'"的广告语就抢占了这么一个独一无二的定位——既与传统中用于送礼的烟酒等"不健康礼品"有高下之分，又从主要把目标市场锁定在寻求保健效果者本人的其他保健食品中凸现出来！正是这充满霸气地同礼品之间划上的等号，塑造出了"脑白金"与众不同的形象，使得消费者想到礼品时，不由地就想到"脑白金"。在中国这样一个礼仪之邦，礼品市场有多大？这个等号的价值又有多大呢？其实，"脑白金"敢于划这个等号也只是洞悉了一个简单事实：由于中国经济水平的限制，保健食品客观存在着"买的不用，用的不买"的购买者与使用者分离的现象，保健食品需求变成购买力在很大程度上是间接的。至于功效颇有争议的"脑白金"，礼品定位真是不得不走的"曲线救国"之路。

定位可以说是广告的灵魂，相比之下，设计不过是躯壳而已。一旦确定了有优势的定位，先就把握了几分胜算了。

资料来源　佚名．脑白金广告策略分析．经济生活［OL］．http：// kuailedeniaoren. blog. hexun. com/18805363_ d. html.

第一节　AIDMA 理论

一、AIDMA 理论的概念

AIDMA 理论是在 1898 年由美国广告学家最先提出。AIDMA 法则的含义为：A（attention）引起注意；I（interest）产生兴趣；D（desire）培养欲望；M（memory）形成记忆；A（action）促成行动。

所谓 AIDMA 法则，是指在消费者从看到广告，到发生购物行为之间，动态式地引导其心理过程，并将其顺序模式化的一种法则。

其过程是首先消费者注意到（attention）该广告，其次感到兴趣（interest）而阅读下去，再产生想买来试一试的欲望（desire），然后记住（memory）该广告的内容，最后产生购买行为（action）。这种广告发生功效而引导消费者产生的心理变化，就称为 AIDMA 法则。具体的发展过程如图 5 - 1 所示。

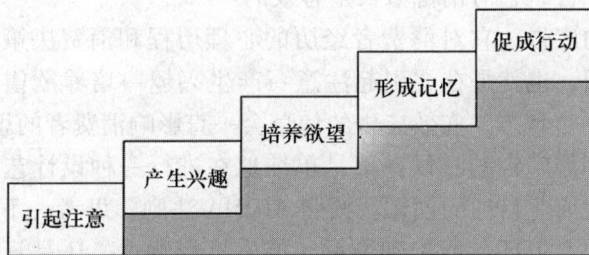

图 5 - 1　AIDMA 法则的发展过程

该理论将消费者的购买行为模型化，有助于广告主在系统研究消费者后，更有效地进行商品的宣传。但是，该理论并没有具体细化到不同的商品类别，实际上，该理论更多的适合高介入度的商品（价格高，需要小心做决策），而对于低介入度商品，消费者的决策过程往往没有那么复杂。

二、AIDMA 理论的内容分析

A：attention（引起注意）——花哨的名片、提包上绣着广告词等被经常采用的引起注意的方法。

I：interest（产生兴趣）——一般使用的方法是精制的彩色目录及将有关商品的新闻简报加以剪贴。

D：desire（培养欲望）——推销茶叶的要随时准备茶具，给顾客沏上一杯香气扑鼻的浓茶,顾客一品茶香体会茶的美味,就会产生购买欲;推销房子的,要带顾客参观房子;餐馆的入口处要陈列色香味俱全的精制样品,让顾客倍感商品的魅力,唤起他的购买欲。

M:memory(形成记忆)——一位成功的推销员说:"每次我在宣传自己公司的产品时,总是拿着其他公司的产品目录,一一加以详细说明比较。因为如果总是说自己的产品有多好多好,顾客对你不相信,反而想多了解一下其他公司的产品,而如果你先提出其他公司的产品,顾客反而会认定你自己的产品。"

A:action(促成行动)——从引起注意到付诸购买的整个销售过程,推销员必须始终信心十足。但过分自信也会引起顾客的反感,以为你在说大话、吹牛皮,从而不信任你的话。

三、AIDMA 理论的实践应用

在广告行业,AIDMA 法则经常被用来解释消费心理过程。

广告行业的人用它是为了创作实效的广告,实效的广告简单地说就是可以促进销售的广告,它对销售增长是有效的。

创造实效的广告,它对消费者经历的心理历程和消费决策,将产生影响力和诱导的作用,也就是在"引起注意→产生兴趣→培养欲望→形成记忆→促成行动"的 5 个环节,实效广告的信息会一直影响消费者的思考和行为。

因此,在创作广告的时候,不是单纯地在进行一种设计艺术的创作,而是一种为了实现商业目标的创作。按照 AIDMA 法则,思考一下自己创作的广告,是不是在这 5 个环节能走到最后还能发挥影响力,还是只做到了让消费者引起注意,但不能让消费者产生兴趣。如果在第二个环节就对消费者没有任何影响力,那么广告可以说是无效的。

在广告信息的传递过程中,按照广告"金字塔"的形式,有一个逐次"散漏"的过程。所以,广告信息最终能真正引致的购买行为是非常有限的。

例如,目标受众是 15 ~ 49 岁之间的女性消费者,假如有 1000 万人,其中,注意率为 20%,注意者中感兴趣的占 50%,感兴趣者中有购买欲望的占 50%,有欲望者中能够记住的又有 50%,最后真正的购买者只是记忆者中的 70%,形成递减态势,这样,真正购买者的人数只有目标受众的 20% × 50% × 50% × 50% × 70% = 1.75%。在广告的信息传播过程中,引起"注意"显得特别重要,广告有效与否首先要看它有没有视觉冲击力。

四、AIDMA 理论的演变

这个理论可以很好地解释在实体经济领域里的购买行为,但在网络时代,该理论渐渐失去效用。2005 年，日本电通集团推出的 AISAS 更加适应网络时代的消费者行为历程。AISAS 的前两个阶段和 AIDMA 模型相同，但在第三个阶段 S 为 Search，即主动进行信息的搜索，第四个阶段为 A，即达成购买行为，最后一个阶段 S 为 Share，即分享，将购买心得和其他人进行分享。这种全新的营销理论，重新解释了在互联网时代企业应遵循的营销法则。它指出了互联网时代下消费者通过搜索（Search）获取口碑，通过分享（Share）传播口碑。

第二节　广告螺旋理论

一、广告螺旋理论的概念

广告螺旋理论是 1925 年由格勒纳（Kleppner otto）在其著作《广告创意》（advertising procedure）中最先提出。其基本观点是认为，商品在市场上一般要经历一定的生命周期，在不同的生命周期应该采取不同的广告策略，格勒纳认为可区分为 3 个阶段：从引入期到成长前期处于开拓阶段（pioneering stage）、从成长后期到成熟期属于竞争阶段（competitive stage）、从饱和期到衰退期则是保持阶段（retentive stage）。

二、广告螺旋理论的内容分析

所谓开拓阶段，是指新产品刚进入市场，市场上并没有或只有少数的竞争者，此阶段的广告功能必须以功能或用途为诉求重点。到竞争期，许多竞争者都推出类似产品，各商家试图瓜分或占有市场，消费者已经了解产品的属性，因此广告诉求应该改为强调自我品牌特色，即差异性，经过激烈淘汰竞争后，进入保持阶段，只剩下几个强势品牌在市场存在，此时广告策略应巩固本品牌在消费者心目中的地位。

在保持阶段之后，厂商会针对产品加以改良，开发新的功能或用途，产品以新的面貌在进入市场，此时进入第二阶段的开拓期，如此周而复始，整个市场如图 5-2 呈现螺旋状发展。

（一）开拓阶段（引入期、成长前期）

广告的目标：创新。

广告的目的：使消费者了解新产品和服务；使人们看到他们以前有一种需求；告诉消费者现在存在一种新产品，完全能够满足他们早已存在但一直不能得到满足的需求。

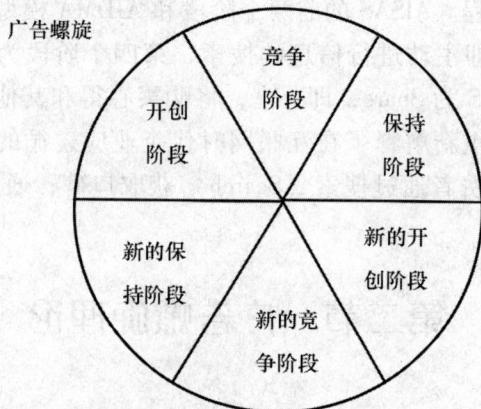

图 5 – 2　广告螺旋的发展过程

广告的目标受众：新消费者。

广告的策略：认知性广告。

（二）竞争阶段（成长后期、成熟期）

广告的目标：打败竞争者。

广告的目的：告诉消费者为什么选择某个特定的品牌。

广告的目标受众：大众消费者。

广告的策略：劝说性广告。

（三）保持阶段（饱和期、衰退期）

广告的目标：维持占有率。

广告的目的：不断将产品展示给消费者，提醒消费者有这样一种产品。

广告的受众：消费者中的老顾客。

广告的策略：提醒性广告。

第三节　广告定位理论

定位观念源自于美国的两位著名的广告人艾·里斯和杰·屈特。在广告史上，定位观念的提出，对广告策略的确立具有划时代的意义。在现代广告策划中，定位显然是广告决策中具有关键意义的环节。定位是否合理不仅关系到广告运作的效果，而且也决定了广告诉求的方向。因此，定位已经成为现代广告运作的一个基本原理。

一、广告定位的内涵

定位理论的创始人艾·里斯和杰·特劳特曾指出:"'定位'是一种观念,它改变了广告的本质"。"定位从产品开始,可以是一种商品、一项服务、一家公司、一个机构,甚至于是一个人,也许可能是你自己。但定位并不是要你对产品做什么事。定位是你对未来的潜在顾客心智所下的功夫,也就是把产品定位在你未来潜在顾客的心中。所以,你如把这个观念叫做'产品定位'是不对的。你对产品本身,实际上并没有做什么重要的事情。"

可见,广告定位是现代广告理论和实践中极为重要的观念,是广告主与广告公司根据社会既定群体对某种产品属性的重视程度;把自己的广告产品确定于某一市场位置,使其在特定的时间、地点,对某一阶层的目标消费者出售,以利于与其他厂家产品竞争。它的目的,就是要在广告宣传中,为企业和产品创造、培养一定的特色,树立独特的市场形象,从而满足目标消费者的某种需要和偏爱,为促进企业产品销售服务。

二、广告定位理论的发展

广告定位理论的发展共经历了4个大阶段。

(一) USP 理论阶段

在20世纪50年代,美国的罗瑟·瑞夫斯提出广告应有"独具特点的销售说辞(unique selling proposition,USP)。他主张广告要把注意力集中于商品的特点及消费者利益之上,强调在广告中要注意商品之间的差异,并选择好消费者最容易接受的特点作为广告主题。

在20世纪50年代末期,随着产品时代被市场营销时代代替,确立"独具特点的销售说辞"就变得日益困难。但是,USP理论中的基本思想被随后的广告思潮所汲取。因而,直至今日许多广告人把USP赋予诸多的现代意义,为当代广告活动所采用。

(二) 形象广告阶段

从20世纪50年代以来,西方经济发达国家的生产得到迅速发展,新产品不断涌现,同类产品在市场上竞争十分激烈。许多广告人通过各种广告宣传和促销手段,不断为企业提高声誉,开创著名品牌产品,使消费者根据企业的名声与印象来选择商品。此时期,涌现出一大批著名的广告人,广告思想都以树立品牌形象为核心,在客观的广告实践上,推动了企业营销活动的开展。这一时期最具代表性的人物就是被称为"形象时代建筑大师"的大卫·奥格威。他的最著名的命题之一就是:"每一广告都是对品牌印象的长期投资"。

（三）广告定位阶段

1969 年，艾·里斯和杰·特劳特在美国《产业行销杂志》（Industrial Marketing Magazine）发表的一篇名为《定位是人们在今日模仿主义市场所玩的竞赛》的文章中第一次正式使用"定位"（positioning）一词。

广告定位阶段自 20 世纪 70 年代初期产生，到 20 世纪 80 年代中期达到顶峰，其广告理论的核心就是使商品在消费者心目中确立一个位置。正如艾·里斯和杰·特劳特所指出的："广告已进入一个以定位策略为主的时代，想在我们传播过多的社会中成功，一个公司必须在其潜在顾客的心智中创造一个位置。""在定位时代，去发明或发现了不起的事物并不够，甚至还不需要。然而，你一定要把进入潜在顾客的心智作为首要之图"。

（四）系统形象广告定位

进入 20 世纪 90 年代后，世界经济日益突破地区界限，发展成为全球性的世界性大经济。企业之间的竞争从局部的产品竞争、价格竞争、信息竞争、意识竞争等发展到企业形象竞争，原来的广告定位思想进而发展为系统形象的广告定位。

这种广告定位思想，变革了产品形象和企业形象定位的局部性和主观性的特点，也改变了 20 世纪 70 ~ 80 年代广告定位的不统一性、零散性、随机性，更多地从完整性、本质性、优异性的角度明确广告定位。

系统形象广告定位，最初产生于美国 20 世纪 50 年代中期，发展于 60 ~ 70 年代，成熟于 80 ~ 90 年代。这种广告形态不但在欧美，而且在亚洲都产生了划时代的影响。当代世界上的著名企业，其经营管理过程中都已经在系统形象广告领域做了大量的工作，促进了企业经济效益和社会效益的大幅度提高。

三、广告定位的意义

（一）正确的广告定位是广告宣传的基准

企业的产品宣传要借助于广告这种形式，但"广告什么"和"向什么人广告"，则是广告决策的首要问题。

在现实的广告活动中，不管你"有无定位意识，愿意或不愿意"，都必须给拟开展的广告活动进行定位。科学的广告定位对于企业广告战略的实施与实现，无疑会带来积极的、有效的作用，而失误的广告定位必然给企业带来利益上的损失。

（二）正确的广告定位有利于进一步巩固产品和企业形象定位

现代社会中的企业组织在企业产品设计开发生产过程中，根据客观现实的需要，企业必然为自己的产品所针对的目标市场进行产品定位，以确定企业生产经营的方向，企业形象定位又是企业根据自身实际所开展的企业经营意识、企业行为表现和企业外观特征的综合，在客观上能够促进企业产品的销售。无论是产品定位还是企业形象定位，无疑都要借助于正确的广告定位来加以巩固和促进。

（三）准确的广告定位是说服消费者的关键

一个消费者需要的商品能否真正引起其购买行为的出现，首先就要看广告定位是否准确，否则，即使是消费者需要的商品，由于广告定位不准，也会失去促销的作用，使许多真正的目标对象错过购买商品的机会。在现代社会中，消费者对商品的购买，不仅是对产品功能和价格的选择，更是对企业精神、经营管理作风、企业服务水准的全面选择，而企业形象定位优良与否，又正是消费者选择的根据之一。优良的企业形象定位，必然使消费者对产品产生"信得过"的购买信心与动力，促进商品销售。

（四）准确的广告定位有利于商品识别

在现代营销市场中，生产和销售某类产品的企业很多，造成某类产品的品牌多种多样，广告主在广告定位中所突出的是自己品牌的与众不同，使消费者认牌选购。

消费者购买行为产生之前，需要此类产品的信息，更需要不同品牌的同类产品信息，广告定位所提供给消费者的信息，其中很多为本品牌特有性质、功能的信息，有利于实现商品识别。广告定位告诉消费者"本类产品的有用性"，更告诉消费者"本品牌产品的与众不同性"。

（五）准确的广告定位是广告表现和广告评价的基础

在广告活动中，广告表现必须以广告定位为基础进行广告视听觉表现，广告表现要以广告定位为目标与导向，体现出广告表现服务于广告定位思维逻辑。

一则广告的好与坏、优与劣，要以表现广告定位情况来进行分析和评价。这是因为对广告所进行的评价，实际上是对广告表现及产生的社会效果的评价，广告表现是以广告定位为核心展开工作，对于广告表现进行评价归根结底就是对广告定位的评价。也就是说，评价广告，首先要依据广告是否表现出准确的广告定位思想，是否比较准确地表现出广告定位的主题，而不能单纯围绕广告表现形式而大发议论。准确的广告定位既是广告表现的基础与基准，又应该是广告评价的前提基础之一。

（六）准确地进行广告定位有助于企业经营管理科学化

广告作为企业行为中的重要内容之一，是企业战略目标实现的重要手段，广告定位看起来仿佛仅仅属于广告活动的问题，实则属于企业经营管理中不可缺少的重要组成部分。科学的企业经营管理有助于准确地进行广告定位，而准确的广告定位在促进企业营销目标实现的同时又反过来促进企业管理的科学化和规范化。

四、广告定位的心理分析

20世纪70年代，艾·里斯和杰·特劳特提出"定位"概念，并建立了完整而系统的广告定位思想体系，被国外广告界认为是广告定位的最基本思想。在广告定位的背景分析上，艾·里斯和杰·特劳特提出以下观点。

（一）研究潜在顾客心理是广告定位的出发点

1. 人们只看他们所期望看到的事物　广告要创造消费者内心所期望的产品或服务，使消费者达到一种内在的满足。相反，如果广告创造了与人们期望不相符的东西，就会使其产生一种严重的失落感，被推销的产品就会陷入困境。

2. 在人们的心理上不仅排斥与自己以前知识或经验不相符合的信息，而且与此同时人们实际上也没有很多的知识或经验来应用　艾·里斯等称："人类的心智是一个完全不够大的容器"。哈佛大学心理学家米勒博士（Dr. George Miller）研究认为，一般人类的心理不能同时与7个以上的单位打交道，这也就是为什么以"7"为所必须记忆的表格目录数字盛行的原因。

3. 人们心理上存在着等级和阶梯　把产品在心智上划分等级。一个竞争者要想在市场上占有一席之地或提高市场占有份额，要么驱逐已上市的品牌，要么把自己的品牌与其他企业的品牌位置发生关联。在开发或上市一种新产品时，如果告诉潜在顾客此产品"不是什么"，胜过告诉他"是什么"。正如当第一辆汽车问世时，当时称之为"不用马的马车"（"horseless" carrage），这一名称使社会公众把新观念的位置与当时存在的运输形式相联系。

在开展广告定位工作时，必须牢牢记住，定位并不是改变产品本身。如果说到改变的话，它确实在改变，只是改变的是名称、价格及包装，实际上对于产品则完全没有改变。所有的改变，基本上都是在起着修饰的作用，其目的是在潜在顾客心中占到有利的地位。

（二）有悖于消费者心理的具体定位失误分析

1. 挑战一个在同类产品中雄踞"第一"的品牌意味着失败　某种产品已经在消费者心中盘踞着"第一"或"领导者"的地位，其他不同品牌的同类产品从正面进行广告定位与其竞争，无疑是以卵击石，产品很难在这个市场上站住脚，即使实力雄厚的企业在开发出新产品后与市场上占踞"领导地位"

的企业产品面对面地竞争，都冒着极大的风险，以致于出现重大损失，甚至于有更好的商品品质也往往难以去动摇"领导者"的地位。

2. **高品质的产品并非一定能够击败对手** 从一般常识来看，一个产品拥有比同类其他产品更高的品质就应该会击败对手，但事实并不一定如此。

3. **品牌推广并非都能够成功** 当某一品牌在其同类产品领域获得成功之后，该品牌在随后向其他领域推广过程中并非都会成功。

4. **高科技并不一定会真正带来极大成功** 艾·里斯等认为："假如在心智中没有空隙，即使在研究室中有伟大技术的成功，结果也要失败。"

5. **不适当的名称选择导致失败** "名称是把品牌吊在潜在顾客心智中产品阶梯上的挂钩。在定位时代中，你要做的最重要的行销决策，便是为产品取个好名称。"在一般人看来，名称不过是一种代号、一种称谓，它与成功或失败没有多大关系。但是，越来越多的事实证明名称与成败有密切关系。

6. **不要奢望能用一种产品得到所有消费者满意** 由于产品的竞争十分激烈，到处都会有太多的竞争者，你想八面玲珑而赢得胜利将会十分困难。要想在竞争的环境中求胜，就必须在市场中开拓明确的、最适合的位置，即使会造成某些损失，你也要这样做下去。也就是说，广告要定位，要指向某一类特别消费群体，而不是所有的消费者。在广告定位中要时刻牢记："用步枪瞄准最佳潜在顾客来射击的方法，远比用猎枪散弹希望打几个全部市场的方法要好得多。计划者一定要知道谁是目标市场，并直接和他们说话。""试图用一个策略去传达给太多的人或向太多的人说话实在是一种风险。试图对一个更广大的市场夸张一项利益，希望借以吸引更多的人士几乎永远是一种错误"。

五、广告定位的具体内容

广告定位主要有两大类：实体定位和观念定位。

（一）实体定位

所谓实体实位，就是在广告宣传中突出产品的新价值，强调本品牌与同类产品的不同之处以及能够给消费者带来的更大利益。实体定位又可以区分为市场定位、品名定位、品质定位、价格定位和功效定位。

1. **市场定位** 市场定位就是指把市场细分的策略运用于广告活动，确定广告宣传的目标。广告在进行定位时，要根据市场细分的结果，进行广告产品市场定位，而且不断地调整自己的定位对象区域。只有向市场细分后的产品所针对的特定目标对象进行广告宣传，才可能取得良好的广告预期效果。

如北京零售业中"燕莎"、"赛特"（两家大商场）以新兴富有阶层为目标，定位在"高档精品"上；而王府井百货大楼针对工薪阶层，定位在"中档为主，高档为辅，低档保必需"；这样企业可以各显神通，兼顾不同需求，吸引不同的消费者。

市场定位的作用在于：有利于企业发展潜在需求，捕捉市场机会；有利于企业选择合理的目标市场，发挥企业资源优势；有利于企业有效地制定和实施市场营销组合策略。

2. 品名定位　任何产品都有一个名称，但并不是随机地选定一个名称都可以的。在中国许多地区，人们在选定产品名称时很讲究一种吉祥和顺达，当然国内也有不少有名的产品名称用现代营销观念来分析，并非能行得通，但是都由于历史渊源的原因而仍然著名。像天津的"狗不理"作为包子食品的名称，就是较为奇特的一个，因为那毕竟是在中国商品经济并不发达时期的产物。在现代社会中，企业开发和生产的产品，不仅仅是产品本身，而且在创造一种文化现象，这必然要求产品的名称与文化环境相适应。

据说日本在20世纪60年代末和70年代初开发、进军美国市场之前，曾派调查人员赴美国实地调查。结果发现，美国人所使用的单词中，最普通的第一个字母是：S、C、P、A及T。许多企业在随后的产品名称定位时，大都采用了在美国人那里比较熟悉和经常采用的字母，日本企业的产品比较迅速地占领美国市场，与此不无关系。

3. 品质定位　在现实生活中，广大消费者非常注重产品的内在质量，而产品质量是否卓越决定产品能否拥有一个稳定的消费群体。很多广告把其产品定位在品质上，取得了良好的广告效果。这种品质必须是具体的看得见、摸得着的商品具备的实在品质，而不是空洞的宣传，如："品质优良，质量上乘"等。中美史克的"康泰克"定位为"当你打第一个喷嚏时，康泰克"；康师傅方便面上市之际，把品质广告定位在"香喷喷，好吃看得见"上，并对这些看得见的"香喷喷"用料进行重点宣传，使消费者对其品质产生依赖而表现强烈的购买欲望。

4. 价格定位　价格定位就是把自己的产品价格定位于一个适当的范围或位置上，以使该品牌产品的价格与同类产品价格相比较而更具有竞争实力，从而在市场上占领更多的市场份额。

一般而言，消费者最为敏感的就是价格，所以运用价格定位往往能迅速引起消费者的反应。目前市场上普遍采用的价格定位不外4种：高质高价，高质低价，低质高价，低质低价。就消费者心理而言，价格性能比是消费者对商品选择的最基本评价方式，所以通常所谓的物美价廉也就是高质低价，是最受欢迎的。如长虹彩电在竞争中多次采用这一方式拓展市场空间，而高路华则一直运用低价定位保持自己的市场份额。一些优质名牌则通过高价定位保持自己的身份并得到市场的认同。通常来说，高价定位除了产品品质原因外，往往还具有某种附加值因素，不仅仅是使用价值的满足，而且还是心理价值的满足。而有些低质低价的定位，只要符合实际，诚实宣传，仍然可以有自己的市场。最危险的是低质高价的定位，往往包含有欺诈因素，是一种短期暴利行为，风险极大。

由于价格与质量特征非常重要，有必要对之单独加以考察。在许多产品类别中，一些品牌在服务、产品特性和产品表现等方面做得越来越好，这些品牌的制造商一般也将价格定得较高，一方面为了抵消其较高的成本，另一方面是为了宣传其较高的质量。与此相反，同类商品中有些品牌常用价格来吸引顾客，但这些品牌也尽可能使其产品质量与高价产品相当，或至少保持在适当的质量水平。在许多产品类别中，价格与质量问题非常重要，任何产品定位决策都应予以考虑。

5. 功效定位　这是指在广告中突出广告产品的特异功效，使该品牌产品与同类产品有明显的区别，以增强竞争力。广告功效定位是以同类产品的定位为基准，选择有别于同类产品的优异性能为宣传重点。

如美国"七喜"汽水的广告宣传，就以不含咖啡因为定位基点，以显示与"可口可乐"等众多饮料的不同，增强了自己的市场竞争力；美国宝洁公司为其生产的"海飞丝"、"飘柔"和"潘婷"3种洗发水做广告时，根据各品牌的不同功效进行了不同的广告定位。"飘柔"的广告定位是"洗发护发，双效合一"；"海飞丝"的广告定位是"止头痒，去头皮屑"；"潘婷"的广告定位是"从发根至发梢营养头发"。不同的功效定位，满足了消费者的不同需求，因而赢得了广大的消费市场。

（二）观念定位

观念定位是在广告中突出宣传品牌产品新的意义和新的价值取向，诱导消费者的心理定势，重塑消费者的习惯心理，树立新的价值观念，引导市场消费的变化或发展趋向。观念定位在具体应用上分为逆向定位和是非定位两种。

1. 逆向定位　这种定位是采用逆向思维，通过引起消费者对自己的关注、同情和支持，达到在市场竞争中占有一席之地的广告定位效果。当大多数企业广告的定位都是以突出产品的优异之处的正向定位时，采取逆向定位反其道而行之，利用社会上人们普遍存在的同情弱者和信任诚实人的心理，反而能够使广告获得意外的收获。

例如，中国古代某城一条街有三家药店，第一家药店的广告标语为："本店有全城最优药材"；第二家药店写出："本店有全国最优药材"；第三家药店则推出广告语为："本店有本街最优药材"，其生意却比前两家更为兴旺。

又如美国的艾维斯轿车租赁公司"我们第二，所以我们更加努力"这项广告活动，就是一个著名的逆向定位战略。埃维斯轿车租赁公司要与行业第一的赫兹公司竞争，但无论实力还是地位均处于劣势，若采用正面进攻很难奏效，为此必须从领导者品牌和消费者对领导品牌的认可中找到出击的薄弱点。在一般观念中，处于第一位的领导者往往是行业中的典范，它的各种表现都具有领导示范作用，因此埃维斯公司提出正因为我们是第二，所以我们会更加努力：热情的微笑，周到的服务，清洁的车子，更多的服务顾客的措施，一时使埃维斯名声大振。当消费者在观念上发生了微妙的变化后，那种反过来的思想伴随对弱者的同情和支持，从而化作实际行动。埃维斯也因此一改创建十几年以来的连续亏损纪录，开始了一个盈利时代。

2. 是非定位　是非定位就是打破既定思维模式下的观念体系，创立一种超乎传统上理解的新观念。在前面已经介绍过的美国"七喜"汽水广告定位，就属于典型的是非定位，由于其典型性，在很多地方又把是非定位称为"非可乐定位"。严格意义上说"七喜"与"可乐"同属碳酸饮料，但"七喜"了解到美国市场上平均每消费 3 瓶清凉饮料，就有 2 瓶是"可乐"，而剩下的1 瓶则是由"可乐"之外的形形色色的饮料来瓜分。显然"七喜"不可能正面与"可乐"竞争，何况它本身就是可乐公司的另一种产品，其目的是填补"可乐"所遗留下的空间。于是一个全新的定位观念建立了："七喜"，"非可乐"！它在宣传中把饮料市场区分为可乐型和非可乐型两类，"七喜"汽水属于非可乐型饮料。这样就在"可乐"之外的"非可乐"的位置上确立了"七喜"的地位和形象，使其取得了销售的成功。

3. 改变消费观念定位　改变消费观念定位就是针对消费者的价值判断来进行的定位，它从根本上促进或诱导消费者从固有观念转向一种新的观念，是促成消费者产生购买动机的重要因素。随着社会和消费潮流的变化，它直接影响了人们对商品的看法和态度，并加速某种产品的推销。

当年宝洁公司推出的一次性尿布，最初在市场上遇到了阻碍。广告策划人员发现障碍的核心乃是观念，所以创造性的策略在于转变观念，将一次性尿布定位于不是因为母亲要图方便，而是因为宝宝需要更柔软、更安全卫生的尿布，一次性就当然是最好了。这样用一个转变了的观念去看它，一切就迎刃而解了。

第四节　USP 法则

一、USP 理论的特点

USP 即 "独特的销售主张"（unique selling proposition）表示独特的销售主张或 "独特的卖点"。USP 是罗塞·瑞夫斯（Rosser Reeves）在 20 世纪 50 年代首创的，他当时是美国 Ted Bates 广告公司董事长。罗塞·瑞夫斯比较早地意识到广告必须引发消费者的认同。他认为，USP 是消费者从广告中得到的东西，而不是广告人员硬性赋予广告的东西。

"独特的销售主张"（USP）是广告发展历史上最早提出的一个具有广泛深远影响的广告创意理论，它的意思是说：一个广告中必须包含一个向消费者提出的销售主张，这个主张要具备 3 个要点：一是利益承诺，强调产品有哪些具体的特殊功效和能给消费者提供哪些实际利益；二是独特，这是竞争对手无法提出或没有提出的；三是强而有力，要做到集中，是消费者很关注的。

罗塞·瑞夫斯认为，只有当广告能指出产品的独特之处时才能行之有效，即应在传达内容时发现和发展自己的独特销售主张，并通过足量的重复将其传递给受众。罗塞·瑞夫斯描述 USP 具有三部分的特点：

（1）必须包含特定的商品效用，即每一个广告都要对消费者提出一个说辞，给予消费者一个明确的利益承诺。

（2）必须是独特的、惟一的，是其他同类产品不具有或没有宣传过的说辞。

（3）必须有利于促进销售，即这一说辞一定要强有力，能招来数以百万计的大众。

罗塞·瑞夫斯认为，一条没有提出主张的广告是无足轻重的小玩意儿。事实上，瑞夫斯给出的广告定义就是："以最小的成本将独特的销售主张灌输到最大数量人群的头脑中的艺术。"

另一方面，一个 USP 所要传达的意思必须是单一的。瑞夫斯认为普通消费者从一条广告中只能记住一个信息。

由于科学技术的发展，人类社会不断向前推进，单靠一般化、模式化的广告创意和表现已经不能引起大众的注意和兴趣，必须在产品中寻找并在广告中陈述产品的独特之处，即实施独特的销售主张。这一新的广告创意策略一经问世便立即在广告界引起热烈响应，并得到普遍推广。而且提出者罗塞·瑞

夫斯利用 USP 策略创造了许多优秀的成功广告, 如:

"给你的宝宝一个你孩提时代不曾拥有的东西, 一个清爽的屁股。"(帮宝适纸尿裤)

"只溶在口, 不溶在手。"(M&M 巧克力)

"在 1 小时 60 迈的劳斯莱斯车中, 最大的噪声来自于电子钟。"(劳斯莱斯车)

二、USP 理论的实质

(1) 实效的广告必须针对消费者。广告的实效来自于广告主对消费者的针对性, 而不是广告主和广告人的自我陶醉、炫耀。

(2) 实效的广告必须针对消费者提出一个独特的销售主张, 即独特的"卖点"。此主张必须对消费者明示商品给予他的"特殊的利益"。

(3) 实效广告提出的销售主张必须是具有独特性的, 即竞争对手无法也不可能提出的, 或者从未提出的。

(4) 实效广告销售主张的独特个性既可以是商品的独特性、品牌的独特性或者相关请求的独特性, 也可以是非广告方面的主张。

(5) 此主张应具有推销力和号召力, 能将新的顾客拉来购买广告商品。

(6) 实效广告的独特主张应具有广泛的消费者适应性和影响的大众性。

从上述分析可以明确看出, 广告以区别于竞争对手、满足广泛消费者的实际利益为广告的独特主题或独特的诉求重点, 并以此为策略增强广告对受众的说服力和号召力, 从而直接达到广告对商品的促销目的, 这是 USP 的实质。

三、USP 理论的功能

USP 理论的实效性和实质性也在它的功能上得到了进一步的体现, USP 具有如下主要的功能。

1. 差异化功能　USP 通过独特的销售主张的传播与沟通, 使产品及其广告具有了区别于竞争者的独特属性, 从而实现差异化。没有差异化的凸现, 广告及其商品就没有突出自己单独存在的资格。

2. 价值功能　USP 的实效性本质和基础, 在于它能够提供特殊的、消费者需要的具体价值。正是广告展示的、为消费者创造的独特价值, 使这种差异化具有了实效的意义。

3. 促销功能　USP 的差异化和价值功能促进消费者对广告产品提供的独特性的具体利益的认知和认同, 促进了商品的购买; USP 对广泛的消费者的适应和影响大众性的要求，使消费者对产品独特利益的认同和接受具有了促销的规模效能。因此，USP 理论的主要功能是其广告实效性的保证，也是它指导广告实践成功的基本功能保证。

USP 的差异化营销可以说是企业经营观念的一大进步，USP 策略正是适应了这种营销战略的要求。因此，差异化的信息诉求是建立在差异的产品基础上的，包括产品的核心差异、产品形体的差异以及产品附加的差异。同时，它也是利用人们认知的心理特点，在广告中宣传产品独具的特征以及利益，使消费者注意、记住并对其所提供的利益产生兴趣，从而促成其购买决策。

第五节　整合营销传播理论

整合营销传播的核心思想是将与企业进行市场营销所有有关的一切传播活动一元化。整合营销传播一方面把广告、促销、公关、直销、CI、包装、新闻媒体等一切传播活动都涵盖到营销活动的范围之内；另一方面则使企业能够将统一的传播信息传达给消费者。所以，整合营销传播也被称为 speak with one voice（用一个声音说话），即营销传播的一元化策略。

整合营销传播的开展，是 20 世纪 90 年代市场营销业最为重要的发展，整合营销传播理论也得到了企业界和营销理论界的广泛认同。整合营销传播理论作为一种实战性极强的操作性理论，兴起于商品经济最发达的美国。在经济全球化的形势下，近几年来，整合营销传播理论也在中国得到了广泛的传播，并一度出现"整合营销热"。

一、整合营销传播的概念

整合营销传播理论是随着营销实践的发展而产生的一种概念，因此其概念的内涵也随着实践的发展不断丰富和完善。一直以来，整合营销传播实践者、营销资源提供者和营销效果评价者以各种方式，从不同的角度来给整合营销传播进行定义和研究。下面将给出目前理论界对整合营销传播的定义，以便能够更好地理解和研究整合营销传播理论。

美国广告公司协会（American Association of Advertising Agencies，4As）是这样给整合营销传播进行定义的："整合营销传播是一个营销传播计划概念，要求充分认识用来制定综合计划时所使用的各种带来附加值的传播手段——如普通广告、直接反映广告、销售促进和公共关系——并将之结合，提供具有良好清晰度、连贯性的信息，使传播影响力最大化。可以看出这一定义是着重于促销组合的角度，强调了整合营销传播是为了提供明确的、一致的和最有效的传播影响力。

美国南卡罗莱纳大学教授特伦奇·希姆普认为："整合营销传播学是制订并执行针对顾客或与未来顾客的各种说服性传播计划的过程。整合营销传播学的目标在于影响或直接影响有选择的受播者的行为。整合营销传播学认为，一个顾客或一个未来顾客在产品或服务方面与品牌或公司接触的一切来源均是未来信息潜在的传播渠道。进而，整合营销传播利用与顾客或未来顾客相关的并有可能被接受的一切形式的传播。总之，整合营销传播学开始于顾客或未来顾客，然后反馈，以期明确规定说服性传播计划的形式与方法。"根据上述定义，可以看出整合营销传播学是要影响受传者行为，而且营销传播者不仅要影响受传者——顾客或未来顾客——的态度，更应该鼓励他们作出某种形式的行为反应，推动他们采取购物行动。整合营销传播计划合理与否的尺度，在于它是否影响顾客的行为。这一定义强调了对传播受众的重视。

美国学者西北大学教授舒尔茨·唐列巴姆和劳特鲍恩也给出了他们的观察结论："整合营销传播是一种看待事物整体的新方式，而过去在此只看到其中的各个部分，比如广告、销售促进、人员沟通、售点广告、人员沟通等，它是重新编排的信息传播，使它看起来更符合消费者看待信息传播的方式像一股从无法辨别的源泉流出的信息流。"

二、整合营销传播的广告策略

广告策略是整合营销传播的重要组成部分，也是整合营销传播成功的关键。消费者通过各种接触方式获得信息，可通过各种各样的媒体接受各种形式、不同来源、种类各异的信息，这些信息必须保持"一种声音，一个面目"才能获得最大程度的认知。因此，广告策略必须对各种传播媒体进行整合运用。

现代信息社会的特点之一，是图像和声音传播已经日益代替文字传播。受众越来越多的通过电视、网络等现代媒体了解外部社会，其平均阅读能力日益减弱。大众传播媒体一方面出现强势媒体（受众庞大、广告位紧张），另一方面媒体数量膨胀，受众细分化。当每个媒体的视听观众越来越少时，就意味着每个消费者或潜在消费者所接触的媒体越来越多，而且消费者越来越依靠主观感性认知来形成购买行为，而不是对产品进行客观理性的评价。消费者在大量的广告信息面前，只能选择零散的模糊信息，依靠自己的筛选形成对品牌的印象，这种印象的深浅往往决定是否购买这一品牌。

消费者的心理图像显示，对一个一致的品牌信息，必须接触多次才能构成记忆留存，只有永不间断的接触这个信息才能构成品牌忠诚。因此，整合营销传播的广告策略是由"一个声音"的广告内容和永不间断的广告投放两个因素构成的。世界名牌广告所传递的广告内容一定是整合一致的,而且广告不会随着品牌的树立而减少。

制定整合营销传播的广告策略必须注意以下的步骤。

(1) 要仔细研究产品 首先要明确这种产品能满足消费者的哪一方面需求,有何独特卖点。

(2) 锁定目标消费者 确定什么样的消费者才是销售目标,做到"有的放矢"。

(3) 比较竞争品牌 比较竞争品牌的优势及其市场形象。

(4) 树立自己品牌的个性 研究自己品牌树立什么样的品牌个性才会受到消费者的青睐。

(5) 明确消费者的购买诱因 了解消费者购买该产品的诱因是什么以及为什么会进行品牌的尝试。

(6) 强化说服力 必须加强广告的说服力,通过内容和形式的完美结合说服消费者。

(7) 找到旗帜鲜明的广告口号 这是在众多消费者中引起注意的捷径。

(8) 对各种形式的广告进行整合 对电视广告、广播广告、平面广告、DM广告、POP广告进行一元化整合,以达成消费者最大程度的认知。

(9) 研究消费者的接触方式,确定投放方式 要研究消费者是如何接触自己的广告的,怎样做才能增多消费者的接触次数,并确定广告投放方式,以达成品牌认知。

(10) 对广告效果进行评估 对广告的效果进行量化评估,为下一次广告投放提供科学依据。

整合营销传播的核心是使消费者对品牌产生信任,并要不断维系这种信任,与消费者建立良好的信任关系,使其长久存在于消费者心中。整合营销传播的广告策略所力求避免的,是传统传播方式造成的传播无效和浪费。

本章小结

本章按照医药广告学的发展过程,简单介绍了AIDMA理论、广告螺旋理论、广告定位理论、USP法则和整合营销传播理论等医药广告学的基本理论,医药广告学今天已经逐步发展成为以心理学、市场营销学和传播学为三大理论支柱,内容呈现多元化、多学科交叉融合,而且在不断发展进步的一门学科。

AIDMA 理论，是指在消费者从看到广告到发生购物行为之间，能动态式地引导其心理过程，并将其顺序模式化的一种理论，对广告的创意过程有一定的指导意义。同时，随着互联网的普及，在 AIDMA 理论的基础上又发展出了 AISAS 理论。

广告螺旋理论认为，在产品的不同生命周期，应该采取不同的广告策略，即开拓阶段、竞争阶段和保持阶段，此后还会进入新的开拓阶段，如此周而复始。

广告定位理论就是为广告产品确定某一市场位置，其目的就是要在广告宣传中，为企业和产品创造、培养一定的特色，树立独特的市场形象，从而满足目标消费者的某种需要和偏爱，为促进企业产品销售服务。其定位策略可分为实体定位和观念定位两大类。

USP 理论应用的实质就是广告为了区别于竞争对手，满足广大消费者的实际利益而为广告确立的独特主张或独特的诉求重点，从而实现广告对产品的促销目的。其必须具有 3 个特点：必须包含特定的商品效用；必须是独特的、惟一的；必须有利于促进销售。

整合营销传播理论是目前颇为流行的一种广告理论，它其实就是把各自分散开展的企业传播活动战略性地连接起来，使企业能够将统一的传播资讯传递给消费者，从而促进产品的销售。

思 考 与 讨 论

1. AIDMA 理论的含义是什么？
2. 广告螺旋理论的含义是什么？
3. USP 理论的含义是什么？
4. 广告定位都有哪些思路？请举例说明。
5. 广告定位理论与 USP 理论的主要区别在哪里？
6. 什么是整合营销传播？请举例说明。

● 拓展练习 ●

"白加黑" 抗感冒药

画面上，一位白领男子在办公室一副倦态……，接着以手特写镜头突现精致包装的白黑两种颜色的药片。旁白："感冒了……怎么办……你可以选择……黑白分明的方法。白天吃白片，不瞌睡；晚上吃黑片，睡得香。治疗感冒，'白加黑'。"

在"白加黑"上市之前，抗感冒药有不下几十种，同类药品甚多，如何出新，能与人们早就熟悉的如"康泰克"、"感冒通"等著名品牌相抗衡，突出创造出其差异的特征，引起人们共鸣，这是首先必须考虑的问题。可想而知，如果盖天力制药股份公司依然步别人的后尘，走别人的老路，那是不可能引起消费者购买的欲望的。当然，最明智的选择就是另辟蹊径。

启东盖天力制药股份公司通过调查了解到以下情况：以前许多厂家生产的抗感冒药含有氯苯那敏（扑尔敏）成分，服用这种抗感冒药后人们就会瞌睡，这对于那些要带病坚持学习和工作的人来说是很伤脑筋的事，因此人们期盼一种既能治疗感冒，又不使人瞌睡的药。启东盖天力制药股份公司根据消费者的需要研制出了这种新药。该药将黑、白两种片剂配合使用，白天服用的白片不含扑尔敏，晚上服用的黑片含扑尔敏。

对一个企业来说，光有好的产品还不够，广告策划是否成功，直接关系到它是否能占领市场，赢得主动，在激烈的商海中立于不败之地。在广告策划中还必须做到既注重整体策划，还要注意对各个环节的具体策划，应该坚持两者的统一。只有事先完成周密细致的策划工作，才能保证广告活动的顺利进行。成功的广告策划，可以在商场这个无硝烟的战场上，运筹帷幄，创造出惊人奇迹。如增加指名购买者，招徕顾客；提高产品或品牌知名度；刺激冲动购买，提醒或激发购买欲望，树立良好形象，创造良好情感纠正错误的形象信息；运用易于辨认的包装商标，建立未来的依赖度，创造适应消费者需求，塑造对品牌认知理解，告知产品新用途，会让产品在潜在顾客中建立良好的商业信誉等。

经过广告人的成功策划，采用特有的艺术风格，他们推出的"白加黑"不仅在外观上，同其他品牌相区别，而且将药片中容易使人产生睡意的镇静成分放在黑片中，这样，既不影响日常工作，又能睡得香，真是一举两得。这就与人们的日常生活规律相一致，具有强烈的诱惑力，不能不说是匠心独具。

盖天力制药股份公司推出的"白加黑"感冒片，可以说是成功运用广告策划的典型。其"黑白分明"的抗感冒药形象已深入人心，其广告形象已被众多的人们接受并认可，在抗感冒药市场上产生了强大的冲击力。

正因为如此，新开发的抗感冒药"白加黑"在竞争激烈的市场角逐中得以迅速崛起，成功的产品开发及广告策划，赢得了人们的青睐，并且在市场上一举站稳了脚跟，成为一个很有竞争实力的品牌。

拓展练习思考题

1. "白加黑"是如何运用 USP 理论的？请结合案例具体分析。
2. "白加黑"广告的成功说明了什么问题？

第六章

医药广告策划

新媒体　非常理

2007 年，美国制药公司为大众广告投入近 60 亿美元。为了促进产品的销售，各大药厂想尽奇招，将希望寄托于创新的宣传手段，取得了不同的效果。同是网络广告宣传，辉瑞的"万艾可"广告被监管部门要求撤下，强生的 OTC 药物西替利嗪（"仙特明"，Zyrtec）广告收到了预期效果。

近年来，制药公司开始借助新媒体进行大众广告宣传，网络广告、博客和播客的使用越来越普遍。然而，在进军这些新的广告领域时，制药公司必须遵守美国 FDA 针对大众广告制定的各项规章制度。

4 月中旬，辉瑞与 FDA 发生了冲突，起因是网络推出的"万艾可"（"Viva Viagra"）广告。FDA 要求辉瑞停播该广告，因为广告只描述了服用"万艾可"带来的好处，没有向公众讲明万艾可的安全性、不良反应和禁忌症等。辉瑞回应称，视频中突出安全信息的横幅广告因为技术故障而被删掉，但为了平息 FDA 的不满，辉瑞还是从网络上撤下了所有"Viva Viagra"广告，避免出现类似状况。

为了在拥挤的大众广告市场上独树一帜，强生为"仙特明"制作的最新广告采用了网络传单的形式，据说该传单已经录音在电话和全美的主流民意测验上，传单内容设计成手写形式："错失了 2 小时。在等待 Claritin（先灵葆雅公司的抗过敏药）开始产生作用时，这是最后的机会了。看到后请拨打×××（电话号码）。"消费者拨打该号码将会连接到促销"仙特明"治疗益处的录音电话，指导电话打入者进入仙特明网站。这种促销方式已经在网络博客上引起了很大的轰动，提高了产品的形象。

这种宣传方式的合法性可能会受到质疑，但该药品为OTC，并不需要像处方药那样提供全面的药品安全信息。由此，市场调研机构预计，制药公司将会对这种广告噱头给予密切关注，为了增加户外或网络广告的份量，药厂未来的促销行动可能不按常理出牌。

资料来源　王笛．新媒体　非常理［J］．医药经济报，2008（7）．

第一节　概　　述

一、医药广告策划的概念及其原则

（一）医药广告策划的概念

医药广告策划是指根据医药企业的市场营销策略，制定相应的广告决策以及广告计划的活动和过程。由于策划对象不同，医药广告策划可分为整体医药广告策划和单项医药广告策划。

所谓整体医药广告策划，是指根据医药企业市场营销策略，对企业某一时期的总体广告活动的运作过程进行策划，以企业形象广告策划居多。所谓单项医药广告策划，是指根据医药企业市场营销策略，对一项或几项广告活动的运作过程进行策划，以促进产品销售广告策划居多。

无论是整体医药广告策划还是单项医药广告策划，都需要在充分市场调研的基础上，以医药市场环境为依据，结合企业现状、产品特性、消费者特征、媒体情况以及广告投入等进行策划活动。医药广告策划活动是一项极其复杂的、综合性的系统工程，强调整体性和系统性，医药广告策划活动的主要内容包括：广告调研、广告定位、确定广告目标、制定广告策略、编制广告预算、编写广告实施计划等所有广告活动环节的筹划和安排。

医药广告策划的上述定义有以下几方面的含义：

（1）医药广告策划以医药企业的市场营销策略为基础，广告策划要体现市场营销策划的意图。医药广告策划服务于并服从于企业的整体市场营销目标，没有企业市场营销活动，也就不存在医药广告策划了。

（2）医药广告策划是一个广告决策的形成过程。在这个过程中要回答的问题包括：为什么要做广告，对谁做广告，通过谁做广告，何时何地做广告，如何做广告和用多少钱做广告，对上述问题作出了准确的回答后，便确定了广告主题与广告目标、广告受众、广告媒体、广告时机与广告地域、广告内容与表现形式、广告预算等。

（3）医药广告策划的最终体现形式是广告计划，广告计划是广告策划的文本形式。广告计划规定了所有广告活动环节的运作程序和组织安排，是企业整个广告活动的行动指南和操作规范。医药广告策划一旦形成文本形式的广告计划，所有广告活动必须按照规定的行为准则和工作方向执行。

（4）医药广告策划要以企业广告活动的工作范围为依据，因为医药广告策划有整体广告策划和单项广告策划之分。

做好广告策划是有效开展医药广告活动的前提。从工作性质上讲，医药广告活动的各工作环节是相互独立的，从工作内容上讲，各工作环节是紧密相连的，是一个有机整体。现代意义上的广告已不再是简单地购买媒体宣传产品的单一活动，而是一项极为复杂的系统工程，整体性和系统性是其基本特征，高度的计划性是现代广告活动成功的前提条件。

通过广告策划，可以完成下列工作：①选择和确定广告目标和诉求对象，使广告活动目的和对象更加具体化，避免盲目操作；②选择和确定广告媒体和最有效的传播方式，保证广告传播效果；③科学合理地安排广告活动各环节工作的进程，保证广告活动的次序性，提高工作效率；④科学的广告预算，分配和使用广告经费，保证广告活动既经济又高效。总之，广告策划可使企业的整个广告活动有序、系统、高效地进行。

（二）医药广告策划的原则

医药商品是一种特殊商品，医药产品的质量关系到人民群众的生命健康与安全。因此，在医药广告策划过程中，必须坚持科学、严肃的工作态度，既要考虑通过广告促销给企业带来的经济效益，更要考虑广告活动的社会效益——广告形式与内容是否有利于人民群众的健康与保健需要，这是医药广告策划的基本原则和行为规范。此外，医药广告策划还必须坚持以下各项原则。

1. **真实性原则**　真实性原则是医药广告策划的首要原则。所谓真实性是指医药产品广告要真实、客观、准确地传播有关产品信息，国家规定药品广告内容应以国家药品监督管理部门批准的药品质量标准和使用说明书为依据，不得随意扩大广告的范围，不得弄虚作假，更不能有欺骗性和误导性内容。在医药产品中，药品广告的真实性尤为重要，坚持真实性原则是中国政府对药品生产、经营企业以及发布药品广告媒体的基本要求。

2. **科学性原则**　医药广告策划的科学性是指广告的内容不能违背医学和药学的基本原理。国家规定药品广告中不得含有不科学的表示功效的断言和保证。目前，一些保健食品广告在产品功效的表述上经常违背科学性原则，例如，"××产品治愈几种、十几种甚至几十种疾病"等，一些医疗服务机构在服务项目广告中经常见到诸如"包治××疾病"、"根治××疾病"等，都是违背科学的宣传与描述。

3. **合法性原则** 合法性原则是指医药广告的内容和表现形式必须符合国家有关法律法规的要求。医药广告策划要遵守《中华人民共和国药品管理法》和《中华人民共和国广告法》的有关规定条款，还要严格执行对药品广告作了详细规定的《药品广告审查标准》。广告发布要取得企业所在地省、自治区、直辖市人民政府药品监督管理部门批准的广告批准文号，未取得广告批准文号的，不得发布广告。

例如，《中华人民共和国药品管理法》规定，处方药不能在大众媒体做广告，只能在专业刊物上刊登广告，非处方药可以在大众媒体做广告，做广告药品的名称必须用通用名称，并且要求醒目等。

4. **效益性原则** 广告活动是一种经济活动，其目的是促进医药产品销售、增加企业盈利。广告策划过程中，必须根据企业自己的财力做好广告决策，要考虑广告投入与广告收益之间的投入产出比。效益性是衡量广告策划成功与否的重要标准之一。

二、医药广告策划的程序和内容

（一）医药广告策划的程序

医药广告策划的整体性和系统性特征，要求医药广告策划活动必须遵循一定的程序和方法，这是保证广告策划工作质量的基本前提。每项广告策划的具体工作可能不同，但整个广告策划活动一般都要经历广告调研、广告决策、广告执行和广告评价等4个基本阶段。

1. **广告调研** 这一阶段是医药广告策划的起点。通过医药市场调研活动，搜集有关医药市场信息资料，分析企业的市场营销环境，目的是了解市场、产品、消费者的动态以及竞争对手情况及其广告策略，为本企业广告策划提供直接的市场依据。

2. **广告决策** 这一阶段是在广告调研的基础上，对广告活动的整个过程和各项活动环节进行决策和规划。主要工作内容包括：广告定位、确定广告目标、制定广告策略、编制广告预算、制定广告效果评价的方法和具体的广告计划。最后形成医药广告策划书作为企业广告活动的行动指南。

3. **广告执行** 这一阶段是广告决策执行和实施阶段。主要工作内容包括：根据广告决策确定广告表现形式，进行广告的设计和制作；根据广告决策确定媒体形式，落实广告媒体，发布广告。

4. **广告评价** 这一阶段包括广告效果测评和广告策划工作的总结两项工作任务。广告效果测评就是对广告的传播效果和促销效果进行评估。广告策划工作的总结就是对广告策划各项工作进行总结与评价，形成广告策划工作总结报告。

（二）医药广告策划的内容

广告策划的主要内容包括：广告调查、广告分析、广告目标决策、广告媒体分析、广告预算和广告效果测评等6项内容，这些内容将在有关章节中详述。在这里，只对医药广告策划的内容做概括性描述，有关医药广告策划的详细内容在相关章节中均要进行详细深入的阐述。

1. 广告调查　广告调查是指广告策划人员对与广告活动有关的一切市场影响因素的调查活动。广告调查的目的是为广告策划提供可靠的市场数据和信息。广告调查是广告策划的基础。

广告调查的主要内容包括广告环境调查、企业经营情况调查、产品情况调查、竞争对手调查以及消费者调查等。

按照医药市场调查与预测的程序和方法，设计广告调查的程序，选择具体的调查方法，只是在调查内容和项目的选择上注重强调广告策划的需要。

2. 广告分析　通过广告调查，了解医药市场信息和发展趋势，研究消费者需求的特点，掌握本企业产品的现实市场需求和潜在市场需求情况以及在消费者心目中的地位和形象。

广告分析的主要内容有以下几方面。

（1）广告环境分析　①宏观环境分析，如广告发布区域的自然环境、国际环境、产业环境、政治环境、经济环境等；②市场微观环境分析，如市场需求、竞争对手等。

（2）产品分析　产品分析的目的在于为产品定位和广告定位指明方向。所谓产品定位，就是确定产品在市场上和消费者心目中的地位，产品分析包括产品的特点、产品的竞争优势、产品的市场生命周期、产品的品牌影响等。所谓广告定位，就是确定何时（广告时间）、何地（广告地域）、通过谁（广告媒体）、向何人（广告受众）做广告宣传。

3. 广告目标决策　广告目标就是广告活动所要达到的目的，广告目标决策就是确定广告目标的过程，即决定做什么样的广告，达到何种目的。

关于广告目标的特点与类型将在本章第二节中详述。

4. 广告媒体分析　广告媒体策划是广告策划的重要内容。恰当地选择广告媒体对广告活动宣传成败有重要的影响。不同的广告媒体有不同的特征，广告媒体的选择要根据不同的产品、不同的广告目标以及广告预算等而确定，选择广告媒体还要充分考虑媒体的性质、特点、影响力、广告受众、媒体费用等因素。

5. 广告预算 广告预算就是对某项广告宣传活动所需投入资金总额的匡算。在广告预算方案中，对一定时期内广告活动所需的费用总额、使用范围和使用方法要进行详细的说明。

有关广告预算的内容将在本章第三节中详述。

6. 广告效果测评 广告效果是指广告活动对广告对象（消费者）的影响程度，包括广告活动是否提升了产品在消费者心目中的地位、是否增加了消费者的购买数量，与竞争对手相比，市场占有率和相对市场占有率是否发生了积极变化等。广告效果测评是指对广告实施后的效果进行评价，通过广告效果测评，为以后的广告策划提供参考和借鉴。

广告效果测评策划的主要内容包括测评内容和测评方法的确认。

三、医药广告策划书

广告策划人员完成了各部分策划以后，应该以书面形式向广告主提交一份完整的医药广告策划方案，即医药广告策划书。广告策划书是医药企业实施广告活动的行动指南。医药广告策划书的基本结构如表6-1所示。

表6-1 医药广告策划书基本结构

1. 扉页	3. 策划书概要
（1）医药广告策划书的标题	4. 广告调查与分析
（2）广告策划的委托者	5. 广告目标与广告媒体
（3）广告策划者	6. 广告预算与执行计划
（4）完成广告策划的日期	7. 广告效果测评的内容与方法
2. 目录	

1. 标题 医药广告策划书的标题必须反映广告的主题，广告的主题就是对企业或产品能给消费者带来利益的说明。医药广告策划书的标题是对某项医药广告活动的中心主题的基本概括。标题描述应尽可能地简单明了，引人注目。

2. 广告策划的委托者 广告策划的委托者就是广告主，委托进行广告策划的企业。

3. 广告策划者 广告策划者就是广告策划工作的完成人。

4. 目录 广告策划书的目录应列出策划书各个部分的标题与页码目录，以方便阅读查询。

5. 策划书概要 概要部分就是对医药广告策划书主要内容的简要说明，概述策划书中各部分的要点，包括策划活动的背景、指导思想、策划依据等。

6. 广告调查与分析

（1）广告调查内容和方法的说明。

（2）广告分析的内容说明。

7. 广告目标与广告媒体

（1）对广告策划要达到的目标进行规定和说明。

（2）对广告媒体选择的描述与说明。

8. 广告预算与执行计划

（1）对广告活动经费总额进行估算，并且说明支出的依据和预算分配方法。

（2）对整个广告活动实施进程进行说明，列出各时间段的主要工作内容。

9. 广告效果测评的内容与方法　说明广告效果测评的方法及其主要工作内容。

第二节　医药广告目标

一、医药广告目标的概念

（一）医药广告目标的含义

所谓医药广告目标，是指医药企业希望广告能达到的某种特定促销效果。确定广告目标是医药广告策划的中心任务，广告目标明确了企业为什么做广告、做什么样的广告和怎样做广告的问题，决定着所有广告活动的行动和发展方向。从某种意义上说，广告目标的选择和确定决定着广告活动的成败。

（二）影响医药广告目标制定的因素

广告目标的制定受多种因素影响，科学、系统地分析与广告目标有关的各种因素，有利于制定出科学、合理、经济的广告目标。影响广告目标制定的因素主要包括：医药企业经营战略、产品的市场供求状况、产品的市场生命周期、医药市场结构类型、广告对象等。

1. 医药企业经营战略　企业经营战略决定着广告目标，不同的企业发展战略，广告目标也不同。如企业的经营战略是稳定销售量，保持市场占有率，那么，企业的广告目标就应有稳定的长期目标，通过采用持久的广告手段和多种广告形式宣传企业和产品，以建立起良好企业形象和产品形象。如果企业有新产品上市，急需尽快打开并占领市场，那么企业的广告目标既要有长期目标也要有短期目标，短期目标就是缩短产品的市场引入期，快速打开市场，一旦产品顺利进入市场，就应以提高市场占有率、建立良好的产品形象作为长期广告目标。

2. 产品的市场供求状况　按照供求关系，产品的市场供求状况可以分为三类：供不应求，供过于求，供求平衡。不同的市场供求状况下，产品的广告目标是不同的。

在供不应求的市场条件下，产品不能满足市场需求，这时，一般把广告目标定位于提升和巩固企业与产品形象上，而不是定位于产品的促销上，因为没有市场竞争存在。

在供过于求的市场条件下，首先应对导致供过于求的原因进行分析，找出主要原因后有针对性地确定广告目标。

在供求平衡的市场条件下，一般把广告目标定位于产品的促销上。

3. 产品的市场生命周期　处在不同市场生命周期的产品，广告目标是有差异的。在导入期和成长期，广告目标定位于产品信息的传播上，吸引消费者，树立产品形象；在成熟期，广告目标定位于巩固产品市场地位上，保持市场份额，稳定市场占有率；在衰退期，广告目标定位于尽可能地延长产品的市场寿命，减缓销售量（额）下降的速度。

4. 医药市场的结构类型　在西方经济学理论中，根据行业中经营者人数的多少和行业内经营产品差异性的程度将行业竞争结构归纳完全独占型、寡头垄断型、垄断竞争型和完全竞争型等4种类型。在这里，可以将上述概念引入到医药行业的不同产品市场中，对不同产品市场也按上述概念进行分类。

（1）**完全独占型市场**　实际上，就是一家企业垄断和控制整个市场，独家垄断经营，产品具有不可替代性，因此，在营销战略与策略的决策方面企业具有完全的主动性。多数企业是不需要做广告宣传的，即使做广告宣传，其目标也不是为促销产品，维持或提高产品的市场地位，而是出于某种特别需要。

（2）**寡头垄断型市场**　在寡头垄断型市场上，只有少数几家大规模企业向市场提供同质的或具有一定差异化的产品。每一个企业在市场中都占据重要地位，垄断仍是这种市场的主要特征，由于任何一家企业的行为都可能引起其他企业的反应，虽然竞争激烈，但一般不将价格作为主要竞争手段，而主要体现在非价格手段上。处于这种类型市场中的企业，其广告目标大多定位于创立品牌。

（3）**垄断竞争型市场**　垄断竞争型市场上存在许多企业，它们经营的产品与服务或整体，或部分地存在差异。市场既具有垄断性，又有竞争性，但竞争性大于垄断性，企业或产品间存在着明显或激烈的竞争。由于产品（服务）差异化的存在，将价格竞争作为主要竞争手段往往作用不大，处于这种类型市场中的企业，应将广告目标定位于扩大市场占有率、提高企业或产品知名度、培养消费者忠诚度上。

（4）完全竞争型市场　完全竞争型市场是由众多的提供相同或相似产品与服务的中小型企业所组成。这类市场中的竞争是激烈的，绝大部分非处方药市场都是这种类型。在这类市场中，存在大量的供应商和消费者，所有产品几乎不存在差异，具有很强的相互替代性。处于这种类型市场中的企业，应将广告作为一种辅助促销工具，而不是主要促销手段。

5. 广告对象　广告的目的之一就是影响消费者的购买行为，确定广告目标必须研究广告对象。关于广告是如何对购买行为形成发生作用的研究，一些学者进行了卓有成效的研究，其中，以美国广告学家 R. H. 科利（Russel H. colly）提出的 DAGMAR 理论最为著名，该理论为依据广告对象制定广告目标提供很好的研究途径。

（三）医药广告目标与营销目标的区别和联系

1. 医药广告目标与市场营销目标的区别　医药企业的广告目标与企业的总体市场营销目标是有区别的。市场营销目标是根据企业的经营战略和市场营销策略制定的，是企业开展市场营销活动所要达到的总体要求，包括利润目标、市场开拓目标、市场占有率目标以及要实现的社会效益目标等，制定市场营销目标要考虑的影响因素要比制定广告目标多得多。

医药广告目标是医药企业希望广告能达到的某种特定促销效果。作为市场营销组合之一的广告，对市场营销目标的实现具有影响作用，但不是惟一或主要因素。市场营销目标的实现依靠诸如企业产品策略、价格策略、促销策略及分销渠道策略等众多营销策略的组合应用，不仅仅依靠广告活动。

2. 医药广告目标与市场营销目标的联系　医药广告目标与市场营销目标有区别，但也有联系。它们都是为企业开拓市场、增加销售量、提高企业和产品的知名度、提高利润等而设定的。广告目标的制定必须以市场营销目标为依据，广告目标是市场营销目标的重要组成部分。广告目标对市场营销目标的影响具有延续性，广告不但可以促进阶段性市场营销目标的实现，从长远意义上说，通过广告活动，有助于提高企业或产品影响力，树立良好企业或产品形象。

二、医药广告目标的类型

（一）销售增长目标

销售增长目标即是通过广告活动期望企业的总销售量（额）或产品的销售量（额）能达到的数量（额）。销售增长目标是最常见的企业广告目标。

广告的作用在于说服、引导或刺激消费者产生或增加购买欲望，进而形成购买行为购买产品，最终目的是为了增加产品的销售量（额），给企业带来更高的利润。

以销售增长作为广告目标的设定方式确定过程比较简单，广告效果易于评价，在广告实施以后，只需考察一定时期内产品销售量（额）增长幅度就可衡量广告的效果。但是，这种目标的设定要有一个基本前提，就是企业或其产品在市场上已有一定影响力、知名度较高和销售情况稳定，且广告已成为促使销售量（额）增加的主要方式。对于那些市场占有率和销售量（额）持续下降，在市场上已失去生命力的产品，以促进销售增长作为广告目标就是不合适的；对于那些品牌产品、有很强市场影响的产品，将销售增长作为广告目标实施的广告活动的作用也不大，很可能因其短期促销行为而影响产品市场的长期发展。

（二）改变消费者的态度目标

产品信息传播与扩散可以改变人的消费行为，这是医药企业开展广告活动的主要动因，在非处方药和保健食品市场，产品信息对消费者的影响是很大的。

医药市场上的同类产品有很多，通过广告活动，让消费者了解和熟悉本企业产品与其他竞争者产品的不同和优点，并激发消费者的兴趣，促使消费者购买自己的产品，改变潜在消费者的态度，使其成为现实消费者。

将改变消费者的态度作为广告目标必须事先了解和掌握消费者的消费心理和行为，这就需要对目标市场上的消费者的消费心理和行为做充分市场调查和研究工作，只有掌握了消费者的消费心理和行为，才能有针对性地设计出具有激发和改变消费者态度功能的广告内容和广告形式。

改变消费者态度目标多用于刚进入市场的新产品、新技术或新服务的宣传和推销广告活动。从长期广告效果看，如果要使改变消费者态度作为广告目标的广告活动取得成功，广告效果对企业或产品的影响将是长期的、持久的，有利于提高企业或产品的市场竞争能力。

（三）传播效果目标

顾名思义，广告效果就是广告通过广告媒体传播后所产生的影响或作用。广告效果有 3 种表现形式，即广告的传播效果、广告的销售效果和广告的社会效果，这 3 种效果是相互依存、相互联系的。

广告的传播效果又称广告本身效果，是指接受广告的人数、接收人对广告的印象以及能否激发接收人的购买欲望等心理反应，也就是广告活动对消费者消费心理和消费行为的影响程度，接受率、理解、记忆、感觉、联想、反应等内容作为广告效果测评的依据。

广告的销售效果是指广告活动对利润增长率、销售增长率、市场占有率等的影响程度，直接以销售情况的好坏作为广告效果测评的依据。

广告的社会效果是指广告活动对促进社会物质文明和精神文明建设所发挥的作用。

（四）企业与产品形象目标

以企业与产品作为广告目标的目的在于扩大企业与产品的社会市场影响力。这类企业希望通过广告活动来提高企业和产品知名度和美誉度。其广告目的不在于追求短期销售量（额）的增加和利润的提高，而在于长期保持与消费者之间的信息和情感沟通，以加深消费者对该企业或产品的印象。以创立品牌为企业经营策略的企业通常以企业与产品形象作为一定时期内的广告目标。

第三节　医药广告预算

医药广告是一种有偿促销手段，为实现广告目标，需要支付必要的费用。广告目标说明广告策划者将要做什么，而广告预算则限制广告策划者能做什么。医药广告预算的作用在于使广告经费得到科学、合理的使用，以尽可能少的广告费用支出达到最佳的广告效果。编制广告预算是医药广告策划的重要工作内容。

一、医药广告预算的定义

医药广告预算是医药企业或医药广告商根据广告计划对要开展的广告宣传活动所需投入资金总额及支出范围的使用计划。它规定了在一定时期内广告活动所需的费用总额、使用范围和使用方法。

按不同的标准，医药广告预算可划分为不同种类。按广告计划期限，可分为长期广告预算和短期广告预算；按广告计划范围，可分为企业广告预算和单一产品广告预算；按产品所处生命周期阶段，可分为新产品广告预算和成熟产品广告预算等。

广告预算不同于其他经济活动预算，广告预算只有直接支出而没有直接收入，其收益是通过医药产品销售额（量）是否增长、市场占有率是否提高等间接地反映出来。也就是说，广告预算收益水平只能通过广告效果的评价来完成。

广告预算的范围包括广告调研费、广告设计制作费、广告媒体传播费、广告部门行政办公费和广告活动其他费用等。

二、影响医药广告预算的主要因素

医药广告预算的影响因素是多方面的。一般说来，包括以下几种因素。

1. 产品因素　产品因素是影响医药广告预算的首要因素。不同产品的广告，其广告预算不同。例如，药品、医疗器械、医疗服务项目介绍的广告费用是不同的；新药与老药、进口药与国产药的广告费用是有差别的。

另外，产品品牌与现有市场占有率也会影响广告投入，品牌产品与高市场占有率产品由于非广告传播的机会越多，广告费用相对节省。如果是为提高市场占有率，则广告投入相对要多。

2. 产品的生命周期　不同产品和生命周期阶段的同类产品的广告预算也不同。处于导入期的产品，由于消费者对这种新产品尚未认知，为使产品快速地为目标消费者所认知、接受和购买，就需要投入大量的广告费用，目的不在于获取高额利润，而在于迅速地占领市场。处于成长期的产品，由于产品已为消费者所接受和熟悉，广告费用支出可以逐步递减并有所侧重，放慢频率，缩小规模，以求维持公众印象，目的在于巩固广告效果。处于成熟期的产品，市场竞争激烈，竞争者纷纷加入促销费用的投入，这时，企业又要加大广告费用的投入，积极开展广告促销活动，目的在于维持竞争优势地位和市场份额；处于衰退期的产品，最明显的特征是产品销量大幅度下降，利润也随之急剧下降。当产品进入这一阶段后，随着新产品进入市场，即使增加广告投入费，广告的效果和作用也有限的，应适时缩减广告费用，直至停止投入。

3. 广告预期目标　广告预期目标的大小与广告预算的多少成正比。一般来说，要使销售额（量）和利润率快速增长就要增加广告费用投入；广告宣传时间越长，则广告费越多；时间短，则广告费用少；广告范围越大，则广告费越多；广告范围小，则广告费用少。

4. 广告媒体类型　广告媒体传播费一般占广告预算的80%左右，不同的广告媒体有不同的特征，其费用的差异也很大。电子媒体因其声情并茂、传播范围广、传播速度快、覆盖率高，广告费用较高；报刊杂志广告费用次之；而一般的邮寄广告、张贴广告、POP广告等的费用较少。此外，广告费用还与所选择媒体的信誉、影响力等因素密切相关。

5. 市场竞争状况　市场增长缓慢、市场竞争激烈、竞争对手强大且众多，产品市场供应严重供过于求时，就应投入较多的广告经费。反之，市场增长较快、市场竞争缓和、产品供不应求、竞争对手威胁较小时，则投入的广告经费可相对较少。

从某种意义上说，广告既是医药企业的促销手段，也是其参与市场竞争的竞争手段。尤其是在产品疗效、价格、品牌、包装等方面同质的情况下，竞争对手之间进行市场竞争，往往通过广告宣传的形式表现出来，广告预算的多少则成为广告竞争成功与否的关键。

6. 企业财务状况　企业财力状况是影响广告预算高低的重要影响因素。一般来说，即使在广告目标预期相同的情况下，财力雄厚的大企业比小企业投入的广告费用要多，这是非常普遍的现象。

三、医药广告预算的编制方法

编制广告预算方法有很多种，每种方法都有其优点和缺点，选择什么样的方法编制广告预算，要根据实际情况而定。这里主要介绍比较常用的 7 种方法。

（一）销售额百分比法

销售额百分比法（percentage of sales method）是按一定时期内企业或产品销售额的一定百分比编制广告预算的方法，这是企业最常用的广告预算编制方法。销售额百分比有两种确定方法：一是以上年度或过去数年的平均销售额为依据求得，一是以下一年度的预测销售额为依据求得。

销售额百分比法的计算公式如下：

广告费用 = 销售总额 × 广告预算总额与销售额的百分比

例如，某医药企业阿奇霉素 2007 年的销售额为 800 万元，以其 2% 编制 2008 年广告预算，则该企业 2008 年阿奇霉素的广告费用 = 800 × 2% = 16（万元）。如果该企业预计阿奇霉素 2008 年的销售额可达 1000 万元，仍以 2% 的比例编制 2008 年广告预算，则该企业 2008 年阿奇霉素的广告费用 = 1000 × 2% = 20（万元）。

销售额百分比法简单易行、操作简便，但其缺点也是明显的。如果市场环境良好，企业销售保持上升趋势，则随着企业或产品销售额的增加，广告预算也随之增加，形成良性循环。但是，如果市场不景气或萎缩，产品滞销，销售额下降，则广告预算也随之降低，由于广告投入减少，可能导致市场地位进一步下降，使销售量进一步减少，形成恶性循环。同时，由于这种广告预算编制方法仅以企业或产品的销售额作为预算依据，而没有考虑到同类产品竞争者的广告预算和广告策略，不利于同竞争对手展开广告宣传竞争。

（二）利润额百分比法

利润额百分比法（percentage of profits method）和销售额百分比法的计算方

135

法相同，只是用利润额代替销售额，按一定时期内企业或产品利润额的一定百分比编制广告预算。由于企业利润分为净利润或毛利润，因此，利润额百分比法又分为净利润额百分比法和毛利润额百分比法。利润额百分比确定方法的原则与销售额百分比法相同。

利润额百分比法的计算公式如下：

广告费用 = 销售总额 × 广告预算总额与利润额的百分比

（三）销售单位法

销售单位法（unit of sale method）是按照单位产品的广告费用投入进行编制广告预算的方法，即先规定每一单位产品的广告费，再乘以单位产品销售总数量来确定广告预算。

销售单位法的计算公式如下：

广告费用 = 上年单位产品的广告费用 × 本年预计产品销售数量

例如，如某药品 2007 年销售 40 万件，共支付广告费用 8 万元，每件的广告费用支出为 0.2 元，2008 年预计销售量可达 50 万件，则该药品 2008 年的广告预算为：

广告费用 = 0.2 元/件 × 50 万件 = 10 万元

这种方法以单位产品销售数量为计算基数，方法简便，适合于薄利多销的产品和生产或经营标准化或专业化的医药企业。运用这种方法编制广告预算，可以掌握各种产品的广告费用开支及其相应的变化规律，易于对广告效果进行评价，其缺点与上述两种方法相似。

（四）目标任务法

目标任务法（objective and task method）又称目标达成法，这种方法编制广告预算分三步进行：第一，根据企业的营销策略确定广告目标；第二，根据广告目标制定广告活动计划，如广告策划、广告制作、媒体传播、管理活动等；第三，计算广告计划每项工作所需要的费用，各单项费用累计之和即为广告预算总额。

采用目标任务法编制广告预算是比较科学的，虽然比较复杂，但由于是依据广告目标来编制广告预算，有利于明确广告费用与广告目标之间的关系，有利于广告效果的检验。这种方法对新产品上市、开发新市场的宣传尤为有效。

（五）竞争对抗法

竞争对抗法（competitive parity method）是根据竞争对手的广告费用支出来编制本企业广告预算的一种方法。应用竞争对抗法编制广告预算有两种方法。

1. **市场占有率法**　市场占有率法是根据竞争对手的广告费用与市场占有

率的比例来确定本企业产品市场占有率所需广告费用的预算方法。其计算公式为：

广告预算费用＝（竞争对手广告费总额/竞争对手市场占有率）×本企业预计市场占有率

2. 增减百分比法　增减百分比法是根据竞争对手广告费用支出的变化情况，来确定本企业保持市场占有率所需相应的广告费用的预算方法。其计算公式如下：

广告预算费用＝本企业上年广告费×（1±竞争对手广告费增减率）

当广告宣传由促销手段演变成为直接的竞争手段时，适于采用竞争对抗法编制广告预算。但采用这种方法编制广告预算时需要特别注意两点：一是如果企业财力雄厚，应尽可能保持同竞争对手差不多的广告费用水平，以保证企业广告宣传的均衡地位；如果企业财力不及竞争对手，则不要强求与竞争对手相同水平的广告投入，否则，有可能拖垮企业。二是不要过多地超过竞争对手水平投入广告费用，过多地刺激竞争对手，可能使竞争双方的广告费用交替增加，但广告效果不一定增加。

（六）量力而行法

量力而行法（all you can afford method）又称支出可能额定法，这是一种根据企业的财政状况来编制广告预算的一种方法。企业根据自己的支付能力，量力而行地编制广告预算，"有多少钱就做多少钱的广告"。这种方法比较适用于必须进行一定期限的广告宣传，而资金又相对不足的中小企业。

（七）任意投入法

任意投入法（arbitrary method）是根据企业资金支付能力和市场需要，对企业一定时期的广告费用任意增加或减少，以此编制当前广告预算的一种方法。采用这种方法的企业通常没有长期稳定的广告宣传计划，根据市场促销需要，结合企业财政能力，进行临时性的广告宣传，其决策过程往往由企业高层直接作出。

采用任意投入法编制广告预算，虽然预算过程简单，但带有较大主观随意性，比较适合于没有必要进行长期广告规划的中小企业。

四、医药广告预算的分配与管理

医药广告预算方法解决的是医药企业对广告活动投入经费的计算方法，广告预算分配解决的是广告经费的投入方向。在确定了广告活动经费投入的方法及总额之后，为保证广告经费投入和广告活动取得最佳效果，就需要在广告预算总额的范围之内，根据广告活动的各个项目的要求，对预算总额进行分解落实到每一个活动项目之中。这里主要介绍医药广告预算分配的 5 种主要方式：产品分配法、媒体分配法、地域分配法、时间分配法和广告对象分配法。

（一）产品分配法

产品分配法是企业根据自己生产产品的类别，按比例分配广告预算。其基本原理是不同产品要有不同的广告，不同的广告就要有不同的预算。

这种方法多用于多元化生产的企业。因为虽然企业的产品有很多品种，但这些产品的盈利水平、市场上的竞争地位肯定是有所差别的，一般情况下，企业对那些能给企业带来丰厚利润的、具有较大市场潜力和竞争能力的、销售对广告具有很强依赖性的产品的广告经费分配予以重点倾斜。

（二）媒体分配法

媒体分配法就是根据广告媒体的传播功能不同，对媒体组合中的不同媒体分配不同的广告预算。按照传播媒体的不同来分配广告经费是企业常用的预算分配方法。

这种预算分配方法分为媒体间分配和媒体内分配两类。

媒体间分配是指在广告活动计划所选定的不同媒体间进行广告费用的分配。例如，某药品年度广告费预算 20 万元，拟选择电视、广播、专业杂志 3 种媒体同时进行广告宣传，而三者之间的信息传播功能不同、广告受众范围不同，每种媒体的广告经费分配是不同的。

媒体内分配是指在同一媒体内部不同单位间的广告经费分配。例如，某药品准备在发行量分别为 3 万册、2 万册和 1 万册 3 种医学专业杂志上进行广告宣传，从发行量上就可以知道 3 种杂志的权威性和影响力是不同的，在进行广告经费分配时是要有所区别的。

（三）地域分配法

地域分配法是指根据产品在不同市场的销售目标以及不同地区的购买能力、市场容量等市场环境，将整个市场划分成若干个地理区域，然后将广告经费对各个地理区域进行平均或有所侧重分配的一种方法。地域分配法的实质就是以各个地理区域市场环境和市场需求情况等作为广告经费分配的依据。

地域分配法的分配原则是：产品销售容易的地区比产品销售困难的地区少分，人口密度低的地区比密度高的地区少分，地方性市场比全国性市场少分。总的原则是，预算分配应尽可能满足产品销售量大的和潜在市场容量大的地理区域，至少应不少于维持产品在该地区竞争地位所需的基本费用。

（四）时间分配法

顾名思义，时间分配法就是根据广告活动计划的时间安排，分阶段地分配广告费。

采用时间分配法进行广告预算分配主要有两种情况：一是根据广告宣传活动期限进行预算分配，一般有年度广告预算分配、季度广告预算分配、月度广告预算分配；二是根据广告宣传时机进行预算分配，例如新药上市阶段，就应采用突击性广告预算分配和阶段性广告预算分配，以便加强广告活动强度，使产品迅速占领市场。

（五）广告对象分配法

广告对象分配法就是根据不同的广告对象分配广告经费。例如，如果以各级各类医院、药品零售企业等为广告宣传对象，对某药品进行促销，可以通过邮寄产品说明书、样品等方式直接传递广告信息，费用相对较少；如果以药品的最终消费者（患者或其家属）为广告宣传对象，就必须利用大众传播媒体，费用就比较高。

本章小结

医药广告策划就是指根据医药企业的市场营销策略，制定相应的广告决策以及广告计划的活动和过程。由于策划对象不同，医药广告策划可分为整体医药广告策划和单项医药广告策划。医药广告策划的含义：①医药广告策划以医药企业的市场营销策略为基础；②医药广告策划是一个广告决策的形成过程；③医药广告策划的最终体现形式是广告计划；④医药广告策划要以企业广告活动的工作范围为依据。医药广告策划的一般原则包括真实性原则、科学性原则、合法性原则和效益性原则。

医药广告策划的程序一般要经历广告调研、广告决策、广告执行和广告评价等4个基本阶段。医药广告策划的主要内容包括：广告调查、广告分析、广告目标决策、广告媒体分析、广告预算和广告效果测评等6项内容。医药广告策划书是医药企业实施广告活动的行动指南。医药广告策划书的基本结构包括：标题、广告策划的委托者、广告策划者、目录、策划书概要、广告调查与分析、广告目标与广告媒体、广告预算与执行计划、广告效果测评的内容与方法等方面。

所谓医药广告目标，是指医药企业希望广告能达到的某种特定促销效果。影响广告目标制定的因素主要包括医药企业经营战略、产品的市场供求状况、产品的市场生命周期、医药市场结构类型、广告对象等。医药广告目标主要有销售增长目标、改变消费者态度目标、传播效果目标和企业与产品形象目标4种类型。

医药广告预算是医药企业或医药广告商根据广告计划对要开展的广告宣传活动所需投入资金总额及支出范围的使用计划。它规定了在一定时期内广告活动所需的费用总额、使用范围和使用方法。影响医药广告预算的主要因素有：产品因素、产品的生命周期、广告预期目标、广告媒体类型、市场竞争状况和企业财务状况等。

编制医药广告预算的主要方法有：销售额百分比法、利润额百分比法、销售单位法、目标任务法、竞争对抗法、量力而行法和任意投入法。医药广告预算分配主要有5种方式：产品分配法、媒体分配法、地域分配法、时间分配法和广告对象分配法。

思考与讨论

1. 何谓医药广告策划？
2. 医药广告策划的原则有哪些？
3. 简述医药广告策划的基本程序和主要内容。
4. 简述医药广告目标的主要类型和影响医药广告目标制定的因素。
5. 何谓医药广告预算？影响医药广告预算的主要因素有哪些？
6. 常用的医药广告预算的编制方法有哪些？各自优缺点如何？
7. 常用的医药广告预算分配的主要方式有哪些？

● 拓展练习 ●

市场爆发了，快"分众"！

——××春常润茶上市策划纪实

许多现代都市人遭受便秘的困扰，由此产生了一个巨大的润肠通便产品市场，各种润肠通便产品如排毒养颜胶囊、肠清茶、常润茶、通补胶囊等商家各显神通，竞相在高空及终端大量投放广告，以不同的操作手法及概念分割这块奶酪，这其中就有后来居上的碧生源常润茶。在对市场做了详尽周密的分析之后，在补血市场久负盛名的某品牌推出了××春常润茶产品。

定位：对抗不如共生

经过项目小组成员的缜密思考和对市场、竞争对手的详细论证分析，大家一致认为，××春常润茶的竞争角色定位应该是一个与

140

其他竞争产品和谐共存的同盟军，应该以博大的胸怀和气量与竞争对手一起共同做大这个市场，而不是相互内耗、挤垮竞争对手。

突破：从女性到口味

调研数据显示：常润茶的目标群体非常明确，主要消费者是女性，其次是老年人。目前，常润茶市场的主力品牌碧生源常润茶采取的是一种"大小通吃"的全面进攻策略！然而，市场调查显示：因为生理原因，女性的便秘人群是男性的 3 倍以上。女性市场最大，项目小组一致认为，作为中国知名的女性保健食品品牌，××春适合进入女性细分市场！××春常润茶要切割的就是女性群体市场，而××春品牌在女性市场拥有不错的口碑！

在确立产品的消费群体定位后，项目小组又经过市场调查发现，尽管女性消费者已经接受了常润茶并了解其功效，但它的口味在女性消费群体里面并不是很受欢迎。在研发人员的配合下，项目小组经过近 1 个月的无数次实验，终于在决明子、山药、茯苓、绿茶等常润茶成分的基础上，改进原有配方，加入鲜橙提取物，推出了中国常润茶市场上首个水果味常润茶——××春果味常润茶！

传播：高举高打的强势整合传播

突破点找到了，项目小组迅速针对女性分众市场制定了一套详细的整合营销推广方案！根据以往经验，项目小组在××春果味常润茶品牌的传播、推广策略上，采取了"高举高打"的强势整合传播策略。

项目小组根据既定方案拍摄了××春果味常润茶电视广告。广告从口感入手："水果味，更好喝的常润茶"，在诉求上以情动人，不像其他保健食品上市主打功效，以实际行动避免保健食品"夸大产品功效"的通病。

为了提升品牌知名度，项目组选择了覆盖率较广的权威性报纸，如《广州日报》、《信息时报》等。广告标题突出张力，从多方位、多角度和消费者"打招呼"，其内容主要是向读者陈述××春果味常润茶的口味，撰写了《女老板和男秘书的小秘密》、《时尚美女为何爱喝××春常润茶》、《喝××春果味常润茶，我的年龄是秘密》等系列软文。这些软文通过透视社会现象引出女性为了健康、美丽，喝了××春果味常润茶带来的幸福和自信。

为了与媒体广告宣传相呼应，项目小组精心策划和设计了××春"水果美人"PK 大赛跟进活动。活动围绕"水果味"展开，目标群体针对女性，"只要您拥有自信和活力，崇尚健康与美丽，您就可以免费报名参加××春'水果美人'PK赛，尽情展现自我，实现梦想！"丰厚的奖品吸引了更多女性参与："获奖者将获得价值3000元的××春系列产品，并有机会成为××春果味常润茶平面模特和代言人！"活动提高了××春品牌在消费者中的美誉度，使更多女性消费者记住××春果味常润茶，让更多顾客尝试后便喜欢上这种口感，成为忠实的顾客。

资料来源 左亮，卫唯."市场爆发了，快分众！——果味常润茶上市策划纪实"[J].医药经济报，2008（7）.

拓展练习思考题

1. "××春果味常润茶"广告策划成功的原因是什么？
2. 广告与其他促销手段组合使用有何意义？

第七章

医药广告调研

西安杨森的广告

美国广告大师奥格威曾说过:"从事广告工作的人如果忽视了研究,就和将军忽视了敌人的密码信号一样危险。"的确,没有广泛而大量的市场调研提供真实可信的资料,企业就难以设计、制作出受到市场和消费者认可和赞赏的广告。

西安杨森的"达克宁"早在 1989 年就进入了中国市场,是该公司的主导产品之一。在上市初期,该公司就如何使人们简单明确地了解这个品种,做了大量的市场论证和消费者调研工作。他们通过问卷、面访、电访等手段,综合各类人群对脚气的反应,发现药物不仅要止痒,使其不再复发也非常关键。于是在"达克宁"的广告中特别强调减少复发的可能性,准确地抓住了消费者对消除脚气困扰的关键所在,因而成功地建立了"达克宁"功效优越的地位。

长期以来,西安杨森形成了自己一套完整的广告调研方案:根据公司产品的不同特性,对影响人们对待药品广告的诸多因素,如年龄、性别、心理、媒体接触类型等进行系统研究和分析,决定采取相应的广告策略,这样就更能达到宣传促销以及提升品牌形象的作用。

该公司的一个治疗皮肤病药"派瑞松",在市场上有良好的表现,其明确生动的广告宣传是其成功必不可少的因素。"派瑞松"的广告以动画形式将它的独特功效非常生动地表现出来。"唯其生动浅显易懂,才能让人记得牢,那么这个产品的广告就成功了。"

根据西安杨森广告效果调查,广告宣传在"息斯敏"和"达克宁"的成长阶段发生了非常重要的作用。就"息斯敏"和"达克宁"的宣传效果来看,过敏性疾病患者受广告影响服用"息斯敏"的比率明显高于"达克宁"。但是,另一方面,由于人们对脚气的治疗态度不甚积极,同时，脚气类药品种类繁多，药品之间的可替代性和竞争程度远远高于"息斯敏"，因此"达克宁"的治疗率偏低是正常的。既便是这样，在近一年内患有脚气癣的患者中，"达克宁"在患者使用的药物中仍占第一位。可以得出结论，广告宣传是这两种产品知名度的主要影响源，而且广告直接推动了近一半的患者选用这两种药品。可见，"息斯敏"和"达克宁"的广告作用是明显的。

资料来源　1. 陈宇. 洋企业：做好市场招招领先［J］. 中国医药指南，2003（7）.
　　　　　2. 中外社会文化交流协会应用调查中心. 1991 年西安杨森广告综合调查报告. 吉林大学精品课程建设网［OL］. http：//market. haloso. net/uploadfile/200612/.

第一节　概　　述

众所周知，处方药不允许在大众媒体上做广告，而非处方药可以经过国家相关部门批准后在大众媒体上进行广告宣传，因此本章将着重介绍非处方药广告调查的相关内容。

广告作为现代营销的重要手段之一，对产品促销和品牌形象推广方面的作用越来越明显，已经得到了越来越多企业的重视；同时，广告也影响着人们的消费观念和消费意识。在国内 OTC 市场中，广告的市场作用尤为明显。

医药企业为产品做广告，最终是希望通过广告这一有力的促销手段来提高经济效益，提升品牌形象，提高品牌价值。同时，要想达到以上目的，就得提高广告的效果。而广告的设计、投放以及播出后的效果的获得都必须通过大量、广泛而有效的市场调查，才能保证。而不少企业在进行市场营销活动和广告投放的策划时，不是建立在严谨调研和细致论证的基础上，结果往往由于消费者的接受程度和认可度低，致使广告和营销活动的投入与产出不成正比，大大降低了广告的促销作用。

事实上，不同的产品只能满足不同的细分市场，而相应的广告只能针对具备某种类似特征的一群特定受众。在同类产品中，谁对消费市场的需求更了解，谁对消费者的习惯与态度更了解，谁就具备了取得竞争优势的条件。广告营销调研越充分，离产品的目标市场和消费者就越近，也就意味着更容易得到市场的认可，取得更好的效果。

中国的营销调研行业起步较晚，国内医药企业进行广告调研的意识也还很薄弱。许多公司缺乏市场调查的意识、经验和能力，这样不管是广告策划的质量还是广告的效果都不能达到一个更高的水平。这些现状在一定程度上导致了医药广告的盲目性和低效性，造成了大量财富的浪费。

一、医药广告调研的含义

医药广告调研，又称医药广告调查，是指针对药品广告制作和投放等一系列行为所做的调查研究活动，它能够系统地分析药品广告的作用、方法，揭示市场营销、品牌策略、广告创意、媒体组合等整合营销手段相互之间以及与广告受众之间的关系和规律。

药品广告调研是医药营销调研的重要组成部分，是为某一局部目标而进行的。广告调研与其他类型的药品营销调研相比，由于共同服务于产品市场营销决策，二者可能互有交叉，但由于预定目标不同而在内容上各有所偏重。广告调研与其他类型产品营销调研的方法与原则是通用的。

二、医药广告调研的内容

狭义的广告调研主要包括广告内容调研、广告媒体调研和广告效果调研等方面，而广义的广告调研还涵盖品牌调研、广告受众调研、市场细分调研等方面的内容。广告调研按照调研范围，通常会涉及到广告内容、媒体组合和效果评价三方面的调研。

从医药整合营销传播的观点出发，按照药品广告的传播过程，药品广告调研主要涉及如下四方面的内容。

（一）药品广告环境研究

广告环境有广义和狭义之分。狭义广告环境是指处于同一媒体中的所有广告，如某综艺频道中刊登的广告都是形象、品牌较好的广告，则新投入的广告受此环境影响，亦会被受众视为较优的广告。反之，若该频道承载的其他广告都是制作粗劣、虚假不实的广告，如果在此频道投放广告也一定会受其影响，被受众不齿。

广义的广告环境指广告所处的自然环境、市场环境、媒体环境、政治法律环境等。

1. 自然环境调研　药品广告的自然环境调研是指对广告主的广告药品及其目标市场的自然条件进行调研，包括多种自然因素，这里主要指对自然资源条件和人口自然结构的了解和分析。

（1）自然资源调研　即对自然资源条件如气候、地理位置等情况的调研。这些数据与信息的获取，对广告策略的制定与广告营销效果的意义重大。例如，很多区域有独特的药材，这些自然资源会影响药品的配方与质量，因此，很多时候消费者会关注药品原料的产地。同时，地理位置会产生不同的生活方式，这些都会影响和决定消费者需求。

（2）人口结构　人口密度与经济水平在很大程度上决定某类药品的市场容量与消费需求。不同年龄结构的人群对药品消费结构的需求不同，例如，年轻人群体对处方药品需求不大，他们购买 OTC 药品时喜欢选择西药；老年群体则对处方药的需求较高，但在老龄化且经济较发达的地区对保健食品的需求则较大。

2. 政治环境调研　政治环境调研包括对国内政治环境与国际政治环境的调研。国内政治环境包括许多具有直接经济内容的政治决策，如有关价格、税收、利率、财政政策；有关环保、保险、市场管理、工商行政管理的法规等。国家与地方政府的决策直接影响并规范着消费者行为及市场行为。国家政治决策不仅规定了医药产业和医药经济的发展方向与速度，还直接制约着社会药品消费结构、医药投资方向和社会药品需求的变化。如国家医疗保险制度改革、药品分类管理、税种的增减与税率的调整，均影响药品的生产与消费。国际政治环境主要影响药品对外贸易，影响药品的进出口，也就会对药品在国际市场上所占的市场份额产生影响。

3. 法律环境调研　药品广告同所有的经济行为一样，要受到国家法律和各项法规的制约。法律环境从规范药品交易的内容与交易的行为角度来影响市场，对广告的整体活动具有硬性制约作用。国家关于药品广告的法律与法规比其他商品广告的法律与法规更为严格，这对防止虚假广告、误导消费者，确保用药安全十分必要。例如，处方药不得在大众媒体上发布广告，只能在医药类专业杂志上发布，对允许做广告的药品的广告形式与广告内容都有严格的规定，因此药品广告从业人员严格遵守药品广告法律法规的限定是十分必要的，只有熟悉药品广告法律与法规，熟悉药品广告法律环境，才能顺利发布药品广告，使广告主的药品有效地占领市场。

4. 文化环境调研　文化是人们所共有的由后天获得的各种价值观和社会规范的综合体，即人们生活方式的总和，包括各种社会组织、生活规则、信仰、艺术、宗教审美观、语言文字等。这些因素会塑造人们不同的价值观念与消费偏好。地区文化差异会对市场和广告设计产生影响与制约作用，人们的受教育程度、文化修养和知识水平、思想认识水平不一，因此也会对消费意识有不同的影响，并对产品及其广告作出不同的评价及反应。

5. 经济环境调研　药品广告经济环境调研主要关注于人口总量、国民生产总值、国民收入、个人收入等和消费息息相关的经济因素。

在社会生产总量、国民收入和消费基金既定的情况下，人们的消费水平及市场容量取决于人口总量。如果人口增长快于社会消费基金的增长，消费水平就会下降，市场容量就会萎缩，并直接影响消费需求结构。国民生产总值是衡量一个国家经济总量的最基本的指标，其值的大小决定药品消费水平及市场容量。如果国民收入值高，潜在的药品市场容量较大，广告才会有较大的市场空间。

个人收入水平的高低，直接决定市场购买力水平的高低。一般而言，个人收入水平的高低与消费需求对象及各种商品档次的高低呈正相关。个人收入扣除维持生活的必须基本支出之后，形成可以由个人任意支配的收入，这是影响消费需求及市场结构变化的最活跃因素。因此，对个人收入水平的把握是使广告达到目的的必要条件。

6. 科技环境调研　科学技术及科技创新是促进生活水平不断提高的最主要的因素之一，医药科技的不断发展与新的突破及其在生产上的推广与应用，会导致医药新产品、新材料、新工艺的出现，从而使用药需求结构和药品市场发生质与量的变化，推动医药市场的深化。药物的新剂型、新疗效的出现必然会改变人们的用药需求，淘汰疗效较差的药品。调查和了解医药科技发展的信息，有利于广告主的广告经营决策。如果对此方面的信息缺少了解，将有可能使广告主的广告经营决策出现偏差，进而浪费广告费用。

（二）药品广告媒体调研

各种媒体都具有不同的传播优势与特性，要根据具体药品的具体特征，选择最适宜的媒体组合，以发挥最大的传播效果和消费推动力。

药品广告媒体调研是指针对适合于投放药品广告的所有媒体的传播优势、媒体特点、表现力、覆盖人群、收费标准等进行分析研究，主要目的是为实现预期广告效果而进行的媒体组合决策。同时，可以通过选择最优媒体组合而实现广告投入收益最大化。

本节所述内容以非处方药的媒体调研为主，同时也包括部分处方药媒体调研内容。

（三）广告受众研究

主要用于了解和掌握药品消费者的消费心理与购买行为。可以通过观察法、访谈法以及实验法来对广告受众进行研究。比如，可以针对某种药品广告设计相应的问卷，然后分析获得的信息，从而掌握该广告对消费者心理和购买行为所可能产生的影响。

（四）广告发布前测验研究与发布后效果评估研究

根据特定广告目标，分析不同媒体组合情况下广告的成功程度。为了验证广告的适应性，在广告发布前对其进行测验是非常必要的，而广告发布后的效果评估是为了证实广告是否具有有效性的必要环节，因此这两个环节必不可少。

广告发布前测验的主要任务是把广告的内容传达给消费者，能够帮助企业了解市场对该广告的接受程度以及该广告对产品或品牌核心利益是否正确推广。企业可根据调研结果及时调整广告策略，避免盲目播出广告带来的巨大损失。广告发布后的效果研究可以帮助企业在广告播出一段时间后，评估广告对受众所造成的消费心理影响和消费行为影响的情况。企业可根据研究结果对广告策略进行调整，并可以合理策划下一段广告投放计划。

第二节　医药广告调研的方法

一、文献调查的方法与技巧

（一）文献调查法的含义

"文献"是指记录有关知识的一切载体，是指把人类知识用文字、图形、符号、声频和视频等手段记录下来的所有资料，包括图书、报刊、学位论文、档案、科研报告等书面印刷品，也包括文物、影片、录音、录像、幻灯等实物形态的各种材料以及计算机使用的磁盘、光盘和其他电子形态的数据资料等。

文献资料对于人类社会历史文化的发展和研究工作有着重要的价值。正是由于站在前人的肩膀上，吸收和借鉴已有的研究成果，人类社会才有可能发展得如此迅速。

文献调查法是一种既古老又富有生命力的科学研究方法。文献调查法是指对特定文献进行搜集、摘录、分析，并通过对文献的研究形成对事实的科学认识，从而了解事实，探索规律的研究方法。

所谓文献搜集，有广义与狭义之分。广义的文献搜集是指将文献按照一定方式集中组织和存储起来，并按照研究者的需求查找出与研究主题有关的文献或文献中所包含的信息内容的过程。

所谓摘录信息，是指从检索出的文献中摘取并记录与调查课题有关的信息的过程。

所谓文献分析，是指对文献中的某些特定内容进行分析和研究，来获取与研究主题相关的内容及其本质、规律以及消费者的思想、感情、态度、偏好和行为等方面信息，并进而达到发现问题和解决问题的调研目的。

（二）文献调查的步骤与方法

文献调查法的基本步骤包括文献搜集、摘录信息、文献分析3个环节。

文献调查法的这 3 个步骤既可以分别进行，也可以交叉运用，调查研究者可以根据所研究的主题的性质和研究过程中的具体情况作出一定的选择。

1. 文献的搜集　文献调查法的实施是从文献搜集开始的。只有广泛搜集文献，才能对所需要的文献资料做到心中有数，才能保证最终收集到所需信息。在文献搜集中，必须遵循一些基本要求，掌握一定方法。

（1）文献检索　在搜集文献的实际过程中，首先应当知道在哪里才能找到所需的文献，或者说，如何才能发现这些文献的具体存在位置。而要做到这一点，就必须掌握检索文献的方法。

总的来说，可以将文献分为未公开发表和公开发表两大类进行检索。未公开发表的文献主要有个人写的日记、信件、自传、回忆录等文献以及政府部门、企事业单位、社会团体的内部文件、规章制度、统计报表、总结报告，宗教组织的教义、教规等。这部分文献相对数量较少，查找的办法也比较单一，只能根据已知的线索或主观判断按图索骥，向个人咨询或到有关单位查找。公开发表的文献包括所有的各种类型的正式出版物和仅在互联网上发表的文献，是文献的主体，数量十分巨大，这类文献的检索就必须充分利用现有的图书情报资料和网络资源，到专门的图书情报机构（图书馆、情报所等）或互联网去查找，其检索方法也相对复杂，往往需要借助一些专门的文献检索工具。需要着重掌握的也就是检索这部分文献的方法。

人工文献检索：迄今为止，人工文献检索仍然是查找公开发表的文献的主要方法。这种方法主要借助两类工具，即有关机构编制出版的文献检索工具和图书馆编制的目录。

有关机构编制出版的文献检索工具，按其著录形式可分为目录、索引、指南和非官方统计数据等几种形式。

图书情报机构（主要是图书馆）编制的目录是更为常用的检索工具。各级各类图书馆都有自己的馆藏目录。

计算机文献检索：计算机数据库包含已经被处理成可以机读并可以电子传送的信息。目前，中国多数图书情报机构建立了可在计算机上阅读的机读检索工具。进入 20 世纪 80 年代以后，计算机信息检索进入国际联机信息检索阶段，使信息、文献不受地区、国家限制，而真正实现全世界信息资源共享。同时，用光盘制成的数据库取代了一部分联机检索的市场，特别是计算机信息检索已逐渐发展成计算机网络（互联网）检索系统。全文型数据库不断增加，数据库内容的存贮形式也在向多媒体方向发展。目前，计算机文献检索更重要的就是指利用互联网的文献检索。

在互联网上查找文献主要有两种方式：一是登录专门网站检索。目前，国内外绝大多数图书情报机构、政府部门、学校、科研机构、大众传媒机构、企事业单位都有自己的网站，其中建有各种数据库。只要按照其网址上网登录，即可从中查找研究者所需的有关信息。二是利用大型门户网站的搜索引擎查找。计算机文献查找法使用起来非常便捷，而且可以找到大量并未公开出版、只在网上公开发表的个人文献、官方文献和机构文献。但是目前许多网络资源尚在建设过程之中，文献还不系统、完全；许多机构由于种种原因，未把全部文献在网上发表，所以这种方法虽然很重要，却还不能完全取代其他文献检索方法。

在上述主要文献检索方法之外，还有一种简便的参考文献查找法，也称追溯查找法，即根据作者在文章、专著中所开列的参考文献目录，或在文章、专著中所引用的文献名目，追踪查找有关文献资料的方法。用参考文献查找法，查找的文献比较集中，省时省力，而且往往能及时捕捉到一些最新的研究成果。因为相对于一次文献而言，任何检索工具总具有一定的滞后性。因此，这种方法虽然不如用检索工具查找法所得的文献那样全面和广泛，但仍很有效。

当然，在实际文献调查过程中，往往将几种方法交叉采用，即将检索工具查找法、计算机查找法和参考文献查找法结合起来，以充分查找所需的信息。

（2）文献搜集　当检索到所需文献的所在，随后的搜集文献就变成一件顺其自然、非常简单的事情了。目前，搜集文献的渠道主要有个人、机构和互联网3种。应该针对文献的不同来源和出版、收藏情况，采取不同的方法，通过这3种途径进行文献搜集。

一般来说，对于未公开发表的文献，必须征得相关的个人或组织的同意，才能索取和收集其所拥有的相关文献中的相关信息。

对于公开发表的文献，若是正式出版发行的各种书籍、刊物、磁带、光盘等文献资料，可到图书情报机构和可能收藏这类文献的组织、个人那里去借阅，或者从互联网上的有关数据库中下载，当然也可以直接购买。另外，对那些虽未正式出版发行，但已在互联网上公开发表的文献，例如个人撰写的各种文章，大众传媒机构因版面不够或其他原因未刊印的稿件，政府部门的官方网站、社会组织和企事业单位的网站中发布的各种信息、文章、统计资料等，可以通过网上下载或复制的方式来搜集。

2. 文献信息的摘录　在通过检索发现并搜集到文献之后，下一步的工作就是摘取与调查课题有关的信息。

（1）摘取信息的基本步骤　摘取信息一般有以下步骤。

浏览：在文献搜集后，应将搜集到的文献资料全部阅读一遍，以对它们有个初步认识，即大致了解文献的内容，初步判明文献的价值。

筛选：筛选就是在浏览的基础上，根据调查课题的需要，从所搜集的文献中选出可用部分。

重点标注：即对于筛选出的可用文献要认真、仔细地阅读，同时着重在理解、联想、评价等方面下功夫。文献越重要，下的功夫也要越大，那些必用和应用文献往往需要反复地阅读、思考并着重标识出来，进一步明确对于调查研究课题有价值的信息。

记录：记录就是把在标注确认的有价值信息记录下来，供进一步分析研究之用。

二、实地调查的方法与技巧

实地调查就是运用科学的方法，系统地现场搜集、记录、整理和分析有关市场信息，了解商品在供需双方之间转移的状况和趋势，为市场预测和经常性决策提供正确可靠的信息。

无论是广告内容调研、广告媒体调研，还是广告效果调研，仅仅依靠文献调研的结果就匆忙进行决策，往往会失之偏颇。因为所收集到的文献资料（也称第二手资料），对于解决研究者当前所研究的问题，包括其相关性和准确性，用处可能比较有限。所以，很多时候，需要进行实地调查去收集更相关、更准确的信息。这样，针对药品广告调研在文献调研中没能发现、确认的问题，可以利用实地调查来寻找确凿的答案。这就是说，实地调查可以按照医药企业的实际需要进行设计，可以解决医药企业迫切需要解决的问题，因此是针对性和实用性都很强的市场调研方法。

在进行广告实地调研之前，首先得确定、了解广告调研的对象。

（一）实地调查的对象

1. 顾客　顾客的含义就是买主。一般来说，对于医药企业，愿意而且有能力购买其产品或服务的人都是它的顾客。可以把顾客又分为两类，一是本企业的忠诚顾客；另一类是非忠诚顾客。

企业的忠诚顾客，简单地说就是经常购买企业产品或服务的顾客，他们的行为说明自己已经对企业具备了忠诚感，这对于管理层至关重要。对于药店而言，可以利用对忠诚顾客的调查来获取多方面的有用信息。这是因为：

在经常光顾的企业中忠诚顾客比非忠诚顾客消费的金额要大得多；而忠诚顾客经常光顾的企业，也正是占有市场份额较高的企业；如果一家药店的忠诚顾客比率较高，那么可在药品价格及服务上给予更多优惠，效果较为明显。

对忠诚顾客进行调查的好处在于：他们精确地了解和熟悉自己经常光顾的企业，能够对企业的长处和优点不假思索、脱口而出。对于这种顾客，调查方法就简单和直接多了。如对一群经常购买某医药企业产品或服务的人，就可以询问他们可否愿意详细讲述自己对其所提供的产品或服务的包装、口味、质量、价格、疗效等的看法、偏好，更进一步可以调查他们对于此企业所提供的药品或服务提出改进的建议等。

企业对自己的忠诚顾客要尽可能地利用机会讲解自己的销售队伍、售后服务、定价方法等，以增加其忠诚度。

当然，对忠诚顾客调查虽然有不少好处，也免不了有缺点，如无法了解更多顾客的消费需求，因此要慎重使用。

2. 过客　过客流动性大，没有多少规律可寻，因此调查过客一般用街头拦截法。这种方法既可用于对消费者进行调查，也可用于对企业客户进行调查。这种方法的特点是：调查人员站在特定的地点就特定的问题对过往行人提问。拥有大量过往行人的地点，多是城市的步行区、要道的进出口、城市的广场上、商场进出口等。

这种方法的优点在于：调查对象到调查员所在的地方比调查员去拜访调查对象更有效率。这种方法已经变得越来越常用。当调查对象在能够提供有意义的信息之前需要观看、触摸或使用产品时，这种方式尤其适用。

3. 家庭　所谓家庭，乃是人口组成的集合体，他们居住在一起，用共同的收入满足生活需求。对于消费品生产厂家和经营商家来说，家庭是最重要的消费单位。

如果家庭成员生活在一起，每个成员的个别消费行为会受到整个家庭的强烈影响。一般来说，家庭成员的个别消费行为是建立在家庭群体的消费模式基础上的。而在一个家庭中，通常是丈夫，而不是像人们常说的那样是妻子，对采购决策拥有最终发言权。像年龄、收入、住地等户主所具有的人口学方面的特征，会影响一个家庭的购买决策过程。一般来说，可以采用入户访谈等人员访谈的方式或是采用邮寄式固定样本组等邮件访谈方法来对所抽样的家庭进行调研。

4. 小组　所谓小组，就是为了调查目的，从有关方面邀请来若干人员。调研人员或是企业管理层通过与他们交谈，能够了解他们如何看待看自己，能够了解他们如何看待本企业，他们形成了一些什么样的成见以及他们在对待本企业产品或服务方面，具有什么样的想法、意图、偏好及购买行为模式等。一般来说，这种小组座谈可持续 1～3 小时，而每组的规模应在 8～12

人。要让小组人员畅所欲言，就需要事前对小组讨论的问题做到周密策划、胸中有数，事中能随时调整运作，使之有条不紊地进行。而且若有所需要，还可以站在中立立场上对小组成员提出的问题进行解释，说明小组成员们应该采取什么样的恰当立场。

可以利用专题组座谈的方式对所抽样的小组进行调研。这一方法的价值在于自由的小组讨论经常可以得到意想不到的发现。同时，需要注意的是，一个专题组应当在人口统计特征与社会特征上保持同质性。因为小组成员的共性可以避免由于枝节问题所导致的冲突。比如，一个女性小组不应该将有小孩的已婚家庭主妇、年轻的工作女性、年长的离婚女性以及丧偶女性安排在同一小组中，因为她们的生活方式截然不同。

5. 国民　把一国国民作为市场调研对象，是许多国际公司要进入该国市场前最重要的调研工作，这主要是为了了解文化、宗教、习俗、时尚等。对于中国公司，要进入美国市场，那就要了解美国市场的各方面，特别是最新动向。

比如，美国宾夕法尼亚克兰顿大学的心理学家约翰·诺克斯教授发现，令人痛苦的减肥，15年来第一次不再是美国人最热切的愿望。不抽烟、不喝酒，也不再是新年之初立下的美好誓言中最坚定的一项。据这位心理学家的观察，越来越多的美国人今后将允许自己不再那么完美。

健身俱乐部的所有者、营养专家、市场战略家和进行民意调查的人员证实了这种趋势。过去的几年中，越来越多的美国人在健身房和健身操中心发疯般地使他们疲惫的身体重新振作起来。而现在，同样是这些对健康的狂热追求者，却沉湎于生活的乐趣之中了。

很明显，此时美国国民的生活方式、健康理念等方面都在悄悄发生着变化，生活方式、健康理念一变，国民的生理、心理也会随之发生一定的变化，健康或疾病方面也会随之呈现不同的现象和特征。因此，国民对于药品或医药服务的消费观念也会变化，对医药广告的态度和看法也会发生相应的变化。

（二）实地调查方法

从调研人员与调查对象之间的关系看，可以把实地调查方法分为访谈法、观察法、实验法；而在访谈法中，又可以依据调查人员与调查对象接触方式以及填写方式的不同，分为电话访谈、人员访谈、邮件访谈和电子访谈。

1. **访谈法**　访谈法就是利用调查人员和调查对象之间的语言交流来获取信息的调查方法。访谈法的特点是，调查人员将事先准备好的调查事项，以不同的方式向调查对象提问，将获得的调查对象反应收集起来，作为市场信息。这种获取信息的方法以询问调查对象为基础，向调查对象询问各种各样涉及他们的行为、意向、态度、感知、动机以及生活方式的问题。这些问题可以通过口头、书面或电脑的方式提出。

电话访谈，即调查人员按照选出的抽样样本用电话询问调查对象。调查员使用一份纸质问卷并用铅笔记录下回答。这种方法的主要优点在于能迅速取得所需信息，调查人员不会对调查对象产生心理"压迫"。

人员访谈，即调查人员按照选出的调查样本和规定的访问程序进行的个人面谈或小组面谈，是调查中最常用的方法。

邮件访谈，即将设计的书面材料邮寄给调查对象，请其填写，再收回或寄回。这种方法的主要优点是可以用于样本广泛分布的较大的地域，答复时间相对充裕，调查成本比较低，缺点是各地答案多寡不一，误差较大，调查对象可能误解问题的含义，不适宜询问较多问题，调查时间较长，无法获得观察资料。

电子访谈，包括电子邮件和因特网。进行电子邮件调查时，首先要获得一份电子邮件地址名单，将调查内容写入电子邮件中，然后通过因特网寄给调查对象。而因特网访谈或网上调查所使用的是网络语言，即超文本链接标示语言，并放在一个网站上。

2. 观察法 就是调查人员通过直接观察和记录调查对象的言行来搜集信息资料，这种方法的特点是调查人员与调查对象不发生对话，甚至不让调查对象知道正在被观察，使得调查对象的言行完全自然地表现出来，从而可以观察了解调查对象的真实反应。这种方法的缺点，是无法了解调查对象的内心活动及其他一些可以用访谈法获得的资料，如收入情况、潜在购买需求和爱好等。观察法主要用于零售商家了解顾客和潜在顾客对商店商场的内部布局、进货品种、价格水平和服务态度的看法。

观察法最大的优点是允许对实际行为进行测量，而不是对意向性的或偏好性的行为进行报告，因此没有报告偏差，由调查员和访谈过程引起的潜在偏差也大大降低。同时，它的缺陷也很明显，最大的缺陷是可能无法确定观察到的行为的原因。

3. 实验法 实验法是目前普遍应用在消费品市场的调查方法。凡是要调查商品品种、品质、包装、价格、设计、商标、广告以及陈列方式时，都可以采取实验法。比如，在测量药品广告的效果时，对在前一个晚上观看了一个特别的电视节目的全国性样本进行电话采访。所选择的节目中包含待测的药品广告。把没有经过和经过提示的回忆作为因变量。首先，通过询问调查对象能否记起观看过有关产品种类的广告来测量未经提示的回忆。若他们能记起，就接着询问关于广告的一些内容及其制作细节。如果他们没有记起待测的药品广告，则明确询问有关待测药品广告的一些问题。经过比较两种结果的效果分来衡量待测药品广告的效果。

第三节　抽样技术方法与调查问卷设计方法

一、抽样技术方法

多数情况下，调研项目的目标是获取关于某一总体的特征或参数的信息。而在实施实地调查之前必须抽取样本，即选择一定数量的合适的调查对象。而在抽取样本之前需要选择一定的抽样技术方法。抽样技术方法可以被宽泛地分为非概率抽样技术方法和概率抽样方法。

（一）非概率抽样技术方法

在实施非概率抽样的时候，研究人员根据个人判断来选择样本个体。研究人员可以任意地或有意地决定将哪些个体包括进样本中。非概率抽样可以产生对总体特征很好的估计，但是，无法对样本结果的精确度作出客观评价，因为没有方法能确定将任一特定个体选入样本的概率，所获得的估计在统计上不能映射到总体。通常所用的非概率抽样技术包括方便抽样、判断抽样、配额抽样以及滚雪球抽样。

1. 方便抽样　方便抽样是试图获取一个便利个体的样本的一种方法，对抽样单位的选择主要由研究人员完成，通常调查对象由于碰巧在合适的时间正处在合适的地点而被选中。比如，利用街头拦截访谈的方法来获取消费者对药品广告的看法、意见等方面信息，这种街头拦截的抽样方式就是方便抽样方法。

这种方法的优点是成本低、耗时少，抽样单位易于接近、易于测量并且乐于合作。它的缺点是这种方法存在许多潜在的选择偏差来源。

2. 判断抽样　判断抽样是根据研究人员的判断选出总体中的个体的一种抽样方法。进行判断的研究人员或专家选出要被包括进样本中的个体，因为他相信他们是总体的代表，或者能够作为代表。

判断抽样成本低、便捷，然而它不支持对一个特定总体的直接推论，因为通常没有明确定义总体。判断抽样是主观的，它的作用完全取决于研究人员的判断、专业知识等。

3. 配额抽样　配额抽样可以被看作两个阶段有约束的判断抽样。第一个阶段是确定总体中不同类别个体的配额。为了确定这些配额，研究人员列出相关的控制特征并确定这些特征在目标总体中的分布。根据判断确认相关的控制特征，包括性别、年龄及种族等。通常分配配额时，应使拥有控制特征的样本个体的比例与具备这些特征的总体个体的比例相同。换句话说，配额确保样本的组成与总体的组成在特定特征方面相同。在第二阶段，在便利或判断的基础上选出样本个体。一旦分配好配额，则在选择被包括进样本的个体时有相当大的自由度，惟一的要求是被选个体应该符合控制特征。

4. 滚雪球抽样　滚雪球抽样需要先选出一组最初的调查对象，在访谈之后要求这些调查对象推荐一些属于目标总体的其他人，然后运用同样的方法推荐选出后面的调查对象。这一过程可以通过一轮接一轮的推荐进行下去，因而导致了一个"滚雪球"的效应。即使在选择最初的调查对象时使用了概率抽样，最终的样本还是一个非概率样本。与随机的方式相比，被推举出的人将具备与推荐人更为相似的人口及心理特征。

（二）概率抽样技术方法

概率抽样随机选择样本单位，可以预先指定每一个可以从总体中抽出的给定大小的可能的样本以及选择每个样本的概率。每个可能的样本不一定有相同的抽中概率，但是可以指定选择任意一个给定大小的特定样本的概率。这不仅要求对目标总体有一个精确的定义，而且要求对抽样框架有一个全面的详述。因为样本个体是随机选择的，可以确定对样本估计值的精确度，计算出包含给定确定程度的真实总体值，因而研究人员可以对样本所在的目标总体作出推论。下面分别介绍简单随机抽样、系统抽样、分层抽样和整群抽样4种概率抽样方法。

1. 简单随机抽样　简单随机抽样给予总体中的每一个个体一个已知且相等的抽中概率，而且每个规定了规模的样本都有一个已知且相等的被实际选为样本的概率，这意味着每个个体是独立于其他所有个体而被选择的，样本以随机的方法从一个抽样框架中抽出。

2. 系统抽样　系统抽样是通过选择一个随机的起点，然后从抽样框架中连续地每隔 i 个个体挑出一个，从而选出样本。通过将总体 N 除以样本量 n 并将结果四舍五入到最接近的整数，可以确定出抽样间距 i。比如，总体中有 10 000 个个体，研究人员想要抽取一个样本量为 100 的样本，此时可以计算出抽样间距 i 为 100。如果研究人员在 1～100 之间选出的一个随机数是 12，则该样本就由个体 12、112、212、312、412 等 100 个个体组成。

3. 分层抽样　分层抽样是一个两阶段过程，总体被分割为子总体，或称"层"。各层应该相互独立，并且全体上没有遗漏，也没有重复，因为每个总体个体都应该被分配到一层，并且只分配到一层，且不应该遗漏任何总体个体。接下来，用一种随机的方法，通常是简单随机抽样，从每层中选出个体。

在实际中，有时会应用系统抽样和其他概率抽样方法。分层抽样与配额抽样的区别在于样本的个体是按概率抽取的，而不是基于方便或判断。分层抽样的一个主要目的是在不增加成本的同时增加精确度。

4. 整群抽样　首先将目标总体分为相互排斥且没有遗漏的子总体，或称群，然后根据一种概率抽样技术，如简单随机抽样，选出各群的一个随机样本。对于每个被选中的群而言，或者所有的个体都被包括进了样本，或者用概率抽样的方法抽出一个个体的样本。如果从每个被选出的群中的所有个体都被包括进了样本，这种方法称为单阶段整群抽样；如果从每个被选出的群中按概率抽出一个个体的样本，这种方法叫做两阶段整群抽样。

在实际的调研中必须对抽样方法作出选择。选择非概率样本还是概率样本应该以研究性质、抽样误差对非抽样误差的相对大小、总体的差异化程度以及统计和操作上的考虑等为基础。例如，在探索性质的研究中，调查的结论通常只是初步的，而且可能没有充分的基础使用概率抽样。另一方面，在进一步的研究中，研究人员希望用结果估计总体的效果，此时，更适合采用概率抽样。

考虑到能够消除选择偏差和计算抽样误差，对于要求有高度精确的总体特征估计值的研究问题而言，研究人员更愿意选择概率抽样。但是，概率抽样并不总是能够得到更为精确的结果。有时，更倾向选择非概率抽样，此时通过判断可能能够更好地控制抽样过程，因为这个时候非抽样误差有可能是一个重要的因素。

总体中研究的变量的同质性也是研究人员需要考虑的因素。如果总体是一个较为异质的总体，则选择概率抽样有利，因为确保一个有代表性的样本将更为重要。最后要注意的是：在实践中，研究的目的决定了将使用哪种抽样方法。

二、调查问卷设计方法

众所周知，在实施实地调查的过程中，研究人员设计出一份合适的问卷是必要的，也是重要的一环。因为无论是访谈法还是观察法都要求有一定的程序，对数据的收集过程也需要进行标准化，这样，才能使得所得到的数据具备内部一致性，并能够对其进行统一的分析。一张标准化的问卷将确保数据的可比性，提高记录的速度和准确度，同时也便于数据处理。

（一）问卷的相关概念

问卷，也称调查表、访谈表，指的都是一组用于从调查对象获取信息的格式化问题。一般来说，任何问卷都必须包括以下 3 个具体的目标。

（1）问卷必须将研究人员所需要的信息设计成一组调查对象愿意回答出来的具体问题。设计调查对象能够并且愿意回答，同时又能提供研究人员想要的信息的问题是一件困难的事。因为有时候两种看上去似乎类似的提问方式可能会产生不同的信息。

（2）问卷必须能激励调查对象在访谈过程中愉快地合作并完成访谈。不完整的访谈的作用是很有限的。在设计一张问卷时，研究人员应该尽量促使、鼓励调查对象在整个访谈中变得投入，以使不完整率和拒答率降到最低。

（3）问卷应该将回答误差率减到最小。其中回答误差被定义为当调查对象给出不准确的答案，或者他们的答案被误记录或误分析时所产生的误差。问卷可能是回答误差的一个主要来源，因此将这一误差最小化是问卷设计的一个重要目标。

虽然问卷设计的最大弱点是没有能够保证设计出一份最优的或理想的问卷的具体科学原理，但是，掌握一定的原则和方法对于设计出一份比较好的问卷是非常有益的。

（二）调查问卷设计方法

调查问卷的设计将按照一定的步骤和方法来进行，同时遵循一定的原则。这些步骤包括确认所需要的信息；选择适当的调查方法；确定单个问题内容；设计问题的结构；选择问题的措辞；确定问题的顺序；问卷的检验。

1. **确认所需要信息**　问卷设计的第一步是确认所需信息。随着调研的进行，所需信息变得越来越清晰，进一步确认所需的信息是非常重要的一步。

同时，对调查对象也要有一个清楚的概念。被调查人群的特征对问卷设计有显著的影响。对问题的理解与调查对象的社会经济特征有关。此外，调查对象的理解错误与其不肯定或没有意见的发生率相关。调查对象之间的差异越大，设计一份对全体都适合的问卷就越难。

2. **选择适当的调查方法**　考虑到选择利用各种不同的调查方法去执行问卷，可以正确理解调查方法对问卷设计的影响。在人员访谈中，调查对象是看得到问卷的，并且与调查人员面对面互动，因此可以提问较长的、复杂的和各式各样的问题。电话访谈时，调查对象与访谈人员互动，但是调查对象无法看到问卷，鉴于此，可以设计相对简单的、较短的问题。邮件问卷是调查对象自己填写的，因此对应设计的问题需要简单，而且需要提供详细的指示。因特网问卷享有许多特性，但是电子邮件问卷必须设计得简单些，而人员访谈和电话访谈设计的问卷应该以一种对话的风格来设计。

3. **确定单个问题的内容**　所需的信息是通过问卷上一个个具体的问题来

获取的，或者是对于所获取的信息要起到一些特定的作用。如果从某一问题获得的数据没有令人满意的用处，那么这个问题应该被删除。

但是，在某些情况下，可以设计一些与所需要信息之间不太相关的问题。比如，当问卷的主题比较敏感或存在争议时，在问卷的开始问一些中立的问题有助于建立参与和交流的氛围。一旦确定了某个问题是必要的，还得证实和保证其能够得到想要的信息。这就涉及到在确定单个问题内容时，必须建立在怎样有效地从调查对象那里得到所需的信息。

4. 设计问题的结构　相对应确定的单个问题的内容，必须设计合适的问题结构。一个问题可以是非结构化的或结构化的。

（1）非结构化问题　非结构化问题是开放式的问题，调查对象用他们自己的话回答，也称做自由回答问题。下面是一些实例：

您的职业是什么？

您为什么选择这种抗感冒药？

通常，一个话题的起始问题使用开放式问题比较合适。这样，调查对象就能够自由表达他们的态度和观点，从而帮助研究人员解释调查对象对结构化问题所作出的回答。非结构化问题比结构化问题对答案的倾向性影响要小得多，调查对象可以自由地表达任何观点，可以将他们的评论和解释可以提供给研究人员。因此，非结构化问题在研究的探索阶段作用很大。

受调查对象偏见影响的可能性很高是开放式问题的一个主要缺点。因为无论研究人员是逐字地记录回答还是只写下要点，所得的数据都取决于研究人员的技能。一般来说，记录最好是能忠于原始的回答，因此很多时候应该使用录音。

答案的编码过程昂贵且耗时，也是非结构化问题的一个主要的缺点。答案的归类和编码通常需要比结构化问题多得多的时间和精力。非结构化的问题对于自我执行的问卷（邮件访谈、电子邮件和因特网）不是非常适合，因为调查对像往往在写的时候比说的时候更为简略。

（2）结构化问题　结构化问题指定了一组答案选项和答案格式。结构化问题可以是多选题、两项问题或者量表。

多选题：多选题提供了问题以及答案的多个选项，要求调查对象在选项中选出一个或多个答案。

在设计多选题时，还需要注意选项数目和顺序。

所列出的答案选项应该包括所有可能的选择。通常的原则是列出所有重要的选项，并且包括一个"其他（请详细说明）"的选项。答案选项之间应该互不重叠，即遵循不重不漏原则。调查对象根据设计应该能够确认 1 个或多个选择。如果答案的选项很多，就要考虑使用 1 个以上的问题来减少对调查对象的信息处理要求，因为调查对象有时不会为了太多的答案选项作出更大的努力，这样就会影响所获取信息的准确性。

顺序指的是调查对象可能仅仅因为一个选项占据了某一位置，或者以某一顺序列出就选择这个答案的倾向。调查对象往往会下意识地选择一行选项中的第一个或最后一个，尤其是第一个。而对于一行是数量性质的选项，通常会偏向于选中间的数值。这样，就会产生顺序偏差。因此，为了控制顺序偏差，应该准备几种问卷，各问卷之间选项列出的顺序各不相同，每一选项应该在每个极端位置上出现 1 次，在中间位置出现 1 次，在其他位置上出现 1 次。

相对于开放式问题，多选题减少了研究人员的访谈偏差，而且这些问题执行起来也很快。同样，数据的编码和处理所需的成本和时间较少。当问卷需要调查对象自己填写时，如果大多数问题是结构化的，也更容易得到调查对象的合作。

当然，多选题的缺点是设计有效的多重选择问题需要相当大的工作量。它也使得获取未被列出的选项的信息变得困难。在探索性的研究阶段，使用开放式问题可能更合适。

两项问题：两项问题只有两个答案选项，如是或否、同意或反对等。有时也需要用一个中立的选项来对两个选项进行补充，比如"没有意见"、"无所谓"等。对于是否需要中立选项，提供如下参考原则：如果预计有大比例的调查对象是中立的，就包括一个中立选项；如果预计中立的调查对象比例很小，就避免有中立的选项。

在设计问卷时，是否采用两项问题应该根据调查对象是否将问题作为一个两项问题来处理。如果潜在的决策过程可能会反映出不确定性，虽然决策的特征是一系列二元或两项的选择，此时把问题的结构设计成多选题可能更合适。

两项问题的优点是最容易编码和分析，从而节省调研成本，减少回答误差以及人员访谈所造成的偏差，提高访谈的效率。当然它的缺点也比较明显，它所获得的信息量较少，所获信息的宽度和深度可能比较有限。

评分题或排序题：很多时候，必须在问卷中设计评分题或排序题来获取调查对象对于事物的态度与看法。即需要调查对象对提出的问题进行评分或排序。比如，在让调查对象观看了 5 种抗感冒药的电视广告后，会问到他们对这 5 个广告印象最深的是哪一个，并在问卷中所列出的这个广告的名称旁边填上 1，接着问印象第二深的，并在其旁边标上 2，以此类推，直到全部标出。不过要注意的是：不能在两种不同的抗感冒药旁边标同样的数字。也可对治疗鼻塞症状的效果进行评分，当然要给出调查对象评分的方式与标准，人员访谈时，需要研究人员将这些方式与标准说给调查对象听。如果是调查对象自填的方式，则在问题的题头要有这些方式和标准的详细说明。比如，告诉调查对象可以对上述问题在 1 ~ 7 之间选择一个数值进行评分，1 = 治疗鼻塞效果最差，7 = 治疗鼻塞效果最好。

5. 选择问题的措辞　确定问题的措辞可能是设计一张问卷时最关键、同时也是最困难的任务。选择问题的措辞指的是将想要的问题内容和结构，翻译成调查对象可以清楚而轻松地理解的用语。如果一个问题的措辞很拙劣，调查对象可能拒绝回答或者回答得不正确，所以掌握一定的原则或技巧来完善问题的措辞是十分必要的。下面简单介绍几个这样的原则或技巧。

（1）明确定义问题　要想设计出能清楚地说明所提出论题的问题，根据人物、事件、时间、地点、原因和方式来详细说明论题是一个比较有效的方法。比如，"您购买过哪种品牌的抗感冒药？"，表面上看，这似乎是一个得到明确定义的问题，但是当根据人物、事件、时间和地点仔细检查时，会得出一个不同的结论。其中"事件"指的是购买抗感冒药的品牌。但是，如果购买过 1 种以上抗感冒药的品牌会怎么样呢？调查对象应该提出最偏爱的品牌、最经常使用的品牌、最近使用的品牌，还是最先想到品牌？因此要更加明确地来定义问题。

（2）使用明白易解的词汇　在选择问题的措辞时，始终要记住，这些问题无论是让调查对象听还是让他们自己阅读，都应该使用通俗易懂的词汇，并且应该与调查对象的教育水平相适应，尽量避免过多使用专业技术术语，否则会引起费解或误解。比如，"您认为'新康泰克'的分销充分吗？"，其中的"分销充分"就是个比较专业的词汇。如果把这个问题设计成"您认为只要您需要买'新康泰克'的时候就能买得到吗？"，虽然意思与"您认为'新康泰克'的分销充分吗？"的意思一样，但前者就容易让调查对象明白。

（3）选择明确的词汇　对调查对象来说，问卷中所使用的词汇应该只有一个单一的含义。许多看上去明确的用词对不同的人有不同的含义。比如，"经常地"、"频繁地"、"定期地"、"偶尔地"以及"有时"。比如：在 1 个月内，你去超市购物的频率如何？

从不　偶尔　有时　经常

这个问题的答案充满了回答偏差，因为用来描述类目的用词对不同的调查对象有不同的含义。这个问题的一种更好的表达方式如下：

在 1 个月内，你去超市购物的频率如何？

少于 1 次　1~2 次　3~4 次　4 次以上

（4）避免诱导性的提问　正确选择问题的宗旨之一就是使得调查对象表达自己最真实的想法、态度等。如果问卷中出现带有诱导性的问题，即暗示了调查对象应该选哪个答案的问题，这样将会使得利用这份问卷获取的信息的可信性受到质疑。比如：

如果当前正在播出的 A 药品广告存在夸大和虚假成分，您还会购买 A 药品吗？

会　不会　不知道

这个问题会诱导大多数调查对象选择"不会"。毕竟，谁也不会喜欢被欺骗，更重要的是，谁会拿自己的健康，甚至是生命来开玩笑呢？一种更好的问法可能是：

您还会继续购买 A 药品吗？

会　不会　不知道

（5）避免推论和估计　调查对象对问卷中需要他们做推论或计算估计的问题总是感到烦恼和不愿付出努力。如果感兴趣的是问题中的数字，很多时候为了提高调研的效率，不是"强迫"调查对象去推论或计算估计。而是把一个问题成分解成几个简单易答的问题，然后由研究人员进行必要的计算。如果对家庭每年每人在药品上的花费感兴趣，可以设计问题为："您家中每人每年在药品上的花费是多少？"他们必须首先将每月在药品上的支出费用乘以12，从而计算出每年的支出；然后将年支出数目除以家庭的人口数。大多数调查对象会不情愿或不能够进行这些计算。如果把问题设计为以下 2 个简单的问题会更好：

"您家中每年在药品上的花费是多少？"

"您家中有几口人？"

6. 确定问题的顺序　如果问卷开头的问题有趣、简单并且易于接受，则更能够赢得调查对象的信任与合作。鉴于大多数人喜欢表达他们的观点，开头问题使用一些开放式问题可能效果更好，有时即使这类问题与研究的问题无关，并且也不分析他们的答案，也还是会问。

一份问卷中所获得的信息可以分为基础信息、分类信息和标识信息。基础信息与研究的问题直接相关；分类信息由社会人口特征构成，用于对调查对象分类以及结果的解释；标识信息包括姓名、地址以及电话号码等。因此通常首先应该获取的是基础信息，其次是分类信息，最后是标识信息。另外，问题提出的顺序应该符合逻辑。

7. 问卷的检验　为了识别并消除设计出来的初始问卷中可能存在的问题，研究人员必须对初始问卷进行检验并修正。通常的做法是，抽取一个小样本的调查对象来进行问卷的测试。即使最好的问卷也可以通过检验得到改进。

检验最好采取人员访谈的方式来实行，而且将调查对象的评论记录下来并加以分析，让调查对象描述每个问题的含义，解释他们的答案并说出他们在回答问卷时所遇到的任何问题，从而清楚地了解问卷的不同部分所引起的反应。根据这些反应对应进行修正和改进。

本章小结

医药广告调研，又称医药广告调查，是指针对药品广告制作和投放等一系列行为所做的调查研究活动，它能够系统地分析药品广告的作用、方法，揭示市场营销、品牌策略、广告创意、媒体组合等整合营销手段相互之间以及与广告受众之间的关系和规律。

狭义的广告调研主要包括广告内容调研、广告媒体调研和广告效果调研等方面，而广义的广告调研还涵盖品牌调研、广告受众调研、市场细分调研等方面的内容。广告调研按照调研范围，通常会涉及到广告内容、媒体组合和效果评价三方面的调研。

在进行医药广告调研的时候，掌握一定方法显得非常重要，可以从两个方面去了解、熟悉以及运用这些方法：一是文献资料调查法；二是实地调查法。

文献资料调查法是一种即古老又富有生命力的科学研究方法。文献资料调查法是指对特定文献进行搜集、摘录、分析，并通过对文献的研究形成对事实的科学认识，从而了解事实，探索规律的研究方法。而实地调查法包括访谈法、观察法和实验法。同时，访谈法又可分为人员访谈法、电话访谈法、电子访谈和邮件访谈法等。

在实地调查之前，必须进行抽样，可以利用概率抽样方法和非概率抽样方法来实施。

思 考 与 讨 论

1. 简述医药广告调查的概念。
2. 狭义的广告调查包括哪些内容？
3. 试举一个实例说明文献资料调查方法的运用。
4. 实地调查包括哪些方法？
5. 非概率抽样方法包括哪些？
6. 简述问卷设计的步骤。

●拓展练习●

药品电视广告

现如今，只要打开电视，无论切换到什么频道，总有铺天盖地的医药广告接踵而来，让人目不暇接。细心观看，不难发现有些产品越做越红火，广告投入也越来越大，有些却如昙花一现，还没来得及跟观众混个脸熟便销声匿迹了。

如今，即使在营销这个圈子以外，"定位"这个词儿也已经屡见不鲜，耳熟能详了。在药品电视广告当中，市场定位的意义在于：具有此类症状的人群还具备怎样的共同特征？年龄、收入水平、职业，都可以。这些特征的界定可以是单一的，也可以是综合的，比如曾火爆大江南北、风靡一时的木竭胶囊，它就针对特定的中老年群体，又比如山东中联药业的司邦得蒙脱石散，专门针对从0～12岁的儿童。市场定位体现在电视广告中的意义在于：容易使目标人群产生亲切感和认同感，并且在潜意识中将自己与电视中的人物进行角色互换，使电视广告尽量发挥互动效应。

市场定位在电视广告中的表现手法通常有以下两种。

1. 角色扮演型

可参见"脑白金"电视广告跷跷板篇，一对精神矍铄的老夫妇在户外活动，对着镜头亲口说出"脑白金"给自己带来了怎样的好处，使老年人看过以后印象深刻，过目不忘。

2. 他人转述型

这种表现方式不直接体现目标消费群体，而是由他人口中说出，如权威专家、患者的家人或公众人物等，以患者家人转述最为常见，通常用于产品同质化竞争时的情感竞争策略，以亲情、爱情等征服受众。

药品是一种特殊的刚性消费的商品，它不像其他商品一样可以有各种各样的购买动机，药品的购买动机只有一个，那就是消除症状！解决症状就是患者买药的目的所在。因此，如果在一则药品的电视广告中不能清晰明确的体现出主治症状来，这则广告基本上就失败了一大半了。只有症状才可以使患者在前期市场定位的基础上进一步对号入座，感同深受，并进一步对产品产生兴趣。

在这里需要强调的是：描述症状切忌泛泛而谈，隔靴搔痒。以"慢咽咛"为例，"咳不出又咽不下，早晨刷牙还恶心干呕"就生动地描述出了大多数慢性咽炎患者的共同症状，很容易使患者对号入座。试想如果把它换成简单的一句"嗓子不舒服"，感染力无疑会大打折扣。

同样需要指出的是：药品广告不宜陷入另一个误区，那就是症状描述过于专业化，反而会使患者摸不清头脑。比如市面上很多补肾的产品，有的宣传补肾阳，有的宣传补肾阴，并罗列出一大堆相应症状，使患者如坠云雾，自己也弄不明白自己究竟是阳虚还是阴虚，索性去买了汇仁肾宝——阴阳并补。

这里提到的品牌形象，包括产品名称、品牌符号、产品包装3个方面。由于广告泛滥导致的受众注意力缺失，不乏观众记住了精彩创意但想不起是什么产品的尴尬。许多看似恶俗的药品广告，恰恰因为很好地做到了这条而获得了巨大成功。反复重复品牌形象的重要意义有两点，一是强行冲击受众感官，以图留下记忆，成为消费者心智中购买此类药品的重点备选项；二是使产品包装和受众混个脸熟，这样才能使消费者在终端见到产品时不会漠然而过，说得专业点就是终端识别。

最佳的产品名称就是那种让你听过之后就知道它是治什么病的，无形之中就节省了大量的资源。像这样的产品有很多，如"感康"、"泻立停"、"克咳"等。最佳的产品包装不一定特别精美，特别有艺术感，但一定有着醒目的识别符号，比如"卓邦"的溶菌酶含片包装上有一个绿色的大嘴，又比如"三精"天天在喊蓝瓶的，一下子就从同类产品中跳了出来。

广告的目的可以有很多种，但最主要的无非就两种，要么提升品牌形象，要么就拉动终端销售。话说回来，提升品牌形象的最终目的其实还是为了更好、更持久的销售。既然以销售为目的，那么就要给消费者一个愿意为你而不是为别人掏腰包的充分理由。这个理由当然就是承诺给消费者的好处，局限在药品广告，这个好处就是产品的功效，因此，利益展示环节至关重要。

资料来源　苏强. 浅谈药品电视广告四要素. 全球品牌网 ［ＯＬ］.
http://www.globrand.com/2008/88404－2.shtml.

拓展练习思考题

1. 药品电视广告能够获得成功的主要因素有哪些？
2. 医药广告调研在这些因素中发挥了怎样的作用？
3. 如果要使所做的药品电视广告是由于具有清晰准确的市场定位而获得成功，需要做哪些方面的调研？并讨论进行这些调查时需要的步骤和方法。

第八章

医药广告创意

天光鼻炎胶囊的广告创意

在鼻炎药物市场中，类固醇鼻喷剂、滴鼻净、鼻渊舒口服液、通窍鼻炎片、百乐舒服、鼻呼吸扩张贴等多种形式的药物基本已被开发出来。吉林省天光药业有限公司的天光胶囊说明书上的功能主治也仅是杀菌消炎、快速祛除鼻部炎症，不论在产品包装、外在形式还是功能主治上，天光胶囊都不具备什么优势。众所周知，导致鼻炎的主要原因包括病毒、细菌、过敏等。而服用天光胶囊后，药物会自动在人体鼻腔中形成防护网，屏蔽鼻腔内部血管和组织，那么病菌、细菌或易引起过敏的物质就不会轻易钻进鼻腔，引发鼻塞、流鼻涕、打喷嚏等症状了。而这恰恰是天光药业产品吸引消费者的最大优势。于是，创造性地提出了"鼻腔也有防护网"的新概念，来体现其预防、保健、治疗三效合一的独特优势。

同时，从产品研发过程与中西合璧的特点出发，分步推理，"西"则指与美国高分子实验研究院联合，采用高倍核分解技术，独创特殊高效成分 STB 因子，能够直达病变部位杀菌消炎，快速祛除鼻部炎症；"中"则有《中华本草》的记载做背景，"辛芳"药方本是由十五味中药制成散剂，具有清热解毒、宣肺通窍之功效，天光胶囊采用了传统的"辛芳"配方，取中医之长，阴阳调和，全身调理充分，调节全身阴阳平衡、活血祛风、辛散风寒、宣肺通窍。总之，西药治其标，中药治其本。这样的分析既满足了那些相信高科技的人的需求，也能够让那些笃信中医的人放心。

此广告投放仅仅 3 个月的时间，天光胶囊为天光药业收回利润 670 万元，占有了相当的市场份额。树立起天光药业在业内的领先地位。而这一战果的取得，也充分证明了广告创意的正确性。

资料来源　范明刚. 天光鼻炎胶囊"天光"营销策划方案. 有效营销［OL］

. http：//www. em‒cn. com/Article/200701/96816. html.

第一节　概　述

在一个商业社会中，广告充斥着每个角落。但是这些广告给人们的印象却是不一样的：许多广告平淡无奇，令人不屑一顾，激发不了兴趣，更谈不上留下印象，更有甚者，个别广告还会引起人们心理上的反感；而有些广告却表现独特、清新、怡人，给人留下深刻的印象。为什么同样是广告，差别却如此之大呢？除了设计、制作方面的因素外，最主要的还在于广告创意水平的高低。

一、医药广告创意的含义

在英语中，常常用"creative"表示"创意"（另有一些文献中的"ideas"也表示"创意"），意思是"创造、创建、造成"。创意是广告的灵魂和生命。随着中国医疗体制的改革，医药市场日益扩张，竞争不断升级，商战已开始进入"智"战时期。顺应这种竞争的变化，药品广告也从以前的所谓"媒体大战"、"投入大战"上升到广告创意的竞争。"创意"一词也成为中国广告界最流行的常用词，对一些广告人来说，甚至到了言必称"创意"的地步。

然而，创意一词究竟指的是什么？其内涵如何界定？对此国内学者和广告界人士却见仁见智，众说纷纭。大致来说，人们一般在以下几种意义上使用创意一词。

1. 广义上的创意　创意是指广告活动中有创意性的活动，这是对广告创意较广义的把握。例如广告主体创意、广告表现创意、广告媒体创意等。这种认识使创意一词几乎包括了广告互动的所有环节，很容易造成概念混乱。

2. 狭义上的创意　创意是指广告的艺术构思（不包括制作）。这是一种使用较为普遍的含义。

3. 一般意义上的创意　创意是指整个广告作品，这是将创意等同于广告的一种认识。

以上这些反映了当前中国广告界对创意这一概念认识上的混乱。一方面人们开始认识到创意在整个广告活动中的重要作用，这是一个良好的开端，但另一方面从基本概念的把握和界定上来认清什么是广告创意更是十分必要，这一认识过程将有助于广告人在广告活动中通过科学的思维产生真正的创意。

4. 医药广告创意的含义　创意是广告活动全过程的一个重要环节，它处在广告主题的选择与广告表现和制作之间。广告主题仅仅是一种思想或观念，这种抽象的意念必须借助于一定的形象来表现。"创意",从字面上理解,是"创造意象之意",从这一层面进行挖掘,医药广告创意是介于医药广告策划与医药广告表现制作之间的艺术构思活动,即根据医药广告主题,经过精心思考和策划,运用艺术手段,把所掌握的材料进行创造性的组合,以塑造一个意象的过程,简而言之,即医药广告主题意念的意象化。

二、意念、表象和意象

为了更好地理解广告创意,有必要首先弄清楚意念、表象、意象、意境等几个相关概念。

(一) 意念

意念通常指念头和想法。在艺术创作中,意念是作品所要表达的思想和观点,是作品内容的核心。而在广告创意和设计中,意念即是广告主题,它是指广告为了达到某种特定的目的而要说明的观念。人们常说"广告立意",也就是为广告选择和确定一个基本的主题意念或称广告主题。

意念是无形的、观念性的东西,它必须要借助某一特定的有形东西才能表达出来。也就是说,在艺术创作中,立意后,还有一个按自己的审美理想"造象"的过程,"造象"即"创造意象",也就是广告创意。"造象"过程是一种艺术构思活动,因此,它也要符合艺术构思和创作的一般规律。艺术是用形象思维的方法来反映现实和表达思想的,即通过艺术家们的努力,将现实生活中的客观事物艺术地概括和提炼,转化成能为公众注意和接受的特定艺术形象并再现出来。这种转化过程融入了艺术家们的感情、思想和创作技能。所以说,艺术是一种形象表现的手法,离开了形象也就不存在艺术。

任何艺术活动必须具备两个方面的要素:一是客观事物本身,它是艺术表现的对象;二是用以表现客观事物的形象,它是艺术表现的手段。而将这两者有机地联系在一起的构思活动,就是创意,例如,人们常常用鲜艳的花朵来比喻漂亮的姑娘,这属于一种艺术表象。姑娘是被表现的客观事物,花朵是用来表现姑娘的艺术形象,而选择花朵来表现姑娘就是一种创意。通过这一表现活动能使人们清晰地感受到姑娘的娇美,即使是没见过漂亮姑娘的人,也能从花朵的娇艳中领会和想象到姑娘俊俏的模样。

在艺术表现过程中,形象的选择是很重要的,因为它是传递客观事物信息的符号。一方面它必须要比较确切地反映被表现事物的本质特征(或所希望表现的方面);另一方面又必须能为公众理解和接受,即公众在该形象和被反映的事物之间能产生合理的联想,而不至于曲解误解。除此之外,形象的新颖性也是很重要的,否则就可能由于表现形式的陈旧化而失去艺术感染力。

这正如人们常说的：第一个把姑娘比作花的人是天才，第二个把姑娘比作花的人是庸才，而第三个再这样比的人就只能是蠢才了。

（二）表象

在广告创意活动中，创作者也要力图寻找适当的艺术形象来表达广告主题意念。然而由于广告并非是对主题思想的简单传达，而是要通过意念的传达去刺激、感染和说服消费者，因此，在广告的创意活动中，艺术形象的选择更为重要，也更多地反映了创作者的思想。

符合广告创作者思想的可用以表现商品和劳务特征的客观形象，在其未用作特定表现形式时称其为表象，是通过感官对客观事物的原形形象的感知和映照。表象一般应当是广告受众比较熟悉的，而且最好是已在现实生活中被普遍定义的，能激起某种共同联想的客观形象。如果表象的联想定义不明确或容易产生歧义，一般就不应选来作为广告的艺术形象。如果一定要选用这种表象，也应当首先以某种方式赋予其前期定义。

（三）意象

在人们头脑中形成的表象经过创作者的感受、情感体验和理解作用，渗透进主观情感、情绪和一定的意味，经过一定的联想、夸大、浓缩、扭曲和变形，便形成转化为意象。意象是用来表现人们思想和情感的客观形象，是思维化和情感化了的感性形象，它以表象的客观性为基础，又蕴含了创作者的主观感情，比生活中的实际形象更富有想象色彩。表象一旦转化为意象便具有了特定的含义和主观色彩，而这种含义的形成，又必然同一定的客观事物和表现形象联系在一起。如"太阳神"口服液的广告用不断向火堆中加木柴的形象，来表现"太阳神"口服液对延续生命之火的功能和效用，既贴切又富有感染力。在这一广告创意中，"火中添柴"这一生活中常见的表象同"太阳神"口服液结合在一起，便成为赋予了特定含义的意象，而广告受众则可通过这一意象自然地感受到广告创意人员所要宣扬的"太阳神"口服液具有保健强身作用这一主题意念。

意象对客观事物及创作者意念的反映程度是不一样的，其所能引发的手中的感觉也会有差别。用意象反映客观事物的格调和程度就是意境，也就是意象所能达到的境界。境界是衡量艺术作品质量的重要指标，所选择的意象对客观事物反映得越广泛、越深刻，所引起的受众心理反响越大，其意境也就越高，作品也就越成功。

三、医药广告创意的实质

根据创意融汇创新与构思于一体的特性，可以对广告创意的实质理解如下：

（一）医药广告创意的前提：科学的调查与分析

广告创意当然需要"顿悟"，但并不仅仅是"灵魂"的产物。不熟悉医药市场情况、社会文化、品牌形象特性、公众用药心理习惯的人是不可能真正创造性地设计出有市场影响力的宣传意境的。即便能产生出创意，在这种无凭无据的创意指导下，策划出来的广告容易违反市场、违反文化、背离商品特点和企业的品牌特性。对于创意人员而言，应该掌握医药市场各方面的信息，如中药材的自然条件信息、OTC 药品的促销信息、竞争信息、药品信息、公众对药品的需求信息、公众亚文化、公众经济信息、顾客用药习惯、企业内部生产和管理信息、政府法律信息以及涉外商务信息等。例如哈药集团"泻利停"的成功，得益于对市场的分析和对广告人物的选择上。这版广告成就了广告语"都知道啊？"以及赵本山特有的幽默，也让人们把对明星的好感转移到产品上，给消费者增加了更多的精神利益。

（二）医药广告创意的关键：符合公众心理

在传统广告理论中，有一个著名的 AIDA 模式。AIDA 是英文"注意"（attention）、"兴趣"（interest）、"欲望"（desire）和"行动"（action）4 个单词第一个字母的简写，其基本内容就是说，广告宣传应该根据消费者的心理变化过程，依次施加影响：第一步是引起消费者对宣传药品的注意，注意到广告所宣传的是治疗什么疾病的产品；第二步是培养消费者对药品的兴趣与好感；第三步是引导顾客产生购买商品的欲望；第四步是诱发顾客购买商品的消费行为。这个公式说明，广告的宣传过程与接受过程，只有具有心理震撼力和感染力的广告宣传活动，才能触动消费者心理，产生引起注意——提起兴趣——培养好感——激发欲望——引发行动——加深印象的心理功效。如果广告创意平淡无奇，或者脱离消费者心理需求，广告作品和宣传活动缺乏心理震撼力，那是不可能有强劲的宣传功效的。药品和其他别的所有商品一样，无非是要给消费者制造一个强烈的记忆点。如"蓝瓶的钙，好喝的钙"，"蓝瓶"这一强烈的记忆点是可以通过创意来完成的。同样是将药品的疗效，芬必得的"一片芬必得，做回你自己"，作品切中要害而又委婉地讲述了疼痛患者的病症及需要，简洁的故事激发使用者的同感。

当然，强调广告创意要富有心理震撼力和感染力，并不是追求"奇"，追求"怪"。创意的新奇要以消费者心理为依据，以消费者心理需求为准则。过分新奇、荒诞的创意，虽能给消费者以强烈刺激，一时引起消费者的高度注意，但是并不能有效地对消费者的兴趣心理、记忆心理、欲望心理和消费决策心理产生积极影响，甚至还会给消费者留下不良的印象。强调创意，并不是脱离消费者心理和民族文化背景的新奇，新奇要合情合理，符合中国国情，符合中国消费者的接受心理。例如哈药集团"泻利停"的广告词"拉肚子，选好药，选药也要有诀窍，别看广告。看什么？看疗效啊？""泻利停，泻利停，痢疾拉肚……都知道啊？"在巨大的投放量下，不仅消费者都能背下这版广告的全部方案，也使得"都知道啊？"这句话成为一度的流行语，从此泻利停深入人们的脑海，建立了"拉肚子就用泻利停"这样一种牢固的、很难被取代的品牌印象。满足消费者的心理满足，包括对产品的满足和对明星欣赏的满足，符合消费者的心理。

（三）医药广告创意的表现形式：创新与优化

创新不是创意的全部，但却是创意的本质特性。其实，创意这个词，是个舶来品，"creative"这个词有多种含义，如创造、创新、革新、产生、制造……，从词的本义上看，创意是一项创造性工作，是来于创新、源于智慧的创造性思维活动。缺乏创造性的广告是没有生命力的。呆板守旧、抄袭旧程式不是广告创意的本色。广告创意的活力和魅力在于创新，强调的是以新颖的主题、新颖的形势、新颖的手法形成广告作品和宣传活动别具一格的风采，争取受众的注意和理解，形成市场影响力。

广告创意，一方面表现为创新，另一方面还表现为优化选择。只有一个人的创新和灵感，不可能真正形成好的创意，即使创意成功，也具有很大的偶然性。广告创意过程中，在依靠广告主创人员的基础上，还要充分调动其他所有广告人员甚至公众的创造性，借助头脑风暴、博采广选等手法，引发大家围绕所宣传的产品和内容畅所欲言，相互启发，随意发表自己的看法，形成多种创意方案，然后从中找出最佳组合方案。只有这种经过优化选择的创意方案，才能真正具有生命力。

例如"斯达舒"在强手如林的胃药市场，斯达舒只是一个毫无根基的小字辈。不管是产品的特点，还是品牌的基础，都无法在强手众多的市场中占有优势。由于"斯达舒"名字难记，在广告创意之初，如何能快速让消费者记得产品的名字、扩大知名度成为中心目的。于是有了紧张的鼓点节奏下，一位年轻的母亲焦急地翻找着抽屉，原来丈夫胃病又犯了，找不到胃药，年轻的母亲急忙让儿子去找斯达舒，结果儿子却找来了所谓的四大叔。妈妈气鼓鼓拿出真正的斯达舒胶囊纠正了儿子的错误。该广告很快在央视大量投播，一时间"四大叔"家喻户晓，偶尔会成为人们茶余饭后的"幽默"话题，而斯达舒的品牌知名度不知不觉地在全国范围内建立起来。

（四）医药广告创意的成果：形成富有吸引力的美好意境

广告创意的成果与文学创意的成果具有一定的相似性，即以构筑意境为目标。不同的是文学创意强调通过意境表达某种思想、观念，而广告创意则通过意境来展示药品的信息及品牌特性。尤其是药品广告只有通过创意，设计出具体、形象、生动、美好的意境，将药品的信息传递给受众，这样受众才会接受药品广告创意的影响，并按照意境的暗示，产生美好的体验，进而对宣传的药品形成好感。消费者在购买药品的过程中，不仅期望购买到有疗效价廉的药品，而且还期望获得愉快的购买心情，这种心情就是预期使用该药品后能解决消费者问题。公众在接受医药广告宣传的过程中，不仅希望从广告宣传作品中获得充足的药品信息（如药品的成分、疗效、治疗的疾病、使用说明等），而且还希望从广告中得到一种艺术享受。因此，广告创意在构思过程中，不仅要准确、清晰地表现所宣传医药的特性，满足顾客在药品信息方面的需要，而且要营造美好的意境，满足顾客的更多其他方面的需要。例如蚁力神的那句"谁用谁知道啊。"的广告词给人以美好的意境。

第二节　医药广告创意的原则

对于什么是好的广告，著名广告人大卫·奥格威在其《一个广告人的自白》中将其概括为 3 种意见：一类人认为，客户认可的广告就是好的广告。另一类人同意雷蒙·罗必凯的观点："上乘广告的最好标志是它不仅能影响受众争购它所宣传的产品，而且它能使群众和广告界都把它作为一件可钦可佩的杰作而长记不忘。"而包括奥格威本人在内的第三类人则认为，好的广告创意是在不引起公众注意的情况下就把产品推销给受众，它应该把广告诉求对象的注意力引向产品，产生的效果应该是：诉求对象说的不是"多妙的广告啊"而是"我从来没有听说过这种产品，我一定要买它来试试。"

创意是广告的灵魂，一则广告成功与否在很大程度上取决于广告创意的优劣，因此，在某种意义上可以说，优秀的广告来源于优秀的创意。上面 3 种观点从不同角度衡量了广告作品优劣的标准，也可以将其看作是对广告创意的要求。具体而言，雷蒙·罗必凯强调了广告创意的独特性，即好的广告（创意）是那些具有原创性的艺术作品或构思；而大卫·奥格威则强调了广告创意的实效性，即好的广告（创意）必须具备在消费者感觉不到任何推销压力情况下，自觉地接受广告产品。由于创作风格的不同，从中可以提炼出这两位广告大师对广告创意的评判标准：只有同时具备了独特性和时效性的广告创意才是优秀的广告创意。

台湾有一位广告专家曾对"创意"做过一种不失为精辟的分析。他认为"创意"必须抓住两大要诀：①创意是旧元素的新组合。他用万花筒的原理来解释这一说法：万花筒中装有一定数量的彩色碎片，同一万花筒中这些碎片的数量和质量是不变的，但只要转动万花筒，使这些碎片发生了新的组合，就会有无穷的新图案和新花样。创意正是将各种广告活动所涉及的要素进行重新组合，使之产生新意的活动。②创意的产生有赖于对事物因果关系的观察能力。人类的创意与万花筒不同的地方在于万花筒的转动是随意的，无论变化成哪种图案都无所谓；而人类的创意活动都是有目的的，即必须是创意的结果符合实现目标的要求。具体到医药广告创意来讲，就是要使药品广告的发布者的期望和消费者的欲望相一致，这就需要创意人员能够根据其对各要素之间关系的观察，预计到各种要素按一定方式组合所可能产生的结果。这里所讲的两大要诀实际上也是广告创意独特性和实效性原则，医药广告的创意也遵从这两大原则。

一、医药广告创意的独创性原则

广告界有句名言："在广告业里，与众不同就是伟大的开端，随声附和就是失败的根源。"它揭示了广告创意最根本的一项素质。独创性是广告创意最鲜明的特征。

所谓独创性的原则，是指广告创意中不能因循守旧、墨守成规，而要勇于和善于标新立异、独辟蹊径。人们平时的行为以及处理各种情况的方式，是受到先天的本能反应和后天的学习经验影响的，也可将这一行动过程看作是人们对外部环境所传递的信息的反应过程，当外部环境趋于稳定，输入信息极少变化时，人们的反应将趋于一种被动的惯性反应，或人们经常所讲的下意识。按神经学家的解释，当刺激信号没有变化时，脑细胞将停止反射活动。因此，就不可能引起人们对信息的关注或产生积极的心理体验，而只有当这种刺激信号变化时，才能引起反射。这种变化越是出人意料，反射也就越强烈。这就是创意独特性原则的心理基础。

独创性的广告创意具有最大强度的心理突破效果。与众不同的新奇感总是那样引人注目并引起广泛的注意，并且那鲜明的魅力会触发人们强烈的兴趣，能够在受众脑海中留下深刻的印象，长久地被记忆，这一系列心理过程符合广告传达的心理阶梯的目标。一个普通的商品信息或观念，经过独特性的创意塑造，广告传达就能达到不寻常的震撼效果。

基于此，世界上著名的广告公司和广告人都无不将保持创新的活力放在首位，通过不断的创新来开掘灵感之源，启发创意的思维。以萨奇兄弟广告公司为例，从公司成立的第一天起，其创办人萨奇兄弟就为自己的企业制定了开拓业务的宗旨，这就是在保证质量的前提下，仅仅盯住"需要、独特"

这四个字。所谓需要，是指要满足客户多样化的需求；而独特，则是要敢于与众不同，不怕标新立异，在广告创意上要能人所不能，言人所未言。而萨奇公司在广告业务中初步确立自己的地位也正归功于查理·萨奇所推出的一则超越常规的绝妙的广告创意——"怀孕的男人"。这则广告是为英国健康教育委员会制作的，其目的是在社会上掀起反对早孕和未婚先孕的运动。广告的画面上是一个挺着大肚子的男人，旁边有一行文字："假如怀孕的是你，你是否会更加小心一些呢？"这则广告没有有关社会责任的任何说教或言辞指责，只是用了一个不合常理的男人怀孕的画面，外带一句问话，便将广告主题形象生动地表达了出来，新鲜有趣，别出心裁，从而取得了良好的劝导效果。而"怀孕的男人"则以充分体现了独特性原则的广告创意也因此被视为广告中的经典构想。医药广告创意的独创还应符合以下 5 个基本要求。

（一）表现广告主题

广告主题是在广告目标和广告定位的基础上确立的，它是达到广告目标的最基本要素。广告创意必须以广告主题为核心，紧扣广告主题，要始终考虑到广告创意将引起什么效果，能达到什么目的，是否与广告目标相吻合。脱离广告目标和广告主题，盲目追求新奇怪异、花哨噱头，是广告创意的一个误区。从广告对象出发，最终又回到广告对象上来，促成广告目标的实现，是广告创意的根本任务。走入误区的广告创意，不仅会浪费大量的人力、物力、财力，有时还会有损受众的利益甚至给社会和公众带来不同程度的伤害。例如天和牌骨通贴膏的电视广告"腰腿痛，肩背痛，痛痛痛，贴贴贴，早贴早轻松！"电视画面上一群"夕阳红"韵味十足地用京剧的腔调演绎了一则中老年人喜闻乐见的止痛膏的广告画面，充分表现广告的主题。

（二）引人注目

引人注目是实现广告目标的第一步。一个好的广告作品首先应当能在众多同类广告互相竞争的市场环境中引起受众的兴奋和注意，这是广告创意的首要任务。广告信息的传播，首先需要引起人的注意，否则再好的广告也无意义。广告中的注意因素与兴趣因素密切相关，广告创意要积极利用吸引注意的技巧去引起受众的兴趣。例如"老张今天感冒了，头疼鼻塞咳嗽了，多亏准备了白加黑呀……"利用雪村的滑稽曲调重新填词，很好地借助流行歌曲的大众传播性，尤其是那些青年目标人群被牢牢地吸引过来，感冒的时候便哼着小曲到药店买药。

（三）简明易懂

对于广大公众而言，接受广告信息通常处于被动状态。一般情况下，大部分人都会远离广告，如果你试图将大量的广告信息全部强加给受众，那么将会引起受众的反感而最终受到排斥，因此，仅仅引人注目还不够。紧接着应当让受众了解广告的信息内容。广告创意简单明了，切中主题，突出重点，易于认知，是迅速有效传达广告信息的重要原则。"多则惑、惑则迷、迷则乱、乱则空。"这句话对于广告创意可谓一言中的。例如"汇仁肾宝，他好，我也好！"电视画面上 1 名中年女性手捧 1 盒汇仁肾宝略显羞涩与自豪地说出了不能过于直白的"感受"。

（四）传达情感

广告是艺术与科学的结合，广告创意要通过艺术构思和艺术形象的诱导来使人们对广告的传播产生愉悦感和乐趣。充满情感的广告创意具有强烈的生命力和感染力。情感表现于情调与情趣之中。情调是一种同感觉、知觉等相联系的情绪体验；情趣是对内容与形式本身所产生的乐趣。在广告信息内容的传达中注入浓浓的情感因素，可以打动受众，感动受众，从而使受众在强烈的感情中产生共鸣，达到非同一般的广告宣传效果。例如三金制药的"三金片"在电视画面展示出青山绿水，一对母女亲密地站在山顶欣赏如画的风景。女儿温柔地将脸贴在母亲怀中，突然被母亲身上的植物针刺刺痛，画面出现"三金片"的药品包装，继而母女会心地笑了！画外音"贴心还是千金！"。此则广告当中利用"千斤"与"千金"的谐音，巧妙地抓住了母女之间情感，深深打动了该产品的目标群体。

二、医药广告创意的实效性原则

强调独创性是广告创意的首要原则，但独创性不是目的，广告和广告创意的目的只有一个，那就是"促销"，正如 B&B 广告公司所认为的那样："不促销，就不是创意"。

如果说独创性揭示了广告创意最本质的内涵，那实效性原则就体现了对广告创意最基本的要求，它为广告寻找、选择和确定广告创意提供了一个基本方向和标准。崇尚广告创意的首创性精神，但却不能为了追求独创而独创，这或者可能会沾染上"哗众取宠"之嫌，或者可能因过分追求艺术的原创性而导致"曲高和寡"，从而使广告人不得不感叹在广告受众中"知音难觅"。但在涉及到广告创意的目标效果时，有一点应引起注意。广告创意的目的或终极使命是促销，但广告并不等于销售。它只是一种旨在促成消费受众产生某种心理上的、感情上的或行动上的反应的一种说服过程，或者说是一种信息传达过程。因此，传达的效率直接影响着消费受众的反应形式和反应强度，从而最终影响广告产品的市场接受。换言之，广告创意能否达到促销的目的基本上取决于广告信息的传达效率，这就是广告创意的实效性原则。为保证实效性，广告创意还应符合以下几个要求。

（一）可理解性

广告创意最终要落实到广告受众，受众对广告创意的理解影响着广告传达的效果，因此，广告创意不仅要强调新颖性、独创性，还要强调可理解性，要注意协调两者之间的关系。按照信息论美学（由传统美学和信息论结合而产生的作为广义信息论一个分支的现代美学理论）的观点，在一个给定的时间单位中，信息接受者只能理解作品的一个有限的量。那么，怎样的艺术作品才能在有限的时间内最大限度地为受众接受呢？信息论美学遵从自然科学的研究方法，把美看成是可以分解为一系列能在电脑指令系统中加以辨识与计算的基本符号，通过对艺术作品信息量的测量，得出这样一个结论：艺术作品要能适应于个体接受者，它的基础之一就是作品中信息自身和信息之间的组合必须达到最优化。而"最优化"就是指的艺术作品的"可理解性"与"新颖度"之间的辩证反比关系。一件艺术作品，它的信息量越大，新颖的量越大，它的可理解的量越小，即越容易被人所接受。因此，艺术作品既不能是完全新颖的，那意味着完全不可理解；同时又不能是完全可以理解的，那意味着信息是完全陈旧的，毫无新颖之处，即信息量等于零。因此，从一定意义上来看，医药广告创意实质上就是按照最优化的要求来创造经典的广告作品，即在新颖性与可理解性之间的辩证关系中，寻找一个最佳结合点。

（二）相关性

相关性是指广告创意中的意象组合和广告主题内容的内在相关联系。一个意象或意象组合具有多方面的特征，每一特征都与一定的意义和意象相对应，代表一定的意思。意象的复杂性对于创意构想来说，一方面为广告意象的运用提供了多种角度和多种可能性；另一方面，也应看到，并不是任何一种意象（意象组合）都能准确地表现广告主题内容。如果意象（意象组合）和广告主题内容没有联系，这种所谓创意不但无助于广告主题的表现，反而会转移人们对广告内容的注意，干扰人们对广告内容的认识，甚至会造成对广告内容的误解。例如某口服液广告，一小孩喝了该口服液，头顶立马出现一个白色光圈。创作者原意是要表现小孩变聪明了，然而由于中西文化不断的相互交融，在西方白色光圈不是表示聪明，而是表示人已经进了天堂。

第三节　医药广告创意的原理与过程

广告创意，就其本质是指意念的意象化，也即根据广告意念表达的需要，选择和创造一定的意象，并将这意象整合成具有一定意味的意象体系的过程。

因此，从一定意义而言，意念的意象化体现了广告创意的基本原理。医药广告创意的原理与一般广告创意的原理是保持一致的。

一、意象的意义

前面指出，表象一旦被用来反映广告创作者的思想，便转化为意象，从这个角度讲，意象是被赋予了一定意蕴或意义的表象，那么，意象究竟有哪些类型的意义呢？

（一）意象的象征意义

象征是指表达精神内容的具体形象物。在某种特定环境和语境中，某种物体和形象，情景或情节，观念和思想，成为表达另一意义的手段。卡西勒指出："一种'象征形式'被理解为一种精神能量，借助其使一种精神的意义内容和一种具体的感性符号相连，并内在地属于该符号。"因此，象征是从可见的物质世界的符号过渡到不可见的精神世界的符号，象征符号所指物是精神与心理世界，所指的物质世界也是因其具有精神意蕴而有意义的。在艺术创作中，象征是一种常用的表现手法，如松象征坚毅顽强，竹象征正直坚贞，红豆象征情侣相思，鸳鸯象征夫妻恩爱等等。当这些蕴含着约定俗成的象征意义的表象（客观事物）被用于广告中时，便成为能贯彻创意人员意图的意象。

（二）意象的指示意义

象征主要表现的是二者之间间接的、隐蔽的、深层的关系，象征符号所指物是精神和心理世界，而指示只表示二者之间直接的、表面的、浅层的关系，它是用一种事物或现象来指示另一种事物或现象，这两种事物或现象之间原本存在着相关关系，其间并不需要深刻的抽象的心理活动。如为表示"嗜睡"这一现象，"丽珠感乐"广告中用一个正在工作的动画人物趴在桌上睡着这一意象表现，而"息斯敏"则用沉重的眼皮压折支撑着的小棍这一意象来表现，这两个意象都具有明确的指示意义。

（三）意象的感情意义

感情是人对客体对象的态度，它是人对他人、对社会、对事物、对客体化自我的一种趋近或疏离的心理趋向。它表现为对对象的亲近、依恋、喜爱或疏远、躲避或厌恶等。感情是由于客体满足或损害了人的需要和愿望的目标而产生的。意象作为人的心理对象，它的形态、状态及感觉潜在地激发或抵触人们的需要和愿望，这些就是存在于意象中的感情意义，因此，在人们面对某一意象时，这些感情因素就会引发人们心中的某种情感。情感法的运用一定要挖掘人性深处的、能够引起人类共鸣的东西，例如"丽珠得乐"胃药广告"其实，男人更需要关怀"，这句广告语配合普通百姓的目标人群定位，同样征服大多数消费者的心，强烈而巧妙地完成了意象的感情意义。

（四）意象的情绪意义

情绪和感情是情感的两个方面，是两种既相互联系，又相互区别的心理因素。同感情不同，情绪的指向是非对象性的，是指向主体自身的一种心理状态，具体而言，它是由于外界事物对人的需求的满足与缺失或自身生理状况和心理因素变化引起的内在体验或内心状态，它是一种囿于主体自身的一种紧张或释放、激动或平静的心理状态。

情绪有喜、怒、哀、乐、忧、惧、焦虑、内疚、愧疚、骄傲、昂扬、消沉等。各种情绪都具有一定的内心动势，而且会通过某些表情和动作表现出来。比如，羞涩的内心动势是一种既想往前，又想退缩的状态；高兴是一种跳跃式向上的内心状态，而意象也具有特定的形态和状态，具有一定的动向和动势，这些动向和动势与人的情绪动态具有相互对应性，是潜在的情绪诱因。它可以激发人的情绪，人的情绪也可以借其得以宣泄。它可以使人产生喜悦、兴奋、快乐、轻松、舒畅、昂奋、忧伤、悲痛、哀怨、愤懑、冷静、焦虑、烦躁等情绪。如"达克宁"脚气膏的一则广告中，一束草穿过脚板从脚面长出的意象，给人以紧张和痒痛难受的情绪体验，较好地传达了脚气给人带来的痛苦这一意念。

（五）意象的诱惑意味

意象的性质、形态和动态，不仅会引发受众感情和情绪上的反应，还会对人的欲望发生某种激起和诱因的力量。例如"世界小姐"关琦代言"曲美"产品"曲美引领国际时尚，看得见的美，健康之美。曲美时代，完美身材。"对很多女性来说是一个巨大的诱惑。

二、意象的选择、创造、组合

意象意义的多样性为广告创意提供了构想条件和基础，构想者可以在此基础和条件下，发挥自己的想象力和创造力，围绕着主题意念表达的需要和广告策略的要求，有针对性地对意象进行选择、创造和组合，已形成丰富多彩的意象结构，更充分形象地表达广告主题。

（一）意象的选择

一个意象具有多方面的特征，每一特征都可能用来与一定的意义相对应。如"牛"这一形象，其行动迟钝缓慢的特征对应着笨拙或沉稳的意义；埋头前行，牵拉不回头的特征对应着性格倔犟、迂直的意义；能负重干活对应着它是能干的意义；受人驱使、听从招呼与顺从老实、听话等人格意义相对应。

179

这样，"牛"就有了多方面意义的可能性。意象意义的多重性，造成一个意象展现在受众面前时，会形成多种感觉、感受和理解的可能性，其中有些对主题表达和品牌塑造有益，有些则无益甚至有害。因此，广告创意人员在利用意象来表达某一特定意念时，必须首先明确意象的哪些方面对广告主题和品牌有益，哪些不利。意象意义的复杂性也可以为创意者从多个角度利用和挖掘意象提供可能，即通过充分利用意象的复杂性，使一个意象在受众心中产生多层次、多位度、多重性的感觉、感受和理解，增强广告意象的丰富性和魅力。这也就是李奥·贝纳所强调的"戏剧性"。例如广药集团"潘高寿"、"敬修堂"产品的意象选择。

（二）意象的创造方法

广告意象的创造是广告创意者对客观事物在头脑中的表象的加工和创造，意象的创造方法分为直接表现法和间接表现法。

1. **直接表现法**　直接表现法是直接揭示广告主题，表现广告重点，让人们直接感受到广告内容的创意方法。直接创意法是广告文案创意的基本表现手法，它能快速明了地传达信息，达到宣传广告的目的。直接表现法常用以下方法。

（1）写实　这是医药广告创意中最简洁的一种方法，它直接告知受众所关心的广告信息，没有多余的描述和修饰，单刀直入、开门见山。例如吉林敖东安神补脑液5秒的电视广告就用一家3代人拿着"安神补脑液"，全家人一起说"安神补脑液，请认准吉林敖东"。

（2）对比　对比是显示商品的功效、品质、价格等广告信息的常用方法。它将商品改进前后、使用前后、品质优劣等各方面进行对比，显示相互间的差异性，使受众在比较中感知广告信息，并作出选择和判断。例如海王银杏叶片的电视广告"30岁的人，60岁的心脏，60岁的人，30岁的心脏！"。电视画面上一侧是一位三十多岁的年轻人慢腾腾地拍着皮球，另一侧是一位老人矫捷地拍着皮球，伴随皮球嘭然落地的音效。

（3）夸张　夸张也是一种写实的手法，它以写实为基础，运用丰富的想象，扩大事物的特征，增加表现的效果，引起受众对广告信息的强烈感受。应当注意，夸张必须控制在广告活动允许的范围内，不得掺有虚假。夸张是将事物的某种趋势作超常的夸大和延展。夸张是广告创意中最常见的表达方法，它又包括以下几种情况：①情态的夸张。例如"三九胃泰"通过动画的形式，将胃在各种状态下进行煎熬，非常难受，解决的办法是用"三九胃泰"。②形态的夸张。例如"九华痔疮栓，屁股笑了"的平面广告（图8 - 1），简单的双弧形曲线既是人的屁股造型又像是在微笑的嘴，它告诉读者，用了"九华痔疮栓"后，连屁股也会神地发出笑容，夸张得恰到好处，给人留下回味的余地。③动态的夸张。例如邦迪牌创可贴犹如弹弓上的橡皮筋（图8-2），可以任意伸缩，较好地揭示了创可贴的伸缩自如的特性。④关系夸张。例如宣传防治艾滋病使用安全套的公益广告（图8-3），图中的安全套被夸张放大成筒柱状，并配以"出入平安"的标题，使人过目不忘。⑤情节夸张。例如有一则华菲"白花油"的广告（图8-4），在画面中是被武松拳打的老虎手持华菲白花油，寓意有了白花油，即使遭受拳打脚踢也安然无恙。

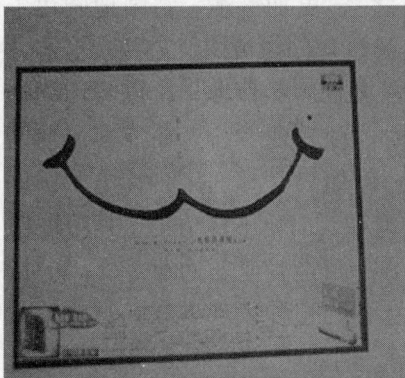

图8-1 形态夸张

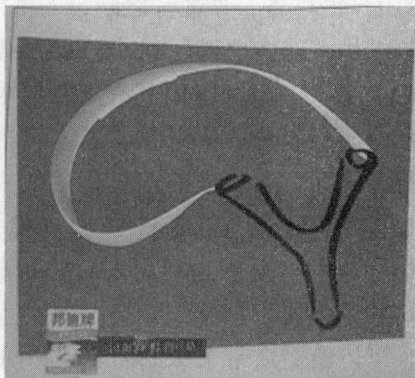

图8-2 动态夸张

图8-3 关系夸张

图8-4 情节夸张

（4）变形 在广告创意中，将意象作超出原形形象实际和可能的扭曲、变形和状态改变，可以起到烘托、渲染主体的作用。变形包括文字的变形、画面的变形、声音的变形、动作的变形等。意象变形创造出现实中不存在的形态和状态，这种超常的特点，使意象具有一定的神秘感和奇妙感，具有较强的视觉冲击力和心理震撼力。例如益佰推出的感冒止咳糖浆，在广告中将抗感冒药和止咳药各截取药瓶的一半，进行变形，将两个合二为一。

2. 间接表现法　间接表现法是用相关的文字语言和形象，让受众由此及彼联想到广告的主题，从而达到传达广告信息的一种创意方法。间接表现法常用的方法有以下几种。

（1）比喻　比喻是利用人们认识上的联想规律，通过不同事物的相似点，用甲事物来描写或说明乙事物的一种表现方法。比喻有明喻、隐喻、暗喻三种形式。它通过以浅喻深、以具体喻抽象、以易喻难，使复杂、抽象、深奥的事物转化为可感知的生动、鲜明的形象，从而有效地传达广告信息。例如"洁尔阴"的广告："难言之隐，一洗了之"，更加简洁、清晰地阐述了广告本身诉求的"难言之隐"，以至成为经典的广告创意被广泛流传和借鉴。

（2）象征　象征是用具有寓意的语言来表达某种含义，用具体事物表示某种相近、相似的抽象概念或思情感情的一种表现方法。象征容易使受众产生联想，从而产生积极的信息传达效果。例如吗叮林的广告，电视画面上一只青蛙挺着大肚子痛苦地呻吟。"胃酸、胃胀、消化不良请吗丁啉帮忙！"

（3）悬念　悬念是利用人们的好奇心，营造惊险、意外、虚幻、离奇的情节与气氛，使受众感到惊奇，并产生悬念的一种表现方法。悬念容易吸引受众，可以给受众带来深刻的印象和回味。例如咳速停糖浆的电视广告，"这是观音草，我们苗家千百年来一直用它治疗咳嗽……"。电视画面上一位身着苗族服饰、背被采药筐的老者向面前的一位小姑娘诉说着苗药的历史和功效。画外音乐神秘而悠远。包括苗药、藏药、蒙药等少数民族的药品广告多采用民族和地域的神秘感向消费着讲述广告产品背后神秘的故事，以激发消费者的好奇心和崇拜感，进而期望消费者从意识上达到神秘故事的背后必有神气疗效的消费导向作用。

（4）诙谐　诙谐是把广告主题处理得幽默风趣，从而使受众对广告内容产生乐趣和亲切感。幽默的表现形式本身就是语言文字的专长，因而广告文案创意采用诙谐的表现方法广为受众喜闻乐见。例如天津南华制药有限公司推出的易服芬抗感冒药，电视画面上两个螃蟹哼哼唧唧地说着人话："甲：咋地了哥们，让人给煮了！乙：感冒了，正发烧呢！甲：我有办法呀，整点易服芬吧！"。

（5）拟人化　赋予非人的事物以人格或人性的特征，使其人格化，也是广告意象创造中常用的手法。例如广西玉兰制药有限公司推出的"痔疮片"，画面中采用的是一个卡通人物坐在一个不断燃烧的火球上来表现得了痔疮的难受情节，但有了"痔疮片"，一切问题迎刃而解。

（6）错位　错位是将事物自然状态的位置关系作人为的超乎常规的改变，

形成一种错位意象，从而表现出一种新奇感和谐趣感。例如长春海外制药集团有限公司推出感叹号抗感冒药。画面出来的是一个大的感叹号，这个符号更多的是在交通中出现，给人的错觉是与交通有关的广告，当介绍"感叹号"抗感冒药能治疗各种感冒，广告以这种错位意象表达了"感叹号"的意念。

（7）嵌合 嵌合是将一个意象嵌入另一个意象。如英国 Bunlopillo 睡床广告，为了表达人的背部的舒服感，把微笑着的安静祥和神情的面部形态移植在一女性背上。

（8）嫁接 两个意象的嫁接，也会生成新的意象品种，这种新的意象将原有意象的感觉、印象和意味融合一体，产生出一种新的感觉、新的印象、新的意味。例如国外有一则鼻炎药的广告，将人的鼻子意象和仙子球意象嫁接在一起，形成一个新的意象，巧妙地将患了鼻炎给人带来的痛苦表达出来。

三、医药广告创意的基本过程

医药广告创意的基本过程与普通广告创意的基本过程具有相似性，医药广告创意具有较强的创造性，讲究"灵感"，但是在操作上也有自己的过程，整个创意过程可以划分出若干个基本环节，这些环节丝丝入扣，呈现出流畅的程序性和反馈性。遵循广告创意的操作过程是成功创意的方法论保障。

（一）信息开发

广告创意不是凭空想象，而是建立在客观信息基础上的创造性思维。因此，开展创意调查，对调查资料进行信息开发，不仅可以丰富广告创意的生活来源，而且有利于寻找广告创意的机会点。开展广告调查资料，就是从纷杂的信息资料中判断出公众的心理需要和药品及药厂品牌在公众心目中的实际形象，找出广告的创意点子，形成创意方向的过程。为了提高广告创意信息开发的效果，在实际工作中，应注意以下 5 个要求。

1. 灵性 广告创意人员分析信息时，应当充分利用自己的"零星思维"，敏锐地发现问题、悟出信息的内在特点与潜在的宣传机遇，形成基于广告调研资料之上的创意点子。

2. 快捷 现代社会是一个快餐式的社会，公众的消费呈现浪潮特征，以时尚更迭为周期，因此信息资料特别是消费者资料都具有较强的时效性。广告创意人员应该及时对信息加以分析、研究，从中得出有用的创意性结论，并据此进行广告决策，开展促销宣传活动，这样才能产生巨大的宣传效应。

3. 细心 绝大多数信息所包蕴的内涵，都不会显露于外，如果分析信息资料时粗心大意，就会让有价值的信息结论轻易地溜走。只有细心分析，认真判断，积极思索，才能从看似平常的信息中，发现有价值的创意性点子。

4. 富有逻辑 对于从市场中收集得来的信息，不能孤立地、简单地进行主观判断，而应运用社会学理论和现代科学方法论，如系统论、信息论、控制论等，进行合乎逻辑的判断，使创意性点子符合事物内在的规律，使其具有较高的实用价值。

5. 预见性 广告调查的信息资料，带有一定的静止性和过时性，但是其内部又往往蕴含了一定的趋向性动态发展内容。广告创意人员对信息资料进行分析、开发应用时，不能简单地就事论事，而应有意识地挖掘其中的动态性信息结论，进行预测分析，以期掌握主动权。在信息开发过程中，进行预测性思维分析的常见方法有以下3种。

（1）顺"势"预测 即根据某个时间已经形成的信息发展趋势，推测未来的变化状况，形成创意性点子。

（2）顺"事"预测 即根据影响事物的某个关键要素的变化趋势，对某种公众现象的未来进行预测。这里讲的关键要素，有时可能是自然环境因素，有时可能是社会偶然事件，有时可能是政策因素，它们随着时间的推移，逐步落实到位，必然产生诱导性影响，给相关的商品、公众消费生活甚至社会格局带来相应的变化，只要能断定某个关键要素的发展趋势是必然可能的，就能轻而易举地预测出未来的公众要求，据此形成创意性思维。

（3）顺"时"预测 即根据时间推移，尤其是时令季节变化，预见公众的需求趋势，分析出公众将来可能出现的要求。

（二）概念构建

进行医药广告创意的前提是找出明晰的概念，概念是广告创意的核心。广告创意人员通过调查了解了公众市场的基本情况，又通过信息开发形成了创意性点子，接下来的工作就是确定广告宣传的核心概念。

从哲学角度来看，概念是"人们对事物本质的认识，是逻辑思维的最基本的单元和形式"（《中国大百科全书·哲学卷》）。从广告宣传角度来看，概念是用有意义的广告术语表达的精心阐述的构思。广告所有的创意都围绕核心概念而展开，所以核心概念是广告创意的立足点，是策划的根源。概念构建的过程，实质上就是把创意性点子发展为具体表述字词的过程。在这个过程中，需要回答以下问题。

问题1：谁接受广告信息？从角色上看，接受广告信息的公众主要分为三类，即消费倡议者、消费决策者和消费购买者。从与药品的关系来看，接受广告信息的公众包括非公众（即不可能成为消费者的抽象性虚拟公众）、潜在公众（即未来一定时期内可能够购买药品但是目前不可能购买商品的公众）、知晓公众（即目前已经了解药品并有可能购买药品但是还没有购买计划的公众）和行动公众（即具有明确消费方向并打算近期购买或者已经购买某种品牌药品的公众）。

问题2：广告作品和宣传活动给公众输送的主要益处是什么？是分享信息、提供生活榜样、增进沟通、提供娱乐、传播新知识还是其他什么内容？

问题3：公众获得的益处属于什么类型？是实用性的生活信息、象征社会地位的心理感觉还是情感的寄托。

根据这些问题的判断，就可以形成多个宣传核心概念。

概念1：情感亲善概念，营造温馨的生活氛围、友善的人际关系，渲染情感主题。例如严迪广告"天气变化，请预防感冒。"

概念2：古典怀旧概念，展现过去的某种生活风情，引导公众回忆昔日情怀。有关藏药、苗药等的宣传，均采用这种方式。

概念3：实用信息概念，向公众传播关于商品性能、原料特性、技术成就的信息。例如九鑫集团的"专业除螨"的独特核心竞争力，

（三）主题构思

基于信息开发而形成的、带有朦胧意识的创意性点子，经过深思、挖掘、整理，形成宣传核心概念后，就可以进行主题构思了。

所谓主题构思，就是以广告宣传核心概念为轴心，明确广告作品和宣传活动的中心思想、主题基调、核心内容的思维过程。在这个过程中，广告创意人员要善于把广告作品和宣传活动视为文学作品、影视作品、戏剧小品，进行编写、编导、编演，这样才能提高主题构思的水平，使广告宣传作品既有明确单一的主题思想，又有丰富愉快、感性化强的美好梦想，从而赢得公众的注意，有效地影响公众的消费心理。

（四）创意表达

广告宣传核心概念、主题定位后，即可围绕核心概念、中心主题确定创意的具体表达方式。具体包括3个方面。

1. 拟定广告宣传文案　广告宣传文案包括标题、标语、口号、正文等，是广告宣传核心概念、主题思想经过艺术加工而形成的文字，既要切合概念、主题，又要富有文字感染力。否则，尽管概念、主题定位准确，但是表达文案没有冲击力，广告作品和宣传活动仍然无法有效地影响公众。

2. 编制宣传作品的表现情节与图案　在这个过程中，主要是围绕广告核

心概念、中心主题以及宣传文案（包括、标语、口号及正文），创作、编写广告宣传作品的情节性剧本（针对电视广告及网络广告），设计广告图案（针对平面广告及网络广告），借助视觉符号，以感性素材形象地烘托出意境的氛围，强化商品的影响力。

3. 确定广告作品的音乐音响　在电子传播媒体中，音乐音响的表现力虽不及画面情节，但是借助听觉符号，也可以有效地展示广告主题、烘托宣传意境，他们不仅可以准确地表现广告意境，而且可以影响公众的心理。因此，不能忽视音乐音响的创作和组合。

（五）创意评论与分析

在创意构思阶段，编制了某个广告作品的宣传概念、图案、画面情节、模特、文案、颜色、音乐、音响、节奏等方面的内容以及作品的组合方式，接下来就可以进行评论分析了。广告创意的评论分析可以从两方面进行：一是运用广告学及其相关科学知识，如创意谋略学、市场营销学、社会心理学、公共关系学、技术美学、文化美学、人体美学，对广告作品的各个组成部分进行理论性分析，判断出广告作品的可取之处、存在的问题和公众的可接受性程度；二是运用详尽的成败实例，进行对照分析，看广告作品在哪些方面与成功的广告作品有异曲同工之妙，哪些方面超越了成功的广告作品，在哪些方面与失败的广告作品存在相似乃至雷同之处，这样，就可以从对比中发现广告作品的优劣，找出问题之所在，然后，就可以制定出相应的调整对策，提出宣传核心概念、文案、设计，编制诸方面的修正意见，最好把这些结论和对策方案综合起来，形成可执行的广告创意方案，其操作流程如图 8-5。

四、医药广告创意的类型

（一）情报型

这是最常用的广告创意类型。它以诉求药品广告的客观情况为核心，表现药品的功效性和真实性本质，以达到突出商品优势的目的。台湾有一个喉糖的品牌，借用孟姜女哭倒长城的故事情节，只见孟姜女哭到嗓子哑了，吃一粒喉糖，嗓音恢复，中气十足，长城又被哭倒一段，让工人烦不胜烦，拜托孟姜女："不要再哭了!"。这则广告，每播 1 次，就会让受众感到好笑 1 次。

（二）比较型

这种类型的广告创意是以直接的方式，将自己的品牌产品与同类产品进行优劣的比较，从而引起消费者注意和认牌选购。在进行比较时，所比较的内容最好是消费者所关心的，而且要在相同的基础或条件下进行比较。这样

创意调查

对象定位

创意构思

初步创意方案

理论分析

| 广告学 | 创意谋略学 | 市场营销学 | 文化学 | 社会心理学 | 公共关系学 | 技术美学 |

存在问题应修正的部分

实例对照分析

| 相关成功作品 | 相关一般作品 | 相关失败作品 |

可保留的部分

否定之处

肯定之处

可修正的机会

评价结论

修改方案

最终创意方案

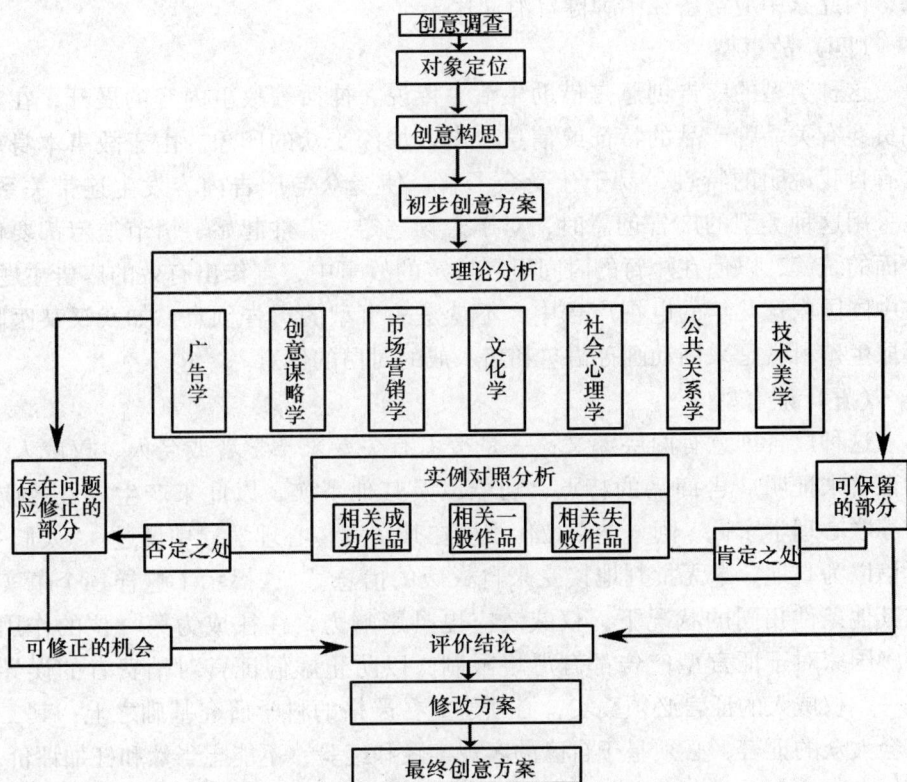

图 8-5 广告创意评论分析流程

才能更容易地激起他的注意和认同。比较型广告创意的具体应用就是比较广告。如巨能钙的电视广告"有弹性,当然有韧性!"。电视画面上一排因拉力而变得紧张弯曲的钓鱼杆,但它们却在拉力的作用下一个接一个地折断了,只有一只鱼杆韧性十足坚挺如初!在进行比较型广告创意时,可以是针对某一药品品牌进行比较,也可以是对普遍存在的各种同类药品进行比较。广告创意要遵从有关法律法规以及行业规章,要有一定的社会责任感和社会道德意识,避免给人以不正当竞争之嫌。在中国,对于比较广告有严格的要求,所以在进行比较型广告创意时一定要慎之又慎,不要招惹不必要的麻烦或纠纷。

(三) 戏剧型

这种广告创意类型既可以是通过戏剧表演形式来推出广告品牌产品,也可以在广告表现上戏剧化和情节化。在采用戏剧型广告创意时,一定要注意把握戏剧化程度,否则容易使人记住广告创意中的戏剧情节而忽略广告主题。如江中牌健胃消食片,就是采用亲戚朋友一聚会就爱多吃,结果出现某种结果，因此家中应常备江中牌健胃消食片。

（四）故事型

这种类型的广告创意是借助生活、传说、神话等故事内容的展开，在其中贯穿有关品牌产品的特征或信息，借以加深受众的印象。由于故事本身就具有自我说明的特性，易于让受众了解，使受众与广告内容发生连带关系。在采用这种类型的广告创意时，对于人物选定、事件起始、情节迭宕都要做全面的统筹，以使在短暂的时间里和特定的故事中，宣传出有效的广告主题。在中国国内这几年的电视广告中，不少是故事型的广告创意，如武汉某医院泌尿生殖科就是采用动画孙悟空和猪八戒的对白的创意。

（五）证言型

这种广告创意有两层涵义：一是援引有关专家、学者或名人、权威人士的证言来证明广告商品的特点、功能以及其他事实，以此来产生权威效应。前苏联心理学家肖·阿·纳奇拉什维里在其《宣传心理学》中说过："人们一般信以为真地、毫无批判地接受来自权威的信息。"这揭示了这样一个事实：在其他条件相同的状况下，权威效应更具影响力，往往成为第一位的作用。许多国家对于证言型广告都有严格限制，以防止虚假证言对消费者的误导。其一，权威人的证言必须真实，必须建立在严格的科学研究基础之上；其二，社会大众的证言，必须基于自己的客观实践和经验，不能想当然和枉加评价。

第四节 医药广告创意的方法

"创意"重"思考"，创意是建立在思考的基础之上的，不经过思考的创意，绝对是不够成熟的。因此，广告创意人员不仅要掌握产生广告创意的原则和程序，还必须学会思考的方法。实际上，广告创意中的思考方法这一问题，早在1969年在日本东京举行的第21届国际广告会议中便已引起广告界重视，与会的有关各国广告代表希望对这一问题详加研究，以便使广告人在思考中，较易产生新的创意。经过二十余年的探索和研究，现在广告界已发展出一套较为成熟和较为全面的广告创意的思考方法。下面将介绍3种较为流行的思考方法："二旧化一新"创意方法、水平思考法和集脑会商法。

一、"二旧化一新"创意方法

亚瑟·科斯勒的"二旧化一新"的概念是在研究人类心智作用对创意的影响时提出的。这种被称之为"创意的行动"的构想，在实践过程中对创意的形成和发展影响很大，因而人们也就把它当作一种广告创意方法倍加推崇而大量应用。

"创意的行动"其实质就是"二旧化一新"。它的基本含义是：新构想常出自两个相互抵触的想法的再组合，而这种组合是以前从未想到的。即两个相当普遍的概念或想法、情况甚至两种事物，把它们放在一起，会神奇般地获得某种突破性组合。有时即使是完全对立、相互抵触的两个事物，也可以经由"创意的行动"和谐地融为一体，成为引人注目的新构想。例如"大印象"减肥茶有一则以"来点果汁还是大印象"为标题的平面广告，图中是两个不同形状的杯子，一只杯子下半部分很圆，像胖胖的肚子，杯里插着一根吸管，表明是果汁；一只杯子中间窄，两头圆，像是女性完美的曲线，杯口悬下来的细绳标签上印着大印象的标志。文案是："不一样的效果源自不一样的选择。"这则广告以常见的两种杯型曲线隐喻饮用该品牌的减肥茶带来的神奇效果，让人一目了然而又饶有兴味，是引人注目的新构想。

二、水平思考法

水平思考法（lateral thinking），又称横向思考法，指在思考问题时向着多方位方向发展，这也就是英国生态心理学家爱德华·戴博偌博士提出的："凡是一个人，都具有走路、呼吸与对事物思考的能力，思考的方法也因人而不同。现行的教育方法，只注重知识传授而忽略了思考能力的启发，严重影响了一个人的创造能力。"还认为大多数的人过于重视旧知识与旧经验，根据所谓旧经验，逐渐产生了"创意"，这就是以垂直思考法观察或思考某一件事。这种思考方法，往往会阻碍"创意"的产生。与其利用垂直思考法去产生创意，不如用水平思考法来得有效。水平思考法是完全脱离既存的观念，对于某一件事情重新思考与检讨的一种方法。

戴博偌博士以一个妙语说明了水平思考法与垂直思考法的不同：古时，有一商人向高利贷者借了许多钱，贪婪的高利贷者看重了商人年轻漂亮的女儿，逼着商人立即还债，并提出以女孩代表债务的要求。这名高利贷者故示大方地提出一个办法：把黑白各一颗小石子放在袋子里，由女孩任取一颗。如果取出黑石子，则以女孩代替债务。如果取出的是白石子，不但还给女孩子自由之身，还自动放弃债务的权利。如果女孩子不愿这样的话，就要提出控告，威胁商人同意这种办法。正当高利贷者从地上拾小石头放入袋子的时候，女孩发现它所拾得两颗石子都是黑色的。这时，女孩如何处置？

如果按照垂直思考法，女孩子可能采取下列 3 种办法：①拒绝取出石子；②立即打开口袋，揭露其阴谋；③自我牺牲，取出黑石子，解救父亲困境。

显而易见，这 3 种办法都无益于自己和父亲。

女孩子采取了出乎意料的行为，她从容地从袋子中取出一粒石子，故意掉在有很多小石子的地上，然后说："啊，怎么办——真对不起！但是看一看袋里剩下的石子，就可以知道掉的那颗石子是黑子还是白子。"由于女孩子的机智，解救了她自己和父亲。这个比喻告诉人们，垂直思考法，是一既定的观念、既定的角度和方向，以"女孩必须黑白二者取一"这一思维定势去思考应对办法。而女孩实际的策略却是以水平思考法，从一个新的角度观察，产生出一个新的方向，以"剩下的石子"这一点去构想去思考，从而产生出一个让人始料不及的创意。

戴博偌指出，一般的人对自己的看法总不免受"先入为主"的观念影响，竭力主张自己的看法，因此，想从旧观念中摆脱出来，确实是一件相当困难的事。某些情况下，还非得借助于外来的力量才能办到。在医药广告创意思考中，要运用水平思考法。但水平思考法并不能取代垂直思考法，只能弥补后者的不足。任何构想的思考，仍应先用垂直法，因为垂直法的分析与挖掘可靠性高，同时，水平思考法又可提醒创意者在思考时不能固步自封，墨守成规。两种方法相互配合，加以灵活运用，可收到事半功倍的效果。

三、集脑会商法

集脑会商法（brains forming），又称为头脑风暴法、脑力激荡法等，按韦氏国际大字典的解释，是指："一组人员运用开会的方式将所有与会人员对特殊问题的主意，聚集起来以解决问题。"它是由美国 BBDO 广告公司负责人奥斯朋提出来的，现在已经成为一种极有价值的创意思考方法。

集脑会商法之所以推崇以小组的方式集思广益，其中原因由奥斯朋归纳为以下 4 点：①主意的大量产生有赖于联想。小组中的一员得到一个主意，更多的主意可能相继而出，尤其是他的灵感亦可刺激同组中其他人员的联想力。因此，当 1 个人的主意提出来之后，其他人的主意也会相继引发而产生一种连锁性的反应。②许多心里试验显示，一般人在小组讨论中比单独思考更能发挥其创造性的想象力，因为这些人很适应高密度的信息环境。③试验亦显示，心智的工作在竞争的情形之下增加了 50%，这种增加尤以灵感为甚。这种情形在经济方面显而易见，在高手如林的比赛中容易出现优异成绩。④在小组中个体的好主意会立即得到奖励，由此会激发更多且更好的主意。一个主意是一个原始起点，嫁接到每一个成员的头脑中会同时出现多种方向的发展趋势——假如接上轨的话。

在开展集脑会商时，应注意以下几点。

（一）选择恰当的问题

集脑会商法的主要作用在于引发许多和某一特殊需求（或问题）有关的

主意，因此问题必须是开放性的，凡是以各种认知性、单纯记忆型、汇合性、评鉴性为基础的问题是无法用集脑会商法来解决的，因为集脑会商的目的是在于产生"创意"，而不是产生"决议"。必须是小范围的题目，而非大范围的题目。例如"如何使这种商品的销售商能压倒市场中其他 10 余种品牌的同类产品"，这就是个大题目，其中牵涉问题太多，应该将这个大题目化成多个小题目，例如"如何使这些商品陈列在市场中 10 余种同类商品内，显得鹤立鸡群？"就是一个小范围的题目。

（二）良好的外部环境

这是指要有一个专用的房间，室内的温度要不冷不热，灯光保持适当，要有舒适座椅，要安静而无噪音，最好没有电话装置，上述的外部环境条件，均有助于参加思考的人员能集中脑力思考。

（三）懂得集脑会商技巧的主持人

主持人的言谈，要有幽默感；主持人在大家提出创意期间，不能用任何动作、表情、语言阻止任何人发言，甚至发言的内容近乎想入非非这也没有关系；主持人员及时阻止参加思考人员之间的相互批评；主持人要切实把握题目的范围，勿使大家迷失方向，浪费时间。

（四）会商一定要有时间限制

一次会商应限于一定时间，如两个小时或 3 个小时内结束。广告人之中，许多具有艺术家的气质，只注重作品的"质"，往往不注重时间的限制。而有了时间的限制，对创意有催生作用，还可避免浪费时间。

（五）组成小组

第一，小组人数以 10～12 人最为理想。人员过多则没有畅所欲言的机会，人员过少则场面冷淡，影响参与者的热诚和思考的积极性。第二，参加会商的人员，应一律看成是同等级的人，没有年龄大小的分别，没有职位高低的分别，没有男和女的分别。为营造一个平等对话的氛围，最好应该：会议的桌子最好不用长方形，要用圆形；集脑会商应该有主持人，但主持人要时刻注意不能过于表现和突出主席的身份，让大家感到形式上是没有主席的。对于两性，尽量避免造成男性的优越感，女性的娇美感，要将两性看成是一样的。在美国广告界，举行集脑会商时，绝不提男人和女人两个字，以表示包括两性在内。第三，提倡轮流发言制，应用此法时，若有人一时想不出主意，她可以放弃这一轮的机会以待下轮，如此循环，以使每个人都可以贡献主意。

第五节　医药广告创意策略

广告是现代贸易的引擎和市场经济的润滑剂。广告创意的一般表现策略，就是根据广告的这个基本职能提出来的。一般表现策略就是说明产品给消费者带来的利益。这看似简单，但做起来未必都能遵循这个原则。翻阅报刊、注目荧屏，有不少广告设计了令人眼花缭乱的情节，虽然吸引了人们的眼球，但在兴奋激动之余却不知道广告产品为何物。还有风行一时的"厂长、经理名录广告"，大力突出厂长经理的形象，把企业的产品放在极不显眼的位置。这些广告目标不明，诉求模糊。一则广告要引起人们的注意和兴趣，一般都要说明产品给人带来的利益。一则广告不能给消费者带来利益，即使有再多的花招，只能博人一笑，起不了促进销售的作用。广告创意是突出广告主题的基本思路，也是广告表现的主要策略。常用的广告创意策略如下。

一、USP 广告策略

（一）USP 策略的要点

USP（unique selling proposition）是瑞夫斯在 20 世纪 50 年代提出的一种广告创意策略。USP 策略是强调产品特性的战略。在市场上具有相同功能的商品不止一种，有时甚至几十家厂商生产同种商品。这时广告必须强调产品的差异性，通过广告把消费者对产品大类的初级需求，转化为对具体品牌产品的选择性需求。瑞夫斯关于 USP 策略提出了以下 3 个主要观点。

1. 每一个广告都一定要对消费者提出一个说辞，给消费者一个明确的利益　即广告要说明购买这种产品的好处，通过适当的形式说明产品特色。如康泰克治感冒 30 分钟起效，不含 PPA。"30 分钟起效，不含 PPA"这是产品特色，几乎是其他抗感冒药所没有的，这对有过敏反应的消费者特别有吸引力。

2. 此一说辞一定要是其他竞争者不能提出或未曾提出的说辞　这就是说，这个说辞是该品牌独具的，别的产品或者不具备这样的特色，或者在广告中未曾表现过。如美国氰胺公司生产的"宝纳多"是专供孕妇使用的营养品，它在广告中有这样的说辞："一人吃，二人补。"这股广告语，说穿了并不深奥，每个厂家都会说。但在此之前，竞争者未曾提出这样的说辞，所以氰胺公司对此说辞具有独占性。另一种情况是这个说辞是这种产品所独有的，如果产品不具有这样的特色，就不能使用这样的广告说辞。

3. 这一说辞一定能够招来更多的消费者，促进产品销售　如果广告说辞很有特色，但无助于产品销售，那也没有实际意义。USP策略表明，一是广告产品要有特色；二是产品要有一个别具特色的广告说辞；三是这种说辞有利于产品的销售。这三者是相互联系，密不可分的。这种策略在广告中得到广泛的应用。

（二）USP策略的理论基础和心理基础

USP策略虽然是瑞夫斯在总结广告创作实践中概括归纳出来的，是广告作家个人风格和技巧的反映，但它在广告创意中的广泛、成功地运用又说明它也符合一定的市场营销原则和消费者心理特征，而这才是这一策略保持活力的基础所在。

1. **USP策略的理论基础**　广告策略是市场营销策略中的一个重要组成部分，发展广告策略要受到公司营销目标和其他营销策略的影响，并体现出市场发展的内在要求。USP策略强调诉求点即说辞应是"独居"的，是其他竞争产品不具备或是没有明示的，以同其他竞争者区别开来。这种旨在寻找并建立产品间差异的诉求，正反映出市场营销战略思想的演变。从历史上看，西方国家企业最早的营销战略是大量营销，即企业向所有顾客大量生产、大量分销和大量促销单一产品，企业的着眼点在于尽可能地降低成本，以低价价格来赢得市场，而以生产流水线为代表的工业化生产又为大量生产以获得规模效应提供了可能。大量形式单一的标准化产品尽管节省了产品的生产和营销成本，但却忽略了顾客需要的差异性，只不过由于当时市场需求还未能获得充足的量上的满足。因此，差异化的需求同单一标准化的产品供应之间的矛盾还没有尖锐化。

随着经济的发展和生产力的提高，市场商品日益丰富，竞争也趋于激烈，依据标准化的同质产品或同质信息诉求很难再赢得消费者，因此差异化营销成为企业主要的营销战略选择。差异化营销充分考虑到了消费者需求的多样性和异质性，因此，是企业经营观念的一大进步。USP策略正是适应了这种营销战略的要求，因为，差异性信息诉求是建立在差异的产品基础之上的，包括产品的核心差异、产品形体的差异以及产品附加的差异。

2. **USP策略的心理基础**　消费者的购买动机和行为要受到认知过程的影响。所谓认知，是指消费者通过感官对外部刺激物所获得的直观形象的反映。心理学认为，认知过程是一个有选择的心理过程。有3种认知过程：选择性注意、选择性曲解和选择性记忆。也就是说，人们在日常意识中，不可能也无必要去注意、了解和记忆全部实物和实物的全部细节。那么这种选择性体现在哪些方面呢？

（1）人们的注意和兴趣往往集中在那些重要的有价值的或与自己需要相关的事物和方面。

（2）人们往往用事物某一独具的特征来标识、把握某一事物，如认知一个人，人们往往以其外部某一特征来把握。

USP 策略正是利用人们认知的心理特点，在广告中宣传产品独具的特征及利益，使消费者注意、记住并对其所提供的利益产生兴趣，从而促成其购买决策。

（三）USP 的特点和适用范围

1. USP 策略的优点　诉求明确，能够向消费者直接提供产品信息和利益知觉。受众可以从广告中了解到产品的主要特征和功能，了解产品可能提供满足自己需要的利益点和给自己带来的好处。

2. USP 策略的缺点　独具的销售主张容易被模仿。在现代生产条件下，产品同质化、类型化不断加强，独具的说辞一旦被模仿，就很难追究模仿者的责任。

3. 适用范围　尽管如此，USP 策略在现代广告中还是有着广泛的应用价值。在下列情况下，使用 USP 策略比较合适。

（1）新产品、新功能出现时，将这些信息告知广告受众。

（2）产品的功能特色在较长时间内难以被模仿。

（3）广告主在传播中首先抢占某一"卖点"（即广告说辞），使其成为品牌产品的标志或"专利"。

（4）产品的档次、专业化程度较高，企业实力雄厚，产品在消费者心目中建立了良好的信誉和忠诚度。消费者相信只有它们才能生产出具有某一特征的产品。

二、品牌形象策略

（一）品牌的含义

美国广告专家拉里·赖特谈到未来 30 年营销趋势时说："未来的营销是品牌的战争——品牌互争长短的竞争。商界和投资者都认识到品牌才是公司最珍贵的资产，拥有市场比拥有工厂重要得多，而惟一拥有市场的途径是拥有具有市场优势的品牌。"

所谓品牌，根据美国市场营销专家菲利普·科特勒的定义，品牌是一种名称、名词、标记、符号或设计，或是它们的组合运用。品牌的作用是借以辨认某个产品和劳务，使其与其他产品区别开来。品牌通常包括名称部分、标记部分、可注册的商标以及受法律保护的部分。广告中的品牌概念和市场营销的品牌概念是不一样的。广告学的品牌是附加了某种心理感觉、印象和意象的品牌概念。奥格威1955年曾说过："品牌是一个错综复杂的象征。它是品牌属性、名称、包装、价格、历史、声誉、广告方式的无形总和，品牌同时也应是消费者对其使用的印象，以及由自身的经验而界定的。"台湾奥美广告公司总经理庄淑芬说："每个品牌中都一定有个产品，但不是所有的产品都可以成为品牌。如果这个产品没有与消费者有更强劲的关系，它只是个产品，不会变成一个品牌。"庄淑芬还认为品牌应该包括四个层面：一是品牌的名称和标志的知名度；二是品牌品质的认知度——好坏高低；三是品牌联想，受众一想到品牌便会联想到某种东西；四是品牌忠诚度。

由此可见，广告学所说的品牌与市场营销学的品牌含义是不同的。广告学所说的品牌是产品所具有的特征以及广告和受众经验在受众心中的融合。品牌与产品（或作为客观存在的品牌）是有区别的。斯蒂芬·金曾说过："产品是工厂所生产的东西，品牌是消费者所购买的东西。"品牌是一种主观存在，是产品印象、广告和各种传播及受众经验赋予了产品之外的某些因素，形成一定品牌。试想如果没有这些因素，离开受众心智，产品就是产品而不能成为品牌。

（二）广告品牌的形成及其作用

广告和各种传播创造并赋予了产品虚幻的形象、个性和象征，会使人们对同样的东西产生不同的感觉和情感，这正是品牌形成的心理基础。人们可以利用广告和传播赋予某种产品一种预定的印象。这是品牌在销售中的重要作用，是广告创意的目标和归宿。美国BBDO的广告理论认为："广告的作用是调剂一个品牌在消费者心目中的形象。"

人们可以赋予品牌形象，但它不是人们主观意定的，而是由诸多因素在人们心目中融合而成的品牌印象。或者说品牌形象是由一系列的外界因素，经过人们头脑的加工而形成的品牌印象。正如一个人的形象由他的姓名、外貌、品德和行为等因素形成。影响品牌形象的因素有：产品性格和人们的感觉印象、使用印象；品牌在人际传播中给人的印象；品牌的社会舆论和在大众传播中的印象等的"化合反应"，乃至各种因素的累积效应。由此可见，品牌形象是产品本身特征和广告传播共同作用的产物。许多产品的品牌形象是在大量的广告宣传中形成的，正如广告专家奥格威所说，品牌印象是广告长期投资的结果。长期投资是品牌在消费者心中长期积累，从而形成对品牌的认知和忠诚。

品牌形象虽然是由多种因素形成的，但在产品品质特征一定的条件下，广告在塑造品牌形象方面起到举足轻重的作用。完全可以通过广告，创造品牌印象，使一个产品焕发出新的光彩，在人们的心目中形成新的感觉和印象。商标、品牌是注册者独家享有的无形资产。在商品日益标准化的现代社会，品牌往往成为人们选购商品的重要依据，所以企业必须突出品牌，加深消费者对品牌的美好印象。广告专家奥格威说："在产品内在质量难以看到、差异性不易表达时，广告采用品牌形象表现战略是十分有效的。"用人或物作品牌形象的象征，是建立品牌形象的有效阶段。

三、广告定位策略

（一）定位观念的提出

在一个信息爆炸的时代，尤其是广告信息无处不在，无孔不入。广告信息对沟通产销、指导消费起到了一定的促进作用，但同时也增加了人们对信息选择的难度。在众多的产品中有不同的品牌，消费者面临如此纷繁复杂的广告信息，他们该怎么办，选择什么商品，选择什么品牌？面对潮水般的信息，受众遇到了信息容量、信息选择的问题。"人类的心智是一个完全不够大的容器。"根据美国哈佛大学米勒博士的研究，一般人心智不能同时与7个以上的单位打交道，因为会受到受众心智容量的限制。

过多的产品、品牌信息与人类不太大的心智容量之间存在着尖锐的矛盾。如何解决这个矛盾？艾·里斯和杰·屈特20世纪70年代提出的定位理论，主张在广告沟通中应用这一理论，进行有效传播。艾·里斯指出，定位的基本目的就是要"突破过多传播屏障"，"把进入潜在顾客的心智作为首要目的"，使广告和品牌信息在受众心目中找到一个位置。

所以，定位观念强调的是通过突出符合消费心理需求的鲜明特点，确立特定品牌在商品竞争中的方位，以方便消费者处理大量的商品信息。

（二）定位观念的要点

从以上可以看出，定位观念的要点是"消费者心中"和"相对于竞争对手"。没有这两点，广告定位策略或与"独特的销售主张"雷同，或与"品牌形象"策略一样。

1. 定位的心理基础和特征　定位是一种攻心战略。定位不是去创作某种新奇的与众不同的东西，而是去操作已存在于受众心中的东西，定位以受众心智为出发点，去寻找一种独具的定位，而不像传统的逻辑那样，从产品中寻找。也就是说，你不可能在"七喜"罐里找到"非可乐"的构想，只能在饮用者的心中才能找到它。定位观念使得广告创意的出发点从商品转向了消费者，要求更细致的消费心理研究。因此，里斯和屈特说："定位是一种观念，它改变了广告的本质。"这种说法并不为过，因为定位观念比以前的广告策略更明显地体现了"消费者导向"。以消费者为导向，或更具体地说，从受众心理层面考察，定位观念具有以下几个特征。

（1）定位为受众有限的心智提供了一种简化的信息　受众面临过多产品品牌和纷繁的信息时，容量有限的心智不可能掌握所有情况和每一个细节，为了应付这种复杂，人们学会了把一切简化。如何简化呢？里斯说："为了与产品爆炸抗衡，人们学会在心智上划分等级。也许最好把它看成心智上的一系列阶梯，每一阶是一个品牌，而每一个阶梯代表一类不同的产品。"这种心理小阶梯是受众对产品类别印象和类别中各品牌印象为序排名而构成的一种印象序列网络，它使复杂的世界变得简化，是受众面对复杂信息环境压力时一种便利的解决途径。定位正是适应了受众的简化心理。定位直指受众心智，它不去说产品如何如何，而是在受众心理阶梯上寻找一个位置，或者重新建构一定的心理阶梯。这个位置给受众一种简单的购买理由。这个品牌之所以值得信赖，值得购买，是因为这个品牌在同类产品中所具有的地位，而这一位置则包容了与之对应的品牌和产品的全部信息。这样，定位广告便为受众的购买决策提供了一个最简单实用的信息，是对抗传播过多的社会而采用的最好的方法之一。

（2）定位借助的是一种位序符号　人类标识和理解纷繁复杂的世界，必须借助一定的符号。所谓符号，是根据既定的社会习惯可被看作代表其他某种东西的东西。人是适用符号的动物，人类运用的符号有多种多样，形成多种形式的代码体系，这种代码体系既是一种外在语言，又是一种内在语言或认知结构。不同的广告创意策略所借助的是不同的代码体系。USP策略运用的是一种特征借代式代码，即利用人类通过把握事物特征把握事物的原理。它从产品概念中抽取某些特征来指代产品，让受众在心中将这些特征意象转换为产品意象，从而标识和理解产品。品牌形象策略运用的是象征式代码，广告意象与产品是象征和被象征的关系。这一策略是利用广告投射一个形象，用这一形象的性格和意义象征品牌，使受众在心中将形象性格、品牌及消费者自身融合起来，进而把对象征体个性的感受和理解移情于品牌。定位策略运用的是数列代码中的位序代码，同上述两种符号一样，位序符号也含有一定的意义和意味，也有一定指代功能，但它较上两种代码体系更简化、更抽象。位序中的位置含有一定意义，它代表着一种消费者评价的排序和量度。当广告定位将某一位置赋予某一品牌时，这一品牌就成了位置符号所指物，人们在心中就会将这一位置具有和包容的价值和其他信息附加在品牌上，从而将对品牌位置的感觉和评价转移到对品牌质量、价值等的评价上，将对位置的信赖转移到对品牌的信赖上。

（3）定位与受众心理的保守性和可塑性　里斯认为："人的心智拒绝其所不能'计算'的资讯，他只接受与现行的心智状态相符合的新的资讯，而把其他一切过滤。你只看到你所期望的事物。"所谓现行的心智状态，就是指受众心中已有的位序序列网络或心理阶梯。这种心智状态决定了人们皆期待的方向和视野。这也就是消费心理中的认知的选择性，即选择性注意、选择性理解和选择性记忆。因此，一个品牌的广告一般要与受众心中已有的东西联系起来，要考虑到受众心中已有的位序状态。里斯强调了认识结构的保守性和顽固性，同时也承认其在一定条件下的可变性和可塑性。这种改变是在受众已有心智状态基础上的改变。他认为，广告可以在受众心中创造一种新的次序。当然，要想把一个新的观念或产品搬进人的心智中，你必须先把一个旧的搬出去才行，旧观念一旦被推翻之后，推销一个新观念常常易如反掌，事实上人们常常是主动地寻找新观念以填补空缺。现代接受理论也认为，人们在接受某一文本时，一方面在原有的认识结构所形成的期待视野中进行，另一方面，文本的作用又可打破原有的认识结构和期待，接受的结果是文本视野与期待视野的一种融合。这说明了受众接受心理的稳定性和可变性关系，一方面受众受到原有心理结构的制约，另一方面新的信息又可能对这一心理结构进行修正和改变。因此，广告定位一方面要考虑到受众心中已有的位序网络，另一方面又可在原有位序网络的基础上，修正、改变或重建心理位序，形成有利于自己品牌的心理位序序列。

2. 定位的竞争特征　定位要"相对于竞争对手"，表明定位广告是一种竞争性广告，也就是说，定位所试图在消费者心中建立的位置是和竞争者相比照的，从而体现出鲜明的"竞争导向"。但是，定位广告又和一般的竞争性广告，如比较广告，又有所不同，以上都反映了定位的竞争特征。

（1）定位是一种心理位置上的竞争　一般的竞争性广告在提到竞争品牌时，往往涉及到产品（整体产品，包括核心产品、形体产品及附加产品）或产品某一方面的比较，如功能、质量、款式、售后服务、所提供的利益等。而定位广告中，不仅要考虑到产品自然差异，更着重于两者在受众心理位序或阶梯上的位置关系，是一种位置占领上的竞争。

（2）定位承认并利用竞争品牌的位置和优势　一般竞争性广告总是以自己的优点比照他的缺点，以将自己描述的比对手强，而定位广告则承认对手的优势，以对手的位置为自己定位的前提，同时，还充分利用对手的优势和位置，使自己的品牌在受众心中与竞争对手为之发生某种关联，借助或避开这一位置，以获得自己应有的和可能占据的位置。

（三）广告定位策略
广告定位策略包括以下几种。

1. 领导者定位——建立领导地位　这是一种旨在占据某一产品类别中第一或领导位置的定位策略。"第一"是最容易进入心智的途径，因为这时的心智是一片空白的、天真的心智，一个还没有被别的品牌所擦亮的心智。"最大"也有同样的效用，所以，争取"第一"、"最先"、"最大"，你就可以成为领导者。历史说明，最先进入人脑的品牌，平均而言，比第二的品牌在市场占有率方面要多1倍，第二的品牌比第三的又会多1倍，而且这种关系是不易改变的。

2. 比附定位——紧跟行业领导者　这是在竞争品牌领先位置相当稳固，原有位序难以打破的情况下，或自己品牌缺乏成为领导品牌的实力和可能的情况下可采取的一种定位策略。这种定位策略是自己的品牌与领先品牌发生一定的比附性关系，在承认竞争品牌领先地位的基础上，占据紧随其后的位置。这似乎有些"狐假虎威"之嫌，但聪明人总是善于利用一切可以利用的东西，包括竞争者。

3. 细分定位——寻找市场空隙　细分定位是在原有的位序序列中，分解出更细、更小的类别，在大阶梯中分解出小阶梯，然后将自己的品牌定位于小类别或小阶梯上的领导位置。这就是里斯所讲的"在小水池中作为一条大鱼（然后再把水池增大），比在大水池中作为一条小鱼要好，然后首先要确知，你不能让称为第一的其他事物着了先鞭。"在广告创意中，寻找空隙的策略还有很多：①价格的空隙，包括高价位的空隙；②性别的空隙；③年龄的空隙。正如可以利用不同的变数（包括人口变数、地理变数、心理变数、行为变数等）来细分市场一样，通过这一手段确实可以寻找到像以上那些成功品牌所寻找到的市场空隙，来作为广告创意和进行广告诉求的立足点。

4. 重组定位——重新为竞争定位　在市场上每种产品类别都成百上千的今天，想要去寻找一个上虚位以待的空隙，实在是机会非常之少，而领导者和"第二"的位置更是惟一。面对上述困难，最不幸的选择也许是退出竞争，但是通常企业也可以利用重组定位的策略，为自己创造机会，也就是说一个企业可以将竞争者们占据在人们心智中的位置重新定位，创造一个新的次序。重组定位策略的要点是根除一个既存的观念、产品，然后再把一个新的观念或产品搬进人们的心智中。这其间，可能会发生冲突，但永远不要惧怕冲突，因为冲突常常是一幕戏剧高潮所在，而高潮又最吸引人。

5. "高级俱乐部"策略　公司如果不能取得第一名或某种很有意义的属性，而市场空隙又不存在时，便可以采取这种策略。公司可以宣传自己是三大公司之一，或者十大公司之一等等。事实上，三大公司的概念是由第三大汽车公司——克莱斯勒汽车公司提出的，而市场上最大的公司是不会提出这种概念的。通过这一概念的提出，将本处劣势的公司纳入"高级俱乐部"中，而俱乐部的成员在受众看来，都是最佳的。受众会逐渐淡化公司在行业中的实际实力和地位，而将其同行业中最好的一群公司放在一起考虑，这无疑提升了公司在受众心目中的位置。

四、医药广告创意中应注意的问题

1. 广告创意要立意新颖而奇特，但不得离谱　广告创意不能随心所欲地去玩"新"、"奇"。一旦"新"得过分，"奇"得离谱，会给受众对广告的理解带来障碍。

2. 广告创意要带有艺术性，但并不是纯粹的艺术　广告创意中的艺术为实用艺术类，属于现代设计范畴。它不是一种纯艺术。

首先，广告艺术既属于经济基础，又属于上层建筑。广告艺术创作与表现都是为了推动商品销售，为企业组织最终带来利润。它又是上层建筑的一部分。这也就是广告创意时既要追求广告艺术性，但又不追求纯粹艺术的原因。其次，广告创意中的艺术以广告目标对象的心理特征为起点，而纯艺术作品是以艺术家个人心理感觉为特点。第三，广告创意的艺术性追求的是利益结果，而纯艺术追求艺术本身。第四，广告创意中的艺术表现逐渐地成为一个系统工程，而纯粹艺术品的创作和制作还往往是个人活动的产物。第五，广告创意中的艺术带有极强的时效性，而纯粹的艺术品可能在较长的时间不被人去感受。

3. 广告创意应该突出主题，不要喧宾夺主　在广告创意中，主题的突出程度与传播效果呈正比，无论是广告表现中的前景还是背景、人物还是道具，都应以突出主题为根本任务，通过综合表现把受众注意的焦点集中在广告主题上。但是，在许多广告创意的表现上，作为映衬、烘托的因素，可谓琳琅满目，而把广告的主体冲到一隅，造成主次不分和宾主混淆。造成这种混乱的情况一种是在广告创意表现上主次区分的不明显，把主体部分混同一般，对主客体一视同仁，客主混沌一片；另一种是反客为主，次要部分赫然入目，而主体部分极不显眼，置于从属地位，导致喧宾夺主。

4. 广告创意要表现文化精华，而不能污染文化　广告创意是对社会文化的整合，又是对社会文化的创造，更是对社会文化的传播。广告创意应该表现社会文化的精华，促进精神文明的发展和传播。广告创意中对传统文化非精华部分的宣扬有3种典型：①证书荣誉罗列与官本位崇拜；②大小先后与信息焦点置后；③男尊女卑与性别歧视。广告创意作为一种文化整合，不仅要着眼于经济效益，还要着眼于社会效益，并且不可避免地要承担相应的社会责任。不久前，美国《广告时代》总编鲍勃·菲尔德先生撰文指出："广告设计要顺应情理，注意内容上的卫生，也就是精神卫生。"广告人不应该在对某些非精华文化在广告创意中的不断出现而无动于衷了。

五、医药广告创意小组

对于医药广告创意来说，好的广告创意除了要遵循一定的原理，还必须要有一个好的广告创意小组，由于不同组织结构的医药生产企业，其广告创意工作归属不同，因此这里没有一个统一的模式。

（一）广告创意小组组建注意的问题

1. 相互之间要加强沟通和协作　在明确分工的前提下，也不是相互闭门造车，真正好的创意是需要整个团队密切合作的结果。

2. 提高创意人员的素质　创意是在广告圈里谈得最多的话题，许许多多的广告人要想在广告上有所作为，必须在创意上下功夫，必须要在创意的产生方法上闯出一条道路来。其实，知道什么是好的创意并不难，但是如何得到产生好创意的方法就显得非常不容易了。因为这里面涉及到的因素非常多，比如说阅历、修养、经验、感觉、体会、积累、知识与技能等，都应该成为产生创意的一种支持。

3. 营销策略为广告创意小组成员明确方向　丰富扎实的营销基础知识和正确的市场营销观念就成了做好创意的关键。只有这样，才能很好地从整个营销活动的角度去理解营销目标，才能作出切实符合营销目标的创意来。广告创意人员是广告创作任务的承担者，他一方面有目的地接受来自各方面的信息和要求，另一方面充分发挥自己的主观能动性，在创意的王国中遨游，寻觅灵感，筹划蓝图，到完成整个创意设计。创意作为广告诸环节的龙头，有着至关重要的作用。在若干工种、工序的协同运作中，创意人员是无声的指挥者和策划者。

（二）创意小组创意时的忌讳

1. 忌分工　文案写好标题给设计要求配画面，或者设计想好画面给文案要求配标题，都是绝对的错误。工作伙伴之间要相互讨论，彼此分享对方的想法，使两条或者更多条的思路能够交叉衔接，才是创意人之间最有效的互动模式。

2. 忌自恋　很多做创意的人都有脆弱的神经，当想法遭受挑战、蒙受批评的时候，这根神经有时候就会发作，然后出现自我防卫的语言行为。其实每个创意人都有急于辩解以及回避批评的倾向，这是人的天性，并不是创意人的个性。但是身为广告人，一定要有把自己呕心沥血的作品摊出来让众人检视的勇气，在感性的思考过后，学习理性地看自己的作品，也接受别人理性的查核。

3. 忌客气　直接否定别人的想法非但失礼而且伤人，用比较间接委婉的措辞，再加上充足的理由，甚至积极的建议，会使创意得到提升。但不能以为客气就不忍批评，如果这样，可能最终会受到客户更为激烈的批评甚至丧失机会。

4. 忌认命　永远不要满足于 60 分的创意！如果你真的无法突破自己的创意障碍，安心你现在的待遇和位置，不想再有更大的发展，否则你何必看轻自己？也许是你的潜力尚未激发，也许是尚未开发。多看些国内外的优秀作品，多做些模拟练习，比别人多熬上 2 夜，即使做不出 100 分的创意，起码也可以拼出 70、80 分的创意。

5. 忌搞怪　创意的手法是无穷的，尺度难以衡量，让你的想象装上翅膀尽情遨游的时候，记住要用大脑指挥方向，而不是让翅膀将想象带进诡秘奇幻的世界，弄得消费者看不明白。时刻审视创意是不是依照广告策略制定的，是不是消费者可以接受的。

本章小结

医药广告创意是介于广告策划与广告表现制作之间的艺术构思活动，即根据广告主题，经过精心思考和策划，运用艺术手段，把所掌握的材料进行创造性的组合，以塑造一个意象的过程。简言之，是广告主题意念的意象化，广告创意必须要遵循独创性和实效性两大原则。

意象是被赋予了一定意义的表象，而表象是通过感官对客观事物的原型形象的感知和映照。意象具有象征意义、指示意义、感情意义、情绪意义和诱惑意味。在这种意义多样化的基础上，构想者可以发挥自己的想象力和创造力，围绕着主题意念表达的需要，有针对性地对意象进行选择、创造和组合，以形成丰富的意象结构，这就是医药广告创意原理。

医药广告创意是一个艰苦的脑力创造过程，这一过程可分为 5 个步骤：信息开发；概念构建；主题构思；创意表达；创意评论与分析。

介绍医药广告的 3 种较为流行的思考方法：二旧化一新法、水平思考法和集脑会商法。

广告创意的策略主要是 USP 广告策略、品牌形象策略和广告定位策略。

思考与讨论

1. 如何理解医药广告创意的 3 种角度？
2. 医药广告创意的主要特征有什么？
3. 应如何理解医药广告创意的创新性原则？
4. 请列举并解释各种常用广告诉求的表现方式。
5. 谈谈你对医药广告创意原理的理解，并试举两例说明医药广告创意原理的应用。
6. 选择同一产品在不同媒体上的广告，分析它们在创意上有什么不同，并与其不同的创意作进一步的评述。
7. 选择一则你喜爱的广播广告，对其声文并茂的创意加以评述。

● 拓展练习 ●

"白加黑" 抗感冒药的广告创意

感冒虽是一种常见的普通病，然而人们对它的看法和态度却相去甚远。基本上可分成两类：有些人非常重视，积极、及时地服药，并尽量呆在家里休息，直到自己觉得好转；另外一些人，则不管自己觉得如何，仍会拖着身子上班工作。考虑到有这两类消费者的不同情况，同一家公司就生产了两种抗感冒药。"康泰克"的广告说："当你打第一喷嚏时……"，"康得"则定位成"可使你勇往直前的抗感冒药"。而中国本土抗感冒药品牌中的佼佼者——"白加黑"短短 180 天的时间，就在拥挤的抗感冒药市场上赢得了 15% 的份额，销量达 4 万箱，创造产值 1.6 亿元。它成功的基石首先是富有创意的产品概念。

一个偶然的机会，江苏盖天力制药股份有限公司（简称盖天力）的一位工程师访美归来，他在闲谈中谈到了美国的一种抗感冒药，白天和晚上服用组方成分不同的片剂，说者无意，听者有心，盖天力老总顿时来了灵感，能不能洋为中用，开发一种新型的抗感冒药？

当时，市场上的抗感冒药不下几十种，在市场上站稳了脚跟的知名品牌也有 10 余种，在这种情况下开发抗感冒药，竞争压力相当大。盖天力决定用一种全新的思想来研究开发这一新产品。他们先后召集了近百次专门会议，提出的各种方案有 100 多个，经过否定、

203

肯定、否定之否定，终于筛选出一套完整的产品概念创意方案。

这套独特的产品概念创意方案最后以"白加黑"命名产品名称，意为白天和黑夜服用组方成分不同的片剂。白颜色片剂中，抽掉了抗感冒药中几乎都有的易引起嗜睡的扑尔敏成分。平平淡淡的3个字，确有平中见奇之功。公司老总自豪地说，凭着这3个字，已经成功了一半。

接着，在广告公司的协助下，"白加黑"确定了干脆简练的广告口号"治疗感冒，黑白分明"，所有广告的核心信息是"白天服白片，不瞌睡；晚上服黑片，睡得香。"产品名称和广告都在清晰地传达定位概念！

同时，盖天力还积极动用全方位的公共宣传工具，从"白加黑"的新闻价值入手，先后采写了消息："全新抗感冒药'白加黑'投放市场"，言论"为产品创意拍案"，科普文章"治疗感冒新概念"等一组文章，发往各新闻单位。不久，全国约60多家报纸、杂志、电台、电视台陆续刊播了这些文章，短短2个多月时间，有120多篇稿件见诸报端，总字数在8万字以上。这些付出，都是在传达一种新型抗感冒药的定位信息。

"白加黑"推向市场前，在全国100多家大众传播媒体上展开了高密度的广告轰炸，取得了短时间里在消费者中形成了强大冲击波的震感。

拓展练习思考题

1. 抗感冒药市场可以从哪些方面进行细分？目前市场上的一些知名品牌定位于何种目标市场？
2. 你能否列举1~2个类似的例子。

第九章 医药广告设计与制作

AA 抗感冒药的广告设计

为了加深消费者对 AA 抗感冒药的印象度，该药品以电台、报纸、电视为媒体，播放广告。其广告采用两段式的做法，第一段，纯为呼唤大家预防感冒，第二段再推介 AA 抗感冒药。

其电台广播设计为：

社会越进步，生活越忙碌，头痛的人也越多。头痛会影响健康，妨碍事业，所以请您不要忽视。由 AA 大药厂出品的 AA 抗感冒药，是治疗头痛的有效良药，能迅速产生效果，并且不伤胃肠。当您头痛时，请服 AA 抗感冒药，AA 抗感冒药保护您！

海报（报纸）设计为：

感冒正在全国各地蔓延，敬请各位多加小心预防。根据专家最新分析报道，×××型感冒正在流行，目前患者日增，尤以儿童居大多数，敬请父母亲及教师们善加照顾儿童的起居生活，以维护全民健康。现谨将预防感冒应注意事项列之于下，希望能对各位有所帮助——

(1) 早、晚气温降低时，应多添加衣服，避免着凉。

(2) 夜晚睡觉时门窗要关好，不要踢被。

(3) 多吃新鲜水果、蔬菜，注意饮食卫生。

（注明以上公益广告由 AA 公司提供）

AA 抗感冒药随时保护您。

对付感冒要先下手为强，感冒拖不得，若不及早治疗，往往会导致其他如肺炎等严重的并发症。所以，当您一有感冒现象时（譬如：发热、头痛、打喷嚏、流鼻水、鼻塞、喉痛、咳少量白痰等）就应该迅速采取行动——

(1) 每日 3~4 次服用感冒 AA 抗感冒药。

（2）多休息，多喝开水，注意营养及身体的保暖，勿去公共场所。感冒 AA 抗感冒药，祝您健康！

电视广告设计为：

方案一：各位观众，流行性感冒正在台湾地区蔓延，敬请多加小心预防。（小心！小心！流行性感冒来了！）

方案二：当您一有感冒、鼻塞、流鼻水等现象时，请服感冒 AA 抗感冒药，感冒 AA 抗感冒药祝您早日康复。（对付感冒要先下手为强，感冒 AA 抗感冒药随时保护您）

资料来源　http：//www. 795. com. cn/w2/14323 - 1. html.

第一节　医药广告设计

医药广告设计是一项操作性、艺术性、服务性很强的工作，它与一般的图案设计相比有其共性，但又有个性。它力求以精细的构思、刻意的雕凿、巧妙的表现形式、深远的内涵以及独特的风格和美感，使公众在赏心悦目后产生购买欲望并留下恒久的记忆。一般广告设计可分为：平面广告设计、电视广告设计和网络广告设计。

广告设计是一项程序性很强的艺术创作工作，无论是平面、电视还是网络广告设计，一般均经历以下几个环节（图 9 - 1）。

第一步，根据广告决策所确定的宣传媒体类型，初步决定广告的表现形式。广告的表现形式大致有图画式、文字式、实物式和综合式。

第二步，理解并确定广告创意和宣传主题，把握好中心思想、创意和主题。

第三步，领会广告文案的重点和核心。

第四步，构思、创作，拟出广告作品的草图草画。对于平面广告而言，这个环节的工作主要是设计平面画面、选择并编排字体、选择色彩、选择饰线等。对于电视广告和网络广告而言，这个环节主要是编制电视广告脚本，具有一定的导演创作特点，涉及的工作主要有编排故事情节、选用模特形象（如人物模特、动物模特、动画模特等）、设计广告画面的景别（如远景、全景、中景、近景或特写）与构图、拟音、设计音乐与音响、设计屏幕字体、选择色彩等。

第五步，把广告作品草图草画交由广告策划创意人员和企业负责人审定。如果广告作品通过了审定，即可进入下一个操作过程，如制作样本、制版印刷、广告宣传。反之，未通过审定的，需重新返工，重新提交

```
┌─────────────────────────┐
│   接受广告作品创作任务    │
└───────────┬─────────────┘
            ↓
┌─────────────────────────┐
│   确定广告作品的基本表    │
│        现形式            │
└───────────┬─────────────┘
            ↓
┌─────────────────────────┐        ┌──────────────────────┐
│   理解广告创意与主题      ├────────┤  分析意境构成         │
└───────────┬─────────────┘        │  建立意境参照概念     │
            ↓                      │  理解意境特色         │
                                   │  在意境中寻求创作灵感  │
                                   └──────────────────────┘
┌─────────────────────────┐        ┌──────────────────────┐
│      领会广告文案         ├────────┤  明确文案表达中心      │
└───────────┬─────────────┘        │  分析文案特色         │
            ↓                      │  理解文案所渲染的氛围  │
                                   │  寻找文案诉求点       │
                                   └──────────────────────┘
┌─────────────────────────┐        ┌──────────────────────┐
│      构思与创作           ├────────┤ 构图与创作,作品布局创作│
└───────────┬─────────────┘        │ 色彩运用,衬托修饰创作  │
            ↓                      │ 字体运用,提交草图      │
┌─────────────────────────┐        └──────────────────────┘
│     草图审定与定稿        │
└───────────┬─────────────┘
            ↓
       ┌─────────┐
 否定  │  审定    │
       └────┬────┘
            ↓
┌─────────────────────────┐        ┌──────────────────────┐
│      制作样本             ├────────┤  设定构图参数         │
└───────────┬─────────────┘        │  设定色彩合成参数      │
            ↓                      │  设定布局参数         │
┌─────────────────────────┐        └──────────────────────┘
│      制版印刷             │        ┌──────────────────────┐
│    制作广告作品           ├───────▶│   开展广告宣传        │
└─────────────────────────┘        └──────────────────────┘
```

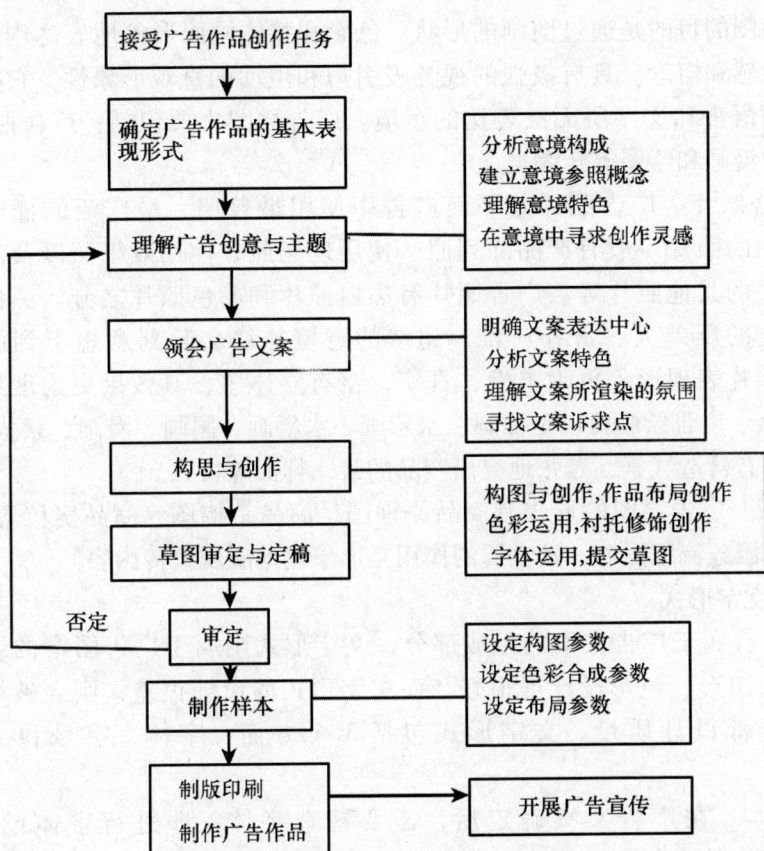

图 9-1　广告设计的一般程序

审定。

第六步，制作样本。

第七步，根据样本的构图参数进行制版，进行印刷、播放。

广告作品的设计是一个动态的过程，其各个环节相互衔接，彼此循环，构成一个整体。

一、平面广告的设计

平面广告，主要是指以报纸、杂志、海报、招贴、传单、POP 广告、日历等媒体为信息载体的广告作品。它是一种图文并茂、丰富周详的广告形式。其构成要素主要包括图案和文案两大部分。本章主要介绍广告图案的设计。广告图案是指一则平面广告整体的构成设计，它的构成要素主要包括：插图、文字形式、商标和色彩。

（一）插图

广告插图的目的是通过图画的形状、色彩和整体画面形象地表达创作者的思想、情感和概念。具有极强的视觉吸引力和生动的直观形象性，它往往能表达出用语言和文字所无法表达的意境。广告插图主要包括：广告照片、绘画、卡通漫画和绘图等几大类。

1. **广告照片** 广告照片是平面广告中使用最普遍、最广泛的插图形式。广告中的照片一般有产品陈列照、使用现场照、使用效果照以及和产品宣传有关的其他照片等。广告照片有黑白照片和彩色照片之分。黑白照片色调亮度的反差大、古朴典雅，超然的意境往往会起到意想不到的效果。彩色照片表现形象更为丰满、真实，富有立体感，其效果更为理想。

2. **绘画** 广告绘画可以是油画、水彩画、水墨画、国画、漫画、素描等。应用绘画具有营造气氛、夸张地突出产品的某一特征等特点。

3. **绘图** 广告绘图的形式有商品原理图、商品结构图、商品房位置图、商品生产或服务流程图等，其主要的作用是形象化地展现宣传内容。

（二）文字形式

文字内容属于广告文案的组成部分，文字形式则属于广告图案的组成部分。如果图形、色彩设计得很好，而文字形式的设计很差，则会破坏这个画面，降低设计质量。文字形式包括 3 个方面：字体、字号和文字编排。

1. **字体** 在广告文案确定后，需要精选字体，即进行字体设计。可供选择的字体有很多，分为印刷体、美术体和书法体 3 种形式，其中印刷体主要有宋体、仿宋体、黑体和楷体。这些字体具有不同的特征，见表 9 - 1。

表 9 - 1 常用字体的形态特征

类 型	字体特征	适宜内容
老宋体	笔画严谨、字体方正、端庄稳重、严肃规范、易写易认	广告标题、广告正文
仿宋体	笔画细致、轻灵、秀美、飘逸	广告正文
小篆	笔画横竖粗细均等，布局均匀对称、排列方正、横竖成行	广告标题、广告标语
隶书	字体灵活多样，给人传统权威感	广告标题、广告标语
楷书	笔画浑圆庄重，柔中带刚	广告标题、普通说明性文字
草书	笔画变化多端、飘逸灵秀，给人豪迈的感觉	广告标语、强调性词句
行书	既有楷书的优势，又有草书的特点	广告标语、强调性词句
黑体	笔画单纯、结构严谨、粗壮笔挺、庄严醒目、视觉效果强	广告标语、强调性词句

在一幅广告画面中，字体不宜选用太多，以免零乱。画面比较活泼

跳动的，标题宜用端正的黑体；画面比较单一，色块面积较大的，可用活泼的美术字体。正、草体互用，可以增强美观。同时注意字体必须规范化，不能使用未经国家正式颁布使用的简体字，更不能使用错别字或繁简体混合使用。

2. **字号**　字号是指字体的大小，一般而言，字号越大越引人注目，但在一则广告中字号的大小要服从整体构图的需要，尤其是必须与图片相互呼应，才能取得良好的视觉效果。

3. **文字编排**　文字编排是指文字的位置、线条形式和方向动势。常见的文字编排有横排、竖排、斜排，有齐头齐尾的编排，齐头不齐尾的编排，对齐中央的编排，沿着图形编排以及将文字排成图形等多种形式。

（三）商标

商标是"平面广告的眼睛，是很重要的点"，在平面广告中，商标是必不可少的构成要素，通过对商品的突出和强调，可以提高其知名度，塑造品牌形象，引导消费者认牌选购。

（四）色彩

色彩在广告作品设计中，最能展现产品形象和企业形象的特色，具有很强的表现力。它的功能主要包括：第一，色彩能极大增强广告图案的吸引力；第二，色彩可以增加广告内容的真实感；第三，运用不同的颜色，赋予广告不同的感情色彩和象征意义。

在色彩的运用过程中，要注意色彩的对比、搭配技巧，达到不同的视觉效果。

二、广播广告的设计

广播广告的设计有广义和狭义之分。广义的广播广告设计包括广播广告文稿的构思写作直到广播广告作品的录制完成，狭义的广播广告设计指的是根据编写的广播广告文稿设计广播广告作品的制作方案。这里所说的广播广告设计，主要是就狭义而言的。它着重要考虑的是：制作时应根据不同的广告内容，采取不同的形式，加配不同的音乐和音响效果，选择不同的人来演播。一则广告要起到好的宣传效果，需要在设计上认真下一番功夫。广播广告的设计应注意的问题有：①立足声音，塑造形象；②强调品牌，突出主题；③注意开头，先声夺人；④寻求广告的最佳组合。

三、电视广告设计

（一）电视广告脚本的要素

电视广告脚本一般包括以下要素：主题理念、故事情节、模特形象、广告画面、拟音、音乐与音响、屏幕字体、色彩等。故事情节一般是围绕广告主题，通过若干个连续的活动画面与配音、旁白表现出来。模特形象是要根据产品、故事情节、广告主题等的特点，选择合适的模特形象，包括明星、企业家、消费者、动物、动画。设计广告画面，包括确定广告画面的景别（如远景、全景、中景、近景或特写镜头）与构图（包括电脑动画）两个基本方面。拟音主要是为模特的独白、对话或者旁白、歌词进行配音等方面。

电视广告脚本的编制一般采用表格形式，具体见表9-2。

表9-2　电视广告脚本的格式

主题理念											
主题情节											
镜头序号	持续时间	画面					拟音配音	旁白	字幕	音乐	音响	色彩
		剧情	景别	构图	镜位	摄法						
1												
2												
3												
...												

（二）电视广告设计的程序

电视广告设计的过程与一般的广告设计过程一样，也必须经过以下几个阶段。

第一，收集素材。这是电视广告设计的第一个阶段，也是非常艰苦的准备阶段。广告设计是一个非常严肃的过程，只有在充分掌握大量相关的材料的前提下才能进行。

第二，诉求点的确立和定位点的选择。当一个创意者面对一件需要进行广告宣传的产品时，他的基本素养就是表现在如何从一大堆相关的产品信息中选择几条诉求点，确定广告定位点。

诉求点的确定可以说是今后产品进行宣传、销售的起点，极其重要。在选择诉求点时可以从以下几个方面考虑：产品本身的特性、目标市场及宏观市场的状况、目标消费群的状况等方面。

第三，戏剧化过程。这是电视广告设计的第三个阶段，也是设计的高潮阶段。戏剧化过程主要包括：①寻找依托点，也就是寻找戏剧化赖以组合的几个要点，他们既有产品的主要特性，又有市场具体情况、消费心理，还可以设计社会民俗风尚等。关键在于鉴别其是否符合广告发布时期的情况。②试找碰撞点。这个阶段要寻找的是各种依托点之间的相互关系，试图从不同角度去触摸这些依托点，不断探索它的内在及延伸意义。③灵感闪现。

第四，形式化过程。设计的形式化过程，是指设计要通过文本化才能得到表现，要通过视觉化才能得到强化，要通过电视传播才能传达到目标对象。①文本化。设计只有通过语言才能得以表达，文本化是设计变成广告的必经过程。②视觉化。电视广告本身是以视觉为中心的艺术，将设计通过知觉的画面传达出来，给目标受众以有力的心理冲击。视觉化涉及构图、布局、色彩等一系列技术问题，可采用具象法、文字具象结合法、隐喻法、图解法、意义延伸法、点缀法、动画表现法各种方式予以表现。

（三）电视广告 AIDAS 原则

AIDAS 原则为目前国外广告业界所流行的广告创作理论。AIDAS 分别是 5 个英文词的缩写，它们基本概括了广告作用于消费行为的全过程，实际上是提出了广告创作尤其是文案撰写所应当遵循的规律。

1. Attention（注意）　这是达到广告目的最关键的一个环节。研究结果显示，一条电视广告主要是前 5 秒钟的内容引起观众注意，所以，精彩的开头至关重要。

2. Interest（兴趣）　引起注意之后，观众能否继续看下去，就看广告的内容是否足以使他产生兴趣了。产生兴趣的原因有两个，一个是被广告事物与消费者的某种需要完全一致，一个是广告创意高明、制作精美。

3. Desire（愿望）　每个消费者内心无不充满提高生活水平、改善生活质量的潜在愿望，所以广告承诺必须坚定有力，它不但可以立即满足目标对象的现实需要，还应当刺激潜在顾客深藏于心的种种愿望。

4. Action（行动）　这是任何广告活动的目的。除了煽动性的号召力之外，广告还应该明白无误地向消费者传递关于商品价格、销售地点、起始日期、售后服务、联系电话等信息，来促使消费者采取行动。

5. Satisfaction（满足）　满足虽然是指消费行为的结果，但它对广告活动同样具有重要意义。除了商品带给顾客物质上的满足，更有广告所创造的品牌形象带给顾客精神上的满足，这一点，应该在广告创作阶段进行充分的考虑。

四、网络广告设计

随着互联网络的飞速发展，社会生活，正在悄无声息中发生着巨大改变。日新月异的网络世界，气象万千。网络广告已经成为广告中的一个非常重要的广告形式。

网络广告的设计，实质上就是熟练地运用各种广告制作软件，创造适用于互联网发布的广告作品，在进行广告设计时，主要包括以下方面的设计。

（一）内容的设计

因为网络广告通常篇幅较小，在内容上既要做到简明，又要做到充分、具体，因此，应注意以下问题：①要有明确突出的主题；②内容要尽量简短；③结构要简明并注意多样化；④语句要准确、通俗、精炼。

（二）标题的设计

网上阅读是浏览性阅读，因此标题的写作就十分重要了。在吸引读者注意方面，标题的作用显而易见。好的标题应具有如下特点：①要和受众的切身利益有关；②要能引发好奇；③要易于理解；④要有正确的诉求对象；⑤要给人可以信赖的感觉。比如"这是你最后的机会"一类措辞，没人相信。一些自认巧妙的双关语或大摆噱头的标题，也无法令人信服；⑥要体现新闻价值，人们总是对最新事物具有良好反映；⑦要在标题中尽量把广告内容说清楚，类似于"点这里，定不会后悔"这样的字句是没有太大的作用的；⑧要让人觉得划算，例如"大甩卖"、"大降价"、"买一送一"之类，总是有着非凡效果；⑨要与众不同。

第二节　医药广告制作

上节主要讨论了广告设计，即对广告的主题、构图等内容进行构思和策划。然而，当一幅广告文体创作完毕以后，还应当干些什么？很显然，应当再根据广告的创作要求、规范、步骤，将广告设计具体化，使广告创意最终变为广告"成品"。这个工作就是广告制作。广告制作，是一个抽象广告思维变为具体广告产品的过程。它是专业技术性很强的工作，是各类广告创作的最终具体实施阶段。

无论是平面广告、广播广告、电视广告还是网络广告，广告制作人员在具体进行这一工作时，均应明确以下一般规则。

1. 与广告创意策划人员互相沟通　创意是广告的灵魂，广告制作就是使"灵魂"栩栩如生。广告制作过程中，创意与制作人员应多次切磋制作出能表现创意精要的广告作品。

2. 在进入具体广告制作之前，必须明确以下问题：第一，了解广告产品的特征，即对产品的品名、性能、功效、价格、外观包装等特征有全面把握，以便制作时融会于作品中；第二，明确广告诉求的对象和实施地区，以便广告作品中能反映出该地区的风土人情、即定价值观念及生活习惯，反映该地区不同广告诉求对象的购买、消费习惯及偏好等；第三，明确广告何时实施，不误时节和选购制作材料、选定制作场地；第四，明确广告使用的媒体。不同媒体的广告制作的规则、方式、技巧和程序不同。如平面广告制作要事先确定使用的平面广告的形式、版面的面积、排版方式、刊登次数等问题；电视广告要确定传播次数、传播时间安排、时间的长短等。

3. 注意广告标题　广告标题犹如一个人的姓名，起到第一印象作用。一则成功的广告标题应注意以下几点：一是标题与商品密切关联，尽管不一定将商品名称放入标题，但应该给人留下深刻印象；二是标题要简单扼要；三是标题要明确适当，避免用模棱棱两可、含混不清、容易误解之词；四是标题要有独创性，能引起受众兴趣，便于记忆。如果标题能使人读后感到这一个广告充满对他有益的资料价值则更佳。

4. 广告形象设计的准确　广告形象的设计可采用多种方法，如产品照片、产品图画、漫画、文字构成、人与商品共同构成、人物形象等。广告形象就是将广告内容以图画形式表达，将其视觉化，这样比文字给人的印象更深刻、更直接。另外，广告形象设计在广告文本中的位置，一般根据人的阅读方式，左上角和右下角是视线停留时间较长的地方，从左上角到右下角的对角线，是视线集中扫过的地方，一幅有趣的广告图画，放在适应位置，可以发挥吸引视线注意的最佳效果。

5. 对广告正文的要求　对广告正文的创作一般要求是：尽量用短句，多分段；文字和句子通俗易懂，每一段内容的含义一目了然，不要罗列过多的商品优点，只集中宣传一两个就足够了，要陈述一定的事实依据；最好采用对话式的语气。在医药行业中，广告正文则须较详尽介绍该医药产品的功效、使用注意事项和方法、不良反应、主要成分等。绝不可能用几个字便能使人决定购买一个药物。

6. 商业广告构图　所谓构图，是指在一定篇幅内为达到最佳的视觉效果而将广告的各个部分加以巧妙的总体编排，其目的是为了使制作出来的广告赏心悦目，而不使人产生抵触情绪。一则广告，从标题（有大标题、副标题之别）到广告正文，从文学到图画，从形状到色彩等，各个部分均须巧妙组合。

一、平面广告制作

平面广告作品类型很多，如报纸、杂志、海报、宣传横幅等，这里仅介绍报纸广告和杂志广告的制作。

（一）报纸广告的制作

在现代社会，报纸已经成为日常生活的一部分。由于报纸种类多，发行量大，传播范围广，在传播中占主要地位。

1. 报纸广告的表现形式　报纸广告常见的表现形式有：文字表现形式、图画表现形式、抽象表现形式和综合表现形式等。文字表现形式，可充分发挥汉字的魅力，选择不同的汉字书写方式、大小、对齐方式来渲染广告主题。图画表现形式可分为照片、绘画和绘图，可以通过上述的手段，运用对比式、比喻式、夸张式、寓意式、卡通式、漫画式、连环画式、悬念式等表达广告主题，展示广告主体。抽象式是将广告的设计形象进行提炼、概括，并赋予含义，给人以联想。综合式是采用多种上述方式来设计广告。

2. 报纸广告的制作过程　报纸广告的制作一般来讲首先要明确广告的基本要素，如广告的内容、宣传的主题和投资预算；其次是初期制作阶段，包括画草图、选字体和设计美术表现形式；第三步则是制版付印，广告图样设计好后，经审查无误，即可制版，清样经过审校，便可交付印刷，出版发行。

（二）杂志广告的制作

1. 杂志广告的表现形式　为吸引更多的读者，杂志的设计要比报纸精致得多。广告制作采用了多种技术，其表现形式多种多样，常见的有封面广告、插图广告、跨页广告等。

2. 杂志广告的制作　杂志广告的制作过程相对于报纸广告，在制作技巧方面更为讲究。一般要注意以下几个方面。

（1）杂志广告的制作要考虑版面的位置。最引人注目的是杂志的封面，它反映了杂志的主题形象和宣传意图。但在现实中，杂志的封面不会进行广告的宣传。其次，注目价值很高的则是封底、封二、封三、扉页等版面位置。

（2）注意版面的平衡和谐。

（3）注意广告的创意和色彩的运用。

（4）注意插图的合理运用。

（5）注意照片的运用。

以上是杂志广告制作中需注意的方面，其他过程与报纸广告相类似。

二、广播广告制作

广播广告是指通过广播媒体传播听觉的广告。它是一种以广播为传播媒体的有偿的宣传活动，包括通过广播向听众推销商品、介绍服务项目或按客户的要求传播其他合法的内容。通常运用语言、音乐、音响相互配合来表现广告内容。

（一）广播广告的要素

语言、音乐、音响是构成广播广告的三要素。

1. **语言**　作为广播广告要素的"语言"，是特指有声语言或听觉语言。它和作为印刷广告要素的文字，有着迥异的感知方式。因此在选择广告语言时，就必须易于听觉感知和辨析，要能听其声便解其义，而不能让听众对语音感觉模糊，产生歧义，造成误解。

语言也是表达和体现思想的工具。广告中的语言来源于广告客户的要求或对于广告物的认识，包括树立企业形象、提高产品信誉、介绍商品特点、沟通产销渠道等。这些思想都需要通过语言表之于声，达及听众。因此，在制作广告时，必须对所有宣传的对象有详细的了解。做到：第一，准确，即要符合广告物的实际情况，讲究真实性；第二，中听，即要想法让听众听得满意，要带有艺术性。

基于上述认识，完全有理由说：广播广告是语言的艺术。掌握语言技巧是制作广播广告作品的基本条件。

2. **音乐**　音乐是一种特殊的声音系统。它是通过乐音来表达人们的思想感情、反映社会的现实生活的动态艺术。它的基本构成要素是旋律和节奏。一旦音乐进入广告，就能和语言、音响水乳交融地结合在一起。为传达广告信息内容服务，或创造融洽的气氛、或提供适宜的环境，是广播广告重要的辅助手段。

在广播广告中，音乐既能赋予产品不同的个性，也能突出产品某一方面的特征。这就要求音乐主题与产品特征有一定的关联，让听众透过音乐了解产品；同时，音乐形象也应大众化，要有利于广大听众对产品的联想。

音乐的基本构成要素是旋律和节奏，广播广告的语言表达要素也是旋律和节奏，这就使广播广告为音乐艺术和语言艺术的有机结合找到了一个共同点。所以，在选择配用音乐时，切不可忽视语言的旋律和节奏。只有使两者的旋律和谐、节奏合拍，才能增强广播广告的艺术魅力。

3. **音响**　广播广告的音响要素可以分为三类：一是自然声响，如风声、雨声、雷声、涛声、流水声、鸟兽鸣叫声等，常用作广播广告的背景声音；

二是机械声响，即产品发出的声响，如铸铁锅坠地时发出的"喤啷"声，食品油煎时发出的"吧吧"声，家用电器使用时的工作声等，多用来表示产品的性能或使用特点；三是人物声响，即人在活动时发出的声响，如掌声、笑声、脚步声、喘气声、喝水声、敲门声、嘈杂声等，可用来表达人们对各种不同产品的感受。此外，还可以用比喻、象征的效果音响，或对音响进行技术、艺术加工，以使广告具有喜剧色彩。

音响对广播广告起着十分重要的作用。它能再现或烘托环境气氛，以增强广播广告的真实感，它能描绘或诉说产品的性能特征，以加强听众对产品的印象；它能揭示或表达人的思想感情，以诱发人们对于商品的购买欲望。总之，音响在广播广告中有着强烈的提示和暗示作用。在现实的广播广告的制作中，往往不太重视音响，或不大善于运用音响。实践证明，有无音响，效果大不一样；音响运用的好坏，直接关系到广播广告的成功与失败。

（二）广播广告的制作

广播广告的制作是广播广告作品完成的最后一道工序，是使用技术手段和艺术手法体现广播广告的设计理念。

1. 制作的基本过程 一则广播广告，从构思到播出，一般要经过两个大的阶段，即前期的文稿写作阶段（在第十章中介绍）和后期的作品制作阶段。后期的作品制作阶段，其基本过程如下。

（1）审核、修改既定文稿 广播广告文稿是广播广告制作的基础。所谓制作，实际上就是把文字转化成声音的工作。要根据声音传播的特点和要求，进一步修改原已写好了的文稿。同时，还要严把事实关，审核产品的真实可靠性，防止制作出欺骗听众、坑害消费者的虚假广告。

（2）落实、校正设计方案 要根据文稿风格、产品特点、听众心理、厂家意愿和销售时机等情况，进一步具体落实已编制好的设计方案。一旦发现有不切实际或不妥、不当之处，要及时加以校正，使其成为切实可行、有图可施的设计方案。

（3）检查、试验制作设备 广播广告的制作是离不开录音机、调音台、卡座、功率放大器、监听扬声器等机器设备的，它们工作状态的好坏，直接影响到广播广告制作的水准和质量。

（4）选聘、确定演播人员 要根据文稿特点和设计要求，选配具有适宜身份的演播人员。如儿童广告可考虑聘请儿童演员来演播，相声或戏曲广告应由相应的专业人员来演播。对话广告更要依据广告中设计的特定人物的身份来确定相应的对话人选。

（5）排演、录制广告片断 上述准备工作就绪后，就可进入试制或制作阶段。独白或直陈式广告，播音员可以直接录制；对话体广告，有个相互配合的问题，需要排练和试录，带表演性的广告，更需要排演的功夫，不仅演播人员要全身心地投入角色，而且编导人员要认真策划组织。凡需要合成的广告，都要分别录制好待合成的语言、音响或音乐的各片断。

2. 后期广播广告的合成　在广播广告中，除了独白或直陈式广告以及少量的对话体广告不需要合成外，凡带音乐、音响或旁白的绝大多数广告都需要进行合成。合成是一种比较复杂的集体性的创作过程，它需要广播广告的文稿写作者、制作方案设计者、编导人员、播音员或表演人员、录音员等各方面人员的通力合作，要重点抓好以下工作。

（1）要看重播音　播音是一种创造性的劳动。广播广告的播音是制作优秀的广播广告的基础，是对广播广告文稿的再创造。广播广告的播音要有自己的风格，要给人以热情、大方、体贴、关怀、厚重、实在、亲切、自然、甜润、优美的感觉。广播广告的播音要突出人物的个性特点。广播广告的播音要讲究技巧：首先，要掌握好音调和音量。中低音调使人感到平和轻松，中等音量令人觉得柔和亲切。其次，要注意语音的停顿。既要注意逻辑性停顿，词组与顿号之间停半秒，逗号之间停2秒，句号之间停3秒，也应有随意性停顿，即对句子中的重点部门或重要环节，如品名、厂址、出售地点、电话电报号码等，实行慢读或重读。

（2）要精选音响　广播广告中的音响，能给听众以真实感、立体感。制作广播广告时，要尽可能地把与产品有关的音响运用到广告作品中去，以充分发挥音响效果的作用。广播广告的音响主要有两种：一是能体现产品特点的本质音响；二是能营造环境气氛的背景音响，这种音响虽与产品本身无关，但也能间接为表现主题服务。

（3）要用好音乐　音乐在广播广告中具有多种功用：它能丰满广告形体，活跃广告气氛；它能唤起听众注意，增强广告的吸引力；它能协助塑造形象，给人以立体感，它能建立联想渠道，帮助识记产品；它能愉悦、陶冶听众，有娱乐欣赏、劝服等作用。因此，在广播广告合成时，要充分发挥音乐的特长和作用。

（4）要精心合成　合成是指各语言、音响和音乐等录音片断通过一定的机器设备和技术手段，合并制作而成可供播放的广告成品。这是一项技术性很强的工作，需要设计制作人员的密切配合。

（三）广播广告的检验标准

一个成功的广播广告有其共性，要想检验一个广播广告是否是一个成功的广告，主要有以下的标准：①能否用一句话重述你的广告战略；②检查一下主题是否被复述并在末尾提及；③问问自己该结构是否适合该信息；④如果用幽默方式，要确定这种方式有没有损害有关产品的信息；⑤确定你已经清楚地运用声音、音乐、音响；⑥确定你所使用的音乐有没有侵犯作曲家或版权所有者的版权；⑦检查一下音乐或音响有没有脱离销售信息；⑧是否有足够的时间以有效、可信地传达信息；⑨是否为所有的音响效果和音乐准备了足够的时间；⑩广告的长度是否恰当，播出时间太长会增加费用，太短则不足以有效地传达信息；⑩是否能够通过品牌提示或与品牌形象相关的音乐或者音响效果实现品牌识别。

广播广告既有趣又富有挑战性。同其他广告文案相比，它通常不易找到最好的解决办法。但是当你听到你的成品广告时，你会知道它是否正确。一个创作良好、精心导演的广播广告会给它的目标听众以巨大的影响。

三、电视广告制作

电视广告制作是指从电视广告创意脚本完成到电视广告播出的工作过程。大体可以分为拍摄前准备、正式拍摄、后期制作3个阶段。

（一）前期组织与准备

拍摄一部广告片相当复杂，需要各方专业人员的配合与协作，做好拍摄前的准备特别重要。电视广告制作人员一般包括：广告策划负责人、广告制片人、电视广告导演、摄影师、照明师、美工师、作曲、音乐音响编辑、模特和演员、化妆师以及配音演员等。要求上述各人员各自履行自己的职责。

电视广告前期准备阶段中，最重要的是开好摄制前准备工作，所有人都应参加。会上，广告公司企划负责人首先要做全面动员，讲述创意经过、诉求重点；然后导演、摄影、主要演员都要发言阐述自己的看法，以便统一思想，减少实拍时的麻烦。会后，要制定工作日程表，做周密详细的日程安排。

（二）实际拍摄

电视广告制作是以导演为中心进行的。摄制组一进入拍摄场地，导演即成为对各工种进行总控制的指挥中心，一切应在导演领导下有条不紊地进行。导演应充分调动演员的积极主动性和创造性。

（三）后期剪辑与合成

剪辑是广告片创作中的最后一道工序。后期制作的程序一般为冲片——胶转磁——电子编辑——配音录制合成。

在剪辑之前，音乐、音响以及旁白都必须录制完成，以备使用，一般广告片的素材与成片的比例是数十比一、甚至百比一。首先，广告片剪辑师要对广告创意非常了解，仔细研究所拍素材，精心挑选组合；其次，剪辑师对时间的控制要特别精确；此外，剪辑师还要注意广告片的节奏以及声音与画面的配合。

（四）电视广告片的检验标准

如何检验一个广播广告是否是一个成功的广告，主要有以下的标准：①首先考虑画面，再考虑文字；②选择最佳表达方式；③利用电视广告的娱乐性来有效地传播信息；④询问摄制组成员，开片镜头是否具有吸引力；⑤从占用的时间和拍摄角度看，产品本身是否给观众留下了清晰的印象；⑥你是否能使情节变得更为吸引人；⑦是否利用标题文字加深观众的印象，尤其要表达出产品名称及广告主题；⑧结尾是否完美；⑨文字表达要有内涵，不要停留在图像表面的意义上，要能发人深思；⑩重要文字要切合图像。

四、网络广告制作

（一）网络广告的制作过程

要想成为 Web 上的一个广告发布者，或称信息提供者，就必须用 HTML 语言建立一个起始页面，即"主页"。该页面有一个惟一的 URL，其形式为 http：//www. your. site. com/yourpag. html。这样建立者就成为 Web 的一部分，可以在 Web 上发布自己的广告信息了。

网络广告的制作是一个复杂的过程。作为一个非计算机专业的初学者，可以借助特定的入门软件。

1. Microsoft FrontPage 98——制作功能强大的软件　Frontpage 98 是网页制作最常用的软件。最强大之处，是其站点管理功能。在更新服务器上的站点时，不需创建更改文件的目录。Frontpage98 会为你跟踪文件并拷贝那些新版本文件，而且 Frontpage 98 是现有网页制作软件中惟一既能在本地计算机上工作，又能通过 Internet 直接对远程服务器上的文件开展工作的软件。

2. Netscape 编辑器——制作简单的网页　Netscape 编辑器是网页创作初学者很好的入门工具。如果你的网页主要是由文本和图片组成的，Netscape 编辑器将是一个轻松的选择。如果你对 HTML 语言略有了解，能够使用 Netscape 来编写少量的 HTML 语句。

3. Adobe Pagemill 3.0——制作多框架、表单和 Image Map 图像的网页。

（二）网络广告制作过程中的注意事项

（1）站在网络营销的高度策划网络广告。

（2）为广告安排好页面位置，根据调查，出现在页面最上方的是最可能被点击的。

（3）选择适当的投放站点。

(4) 网络广告的标题最好使用问句。

(5) 动画文件的大小要合适。

(6) 色彩以鲜明为好。

(7) 多使用悬念手法。

(8) 有一些号召性的语句为好。

(9) 广告要简单明了。

本章小结

医药广告设计主要包括平面、广播、电视和网络广告设计。

广告设计是一项程序性很强的艺术创作工作,一般均需经历以下几个环节:①根据广告决策所确定的宣传媒体类型,初步决定广告的表现形式;②理解并确定广告创意和宣传主题,把握好中心思想、创意和主题;③领会广告文案的重点和核心;④构思、创作,拟出广告作品的草图草画;⑤把广告作品草图草画交由广告策划创意人员和企业负责人审定;⑥制作样本;⑦根据样本的构图参数进行制版,进行印刷、播放。

平面广告设计的构成要素主要包括图案和文案两大部分,其中广告图案设计的构成要素主要包括:插图、文字形式、商标和色彩。广播广告的设计应注意的问题有:①立足声音,塑造形象;②强调品牌,突出主题;③注意开头,先声夺人;④寻求广告的最佳组合。电视广告的设计一般包括以下要素:主题理念、故事情节、模特形象、广告画面、拟音、音乐与音响、屏幕字体、色彩等。

无论是平面广告、广播广告、电视广告还是网络广告,广告制作人员在具体进行制作时,均应明确以下一般规则:①与广告创意策划人员充分沟通;②在进入具体广告制作之前,必须明确广告产品的特征、广告诉求的对象和实施地区、广告何时实施、广告使用的媒体;③注意广告标题;④广告形象设计的准确;⑤对广告正文的要求;⑥专业的商业广告构图。

思 考 与 讨 论

1. 在平面广告设计中需要关注什么?

2. 网络广告包括的五大要素是什么?

3. 广告制作应遵循什么规则?

● **拓展练习** ●

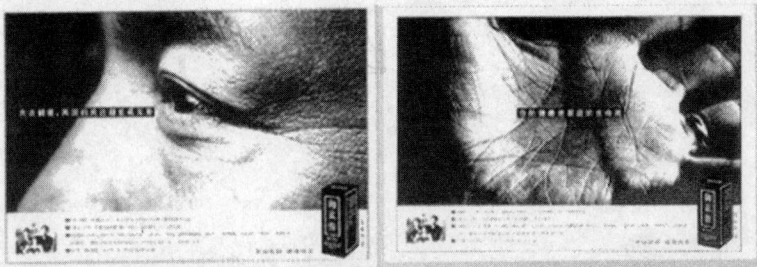

御苁蓉补肾口服液广告的广告设计（1997 广州日报优秀广告奖）

资料来源　御苁蓉补肾口服液. 中国广告网 ［OL］. http：//
mov. cnad. com/pm/gzrb/1997/031. htm.

拓 展 练 习 思 考 题

御苁蓉补肾口服液广告设计中的成功点是什么？

第十章

医药广告文案

儿童"百服咛"广告文案

她在找一个人（上图）

那天在火车上，我孩子发高烧，他爸爸又不在，我一个女人家，真急得不知怎么办才好。

多亏了列车长帮我广播了一下，车上没找到医生，还好有一位女同志，给了我一瓶儿童用的百服咛，及时帮孩子退了烧，我光看着孩子乐，就忘了问那位好心女同志的名字和地址，药也忘了还她，你瞧这药，中美合资的产品，没药味，跟水果似的，能退烧止痛，并且肠胃刺激又小，在我最需要的时候，百服咛保护了我的孩子。

人家帮了这么大的忙，我和孩子他爸都非常感谢她，真希望能再见到她，给她道个谢！

找到她了！（下图）

王霞，听说你在找我，其实给你一瓶药，帮你的孩子退烧，只是一件小事。那天在火车上，我一听到广播里说你孩子发高烧又找不到医生，正好包里有一瓶医生给我孩子治退烧的药，儿童用的"百服咛"，可以退烧止痛，肠胃刺激小，而且又有水果口味，孩子也乐意吃，所以就拿来给你救急了。那瓶药你就留着用吧，我家里还有，我孩子也常发高烧，家里总备几瓶，在最需要的时候，"百服咛"可以保护我的孩子，都是做妈妈的，你的心情我很了解。

希望你以后带孩子出门，别忘了带施贵宝生产的儿童用百服咛！

（图片来自《第五届全国优秀广告作品展获奖广告文案作品集》，上海奥美广告有限公司）

案例来源　张虹．儿童"百服咛"广告文案［OL］．http://www.51cmc.com/article/200707/20070707064925790977.shtml.

第一节　概　述

一、医药广告文案的含义与特征

广告文案是指以广告宣传为目的的文字作品。它是广告创意的物质表现部分，是广告作品设想与草图的具体陈述，是所有广告媒体作品的书面表现。

广告文案是广告作品制作前的文字蓝本（或脚本），是其所有表现元素的语言表达，既包括广告中语言文字部分，如标题、正文、广告语、解说词、商品名称、价格、企业地址等内容，也包括广告中非语言文字部分的语言表述。

广告文案的概念有广义和狭义之分，广义的广告文案指通过广告的语言、音响、形象及其他因素，对既定的广告主题、创意所进行的具体表现，包括标题、正文、广告语的撰写和对广告形象的选择搭配等。

狭义的广告文案仅指表现广告信息的语言与文字构成，包括标题、正文、广告语、随文等。

（一）医药广告文案的含义

医药广告文案指每一则医药广告作品中为传达医药广告信息而使用的全部语言符号（包括有声语言和文字）和非语言符号所构成的整体。

（二）医药广告文案的特征

1. 真实性　真实是广告的基本原则，是广告的生命，广告一定要传递给受众真实的信息，才能赢得他们的信赖，建立信誉。医药广告文案的真实性主要体现在对广告产品本身的功能、品质、作用的表现上，不能主观夸大或刻意隐瞒，这也是广告管理的法律规范所不能允许的。

2. 艺术性　好的广告应具有强烈的感染力，医药广告文案应在真实的基础上使语言文字生动活泼，充分地渲染气氛，调动情感。医药广告文案的艺术性是其重要的特征之一，增强了广告信息传播的影响力，使其更加深刻和持久。但需要强调的是：艺术性是建立在真实的基础之上的，广告不是纯粹的艺术品，而是借艺术表现来实现商业目标的载体。

3. 独创性　医药广告文案的创作要体现立意新颖、方法独特、表现与众不同，目的是使其受众产生新鲜感。现代社会竞争激烈，繁荣的市场中广告信息量大，要想使广告在目标市场中产生影响，这就要求医药广告文案具有独创性，追求独特与新颖，满足现代受众求新、求奇的心理特征。

4. 商业性　医药广告文案创作的动机和目的是为了促使人们购买广告中的产品，或改变某种观念，建立某种形象，最终的目的是为了实现广告产品的销售增长。商业性是医药广告文案创作的根本动机，这种商业性应蕴含在具有艺术性的广告文案中，使广告受众在欣赏广告的同时被引导，从而完成广告的商业目标。

二、医药广告文案的构成和类型

（一）医药广告文案的构成

医药广告文案一般包括标题、正文、广告语、随文四大基本组成部分，它们在广告文案中分别承担不同的职能，发挥不同的作用，组合起来构成完整的广告信息。随着广告形式的不断创新，这些组成部分的形式和表现方法也在发生着变化，有的广告文案将广告标题与广告口号合二为一，有的文案标题与正文难以分清。

（二）医药广告文案的类型

医药广告文案可依据多种标准进行分类。

1. **按照表现形式分类**　按照表现形式的不同可以将医药广告文案分成直铺式文案、说明式文案、引证式文案。

（1）直铺式文案　采用平铺直叙的撰写方式，一般不进行文字修饰。直铺式文案的主要内容为商品特质与用途，运用科学的论据进行证实。

（2）说明式文案　采用说明性的文字帮助受众了解产品或服务的特点、性能等，这种文案的形式为说明式文案。

（3）引证式文案　就是通过引用权威评论、鉴定资料或奖励证明来证实和推荐产品或服务。

2. **按传播载体分类**　按传播载体的不同可以将医药广告文案分成印刷媒体广告文案、广播广告文案、电视广告文案、网络广告文案、户外广告文案。

（1）印刷媒体广告文案　印刷媒体广告文案是采用印刷手段作为传播广告信息的工具，包括以报纸、杂志为主要形式的大众印刷媒体和以包装、产品说明书、传单、海报等形式出现的一般印刷媒体。

（2）广播广告文案　广播广告文案是通过广播将广告信息以各种声音的形式表现出来，通过语言、音乐和音响效果，充分发挥声音的特点，借助声音的表现力，唤起听众的充分联想。

（3）电视广告文案　有资料显示，纯粹听觉广告吸引人们20%的注意力，纯粹视觉广告吸引人们40%的注意力，而电视广告因其视听兼备，可吸引人们80%的注意力。电视广告文案一般称作电视广告脚本，是电视广告创意的文字表达，是摄制电视广告的基础和蓝图。

（4）网络广告文案　网络广告是借助互联网络传播广告信息的广告形式，具有信息量大、交互性强等特征。网络广告文案比传统媒体广告文案有更多的空间进行广告信息的传递，文字的表现形式、表现效果更加的多样。网络技术给文案创作带来更丰富的手段，也提出了更多的要求，比如网络广告文案必须要具有链接性，主题鲜明，措辞得当等。

（5）户外广告文案　户外广告是利用霓虹灯、路牌、旗帜、灯箱、市政公众建筑、车船身等载体进行广告信息的传播。户外广告文案应结合户外广告的特点进行创作，内容精简、集中，侧重于企业名称、品牌名称及特色形象等方面的宣传。

3. **按文案篇幅长短分类** 按文案篇幅长短的不同可以将医药广告文案分成长文案和短文案。长文案和短文案一般以400字为界限，超过400字的文案为长文案，400字以下的文案为短文案。

三、医药广告文案写作的基本要求

医药广告文案通过语言文字来传达广告信息，力求简洁、精确地表现广告的主要内容与传播目的，引发受众潜在的欲望与需求，促使其最终产生购买行为。医药广告文案在撰写的过程中应注意满足如下几个要求。

（一）便于记忆

广告宣传的目的在于：在较短的时间内，让受众了解广告的重要信息，对广告传播的重点内容和特征的信息产生印象，这就要求医药广告文案在创作过程中应采用简洁明确、通俗易懂的文字，并讲究文字的口语化，琅琅上口的文字便于记忆和流传。

（二）引发兴趣

当今社会充斥着大量的信息，一则医药广告若想引发他人的注意，一定要有针对性，适应受众的生理和心理需要，调动其情感，引发其兴趣。只有引起了受众的兴趣，产生了注意，才有可能进一步促成其购买行为。

（三）新颖独特

医药广告文案在创作的过程中一定要围绕企业或产品的特征，突出其个性。新颖独特的广告往往可以脱颖而出，吸引受众的关注。

第二节 医药广告标题

一、医药广告标题的作用

标题是广告的题目，它标明广告的主旨，又是区分不同广告内容的标志。

现代社会广告信息繁多，人们在浏览广告作品时首先接触的是广告的标题，按照一般的阅读习惯，人们往往会通过对标题的筛选来选择感兴趣的广告进一步阅读。如果标题不能引起阅读者兴趣，人们往往就会放弃阅读，导致广告传播的失败。而精彩有趣的标题能够吸引人们的注意力，引发阅读欲望，使广告传播获得成功。对于广告而言，标题可以说是广告的窗口，标题的优劣往往决定着整篇广告的命运。

医药广告的标题是整个医药广告文案，乃至整个医药广告作品的总题目，是用来显示广告主题的。医药广告标题的作用重大，它用简短的语句概括和提示了广告的内容、宗旨。每一则医药广告作品中的标题传达了最重要或最能引起广告受众兴趣的信息，它昭示了医药广告中信息的类型和最佳利益点，促使人们继续关注广告的正文部分，引起消费者兴趣，从而诱发其产生购买行为。医药广告标题的作用主要体现在以下几个方面。

（一）强化广告主题

广告主题是广告商品定位的文字表述，是广告创意表现的前提。广告的主题与标题有着密切的关系，标题要围绕主题展开，加深受众对广告主题的印象和理解，从而加深对广告的印象，提高广告效果。

（二）传递主要信息

广告标题概括了广告的中心思想，是广告内容的集中体现。有调查表明，阅读广告标题的人是阅读广告正文人数的 5 倍，可见广告标题是广告向受众传递信息的一个主要渠道，即使不阅读广告正文，也可以通过阅读标题获得整个广告作品的基本信息。

（三）引起受众注意

人们阅读广告作品时，如果标题传播的信息引起了受众的兴趣或好奇心，他们往往会继续阅读广告正文。广告的多数劝导作用是从标题开始的，它对引起受众的注意起着首要的作用。

二、医药广告标题的类型

医药广告标题按其内容和组合方式的不同可以分成直接式标题、间接式标题和复合式标题。

（一）直接式标题

直接式标题文字简明、确切，往往以写实的方式直接表明广告的主要内容，使广告受众一目了然，清晰直观。直接式标题常以产品名、品牌名、企业名或活动名称作为标题名。此类标题的优点是开门见山，创作简单省事，能快捷地传达广告信息，但有时会显得文字单调、乏味，缺少特色。

采用直接式标题的广告通常有两种情况：一种是只有标题无正文，如路牌广告、招贴广告，大都采用标题与图片相结合的方式；另一种是标题与正文配合，标题吸引受众，正文做补充或说明。如："日夜'百服咛'，日夜照顾您（百服咛）"。

（二）间接式标题

间接式标题一般不直接介绍广告产品或服务，而是以间接的方式诱导受众阅读正文，了解广告的主要内容。间接式标题表现手法丰富，比直接式标题更具有哲理性和感染力。这类标题在创作过程中特别注重文字的艺术性，讲究用词，具有生动活泼、趣味性强的优点，能够产生让人过目不忘的效果，但间接式标题的创作不要因为过于追求耐人寻味而导致受众难以理解。如："聪明不必绝顶"（美加净生发灵）。

（三）复合式标题

复合式标题是由引题、正题、副题 3 种标题组成的标题群。其中，引题又可称为眉题或肩题，说明广告信息的意义或交代背景时使用。正题是主标题，一般用来说明广告的主要事实。副题也就是副标题，为正题内容做补充说明。

复合式标题适用于内容较多或较复杂的广告文案，3 个标题内容由简至详，由浅及深提示出广告的信息。复合式标题的组合形式中，有的以上述 3 种标题组成，也可以由其中的 2 种组成。

如：由正题与副题组成的复合式标题：复方菠萝酶片（正题）

消炎镇咳良药（副题）

由引题与正题组成的复合式标题：经验告诉我，家人总有吃坏了肚子的时候（引题）

香港保济丸随时用得着（正题）

由引题、正题与副题组成的复合式标题：考试的日子又到了！

妈妈天天好担心。

我多想能拿到好成绩，开开心心回家啊！

但……（引题）

让孩子面露微笑地回家（正题）

太阳神口服液

与您共同帮助孩子渡过考试难关！（副题）

三、医药广告标题的表现形式

（一）新闻式

这类标题采用类似于新闻稿件标题的写法，以发布新闻的姿态来传递广告信息，加强了广告的新奇性和可信性。新闻式标题的表现形式，要求广告信息本身具有新闻价值，是新近产生的事物或事件，且一定要保证信息真实，一旦失真将会使受众不满，产生强烈的抵触情绪。

（二）问答式

这是一种以设问或反问的方式引起受众注意的表现形式，应针对受众的心理提出问题，所提问题应是受众十分关心并想进一步了解的，从而引发其产生共鸣。标题中可以写入或者暗示部分信息，引导受众到广告正文中寻求答案。

（三）承诺式

也可称为许诺式、利益式表现形式，这种标题的主要特点表现在向受众承诺某种利益，可以满足受众物质或心理上的基本要求，同时还可带来省时、安全、方便等好处。标题中承诺的利益越大越能引起受众的兴趣，但要保证所承诺的利益一定能够兑现。承诺式的表现方式可以是直接承诺，也可以是间接、暗示承诺。

（四）悬念式

在标题中设立一个悬念或疑团，一般是受众难以预料的，从而引起他们特别的注意，使其感到有趣而又迷惑不解，引发其追根究底的好奇心和求知欲，而这种好奇心和求知欲一定可以在后面的广告正文中得以满足，使标题与正文前后呼应，产生良好的广告效果。

（五）故事式

故事式的标题表现形式也可称为叙事式或情节式标题表现形式，类似于为一则故事撰写的标题，在题目中提示或暗示一个引人入胜的故事即将开始，其后的广告信息则是以故事的方式来传达和表现的。

（六）对话式

对话式的标题是以对话的形式来表现广告信息，似乎是人们在漫不经心地谈天说地，但事实上已经传达了广告的主要信息。此种表现形式具有很强的场景感、现实感和生活感。

（七）假设式

标题中提出某种假设，并依据假设得出相应结果，从而引起受众注意，促使其产生相关的思考与行为。

（八）赞美式

标题中直接采用夸耀的词句来赞美企业所取得的某种成就或产品的特点，使受众产生良好的印象。赞美式的标题主要用于消费者信得过的名牌产品上，以坚实可信的事实为基础，可以增强消费者的购买信心。赞美式的表现方式一定要分寸恰当，不可言过其实，否则适得其反。

（九）祈求式

祈求式标题是以建议、希望或劝导的语言和文字向受众提出某种消费建议。祈求式的表现方式运用了情感因素，缩短了广告与受众之间的距离，易于被接受。

（十）口号式

以简洁、富于号召力的口号形式做为标题的表现方式，其内容一般都融入了企业或品牌的名称。口号式标题应言简意赅，易于传诵。

（十一）否定式

这种方式也可称为反向式表现方式，运用否定词或否定句式对产品、服务或广告本身持否定态度，而后在标题或正文中交待合理、可信但出人意料的理由。否定式的表现方式以故意违背常规的方式加强语气，更易引发受众的注意，吸引他们继续探究事物的真相。使用时应注意，此方式存在一定风险，应在有把握的前提下使用。

四、医药广告标题创作的原则

（一）主题突出

医药广告的标题是其主题内容的高度概括，必须鲜明集中，清晰地将广告内容的精髓展示给受众，使其确定是否符合其利益与要求，从而激发购买欲望。

（二）通俗易懂

标题的根本作用在于引起受众注意，形成深刻印象，因此应选择通俗易懂的文字，使大多数的阅读者容易接受和理解。标题的文字不要过分追求华丽，避免使用生僻文字、文言词语、虚词等，不要造成受众的阅读障碍。

（三）简洁明确

标题的语言应简明扼要，一般认为不超过 10 个字较为合适。在标题的创作过程中应注意凝炼语言，但文字简洁了，还需要注意应表明完整明确的意思，给受众留下完整的印象，简洁明确的标题可以使受众清晰、正确地理解标题的含义。

（四）个性鲜明

个性鲜明的标题最易引起受众注意，标题标新立异往往可以刺激受众的猎奇心理，增加受众关注程度。

阅读资料：大卫·奥格威的标题写作十大原则

1. 标题好比商品的价码标签。用它来向你的潜在买主打招呼。若你卖的是彩色电视机，那么在标题里就要用上彩色电视机的字样。这就可以抓住希望买彩色电视机的人的目光。若是你想要做母亲的人读你的广告，那在你的标题里要用母亲这个字眼。不要在你的标题里说那种会排斥你的潜在顾客的话。

2. 每个标题都应带出产品给潜在买主自身利益的承诺。

3. 始终注意在标题中加进新的信息。因为消费者总是在寻找新产品或者老产品的新用法，或者老产品的新改进。

4. 其他会产生良好效果的字眼是：如何、突然、当今、就在此地、最新到货、重大发展、改进、惊人、轰动一时、了不起、划时代、令人叹为观止、奇迹、魔力、奉献、快捷、简易、需求、挑战、奉劝、实情、比较、廉价、从速、最后机会等。在标题中加进一些充满感情的字就可以起到加强的作用。

5. 读广告标题的人是读广告正文的人的 5 倍。因此，至少应该告诉这些浏览者，广告宣传的是什么品牌。标题中总是应该写进品牌名称的原因就在这里。

6. 在标题中写进你的销售承诺。

7. 在标题结尾前，你应该写点诱人继续往下读的东西。

8. 你的标题必须以电报式文体讲清你要讲的东西，文字要简洁、直截了当。不要和读者捉迷藏。

9. 调查表明在标题中写否定词是很危险的。

10. 避免使用有字无实的瞎标题。

资料来源：大卫·奥格威. 一个广告人的自白 [M]. 北京：中信出版社，2008.

第三节　医药广告文案正文

一、医药广告文案正文的构成

正文是广告文案的主体部分，是广告作品中承接标题、对广告信息进行展开说明、对诉求对象进行深入说服的语言或文字内容。

医药广告文案正文是医药广告文案的中心内容，是对广告标题的解释以及对广告产品的介绍，通常是围绕广告主题进行完整的阐释、描述或说明。标题吸引受众，正文说明内容，说服受众接受产品，诱发产生购买行为。

一般来讲，医药广告文案的正文由三部分组成：引言、主体、结尾。

（一）引言

引言是广告正文的开头部分，广告标题与正文衔接的部分，担任着承上启下的使命。引言部分一定要用高度概括和精炼的文字，生动形象地点明主题，引出下文，吸引受众继续阅读。

（二）主体

主体是文案正文的中心，要及时点出广告目标受众关心的价值利益和广告产品的优势、特点及这些优势和特点与目标受众的关系，能够带给目标受众的好处和利益以及这些好处和利益的依据和保障。通过这样的解释来说明主题，说服受众，促使其产生购买行为。

正文的主体部分应注意层次结构的安排，既可以按照事物发展的时间顺序安排，也可按其内在的逻辑顺序来安排，或根据其重要程度来排列层次，结构应完整，层次要清晰。

（三）结尾

结尾是正文的结束部分，其主要目的在于用最恰当的语言敦促目标受众及时采取购买行为。医药广告文案正文的结尾意义重大，虽然篇幅要短，但语言要具有很强的煽动性，并要与标题相呼应。

二、医药广告文案正文写作的基本要求

（一）紧扣主题

正文是标题的解释，应围绕标题进行阐述。广告文案的正文更是对主题的文字表述，以主题为核心展开陈述。

（二）言简意赅

医药广告文案的正文部分应做到言简意赅，可使广告受众更直观地获得广告信息。正文篇幅长短虽无严格的界定，但以短文为好。

（三）突出个性

医药广告文案的正文部分应突出广告产品的特征，抓住广告受众最为关注的利益点进行阐述，以艺术的、个性的陈述吸引受众，获得受众的认可。

（四）文字真实

真实是广告的生存之本，医药广告关系到人们的生命健康，更要传递真

实的信息。医药广告文案的正文部分是整个广告文案中信息最集中、最丰富的部分，创作过程中一定要坚持真实的基本原则，体现广告主为受众负责的企业责任心。

三、医药广告文案正文的表述方式

（一）简介式

用客观、简洁的文字简要说明企业的基本情况、产品的性能特点、服务的风格特色等内容，重点突出，简明扼要。

（二）新闻式

在特定的时间、特定的广告版面中以新闻方式表现广告内容，借助新闻形式来加强广告正文的新闻性和可读性。此种方式适合用于报纸、广播、电视三大媒体。

（三）分列式

把广告的主要信息按其内在联系划分为若干条款，一一列举出来，使广告受众在阅读过程中一目了然，清楚明白。

（四）公文式

公文是国家机关、企事业单位和团体用于处理公务事项的应用文书，以公文形式进行广告信息的传递可以带给人以客观、严谨、公正的感觉，提高广告信息的权威性和可信度。

（五）表格式

将产品的各类信息以表格的形式表现出来，格式工整，准确直观。

（六）论说式

通过说理、议论的方式阐明道理，以判断、推理为主要形式，说理性、逻辑性较强，适合用于报纸、杂志等以语言文字为主要载体的媒体。

（七）诗歌式

文案正文以抒情方式来传递广告信息，具有音韵美、形式美、语言美、意境美的特征，易使读者产生情感共鸣。

（八）散文式

正文部分以散文的形式传播产品或服务的主要信息，具有联想丰富、文辞优美的特点。

（九）相声式

运用相声的艺术形式表现广告信息，具有活泼、风趣、幽默、诙谐的特点，可以使人们在轻松、愉快的气氛中接受广告信息，增强宣传效果。

（十）歌曲式

广告正文以歌曲的形式表现，需要配合相应的旋律，此种方式只适合在广播或电视等电子媒体广告中运用。

（十一）对话式

通过两个或多个人物的对话形式表现广告正文，具有较强的场景感。对白应真实、自然，符合人物的个性特征和广告中营造的语言氛围，不要使用毫无特色的套话和矫揉造作的文字，否则将影响到广告的效果。

（十二）故事式

广告正文部分叙述一个与广告信息内容相关的故事，企业、产品或服务在故事的发展中扮演重要的角色，故事性的内容有效地引发广告受众阅读和收听的兴趣，大大地增强广告的说服力。需要注意的是：产品或服务应合理地介入故事情节并扮演重要的角色。

（十三）证言式

以消费者或专家、名人的语言或文字进行广告信息的表现，以证人证言的形式来阐述个人对产品的感受或评价，使受众产生亲切、可信的感受，增加广告说服的效果。

大卫·奥格威关于广告正文写作的建议

谈到广告正文的写作，大卫·奥格威提出了以下几点建议：

1. 不要旁敲侧击，要直截了当。避免那些"差不多"、"也可以"之类的语言，模棱两可、含糊其词的话常常会被人误解。

2. 不要用形容词的最高级、一般化字眼及陈词滥调。要有所指，要实事求是，要热忱、友善并且使人难以忘怀；不要惹人厌烦。讲事实，但要讲得引人入胜。

3. 你应该在你的文案中采纳用户经验谈。读者们更易于相信消费者的现身说法。

知名人士们的现身佐证，最能吸引读者。名人的知名度越高，吸引的读者也就越多。

4. 另外一种很有用的窍门是向读者提供有用的咨询或服务。以这种办法写成的文案可以比单纯讲产品本身的文案多吸引75%的读者。

5. 文学派们的那些华而不实的散文式的广告很无聊。

高雅的文字对广告是明显的不利因素。它们喧宾夺主，把读者对广告主题的注意力给分散了。

6. 不要唱高调。避免自吹自擂、自我炫耀。

任何产品的无价要素是这种产品生产者的诚实和正直。

7. 除非有特别的原因要在广告里使用严肃、庄重的字，通常应该用顾客在日常生活中的通俗语言写文案。

一则好广告和戏剧、演讲一样有一个共同点，那就是一看便知，一听即晓，直接打动人心。

8. 不要贪图写那种获奖文案。

事实上，好的广告并不需要把注意力引向自身。

9. 不要单从文字娱乐角度去讨好读者，衡量广告文案好坏的标准是看它们能使多少新产品在市场上腾飞。

资料来源　大卫·奥格威. 一个广告人的自白 [M]. 北京：中信出版社，2008.

第四节　医药广告语

一、医药广告语的作用

广告语又叫广告口号、广告主题句，是企业为了加强诉求对象对企业、产品或者服务的印象而在广告中长期、反复使用的简短的口号性语句。广告语是最经常使用的广告语言，在广告传播中具有独特的、重要的作用，成为产品特有的象征，强调产品的优良个性，强化消费者记忆。

（一）概括产品信息

广告语是广告主要信息的浓缩，要以最精炼的语言概括出产品最丰富的信息，强调产品特有的个性特征，它可以直接为商品促销服务。

（二）诠释企业理念

广告语是广告主企业进行宣传的重要内容，为广告主所独有，是对其企业理念的简洁诠释。公众对广告语的理解、记忆与传播有助于企业形象的树立，广告语甚至与企业品牌一样构成企业的无形资产。

（三）强化消费者记忆

广告语是广告传播过程中反复使用的文字，目的在于向消费者传达一种长期不变的观念，通常可以吸引注意力，易于被人们理解、记忆。

二、医药广告语的类型

（一）按诉求对象分类

1. 企业广告语　企业广告语一般以企业目标、主张为诉求点，在一定程度上是为主品牌服务的，单独使用企业广告语的情况不多，大多数企业广告语与品牌广告语是合而为一的，如："白云山，爱心满人间"（白云山药厂）。

2. 品牌广告语　品牌广告语就是该品牌在市场行销过程中的主张与承诺，以宣传品牌经营理念和宗旨，展现品牌精神为目的，往往通过个性鲜明、情感色彩丰富的语言来树立品牌形象。一般比较简洁、精炼、富于内涵，容易与受众产生共鸣，亲和力较强，如："同修仁德，济世养身"（同仁堂）。

3. 产品广告语　产品广告语大部分情况下是以产品上市时的推广主题或该产品卖点的形式出现的，一般会以说明、叙述等较为理性的表达方式阐述产品的某种特点、功能或消费者利益点，如："妥贴保护，伸缩自如"（邦迪创可贴）。

4. 服务广告语　服务广告语是品牌或企业赋予产品的附加值，通常是以传递服务的内容、质量或专业承诺等形式出现。服务广告语的表现形式可长可短，但一般至少有一个动词。

（二）按内容分类

1. 建立形象型　广告语主要表现与建立的是广告主体的形象，可以是企业形象、产品形象、品牌形象或服务形象，如："专业保护、至精至诚"（太阳神口服液）。

2. 表现观念型　通过提出或表达某种观念来表现广告主体的企业、产品经销者或服务者的观念和看法，或创造、引导某种消费方式或观念，如："补钙新概念，吸收是关键"（龙牡壮骨冲剂）。

3. 展示优势型　用广告语来展示企业或产品的优势，如："口腔卫生，舍我取谁"（华素片）。

4. 号召行动型　运用祈使句号召受众采取某种消费行动，如："保护嗓子，请用金嗓子喉宝"（金嗓子喉宝）。

5. 唤起情感型　借助受众心目中的人性和情感因素，以情感呼唤，求得广告受众和目标消费者的情感消费，如："岁岁平安，三九胃泰的承诺"（三九胃泰）。

（三）按句型结构分类

1. 单句型　以简短的单句形式来表现广告语，也可用广告主体名称来形成，如："做女人真好"（太太口服液）。

2. 对句型　用两个短的单句组成广告语，读起来有一种相互映衬的音韵效果，运用广泛，如："健康是金，金施尔康"（金施尔康含片）。

三、医药广告语写作的基本要求

广告语的创作可以说是企业文化建设的一部分，好的广告语经广泛的传播能够快速地流传，成为时代的流行语，因此在创作过程中应注意以下几点要求。

（一）简明上口

广告语的目的是通过反复宣传、传诵，在消费者中形成对产品、服务或企业的印象，因此在写作过程中应力求简洁，句式简短，容易记忆。广告语还应符合口语传播的特征，具有口语化风格，"上口入耳"的文字才易于流传。

（二）个性鲜明

广告语可以说是整个广告活动的核心，鲜明地体现了广告的定位和主题，因此在创作中应尽量与其他企业、产品的广告语区别开来，个性鲜明、与众不同的广告语才能给受众留下深刻印象。

（三）吸引消费

广告语只有引起受众注意，激发起受众的消费兴趣才能进一步促使消费者产生购买行为，发挥广告语为产品促销服务的作用。

四、广告语与广告标题的区别

（一）目的不同

广告语的目的在于使消费者建立一种观念，加深受众对产品、服务甚至是整个企业的印象；广告的标题配合不同时期产品的推销需要，其目的在于吸引受众进一步阅读正文。

（二）完整性不同

广告语必须是意义完整的一句话；广告的标题可以是一句话，也可是一个词或词组。

（三）位置不同

广告语既可单独使用也可放在广告作品中，位置没有特殊要求；广告标题必须与正文放在一起。

（四）使用频率不同

广告语一般是反复使用的，只有反复使用才能发挥其特殊作用；广告标题往往是一次性使用，一则广告一个标题，在同一产品的不同广告中标题一般都不相同，力求常见常新。

（五）负载信息不同

广告语所负载的信息一般是企业的特征和宗旨、产品或服务的特征，是企业、产品、服务的观念与特征的集中体现；广告标题为了吸引广告受众的注意，重在引发受众继续阅读下文的兴趣，满足广告目标的需要，它既可以负载广告语中同样的信息，也可以负载与广告信息不相关的内容。

第五节 医药广告随文

一、广告随文的概念

广告随文又称附文，是广告中传达购买产品或接受服务的方法等基本信息，促进或者方便诉求对象采取行动的语言或文字。

广告随文是广告文案的附属文字部分，一般放在广告文案正文之后，是对正文内容必要的交代和补充说明。广告随文是广告文案不可缺少的组成部分，具有重要的推销作用。广告的标题、正文、广告语促使目标消费者产生消费兴趣，广告随文中介绍获得产品、服务的有效途径与方法，可以使目标消费者趁着消费兴趣产生消费行为，广告随文可以形成一种推动力，有效地促使消费行为加速完成。

二、广告随文的内容

广告随文一般由以下几部分内容组成。

（一）品牌或企业名称与标志

为便于受众识别，往往会在广告随文中出现品牌或企业的名称与标志。

（二）企业地址、电话、邮编、联系人

企业地址、电话、邮编、联系人等内容也是广告随文中的一项重要内容，如果企业或产品拥有自己的网站时还应标明具体网址，鼓励受众通过互联网获得更多相关信息。

（三）购买产品或接受服务的方法、途径

如果购买产品的方式、途径特别，如指定销售地点、邮购等，应在随文中明确说明。服务产品的广告随文中应将服务机构的名称、地址、联系方式、联系人等内容一一列明。

（四）权威机构证明标识

正文中如果列举或引用了权威机构的证明，如专利认可、环保认可、药品批准文号等，应在随文中列举相应的标识、材料。

（五）信息反馈

可以在随文中标明"服务热线"、"销售热线"、"咨询热线"等内容，通过这些方式获得消费者信息的反馈，也可以以表格的形式得到相关的反馈信息。

（六）特殊信息

如果广告信息可能会因受众不同的文化程度造成理解差异而引起消费者

权益方面的法律问题，应在随文中进行特别说明，如涉及到广告图形与实物或广告演示与实际操作存在差异时要进行说明，涉及到赠送、抽奖等促销活动时也应进行相应说明。

（七）产品或服务的价格、银行账号

如果需要在广告中明确告知消费者产品或服务的价格，或销售方式中包括邮购、网络销售等可通过银行转账支付酬金的方式，可在随文中标明价格、企业银行账号等内容。

一般情况下一则广告不会将上述内容全部列出，应根据广告的目标进行选择，不可样样都罗列其中，没有重点。要做到随文有效，就应突出关键性内容，突出真正具有促销作用的项目。

三、广告随文的形式

（一）直接罗列

随文中将需要介绍的信息按照一定的顺序组织在文案下端，文字不加任何修饰，直接罗列，简洁明了。

（二）委婉附言

将随文部分写成语言委婉的、语气亲切的简短附言，比较具有人情味，易于引起受众的好感。

（三）标签形式

将随文做成一个简明的标签，通过表格等形式表明，可以突出内容，引起注意。

四、广告随文的写作要求

（一）保证信息完整

随文是广告文案的附属文字，应保证整篇文案信息的完整性。广告随文写作过程中应检查其标题、正文、广告语中有哪些必要的信息没有传达完整，又不能在前几部分中补充完整时，就需要将这部分信息写入随文之中，以保证信息的完整性。

（二）保持一致风格

随文文字的写作风格应保持与前几部分的一致性，避免与前文风格脱节，应使整个文案呈现前后一致的整体写作风格。

（三）信息简明准确

随文是附属、补充文字，一般都比较简短，文字精炼、简明、直观，尽量不要占用过多篇幅，以免喧宾夺主。随文部分提供的信息通常会涉及到企

业名称、地址、电话等内容，需要认真核实，保证信息准确无误。

本章小结

医药广告文案是指每一则医药广告作品中为传达医药广告信息而使用的全部语言符号（包括有声语言和文字）和非语言符号所构成的整体。医药广告文案具有真实性、艺术性、独创性、商业性。

医药广告文案一般包括标题、正文、广告语、随文四大基本组成部分，它们在文案中分别承担不同的职能，发挥不同的作用，组合起来构成完整的广告信息。

广告标题是广告的题目，它标明广告的主旨，又是区分不同广告内容的标志，它是广告文案的高度概括。医药广告标题昭示了医药广告中信息的类型和最佳利益点，具有强化广告主题、传递主要信息、引起受众注意的作用。

正文是广告文案的主体部分，是广告作品中承接标题，对广告信息进行展开说明，对诉求对象进行深入说服的语言或文字内容。一般来讲，医药广告文案的正文由三部分组成：引言、主体、结尾。

广告语又叫广告口号，是企业为了加强诉求对象对企业、产品或者服务的印象而在广告中长期、反复使用的简短口号性语句。广告语概括产品信息、诠释企业理念、强化消费者记忆，在广告传播中具有独特的、重要的作用。广告语与广告标题不同，两者的目的性、完整性、处于广告文案中的位置、使用频率及其负载的信息均有不同之处。

广告随文又称附文，是广告中传达购买产品或接受服务的方法等基本信息，促进或者方便诉求对象采取行动的语言或文字。一般放在广告文案正文之后，是对正文内容必要的交代和补充说明，具有重要的推销作用。

思考与讨论

1. 什么是医药广告文案？
2. 医药广告标题的作用是什么？
3. 医药广告文案正文由哪几部分组成？
4. 广告语的作用是什么？
5. 广告语与广告标题有什么区别？
6. 广告随文一般包括哪些内容？

● 拓展练习 ●

素材一：小儿感冒颗粒（冲剂）（儿科用药）

小儿感冒颗粒为浅棕色的颗粒，味甜、微苦。主要成分为广藿香、菊花、连翘、大青叶、板蓝根、地黄、地骨皮、白薇、石膏，辅料为蔗糖、糊精。主要功能为清热解毒，疏风解表，适用于小儿风热感冒，发热重，头胀痛，咳嗽痰黏，咽喉肿痛，口渴咽红。

用法用量：用开水冲服，1 岁以内每次 6 克；1~3 岁每次 6~12 克；4~7 岁每次 12~18 克；8~12 岁每次 24 克，每日 2 次。

不良反应与禁忌：尚不明确。

规格：每袋 12 克。

储存：密闭，防潮。

有效期：36 个月。

批准文号：国药准字 Z11020375

生产企业名称：北京同仁堂科技发展股份有限公司制药厂

生产地址：北京市北京经济技术开发区东环北路 5 号

邮编：100176

电话：010 - 87632888

网址：www. tongrentangkj. com

素材二：静心口服液

静心口服液，由生地、白芍、枸杞子、菟丝子等十几种纯天然中药精制而成，主治烦躁失眠等症，宁心安神、调节机能、延缓衰老，特别适用于 40 岁以上女性。

40 岁以上女性因为长期操劳，身体机能受损，常出现容易疲劳、烦躁不安、失眠心悸、潮热汗出、头晕头痛、腰膝酸痛和记忆力下降等不适症状。这些症状是由于肝肾亏损和体内雌激素水平下降导致内分泌失调引起的。

经过系统的药理研究和临床实验证明，静心口服液从调节内分泌入手，滋养肝肾、养阴清热、疏肝解郁、宁心安神，能调节身体机能，改善中枢神经系统，延缓衰老。静心口服液能有效消除烦躁不安、失眠心悸、潮热汗出等症，对改善睡眠质量见效尤快，并能有效治疗更年期综合征，使女性更好地度过人生的这一历程。

拓展练习思考题

1. 请根据素材一（小儿感冒颗粒），撰写一份医药广告文案，要求标题、正文、广告语、随文格式完整。篇幅不少于 200 字。
2. 请根据素材二（静心口服液），采用 11 种不同的表现形式拟写广告文案标题。
3. 请列举 10 个你认为优秀的医药广告语，并分析它们的类型与作用。

第十一章

医药广告媒体及媒体策略

哈药六厂的广告媒体策略

1999~2000年间，哈药六厂通过电视的海量广告投放策略，迅速催生了一个高达百亿的补钙市场，引发了全民的"补钙运动"，哈药六厂的"盖中盖"产品理所当然地成为了其中的领导品牌。

哈药六厂在广告投放方面，首先是对媒体资源进行了巧妙的组合。哈药六厂的媒体投放策略非常理性和专业，他们的媒体组合和时间结合都非常巧妙。与其他"广告标王"品牌产品单打央视黄金时段不同，"盖中盖"的广告资金在央视、卫视、市台都有分配，其中央视所占份额为12%左右。也许意识到医药保健食品有别于一般消费品，需要更深层次的沟通，"盖中盖"在采用央视黄金时段的标板广告之外还采用了较大比例的地方媒体。此外"盖中盖"还非常注重黄金时段和非黄金时段的广告组合。黄金时段受众集中，但是价格昂贵，观众转台率也比较高；非黄金时段受众少，但是广告成本更理想，观众换台率低。

哈药六厂还对传统的媒体购买模式进行了创新。"盖中盖"尽管采用了海量广告投放，但付出的成本却相对较低。不同于在明确了频次、长度、时段情况下的媒体购买，"盖中盖"和媒体的合作是在确定一个阶段的整体投放金额后，广告的播放时段由电视台自由掌握。这样可以帮助电视台解决业务不均衡的弊端，而电视台可以利用空闲广告时段更多地回报哈药六厂。哈药六厂突破了一般的媒体购买模式，创造了打包购买广告时间，巧妙盘活媒体"闲置资源"的先例，获得了物超所值的广告效果回报。

从"盖中盖"的成功市场推广经验中可以看到哈药六厂的广告投放有哪些符合了现代医药广告媒体策略理论呢？

资料来源　樽粮．解密盖中盖成功营销模式．全球品牌网［OL］．http：//www. globrand. com.

第一节 医药广告媒体的概念和分类

一、医药广告媒体的含义和功能

(一) 医药广告媒体的含义

医药广告媒体,是指能够传递医药广告信息,实现广告客户与广告对象之间信息沟通的工具和手段。凡是能够刊载医药广告作品的物质,如报纸、电视、路牌、网络等,均可以作为医药广告媒体。广告媒体是广告的重要构成要素,在广告信息传递过程中发挥着重要作用。可以说,没有广告媒体,广告效果便无法传播,广告功能也无法实现。

医药广告媒体作为医药广告信息的传播工具,具有悠久的历史,经历了由简单到复杂的历史发展过程。从叫卖广告的卖主之口,到招牌、幌子、灯笼;从印刷广告的报纸、杂志,到电子广告的广播、电视等。目前,灯箱、霓虹灯、电动广告牌、气球、飞艇、飞机、烟雾、激光以及网络等各种新型的广告媒体层出不穷,广告媒体正朝着现代化、空间化、网络化的方向发展。

(二) 医药广告媒体的功能

医药广告媒体是一种信息载体,它以传播广告信息为目的,因而必须具备以下三方面功能。

1. 传播功能 广告的基本功能是传递信息,广告媒体必须具备大众媒体的传播功能,即广告媒体可以承载广告信息并把它传达给目标受众。广告媒体能够适应广告主的选择应用,满足对信息传达的各种需求,它沟通了广告主和消费者之间的联系,使信息发送和接收成为了可能,从而实现广告活动的预期目标。

2. 吸引功能 广告媒体可以吸引不同公众,使他们接触媒体,进而接受媒体传播的信息。各种广告媒体都拥有一定数量的接触者,但是各种媒体的吸引力又是不同的。由于许多医药产品都有特定的消费群体,产品的宣传广告都有特定的目标受众,所以要求广告媒体必须具有较强的吸引力,通过媒体自身的吸引力,唤起受众接触媒体的兴趣,使目标受众有可能接受到相关的医药广告信息。

3. 服务功能 广告媒体可以根据自身的特点为广告主、广告经营机构提供有效的服务,向广大受众提供真实有价值的信息,满足不同层次的需要。广告主可以通过广告媒体将企业的信息提供给目标市场;广告经营机构可以通过广告媒体发布供求双方的信息;广告受众可以通过广告媒体了解各种医药产品信息，为他们的购买决策提供依据。

广告和媒体是相互依存的关系。在大众传媒经营活动中，大众传媒提供信息服务需要一定的资金支持，而广告收入则是其主要的经济来源。另一方面，作为一种信息服务，广告的传播需要依存于各类广告媒体的节目和版面，借助公众对大众传媒的好感和信任而达到一定的效果，这种相互依存的关系促进了彼此的发展。

二、医药广告媒体的分类

医药广告媒体同其他广告媒体一样种类繁多，根据不同的分类标准可以把广告媒体分为不同种类。

（一）按媒体的自然属性划分

1. 印刷媒体　指利用印刷的文字、符号及图案，通过作用于人的视觉来传播广告信息的媒体，包括报纸、杂志、招贴、传单、包装、挂历等。

2. 电子媒体　指通过电讯器材和电讯技术传播广告信息的媒体，主要有广播、电视、电影、电子显示屏幕、霓虹灯、计算机网络等。

3. 户外媒体　指设置在室外，能够让公众了解广告信息的一切传播手段，主要包括路牌、橱窗、灯箱、交通工具、气球、公共设施等。

4. 销售点媒体　又称POP广告媒体，是指利用销售场所内外部的空间及各种设施传播广告信息的媒体。

5. 直邮媒体　又称DM广告媒体，是指通过邮局直接向受众寄发广告信息的媒体，包括商品目录、征订单、试用品等。

6. 其他媒体　主要指一些新兴的、特殊的广告媒体，如烟幕、人体、电视墙、菜单、馈赠品、包装物等。

（二）根据受众的不同规模划分

1. 大众广告媒体　是指具备大量复制信息和大量扩散信息功能的媒体，具有迅速性、覆盖性、公开性等特征，如报纸、杂志、广播、电视等。

2. 非大众广告媒体　是指与大众广告媒体相对而言，传播范围较窄，传播数量较小，传播速度较慢的媒体，主要形式有户外广告、店铺招牌、交通广告、直接邮递广告、电话簿广告、气球广告、餐具广告等多达百余种。非大众广告媒体是历史悠久的广告媒体形式，随着社会的发展，科技的不断进步，该类广告媒体的种类越来越多，其作用也越来越得到受众的重视及广告主的青睐。

（三）按媒体的所有者划分

1. 自用媒体　指广告主自己所拥有的媒体，如销售场所、橱窗、柜台等。

广告主可以按照自己的要求使用自用媒体，但传播面比较窄。

2. 租用媒体　指广告主需要付费所租用的媒体，如报纸、电视、交通工具等。租用媒体在使用时需要付出租金，并且有一定限制，但传播面比自用媒体要大。

（四）按媒体广告的传播程度划分

1. 混合媒体　指既传播广告信息又传播非广告信息的媒体。混合媒体基本上都是大众传播媒体，易受到非广告信息的干扰，但是传播面广、速度快、吸引力大。

2. 专用媒体　即只能传播广告信息的媒体，如路牌、霓虹灯等。专用媒体虽然传播面窄、选择广告受众能力差，但是它不受非广告信息的干扰。

（五）按媒体传播范围大小划分

1. 跨国性媒体　即传播范围跨越国界，拥有不同国家的媒体接触者，例如卫星电视、短波电台、世界范围发行的杂志等。

2. 全国性媒体　媒体信息覆盖全国，接触面广，如中央电视台、人民日报等。这类媒体影响力大，给诉求对象接触的机会多，宣传效果好。

3. 地方性媒体　以本地公众作为媒体主要受众，信息内容侧重地方新闻为主的媒体，如地方电视台、地方性报纸、户外媒体等。这类媒体传播广告范围有一定限度。

第二节　主要医药广告媒体的特点

不同类型的广告媒体，由于自身的载体物质、技术手段不同，在长期的发展过程中形成了各自的性质及风格，决定了各类型广告媒体传播效果的不同。要想充分发挥广告媒体的作用，就必须认识和把握各种广告媒体的传播特点。

一、电视广告媒体

（一）电视广告的优点

1. 视听相结合，生动形象　电视是视听结合的先进传播工具，电视节目既能看，又能听，可以让媒体受众看到表情和动作变化的动态画面，生动活泼，因而对观众有广泛的吸引力。电视广告不但可以向媒体受众介绍广告产品的性能和特征，而且可以形象、直观地将广告产品的款式、色泽、包装等特点展现在媒体受众面前，从而最大限度地使受众产生购买欲望。

2. 渗透能力强，效果显著　电视广告对观众而言为非选择性收视，信息记忆的强制性很高，电视广告不受空间的限制，传播迅速，能接触到大面积的观众，在同一时间内直接进入到每一个家庭。由于看电视是一种家庭性的行为，电视广告有利于家庭共同购买意识决策的形成，数以亿计的观众定期看电视，还能到达印刷媒体不能有效到达的人群中，广告效果显著。

3. 吸引力大，感染力强　电视广告媒体能够快速传递信息，广泛的覆盖面加上良好的创意承载程度，电视广告冲击力大，有着很强的影响力。由于电视内容的丰富多彩和表现手法的多样化、艺术性，加之巧妙地把广告信息融入真挚的情节和感人的形象，所以电视的广告信息比较容易记忆，印象深刻，具有较强的吸引力和艺术感染力。

4. 注意率高，影响面广　在日常生活中大多数人在看电视的时候相对比较专心，所以电视广告的被注意率较高。对多数人来说，电视是一种娱乐形式、教育途径，是重要的信息来源，是生活中的重要组成部分。电视对文化有着强烈的影响，特别是中央电视台某些权威性的频道所做的广告备受观众喜爱，能促使观众产生对商品、企业及服务的正面联想。

（二）电视广告的缺点

1. 制作技术复杂，广告成本费用高　在所有广告媒体当中，电视广告的绝对费用是最高的。一方面，电视广告的制作费用高，包括广告胶片的制作成本和广告制作的智力成本，许多广告需要花费上百万元的制作费用。另一方面，电视广告的播出费用高，尤其是在中央电视台这样全国性电视媒体的黄金时间段插播广告，都是以秒来计算，每秒的费用高达万元。但从相对费用来看，以每千人成本计，电视广告媒体费用未必最高。

2. 媒体受众的被动性　绝大多数电视观众看电视节目的目的不是为了看电视广告，不是为了接受电视广告传播的信息。受众在看电视时，往往是在被动地接受信息，缺乏选择性，不像报纸、杂志那样有较大的选择性。

3. 传播效果的瞬间性　电视媒体在传播信息时，是以时间为结构的。一次传播，过而不返。不论观众看清与否，在单位时间内都无法让其重播。因此，电视媒体的广告宣传具有一次性，稍纵即逝，不可逆转。鉴于这一特点，大多数电视广告都是重复播出的，以弥补一次性不易记忆的不足，起到加强印象的作用。

二、广播广告媒体

广播广告媒体是运用语言、音响、音乐来表达广告产品信息，采用电声音频技术，按时传播声音节目，专门诉诸于媒体受众的听觉。广播媒体包括有线电台和无线广播网。

（一）广播广告的优点

1. 覆盖面广，受众多　广播基本上不受时间和空间的限制。从电波所及的范围看，可以覆盖整个国土，不论城市、乡村都可以听到广播节目。广播媒体的受众也非常广泛，只要有一定的听力，就有可能成为广播广告的受众。

2. 以声带像，亲切动听　广播媒体是声音的艺术。广播广告最突出的特点，就是用语言解释来弥补无视觉形象的不足。运用人的语言，通过绘声绘色的描述，可以造成由听到视的联想，从而达到创造视觉形象的目的。

3. 制作容易，传播迅速　广播广告是通过播音员的叙述，有时加上音响效果、背景音乐来播放的，有时则以文艺节目的形式出现。因此，制作起来比较简便灵活。与电视媒体、报刊媒体相比较，广播广告的制作工序也相对比较简单。广播广告是通过电声传播信息的，而电声传播的速度非常快。只要写好广告词，就可以马上播出去，听众就能立即听到。

4. 经济实惠，收听方便　广播媒体与其他媒体相比较，节目制作成本费用低廉。广播广告更是如此，一般的广告主都能够承担得起。

（二）广播广告的缺点

1. 缺乏视觉，收听率下降　与电视媒体相比，广播广告缺少图像支持。那些需要通过展示和观看来体现产品特色的医药产品则不适合做广播广告。另外，随着电视普及率的提高，特别是有线电视的发展，电视节目的可视性得到了很大程度的提高，致使广播广告的收听率在下降。

2. 时效较短，容易被忽略　广播广告是听觉媒体，听觉信息转瞬即逝，广播广告的信息传递也具有不可重复性，时效较短，有许多听众把广播节目视为令人愉快的背景声音，对于一些广告内容往往不认真去听，有的听众只要一听到广告就会换台，所以许多广告可能被漏掉或忘记。

三、报纸广告媒体

（一）报纸广告的优点

1. 覆盖面广，传播信息迅速　除了一些专业性很强的报纸以外，一般公开发行的报纸，都可以不同程度地渗透到社会各个领域。尤其是全国发行的报纸，可以覆盖社会的各个层次、各个地方。同时，由于报纸的价格低廉，其发行量相当大。报纸大多是当日发行，出版频率高，读者通常可以阅读到当天的报纸，对于时效性要求高的产品宣传，不会发生延误的情况。

2. 读者广泛而稳定，存留时间长　报纸能满足各阶层媒体受众的共同需要。因此，它拥有极广泛的读者群。不同的读者群，其兴趣、偏好各不相同，而且在一定时期内，兴趣、偏好是不易改变的。这就使得报纸的目标市场具有相对的稳定性。报纸媒体不同于电视和广播媒体，读者不受时间限制，可随时阅读或重复阅读。时间长了，读者还可以查找所需要的信息资料。

3. 选择性强，读者阅读时比较主动　广告主可以根据各种报纸的覆盖范围、发行量、知名度、读者群等情况，灵活地选择某种或几种报纸进行广告宣传。由于报纸的可读性强，读者阅读时可以自由选择喜爱的栏目。

4. 表现方式灵活，广告费用低　报纸传播信息的方式多种多样，或图文并茂，或单纯文字，或诉诸理性，或诉诸情感等；报纸的广告费用低，对大多数中小型广告主来说，有能力承担；此外，广告投资风险也相对较小，这是报纸媒体与电视媒体的主要区别之一。

（二）报纸广告的缺点

1. 有效时间短　报纸出版率高，每天一份。绝大多数媒体受众只读当天的报纸，很少有人读隔日的报纸，因此报纸的有效期较短。它的有效期也只是报纸出版后读者阅读的那一段时间。对于广告策划者来说，特别重视广告定位以及广告诉求点的准确把握，即精心思考"说什么"与"怎么说"，尽可能在有限的时间内，给媒体受众明确清楚、印象深刻的重点信息。

2. 广告注目率低　通常报纸广告不会占据最优版面，读者阅读报纸时往往倾向于新闻报道和自己感兴趣的栏目。如果无预定目标，或者广告本身表现形式不佳，读者往往忽略广告，即便看了几眼，也不会留下什么印象。

3. 印刷效果欠佳　由于纸张材料和技术的局限，不少报纸广告的印刷常常显得粗糙。特别是图片摄影，其粗糙和模糊的印刷使媒体受众在潜意识中产生一种不信任感，往往产生负面作用。因此，对图片的印制要尽可能精致些。

四、杂志广告媒体

（一）杂志广告的优点

1. 针对性强，具有明显的读者选择性　杂志的读者有很强的选择性。杂志媒体的这一特点可以通过读者的类型、年龄、收入情况表现出来。这有助于广告策划者根据广告主的自身情况和产品的特点，选择最合适刊载广告信息、最能将广告信息传递给目标受众的杂志类型。

2. 保存期长，传阅率高　杂志由于装订成册，便于携带和收藏，被保存的时间长，反复阅读率高，而且传阅性好，所以能扩大和延续广告的传播效果。杂志是所有广告媒体中生命周期最长的媒体。

3. 印刷质量较高　杂志的纸张质量较好，印刷设备性能优良，因而，广告制作与印刷质量远远高于报纸，其中最具优势的是彩色广告。印刷精美的杂志广告能够产生较强的视觉刺激，使媒体受众感到真实，并留下深刻的印象。

4. 编排整洁，创作灵活　杂志媒体版面小，每页编排较为整洁，不像报纸那样内容繁杂。因此，每则广告都显得非常醒目。同时，杂志媒体篇幅较多，对广告主来说，其编排性和选择性都非常灵活。

（二）杂志广告的缺点

1. 时效性较差　由于杂志出版周期长，出版频率低，因而，不像报纸媒体那样能够迅速及时地反映市场变化，不适合于做时间性要求强的产品广告，也不适合于营造声势较大的大规模营销活动。杂志广告的功效是延缓而非及时的，不易很快使媒体受众产生购买欲望。

2. 影响面较窄　由于杂志媒体的专业性强，读者相对较少，因而接触对象不广泛，影响面相对比较小。

3. 广告费用较高　杂志上刊登广告需要较多的广告制作费和刊物费用。加之杂志的专业性强，影响面窄，一般广告主会认为付出大量的广告费用得不偿失。

五、网络广告媒体

20 世纪 90 年代，诞生了新型媒体——互联网，这一新型媒体以其优越的传播特点，为广告传播打开广阔的市场空间。

（一）网络广告的优点

利用互联网传递广告信息，具有许多特点和优势，主要有以下几个方面。

1. 信源、信道、信宿的互动沟通　网络传播不受空间和时间的限制，信息覆盖面广、受众选择性大，信息交流是开放的。网络广告信息每一次被点击只涉及一个广告对象，这是一种一对一的传播模式。广告受众可以根据自身的需要和兴趣，主动地选择和访问提供相关信息的站点。消费者能够和广告进行深入的交流，如在广告网页上表达自己的爱好和兴趣，网上则可相应作出反应，逐步推出需要的相关信息，这是一种即时互动的传播模式。受众在接触有关的广告信息时，可以通过鼠标点击逛商场、选购商品，可以身临其境般地"体验"和了解产品的特色与价值。

2. 广告效果反馈及时　网络广告反馈迅速而且比较准确，可以通过不同的统计方式得到统计数字资料，从而使广告公司和广告主能够及时掌握广告发布后的接触情况，以便相应地调整广告的创意、内容和表现形式。通过与电子商务连接，使消费者在接触广告信息的同时直接促成消费行为的产生，使广告经济效果的测评更为便利和精确。通过传播受众的反馈，还可以迅速了解受众对广告的评价，以便及时更正和提高。

3. 多媒体技术的运用　网络广告融合了印刷媒体和电子媒体的优势，应用网络传播中的多媒体技术，给上网者以丰富逼真的视听感受。受众可以通过点击，无限制地对页面进行链接，网络传播广告信息的速度快捷，信息全面。受众可以看到图像、听到声音，可以从容地浏览不同的广告页面，进行对比、分析、判断和选择，也便于阅读、保存。

4. 费用相对低廉　由于网络传播的特点，网络广告的接触基本上都是有效接触，为数不多的广告投入，就能够达到较好的广告效果。网络广告的制作成本也比较低，发送比较简单，无需太多的耗费，而信息容量却很大。

（二）网络广告的缺点

1. 网络拥挤，注意率不高　网络用户抱怨最多的问题之一就是上网速度慢（信息传递时间问题）。另外，随着网络广告的激增，广告吸引注意率也在明显下降。据调查，多数网络用户在网上浏览的是新闻、时事政治、网络游戏，不足10%的用户会主动点击广告获取市场信息。

2. 受众尚不普及　目前，由于受经济环境条件的制约，网络用户在城市及企事业单位居多，广大的农村在短期内难以实现。广告主们认为，网络对于价格较高的产品是一种有效的广告媒体，对于价格较低的产品则效果较差，显得成本较高。另外，由于受到国家相关法律的限定，网上药品营销也只仅限于非处方用药。

3. 容易隐藏欺诈行为　在网络营销发展的初期阶段，许多虚假广告充斥网上，网上购物欺诈现象时有发生。电子邮件作为建立营销关系的沟通方式管理也比较混乱。随着政府对网络管理的加强，网络广告媒体这个全新的事物会被人们广泛接受。

六、其他广告媒体

在现实生活中，媒体种类繁多，除报纸、杂志、广播、电视、互联网等大众传播媒体外，户外媒体、销售点广告媒体、直邮媒体等多种广告媒体，也可以对消费者进行理性和感性诉求，激发消费者对广告产品的购买欲望。

（一）户外广告媒体

户外广告媒体是历史最悠久的媒体形式。户外广告媒体大致分为电子类和非电子类两大类型。前者包括霓虹灯、电子显示屏等，后者包括路牌、招贴、空中广告等。

1. 户外广告媒体的优点

（1）形式多样，信息保留时间长　户外广告媒体有霓虹灯、路牌、交通工具、建筑物等，可选择的形式多样，而且一次设计好的信息可以保留相当长的时间，可以起到反复强化的作用。

（2）形象鲜明，容易引起注意 由于户外媒体的面积一般比较大，形象鲜明，而且位置又多处于市中心、繁华商业区或交通要道，容易引人注意。

（3）费用适中，企业能够承担 户外广告媒体无论是设计、制作费用还是发布费用，相对于四大媒体来说都是比较便宜的，大部分中小企业都有能力承担。

2. 户外广告媒体的缺点

（1）影响面小，无法选择广告受众 户外媒体一般都是固定的，只能在局部地区发挥作用，影响面小。同时，户外媒体属于被动媒体，无法选择广告受众。

（2）表现力简单，信息量小 户外广告媒体所处的具体环境和条件决定了它不能为受众提供仔细阅读的机会，因此广告内容一般都要求比较简单。

（3）灵活性差，干扰因素多 户外广告媒体由于大多数是固定设置，长期使用，所以灵活性较差。由于受到户外嘈杂环境的影响，干扰因素多，使得户外广告的注意度降低。

（二）销售点广告媒体

销售点广告又叫POP（point of purchase）广告，是指在零售店或销售场所等购物店内外的一切布置物广告。一般可以分为店外广告和店内广告。店外广告媒体主要包括商店牌匾、店面装潢与橱窗、店外悬挂的充气广告和条幅等；店内广告媒体主要包括商店内部的装饰、陈设、招贴广告，店内发放的广告传单、刊物以及广播、录像、电子广告牌等。销售点广告媒体是一种综合性的媒体，在现代社会中很受工商界重视，运用日益广泛，被誉为"市场销售的尖兵"、"无声的导购员"。

1. 销售点广告媒体的优点

（1）美化购物环境，提高顾客的购买兴趣 巧妙、灵活的店面广告可以将购物场所装点得既舒适美观，又显现出生意兴隆的景象，提高顾客的购买兴趣。

（2）有利于促成顾客购买行为 销售点广告能使消费者看到商品的实物形象，缩短了商品与消费者之间的距离，容易提高顾客的购买兴趣，可直接促使其产生购买行为。

（3）提升企业形象 POP广告能把企业的产品和形象通过销售点广告媒体展现出来，既提高产品的知名度，又宣传了企业形象。

2. 销售点广告的缺点

（1）设计要求高，成本费用大　销售点广告要求商品在陈列和设计上都独特新颖，有一定的艺术水平，同时要有一定的物质形态作保证，成本费用较大。

（2）清洁度要求高　商店客流量大，灰尘多，如果不保持清洁就会影响销售点广告的社会效果和经济效果。

（3）广告影响面小　POP 广告是一种销售现场的广告，辐射范围小，对消费者的影响面远不及四大媒体。

（三）直邮广告媒体

直邮媒体又称直接邮寄广告媒体，简称 DM（direct mail）媒体，主要包括广告信函、明信片、说明书、产品目录、企业刊物等。它在各种媒体中具有与众不同的功能，如果对邮件精心设计，运用恰当，往往可以取得相当好的效果。

1. 直邮广告的优点

（1）针对性最强　广告主通过邮寄途径，可以直接将广告信息传递到被选定的对象手中，不受他人影响。

（2）形式灵活　广告主可以有针对性地选择广告形式、时间和地区，可以较为详细地传达产品的信息。

（3）广告效果可测　广告受众是具体的个人或单位，对象非常明确。广告发出后，他们的反应程度也较易掌握，广告主可以根据产品销售情况及时了解广告发布效果，随时调整广告计划。

（4）费用低廉　直邮广告设计简便，又按计划印刷，加之邮寄费用较低，因此其成本较低廉。

2. 直邮广告的缺点

（1）传播范围小　直邮广告是直接邮寄给收件人的，具有私人通信性质，收信人一般不会广泛传播，因此，它的传播范围有限。

（2）容易引起受众反感　一般情况下，直邮广告在产品推销方面的功利性比较明显，容易使接受者产生反感。另外，直邮广告的接受者还常会有一种私人空间被打扰的感觉。

第三节　医药广告媒体的选择

所谓医药广告媒体的选择，就是通过具体分析评价各类媒体的特点，找出适合广告目标要求的媒体，从而使广告信息能够顺利地到达目标顾客。在整个广告活动中，广告媒体的选择是否恰当有效，往往直接影响着广告效果的好坏和广告活动的成败。因此，如何以最低的媒体代价获得最优的广告效果，便成为企业最关心的一个问题。

一、医药广告媒体的评价指标

要制定媒体计划，选择合适的媒体，除了要了解各类媒体的特性外，还需要了解对有关媒体进行评估的基本评价指标，便于进行广告媒体的运作。广告媒体的基本评价指标有覆盖域、视听率、阅读率、到达率、有效到达率、毛评点、暴露频次、千人成本、干扰度等。

（一）覆盖域

覆盖域是指广告媒体的传播范围，主要用来衡量广告信息的传播广度。具体包括两项评价指标：一是地区分布，比如中央电视台的地区分布是全国，《北京晚报》的地区分布是北京；二是覆盖人数，印刷媒体的覆盖人数用阅读率来表示，电子媒体的覆盖人数可用视听率来表示。

$$阅读率 = \frac{阅读人数}{发行数} \times 100\%$$

$$视听率 = \frac{收看（听）某一特定节目的人数（户数）}{电视机（收音机）的拥有量} \times 100\%$$

阅读率是印刷媒体的重要指标，是报纸或杂志判断版面费率的标准之一，通常阅读率越高，则购买版面的价格也越高。而视听率则是电视、广播最重要的评价指标，是电视台和广播电台判断广告片播映费率的最重要标准之一。通常节目收视率越高，则购买媒体的价格也越高。

（二）到达率

到达率也称接触率，是指一则广告发布一段时间之后，接触到广告的人数与媒体覆盖区域内总人数的百分比，其计算公式为：

$$到达率 = \frac{接收广告信息的人数}{覆盖域总人数} \times 100\%$$

例如某一品牌的药品广告在某个地区发布，覆盖区域内的总人数为1000万，其中100万人接触到了这则广告，那么该药品广告的到达率 =（100万人/1000万人）×100% = 10%

在到达率的计算中，不管受众接触到几次广告信息，均以1次计算。这项评价指标可适用于各种媒体，到达率越高，广告效果越好。

（三）毛评点

毛评点又称"毛感点"、"总视听率"，是指广告在各类媒体的到达率之和。

当毛评点用于单一媒体广告效果的评价时，其计算公式为：

$$毛评点 = 到达率 × 发布次数$$

例如一则药品广告在某一媒体发布后的到达率为20%，发布3次，那么，毛感点为：20% ×3 =60%，为60个毛评点。

当毛评点用于组合媒体广告效果的评价时，其计算公式为：

$$毛评点 = （A 媒体到达率 × 发布次数）+ （B 媒体到达率 × 发布次数）$$

例如一则 OTC 药品广告，在电视台播出2次，每次到达率是40%，在报刊刊出3次，每次到达率是20%，那么，该药品广告的毛评点 = （40% ×2）+ （20% ×3）=140%，为140个毛评点。

（四）暴露频次

暴露频次是指特定时间段内一则广告到达受众的次数，即每个家庭或个人接触到同一个广告信息的平均次数。例如有100个家庭在1个月内观看了中央电视台某频道的某个品牌药品广告，其中10户看了30次，20户看了45次，30户看了50次，40户看了75次，把每个家庭所看的该品牌药品广告数相加，100个家庭共看了200次药品广告，平均每个家庭看到2次，这个2次就是暴露频次。其计算公式为：

$$暴露频次 = \frac{毛评点}{到达率}$$

（五）有效到达率

有效到达率，又称有效暴露频次，是指在一个周期内有多少个家庭或个人接受足够的广告频次，并产生购买行为。那么受众目标要接触多少次广告才算足够或产生好的效果呢？实际工作当中，有效到达率会受到诸多因素的影响。例如品牌知名度、广告媒体传播特点、竞争对手宣传力度、广告信息发布时间及发布区域等因素均会影响有效到达率。据统计资料显示，在一个周期内暴露3次以上、6次以下为最佳暴露频次，通常在一个周期内暴露频次为1次者，几乎没有什么促销效果。但另一方面，有效暴露频次过多，也会使人感到厌倦，价值递减，并产生负面影响。

（六）每千人成本

每千人成本（CPM）指的是一则广告信息到达每1000个受众所花费的成本。其计算公式如下：

$$每千人成本 = \frac{广告费用}{受众人数} × 1000$$

为了通过最低成本获得最大效益，广告主通常会在同类媒体中选择千人成本最低的媒体。一般来说，电子媒体的每千人成本要低于印刷媒体。当然，有些媒体虽然每千人成本较高，但其权威性强，其效益也不一定低；反之，即使千人成本较低但没有较高的权威性，同样也不宜选取。非同类型媒体，由于媒体传播效果不可能完全替代，还不能简单地以千人成本最低作为衡量的标准。

（七）广告干扰度

广告干扰度是指在某一媒体载具中，广告版面或单位长度占载具本身内容的比率。

用公式表示为：

$$\text{广告干扰度} = \frac{\text{全部广告所占媒体的时间或版面}}{\text{媒体全部时间或版面}} \times 100\%$$

干扰度越高，则表明受众所受干扰度也越高，而此时广告传播效果就越低；反之，干扰度越低，广告传播效果就越高。

例如，报纸 A 的总版数是 16 版，广告版数是 2 版，其干扰度是 12.5%；报纸 B 的总版数是 24 版，广告版数是 5 版，其干扰度是 20.8%；报纸 C 的总版数是 32 版，广告版数是 8 版，其干扰度是 25%。

虽然报纸 A 总版数远远少于报纸 C，但因其广告刊登版数也少，广告受到的干扰信息相对来说就少，因此，在不考虑其他因素的情况下，干扰度为 12.5% 的报纸 A 的广告传播效果在 3 种报纸中相对要好一些。

二、医药广告媒体选择的主要考虑因素

选择广告传播媒体的目的，就是希望以最小的成本取得最大的传播效果。但媒体的选择过程中会受到多种因素的制约，在选择媒体时必须充分了解这些因素。下面介绍几种影响广告媒体选择的主要因素。

（一）产品的性能特征因素

不同的产品具有不同的性能特点，适合不同的消费对象，因此必须针对产品的性能特征来选择合适的广告媒体。比如医药原材料、工业用品、制药机械设备等生产资料产品的技术性很强，结构复杂，宜选用说明性、保留性强的印刷广告，如报纸、杂志等；而 OTC 药品、保健食品等常常需要展示产品的外观及功效，这就需要借助具有强烈色彩性和视觉效果的宣传媒体，如电视媒体就比较合适。总之，广告媒体是否适合产品的特性，这是制订媒体计划时必须慎重考虑的。

（二）媒体的特性因素

不同媒体在传播能力、传播时机、评价指标等方面的特性各不相同，选择媒体时应当给予充分考虑。比如电视、杂志媒体的直观性、色彩性强，但灵活性较差，而广播媒体的灵活性就很强。因此，当某种含有药品成分的化妆品（药妆），为了向观众展示该品牌产品的良好功效，就适宜选择电视或杂志作为广告媒体。而当需要促进产品短期销售、促销产品多变或是广告文案

中需标示可能调整的价格时，就应当选择灵活性较好的广播媒体。

（三）媒体受众的因素

广告媒体受众就是指接触广告媒体的视听众，他们是影响广告媒体选择的重要因素。不同年龄、性别、职业、文化修养、社会地位、经济状况的媒体受众，对广告媒体的接受能力和接受习惯也各不相同。一般来说，男性爱看《电脑》、《体育》杂志；女性爱看《美容》、《时尚》杂志；儿童、老人爱看电视；农民爱听广播等。在选择广告媒体时，必须充分考虑不同消费群体的媒体接触特点，这样才能保证广告信息的有效覆盖。比如，"三株"口服液在开发农村市场时，就不局限于传统的四大媒体，而是创新性地采用了符合中国农村市场特点的大量墙体广告，收到了很好的广告传播效果。

（四）国家法律法规的管制

药品是防病治病、维护健康的特殊商品，中国政府对药品广告的管理非常重视。医药企业在发布药品广告时必须遵守中国医药广告管理的相关法律、法规和政策。其中最主要的有《广告法》、《药品管理法》、《药品管理办法》、《药品广告审查标准》等。《广告法》确立了广告的基本准则并对广告主、广告经营者、广告发布者的广告行为提出了原则性要求；《药品管理法》针对医药行业的特殊性，对药品广告的审批以及药品广告的内容作出了规定，并对不同种类药品的广告适用媒体进行了界定；《药品管理法》对药品广告审批的具体程序和广告的管理作出了规定；《药品广告审查标准》对药品广告内容的真实性、合法性制定了详细的评判标准。

（五）广告预算费用因素

广告费用是制约媒体选择的一个重要因素。企业往往根据自己的经济承受能力或者广告费用的支出情况，综合比较各类媒体的广告效果，然后再选用合适的媒体。比如一些实力不强的中小企业，一般很少采用电视、报纸、杂志等费用相对昂贵的广告媒体，而一些经济效益好的大型企业，因为有较充足的广告费用开支，像电视、报纸、广播、杂志等广告媒体就成为他们经常采用的媒体对象。因此，具有不同广告经费开支的广告主应根据自己的资金情况，在广告预算许可的范围内，对广告媒体作出最合适的选择与有效的组合。

（六）广告表现形式因素

就广告表现形式而言，它是文字形式的还是图画形式的，是静态的还是动态的，是以传播声音为主的还是以展示画面为主的，是以黑白色为主的还是以彩色为主的，是以情节为主的还是以形象为主的，这些不同的广告表现形式都会对广告媒体的选择产生重大影响。一般来说，如果是以文字为主的广告，选择报纸等印刷媒体比较合适；如果是以彩色画面及动作为主的广告，选择电视媒体就最适宜，因为只有电视广告才能对动态式的彩色画面广告予以最充分的表现；如果是以音乐、歌曲、音响等为主的广告，广播媒体就是最恰当的选择。

第四节　医药广告媒体策略

医药广告媒体策略是指广告策划者根据广告对象（医药企业或医药产品）的特点确定广告媒体目标，并设计出实现这些目标的具体途径。它是广告策划者运用各种媒体进行广告宣传活动的指导方针。

一、医药广告媒体的组合策略

媒体组合策略是指在某一个广告活动中，为传递广告信息而选取的各种媒体工具的种类及使用程度的组合，包括媒体载具的组合和广告单位的组合。媒体载具的组合是指对具体媒体进行组合运用。广告单位的组合是指在选择组合媒体载体的同时，对实施广告传播的媒体的时间、版面等基本单位的组合。

媒体组合策略的制定是以达到预期传播效果为目标导向，依据各种媒体广告的基本传播功能、覆盖空间、传播频度、延续时间及影响力等特征，对各种媒体进行优化组合，使之形成整合传播优势，从而达到以下3个方面的效应。

（1）广告的延伸效应　各种媒体都有各自覆盖范围的局限性，而运用媒体组合则可以增加广告传播的广度，延伸广告覆盖范围。广告传播覆盖面越大，产品知名度越高。

（2）广告的重复效应　由于各种媒体覆盖的对象有时是重复的，因此媒体组合的使用将增加广告受众的数量和广告接触次数，使广告传播深度、广度得到强化。消费者接触广告次数越多，对产品的注意度、记忆度、理解度就越高，购买的冲动就越强。

（3）广告的互补效应　两种以上广告媒体来传播同一广告内容，对于同一受众来说，其广告效果是相辅相成、互相补充的。由于不同媒体各有利弊，因此媒体组合能起到取长补短、相得益彰的作用。

（一）主要媒体类型组合策略

1. 视觉媒体与听觉媒体的组合策略　无论是视觉媒体还是听觉媒体都有其明显的传播局限性，即使是电视，虽集视听为一体，但在传播深度、理性诉求上的局限仍十分明显。因此，广告传播上应倡导视觉与听觉多种媒体的组合互补来提高传播效果。

2. 瞬间媒体与长效媒体的组合策略　瞬间媒体是指广告信息停留时间短暂的媒体，如电视、广播等。瞬间媒体需与有保留价值的长效媒体（主要是印刷媒体）联合使用，才能使广告信息既能有利于受众迅速接受，又便于其长期查阅。

3. 媒体覆盖空间的组合策略　媒体覆盖空间组合策略主要有以下几种类型。

（1）全面覆盖　利用覆盖面大的媒体和媒体组合，一次覆盖整个目标市场。

（2）重点覆盖　选择销售潜力大的几个市场重点覆盖。这种策略可以保证在一个时期内的广告费用较少，但广告效益较高。

（3）特殊覆盖　在特定的环境条件下，对某一特定消费群体有针对性地进行覆盖。

（4）渐次覆盖　对几个不同地区分阶段逐一覆盖。即将全国分为几个区域，逐一在各个区域实行集中覆盖。实施这种策略时，媒体工具多选用地区性的，甚至具体广告制作也可以专门针对这一地区特点而特别制作。这是一种小单元、低成本、高频率、高选择性的广告传播策略。等到一个地区市场开发成功之后，再将宣传主力转移到另一个地区，这有些类似于"集中优势兵力，各个歼灭"的军事策略。

（5）交叉覆盖　利用省级卫星频道的跨省传播，实现大范围的交叉覆盖。

全国各个省、直辖市的电视节目现全部上星，省级上星频道覆盖范围大，广告费用低，利用这些频道的交叉覆盖，从某种程度上讲，其广告传播效果不亚于中央电视台黄金时段的传播效果。

在确定覆盖策略计划时，往往是综合运用多种策略，例如可以把全国市场分割成城市、城镇、农村市场，也可以再将这些分割成老、中、青、少年市场，然后可以对都市市场实行全面覆盖，对农村市场实行重点覆盖，对老年市场实行季节攻势，同时整个覆盖策略计划也可采取渐次覆盖方式。

4. 可控制媒体与不可控制媒体的组合策略　不可控制媒体是指需花费金钱才能传播广告信息的媒体，一般是大众媒体，如报纸、电视等。可控制媒体则是企业自己设计制作并由自己负责传播的媒体，如直销广告、邮寄广告等。可控制媒体一般传播范围较窄，但能对顾客产生直接促销作用。可控制媒体与不可控制媒体的结合使用，能够起到"点面结合"的传播效果。大众传媒具有权威性，但不能控制其传播范围和传播重复次数，可将其传播的信息通过自办的可控制媒体进行多次扩散传播。

5. "跟随环绕"消费者的媒体组合策略 这种媒体组合策略就是随着消费者从早到晚的媒体接触，安排各式媒体以跟随方式进行随时的说服。例如，清晨时使用广播、电视，消费者出门时使用户外媒体，继之以早报、晚报以及晚间的电视等媒体类型，以造成环绕立体传播效应。

（二）媒体组合的主要方式

1. *同类广告媒体的组合*

（1）电视广告媒体的组合 这种组合是根据各级别电视台的不同特点及功能加以组合，在发挥各电视台自身优势的同时，通过组合，形成新的、带有更加明显功效的优势，以满足企业及产品在营销战略上的需要。电视广告媒体组合主要包括：①中央级与区域级的组合；②区域之间的组合；③有线台与无线台的组合；④卫星台的组合；⑤卫星台与区域台的组合；⑥时段的组合，即将黄金时段、一般时段及特殊时段组合；⑦栏目的组合，包括同一电视台的多栏目组合，多个电视台相关栏目的组合，多个电视台不同栏目的组合。

（2）广播广告媒体的组合 广播媒体的组合在中国主要存在于农村和部分三线企业等。这种组合方式可加强媒体的针对性，但所有组合形式应围绕收听人群或目标人群来进行。广播媒体组合的方式主要有：①中央台与区域台的组合；②区域台之间的组合；③有线台与无线台的组合；④时段和栏目的组合。

（3）报纸广告媒体的组合 这种组合可使广告主更详细、清晰地将商品信息告知消费者，更能"以理服人"地说服消费者，同时也使目标市场更有针对性，信息更有权威性。一般适合于诉求产品功效的广告以及在促销时使用。报纸广告媒体组合的方式包括：①全国报纸与区域报纸的组合；②不同类报纸间版面与版面的组合；③时间排列组合，如将销售淡季和旺季的时间组合。

（4）杂志广告媒体的组合 这种组合不但可以充分发挥杂志阅读群体固定的特点，还可以利用其覆盖范围的不同，扩大目标群体，并有重点地对主要销售区域提升销量。

杂志广告媒体组合的方式主要有以下几种：①对全国发行的杂志进行组合；②对区域发行的杂志进行组合；③全国发行与区域发行杂志的组合；④文化娱乐、知识性与专业性杂志的组合；⑤特定消费群杂志与专业性杂志的组合。

2. **异类广告媒体的组合** 异类广告媒体的组合是指在各媒体组合的基础

上，利用各媒体的特点及组合方法，将不同媒体的优势组合起来，形成新的组合方式，使其在影响力、冲击力及持久性上有更好的表现。异类广告媒体的组合是广告中经常采用的手段。

异类广告媒体的组合方式主要有以下几种。

（1）报纸与电视媒体的组合　利用电视传播速度快、感染力强的特点与报纸说明详细、目标消费群集中的优势进行组合，可以将广告信息全面、生动、灵活、迅速地传播给广大受众。如以报纸广告作先行，对产品进行详细的介绍，然后再运用电视针对目标市场进行宣传，可以产生良好的广告效果。

（2）报纸与广播的组合　这种组合具有传播信息详细全面、方便迅速的特点，可使各种文化程度不同的消费者都能接收到广告信息，但这种组合缺乏视觉效果。

（3）报纸与杂志的组合　利用报纸的影响力，配合杂志目标消费群的信任特点，加强产品功效特点的宣传，吸引实际消费者或适用者。这种方式对销售有直接的推动作用，并能形成相对稳定的目标消费群体，同时影响潜在消费群体。

（4）电视与广播的组合　这种组合具有传播信息视听兼备、广泛生动的特点，可使城市与乡村的消费者都能普遍接受传播的广告信息。

（5）电视与杂志的组合　这种组合具有传播信息广泛生动、针对性强的特点。可用电视做全国性或者地区性的大范围广告宣传，然后用杂志做针对性的广告强化宣传，可产生较好效果，但这种组合的费用较高。

（6）报纸或电视与销售现场媒体的组合　这种组合有利于提醒消费者购买已有印象或已有购买欲望的产品。

（7）电视、报纸、杂志媒体的组合　利用电视视觉冲击力强、形象好等特点以及报纸杂志相对详细、目标群体集中的特点进行组合，在品牌形象及产品功能上进行全面说明，对销售有积极的推动作用。同时，能影响潜在消费者，使产品的生命力能得到很好的延续，但这种组合费用较高。

（8）电视或报纸与邮政媒体的组合　这种组合以邮寄广告为开路先锋，做试探性的广告宣传，然后再利用电视或报纸广告做强力推销，这样，先弱后强，分步推出广告，可以取得很好的市场开拓效果。

（9）邮政媒体与销售现场媒体的组合　这种组合可以对某一特定地区进行广告宣传，以利于巩固和发展市场。

二、医药广告媒体发布排期策略

（一）医药广告媒体长期发布安排

医药广告媒体长期发布安排一般是指年度广告发布安排和跨年度广告发

布安排。跨年度广告一般是按照广告活动整体策划的意图来安排发布，年度广告则一般按照季节性和预期的经营活动来安排发布。

常用的确定广告媒体使用进度的方法有先多后少法、渐次加强法和水平支出法3种。

1. 先多后少法　是指先投入较多的广告媒体费用，租用或选定刊载广告场地或版面，在一个时期内展开强烈的广告攻势，等产品在市场上有一定的知名度以后，再逐渐缩减广告媒体开支。

2. 渐次加强法　采用这种方式选择广告媒体，开始是探测性的，先在某一特定的市场范围内运用几种接近目标市场的媒体，将产品的特点逐一、渐次地进行广告诉求认知，以加深人们对某品牌产品的了解。在探清市场不同层次的消费需求之后，再逐渐扩大广告媒体的影响范围，逐渐增多采用媒体的次数，使广告信息的影响范围越来越大，声势越来越强，直至产品随着需求量与日俱增，生产规模日益扩大，产品从单一品种生产发展到系列化产品生产，市场由国内市场扩展到国际市场。

3. 水平支出法　采用这种方式选择广告媒体，每次广告活动所投入的广告费用都基本相同。例如，日常生活用品广告，除了节假日可能增加一些费用，采用多种媒体展开广泛的广告活动外，一般在一定年度、季节内，每月用于某种媒体的广告费用都基本不变，其广告传播信息的特点只是起提醒作用。

（二）医药广告媒体短期发布安排

医药广告媒体短期发布安排是指在较短的一段时间内合理分配广告支出以求取得最大的广告效果。短期发布安排必须考虑以下几个因素：①购买者流量，指新的购买者进入市场的速率。这一速率越高，广告的连续性应越强。②购买频率，指在一定时间内普通消费者购买该产品的次数。购买频率越高，广告的连续性应越强。③遗忘率，指购买者忘记该品牌的速率。遗忘率越高，广告的连续性应越强。

常用的医药广告媒体短期发布安排有以下4种。

1. 连续性广告　连续性广告是指在一定时间段内均衡安排广告展露时间。这种广告发布安排适用于频繁购买类型商品的市场拓展期，而且其购买者的类型比较明确。它的优点是：①能维持消费者的记忆；②能覆盖整个购买周期；③由于连续地展露广告，可以通过与媒体的协商优先在价格、广告时间或者版面上进行选择。缺点是：①比其他广告实施计划费用高；②可能出现广告过多暴露的情况，并且反复的暴露会引起消费者注意的降低；③由于费用上的限制只能利用有限的媒体。

2. 集中性广告　集中性广告是指在某一时刻支出所有的广告费用。这种广告发布安排适用于销售集中在某个季节或假日的产品。它的优点是：①在较短的时间内引起消费者的注意和关心；②有助于提高消费者对成熟期产品的再知晓度。缺点是不太适合于新产品，因为新产品刚上市的时候在一段时间内需要比较长的广告活动。

3. 飞翔性广告　飞翔性广告是指在某段时间播放广告，间歇一段时间，然后再进行第二轮广告。在广告经费有限、购买周期长或属于季节性商品的情况下，常使用这种广告发布安排。它的优点是：①根据购买周期安排广告活动，所以能有效地利用广告费用；②一定时间内集中发布广告，所以可以利用一个以上的媒体；③竞争企业利用连续性广告实施形态时，在一定时间内增加自己企业的广告暴露。缺点是：①由于过多的暴露，在广告活动期间也可能降低广告效果；②在不安排广告活动期间，消费者对广告的知晓度会下降；③不安排广告活动期间，随着竞争企业的努力，也许会把竞争优势让给竞争企业。

4. 脉冲性广告　脉冲性广告是指持续进行低强度的广告，同时定期用高强度的广告来加强广告攻势。这种方式是结合了连续性广告和飞翔性广告的长处而创新出来的，既能让消费者更全面地掌握信息，又能够节省广告费用。它的优点是：①既能维持消费者的记忆，又能提高广告效果；②根据购买周期安排广告活动，可以直接引发消费者的购买行为；③当竞争企业采取连续性支出形态时，能够比竞争企业有更多的广告暴露。缺点是：①不适用于季节性强的短期性产品；②容易受到竞争企业动向的影响；③选择媒体以及广告时间或者版面有一定的困难。

总之，每一种广告发布排期策略都各有其优缺点，由于受到产品特征、目标消费者特性、市场特性的影响，每种策略的效果也不相同。不存在能够在所有市场上都优越的广告排期策略，企业必须根据实际情况安排自己的广告活动。

本章小结

医药广告媒体是指能够传递医药广告信息，实现广告客户与广告对象之间信息沟通的工具和手段。凡是能够刊载医药广告作品的物质，如报纸、电视、路牌、网络等，均可以作为医药广告媒体。广告媒体是广告的重要构成要素，在广告信息传递过程中发挥着重要作用。医药广告媒体主要具备三方面的功能：传播功能、吸引功能和服务功能。

根据不同的分类标准可以把医药广告媒体分为不同种类，具体可以根据媒体的自然属性、受众的不同规模、媒体的所有者、媒体广告的传播程度、媒体传播范围大小对医药广告媒体进行分类。不同类型的广告媒体，由于自身载体物质、技术手段不同，在长期的发展过程中形成了各自的性质与风格，决定了各类型广告媒体的传播效果不同。电视、广播、报纸、杂志、网络以及其他各种类型的广告媒体都有着各自的优缺点。

广告媒体的基本评价指标主要包括：覆盖域、视听率、阅读率、到达率、有效到达率、毛评点、暴露频次、千人成本、干扰度等。

医药广告媒体选择的主要考虑因素包括：产品的性能特征因素、媒体的特性因素、媒体受众的因素、国家法律法规的管制、广告预算费用因素、广告表现形式因素等。

医药广告媒体类型的组合包括：视觉媒体与听觉媒体的组合、瞬间媒体与长效媒体的组合、媒体覆盖空间的组合、可控制媒体与不可控制媒体的组合、"跟随环绕"消费者的媒体组合等。媒体组合的主要方式包括同类广告媒体的组合、异类广告媒体的组合。

医药广告媒体发布排期策略包括：广告媒体长期发布安排（先多后少法、渐次加强法和水平支出法）和广告媒体短期发布安排（连续性广告、集中性广告、飞翔性广告和脉冲性广告）。

思考与讨论

1. 什么是医药广告媒体？医药广告媒体的主要功能有哪些？
2. 四大传统媒体各自的优缺点是什么？
3. 如何选择合适的医药广告媒体？
4. 如何为 OTC 药品广告设计合适的媒体组合策略？

● 拓展练习 ●

"脑白金"的成功路径

独具匠心的媒体策略

"脑白金"起步时期正处于中国保健食品行业风声鹤唳、信誉跌入谷底之时，然而"脑白金"却逆市而上，以极低的成本迅速启动市场，然后又全面拓展全国市场，年销售额超过 10 亿。"脑白金"之所以能够创造中国保健食品市场营销的奇迹，成为引领中国保健食品市场的一代霸主，是与其匠心独运、技高一筹的广告策略密不可分的。

1. 软文策略：软文"硬做"——不是新闻，胜似新闻

软文广告是"脑白金"启动市场的宣传利器。在市场启动期，"脑白金"根本没有大笔的电视广告费可投，基本上是以报媒为主，选择某城市的 1~2 家报纸，以每周 1~2 次的大块新闻软文，集中火力展开猛烈攻势，随后将 10 余篇功效软文轮番刊登，并辅以科普资料作证。这样的软文组合 1 个月后就收到了效果，市场反响强烈。报媒为产品开道，大大唤醒了消费者的需求，刺激了购买欲望。难能可贵的是："脑白金"对各种软文加以整合和创新，以点带线，以线带面，将行销事件环环相扣，善于发现亮点、制造新闻、爆炒热点、树立口碑形象，使"脑白金"所到之处，都演绎了消费者疯狂抢购的高潮。

随着媒体商业化程度的提高，国内主要报纸专门开辟了软文版面，有的还将软文根据行业分成不同的专版，如健康版、房产版、汽车版等。"脑白金"指定新闻版面甚至报纸头版显著位置刊发软文，首创软文"硬"做模式，将软文效果新闻化。5 篇新闻性软文，如"两颗生物原子弹"、"98 全球最关注的人"、"人类可以长生不老"、"格林登太空"等为"脑白金"鸣锣开道，制造一个非常新奇的新闻亮点，无论从内容的新闻性、权威性，还是可读性、通俗性，都能激起消费者的强烈阅读欲望。每篇软文抢占各地强势报纸头版的 1/3 版面，制造一个非常新奇的新闻亮点，引出人体"脑白金"的话题，大有"脑白金"淹没其他一切新闻的势头。而且，各大报纸以头版最显要的位置同时大幅推出同一个企业的同样内容的产品新闻，在新闻史上也是闻所未闻。人们对新闻的"真实性"判断能力较差，很容易受其影响，宁信其有，不信其无。新闻炒作结合典型事件、科学探索、人类命运展望等，不仅彻底消除了任何戒备心理，而且强烈震撼了消费者的心灵，期待着科学能够尽快造福自己，形成对"脑白金"的强烈市场需求。新闻报道在"脑白金"的广告策略中，其气势与产生的效果远远超过其他形式的软文。

2. 电视广告策略：简单的话重复说

"脑白金"的电视广告以创意不佳而享誉业界，"毫无创意"、"土得掉渣"是最多的评价，但套用"脑白金"的一则广告语"有

效才是硬道理"，"脑白金"就是靠电视广告，将产品由功效诉求转向礼品诉求，既有效转移了消费者对"脑白金"功效的过分关注，又使"脑白金"的直接购买人群大大超过了目标消费群体，使趋于火爆的"脑白金"市场一次次呈几何级的倍数迅速放大，培育了礼品市场的大蛋糕。

广告的一个重要原则就是"重复与更新的变奏"法则，就是广告要保持持续性发布，每则广告之间保持产品诉求的高度同一性，同时又要有新颖变化的部分来挖掘产品的丰富性及诉求的层次性。这样当诉求点在不断变更的广告传播策略中被反复提及时，既没有那种毫无变化的、令消费者厌倦麻木的重复的枯燥乏味，又能使产品的市场潜力被挖掘得更深、更大。

"脑白金"的电视广告就严格遵循了"重复与更新的变奏"法则，电视广告分5秒和10秒标版两种，其中5秒广告主打品牌，10秒标版主诉送礼，10秒送礼广告有时又延伸为15秒的送礼加强版。电视广告主要在A段时间播放，特别是收视率高的电视剧切播，电视剧切播时保证3个第一，即"脑白金"的广告是电视剧刚断剧的第一个广告、电视剧开始前的倒数第一个广告和电视剧断剧倒数第一个广告。若在C段播出，则采取密集插播手法。"脑白金"电视广告1999年开始在全国各地方台主打，2001年以后改在各地卫视和中央电视台播出，仅2001年费用投入达1个多亿，这些广告集中在中央电视台等一些强势媒体高密度投放，每天在黄金时段、亚黄金时段滚动播出，专题片、功效片、送礼片3种版本广告相互补充，组合播放，形成了铺天盖地、狂轰烂炸的态势，产生了不同凡响的传播力度。

"脑白金"的电视广告尽管给人以很土、甚至粗制滥造的感觉，但却富有生活气息，易于理解，成为促进销售的最好力量。因为它们恪守了简单、单一的原则，形象地传递出以"脑白金"为礼物可达到收礼者开心的效果。市场向来以成败论英雄，再叫好的广告如果不"叫座"、不能促进销售也不能称作好广告，毕竟衡量广告好坏得用市场说话、得用实际数据说话，而不是以专家的眼光和评判的标准来做判断！电视上平均每天有一百多种形象广告，而能让人记住的，也只有那么两三个。"脑白金"的电视广告不仅使人记住了，而且给人以非常深的印象，并促成了消费者的冲动性的购买热潮，从这一点上来讲，"脑白金"的广告应该当之无愧的称之为中国保健食品的好广告!

3. 户外广告：求多不求精

户外广告成为"脑白金"中后期新增长的媒体亮点。户外广告主要是根据各区域的市场特点，有选择性地开展以下宣传：车贴、车身、推拉、墙面广告与横幅等。

户外横幅广告求多不求精，最好大街小巷都挂，营造"脑白金"氛围。同时还辅助做一些车贴、车身、推拉、墙面广告，要让"脑白金"随处可见，走进千千万万消费者的心目中。

"脑白金"宣传策略的时段性、时效性极强，市场启动期与市场拓展期不同，销售淡旺季不同。如节假日着重宣传礼品概念，非节庆日着重宣传功效，其相应的媒体组合也有所调整。适时而变，顺时而推，整合不同时期，力争做得更好，这就是"脑白金"媒体宣传策略的特点。

资料来源　侯胜田. 医药营销案例点评［M］. 北京：中国医药科技出版社，2006.

拓 展 练 习 思 考 题

1. 请根据现代医药广告媒体策略理论对"脑白金"的广告营销策略进行分析。

2. "脑白金"的广告营销策略有哪些可以借鉴的经验？有哪些需要继续改进？

第十二章

医药广告效果测评

眼睛不说谎

　　拿什么证明广告吸引了眼球？多年以来，衡量广告有效性的方法是说服顾客走进卖场库房看广告，报酬是几美元或一张彩票。尽管这种方法很有用，但是并不能将更完全的信息传递给广告机构。营销人员希望了解读者是先读文字材料还是先看图片？是否被某种特定颜色所吸引？药品的风险信息有多明显？会否影响读者的阅读兴趣？

　　除了借鉴市场营销研究方法以外，医药行业的营销人员正利用眼动测试来考查广告效果。该仪器可以电子化显示大脑正在看什么，故能准确描述出消费者在看一则广告的时候实际上正在看什么。

　　PreTesting等公司正采用这一技术来研究人们对广告、包装设计以及陈列的反应。这种仪器能够检测出广告中的哪些区域被看或者被忽视了，哪些类型的艺术最能够吸引人们的注意力以及消费者是否看到了药品广告的风险、效益信息。为此，来自PreTesting公司的Lee Weinblatt回顾了一系列印刷品广告，并对这些广告为什么能够发挥作用进行解释，更重要的是：他提出了这些广告还有哪些值得改进的地方。

　　眼动仪是记录人眼运动的精密仪器。眼动仪记录数据高效而精确，通过眼动仪可以记录人眼注视的区域及注视时间，对物体各部分的注视次序，看物体时瞳孔大小变化等数据。通过这些数据，就可以分析出这个人看物体时的关注点，其兴趣所在、理解难点和注视习惯等信息。

　　眼动测试是一种高科技的新型视觉心理评估方法。眼动测试及评估已被广泛应用于产品测试（广告测试、网页测试、产品设计测试和使用性测试等）、场景研究（商场货架设计、卖场设计、店铺装潢研究和家居环境研究等）和动态分析（体育运动分析，汽车、飞机驾驶分析和打字动作分析等）等诸多领域中。

资料来源 Lce Weintlatt. 董艳平编译. 眼睛不说谎［N］. 医药经济报，2007 － 10 － 22（11）.

第一节　医药广告效果的含义与类型及特性

一、医药广告效果的含义

医药广告效果是指医药广告信息传播出去之后对受众产生的所有直接或间接影响效应，也就是广告活动对信息沟通、产品销售及社会经济等产生的各种影响作用。

医药广告活动是为了实现既定的广告目标。而医药广告目标的实现，是医药广告作品通过广告传播媒体，与广告受众进行信息沟通的过程中完成的。广告作品被广告受众接触，会产生各种各样的影响，带来相应的变化。这种影响和变化，就是广告效果。由于广告活动目的不同，企业希望得到的广告效果也会有所不同。某一医药产品需要进入一个新的市场，广告能否有助于扩大、加强品牌的认知？某一医药企业产品滞销，广告能够帮助推销吗？医药企业需要树立形象、建立品牌，广告在这方面的支持、帮助有多大等。这些问题都与医药广告效果有关。

二、医药广告效果的类型

作为一种信息沟通活动，医药广告所产生的影响和变化（效果）是广泛的、多种多样的，可以从不同的角度把医药广告效果分成很多种类。对医药广告效果进行分类，有利于加深对广告效果的认识，便于根据不同类型的广告效果，采取不同的测定方法，以取得较为理想的测定结果。

（一）按涵盖内容和影响范围来划分

按涵盖内容和影响范围，广告效果可分为沟通效果、销售效果、社会效果，这也是最常见的划分方法。

1. 医药广告的沟通效果　医药广告的沟通效果也称为广告本身效果、传播效果或心理效果，是广告效果的核心，是指医药广告传播活动在消费者心理上的反应程度，表现为对消费者的知觉、记忆、理解、情感、欲求及行为等方面的影响。医药广告活动能够激发消费者的心理需要和动机，培养消费者对某些品牌的信任和好感，树立良好形象，起到潜移默化的作用。医药广告的沟通效果是一种内在的并能够产生长远影响的效果，是广告表现效果、媒体效果和心理效果的综合作用。

2. 医药广告的销售效果　医药广告的销售效果也称为经济效果，是指医药广告活动促进产品的销售，增加医药企业利润的程度，也指由此引发的市场竞争变化、行业及宏观经济波动等。医药广告主运用各种传播媒体把产品、观念等信息向目标消费者传达，其根本目的就是刺激消费者采取行动，购买医药广告产品，以使销售扩大、利润增加。医药广告的销售效果是医药企业广告活动最基本、最重要的效果，也是测评医药广告效果的主要内容。

3. 医药广告的社会效果　医药广告的社会效果是指医药广告在社会道德、文化教育等方面的影响和作用，比如广告能够传播医药产品知识，会作为一种文化而流行推广等。由于广告所具有的特性，医药广告对社会所产生的效果是深远的，需要重视和引导。

（二）按产生效果的时间关系来划分

一项医药广告活动展开后，从时间关系上看，医药广告产生的影响和变化会有多种情况。

1. 即时效果　即时效果是指医药广告发布后很快就能产生的效果。如药店里的 POP 广告发布后，会促使顾客立即采取的购买行动，直接广告可能会使目标消费者在很短时间作出反应。

2. 近期效果　近期效果是指医药广告发布后在较短的时间内产生的效果。通常是指在 1 个月、1 个季度、至多 1 年内，广告宣传产品的销售额有了较大幅度的增长，品牌知名度有了一定的提高。近期效果是衡量一则广告活动是否取得成功的重要指标。

3. 长期效果　长期效果是指医药广告在消费者心目中产生的长远影响。消费者接受一定的医药广告信息，一般并不是立即采取购买行为，而是把有关的信息存储在脑海中，在需要进行购买的时候产生效应，医药广告的影响是长期的、潜在的，也是逐步积累起来的。

从时间关系划分的医药广告效果类型可以看到，检测医药广告效果，不能仅仅从一时所产生的效果来评判医药广告活动的好坏，更要从长远的眼光来看医药广告所发挥的作用。医药广告主在广告活动中，不仅要注意追求广告的即时效果和近期效果，而且应该重视广告的长期效果。在市场竞争加剧，需要运用整合传播的现代营销战略中，医药广告的长期效果更为重要。

（三）按对消费者的影响程度和表现来划分

医药广告经由媒体与消费者接触，会对消费者产生各种影响，并引起消费者的各种变化。按其影响程度和表现形式，主要可分为到达效果、认知效果、心理变化效果和促进购买效果。

1. 到达效果　医药广告能否被消费者接触，要看有关广告媒体的"覆盖率"如何。如目标消费者是否订阅刊载广告的报纸，是否收视（听）带有医药广告的广播电视节目。这要注意结合广告媒体覆盖率的有关指标（如印刷媒体的发行量、电子媒体的视听率等）的测评，为选择广告媒体指出方向。但这种效果，只能表明消费者日常接触广告媒体的表层形态。

2. 认知效果　认知效果是指消费者在接触广告媒体的基础上，对医药广告有所关心并能够记忆的程度，主要测评和分析医药广告实施后给予消费者的印象深浅、记忆程度等，反映广告受众在多大程度上"听过或看过"广告。一般通过事后调查获取有关结果，是衡量医药广告是否取得效果的重要尺度之一。

3. 心理变化效果　消费者通过对医药广告的接触和认知，对商品或劳务产生好感以及消费欲望的变化程度，一般经过知晓——理解——确信阶段，最后形成购买行动。这些态度变化是消费者欲采取购买行动的酝酿和准备。因此，测评消费者的心理变化过程中的各项指标（如知晓率、理解率、喜爱度、购买欲望率等）备受关注。消费者接触广告时所产生的心理变化，往往只能通过调查、实验室测试等方法间接得到。

4. 促进购买效果　指消费者购买医药产品、接受服务或回应医药广告的诉求所采取的有关行为。这是一种外在的、可以把握的医药广告效果。一般可以采取"事前事后测评法"得到有关的数据。但是消费者采取购买行动，可能有多种因素，对这类效果的评价分析，也要注意广告之外的其他因素的影响。

三、医药广告效果的特性

（一）时滞性

广告对媒体受众的影响程度由经济、文化、风俗、习惯等多种因素综合决定。有的媒体受众可能反应快一些，有的则慢一些；有的可能是连贯的、继起的，有的则可能是间断的、迟效的。广告是短暂的，即便是招牌广告，由于媒体受众的流动性，广告留下的影响也可能是片刻之间的。在这短暂的时间里，有的受众被激起了购买欲望，很快就购买了广告宣传的医药产品；有的则要等到时机成熟时才购买产品。这就是广告效果时间上的滞后性。

时间的滞后性使医药广告宣传的效果不能很快、明显地显示出来。因此，评估广告宣传的效果首先要把握广告产生作用的周期，准确地确定效果发生的时间间隔，区别广告的即时性和迟效性。只有这样，才能准确地预测某次广告活动的效果。

（二）累积性

广告活动是一个动态的过程，相应的目标受众接受信息的过程也是动态的。医药企业宣传的目标信息进入目标受众的脑海中，并对目标受众产生了一定的影响，这往往很大程度上是一种信息传播积累效应的结果。一是时间接触的累加，通过持续不断的一段时间的多次刺激，才可能产生影响，出现反应；二是媒体接触的累加，通过多种媒体对同一广告的反复宣传，就能加深印象，产生效应。消费者可能在第 6 次接触某则广告后有了购买行动，而这实际上是前 5 次接触广告的累积，或者阅读了报纸广告后又收看了电视广告，对这则广告有了较深的印象，这应是两种媒体复合积累起来的结果。制定医药广告战略，应该根据广告效果的这一特性，防止急功近利、急于求成，应从企业发展的未来着眼，有效地进行媒体组合，恰当地确定广告发布的日程，争取广告的长期效果。

（三）复合性

广告效果是销售效果、社会效果和沟通效果的统一。广告的销售效果不是观念化的，抽象的，它与企业的效益是一致的。企业经济效益的好坏，除了受广告活动的推动外，还受到产品价格、质量、目标受众的购买力、消费习惯和其他促销手段等的影响，而且从沟通角度看，广告作为一种综合性的信息传播活动，既可以通过多种形式的广告作品来表现，又可以通过多种媒体组合来达到目的。尤其是企业在进行广告活动的同时，还从事一些如公关活动，新闻宣传活动来提高本企业的声誉和信誉。这就使广告效果的具体化更为复杂，难以用简单的方法加以区别。

（四）长期性

广告效果受多方面因素的影响，不是一个立竿见影的简单过程。目标受众在接受医药广告信息以后，有相当部分信息转化成了目标受众的意识，沉淀和积累了下来，并对以后的购买和行为产生了影响，从这个角度看，广告从接受到发生作用经历了一定的时间间隔。再者，目标受众接受广告信息后，产生了购买欲望，但由于购买力和时间，地点的限制等，只能延后实现购买行为。因此，在进行广告效果评估时，要特别注意广告效果的长期性，不能单从短期内产生的效益去判断广告效果的好坏。

（五）间接性

广告效果的最直接表现是目标受众非常认同，并由此接受了广告信息内容，也产生了购买欲望并最终产生了购买行为。但有时，也不乏一些目标受众即使收到广告诉求的信息并对广告商品建立了深刻的认知，但却由于某种原因未能实现购买行为，却介绍他人购买，这就是广告效果的间接性表现。这种表现特性，为广告效果评估增加了一定的难度。

广告效果的间接性主要表现在：①受广告宣传影响的目标受众，在购买产品之后的使用或消费过程中，会对产品的质量和功能有一个全面的认识。如果产品功效明显并且价格合理，目标受众就对该品牌产品产生信任感，进行重复购买。②对某品牌产品产生信任感的受众会将该品牌推荐给亲朋好友，从而间接地扩大广告效果。

（六）层次性

广告效果是有层次的，即有销售效果与社会效果、即时效果与长期效果之分。只有将它们很好地综合起来，才有利于医药企业的发展，有利于塑造良好的企业形象与品牌形象。企业开展广告宣传活动时，不能只顾眼前利益，而进行虚假广告宣传，更不能只要经济利益而不顾社会影响。

（七）竞争性

广告是市场竞争的产物，也是竞争的手段，因此广告效果也有强烈的竞争性。广告的竞争性强、影响力大，就能加深医药广告产品和企业在消费者心目中的印象，争取到消费者，扩大市场份额。仅仅把广告看作是一种信息传递，没有竞争意识，是不够的。而从另一方面来看，由于广告的激烈竞争，同类产品的广告大战也会使广告效果相互抵消。因而，也要多方面地考虑、判断某一医药广告的竞争力大小。

认识了解广告效果的这几个特性，可以帮助人们更加准确地制定广告战略和策略，以争取理想的广告效果；也能够更加科学、合理的测评广告效果，保证广告活动持续有效地开展下去。

第二节　医药广告销售效果的测评

一、医药广告销售效果测评的含义

医药广告的销售效果是广告活动效果的体现，它集中反映医药企业在广告促销活动中营销的业绩。医药广告销售效果测定是衡量广告最终效果的关键环节。研究医药广告心理效果有助于医药广告主评价广告的沟通效果，但揭示广告心理效果对销售影响的研究却很少。如提高了品牌知晓度15%和品牌偏好度10%，那么销售量因此而增加了多少呢？医药广告销售效果测定，就是测定在投入一定广告费及广告刊播之后，所引起的医药产品销售额与利润的变化状况。

对于医药广告引起的医药产品销售额与利润变化状况，包含两层含义：一是指一定时期的医药广告促销所导致的广告产品销售额以及利润额的绝对增加量，这是一种最直观的衡量标准；二是指一定时期的医药广告促销活动所引起相对量的变化，它是广告投入与产出结果的比较，是一种更深入、更全面了解广告效果的指标。这种投入产出指标对提高医药企业经济效益有着重大的意义。它要求：每增加一个单位产品的销售额，要求广告投入最小，销售增加额最大；每增加一个单位的广告经济效益相对指标，要求医药企业获益最大，即经济效益的提高要与企业形象、品牌形象的成功塑造相结合；这种相对指标的提高，要有利于形成一个良好结构与良性循环。良好的结构是指医药企业内在的生产经营结构与市场需求趋势以及消费者偏好相适应，从而有利于企业开展促销活动；良性循环是指医药广告促销活动有利于企业调整生产经营结构，开发新产品，生产出适销对路的产品，这一循环成为企业发展的一种内在的自律机制。

二、医药广告销售效果测评的方法

（一）销售地域医药广告效果测评

销售地域医药广告效果测评是指选择两个类似条件的地区来测定医药广告的效果。一个地区进行有关的广告活动，称为"测验区"，另一个则不进行广告活动，称为"比较区"。测验结束后，将两个地区的销售变化进行比较，从中检验出广告的影响。

为了达到测评医药广告对产品销售的影响，应该尽量控制一些非广告的因素，使影响产品销售的因素或者减少到只有广告，或者除广告外其他影响销售的因素基本相同，对测验不构成影响。因此，测验区和比较区应该满足以下要求。

（1）各区域市场发育较为成熟，一般不受周边地区经济的影响。

（2）各区域社会状况、经济状况、风俗习惯、市场营销状况应大体相同或相近。

（3）各区域之间应该有一定的地理位置的间隔，以避免由于人口的相互流动影响广告效果测定。

（4）各区域应该有较为发达的传播媒体，媒体发展水平大致相等。

总之，对于各区域尽量排除干扰因素，给医药广告效果测评以相对"纯净"的环境，这样对这些区域进行测验，就可以得到较为准确的可以表达广告的销售效果数据。

测试时可设计不同情境进行医药广告销售效果的比较。

第一种是区域比较。即选择两个条件类似的地区作为检验广告效果之用。在一个地区刊载广告，而另一地区则不刊载广告，在一定时限后比较销售效果。

第二种是费用比较。选择 A、B、C 3 个市场，A、B 市场为测验区，C 市场为比较区。A 市场比 C 市场广告预算多 50%，而 B 市场则比 C 市场少 50%，在 C 市场投入标准量的广告预算，经过一段时间，计算测验市场广告费的改变，对每一地区销售量的影响，并与其他市场相比较，得出结论。

第三种是媒体组合比较。区域比较时只对单一媒体广告做比较，而媒体组合法则运用多种媒体组合广告。如 A 市场有电视台、电台广告；B 市场有电台、报纸广告；而 C 市场则有杂志、报纸广告、户外等等多种媒体组合广告。一段时间后，汇总各区销售情况并做比较，得出广告的销售效果。

第四种是分割接触比较。是在同一期报纸或杂志销往 A、B 两个地区时，使在同一期杂志或报纸上有一半印有或插入 I 广告，另一半印有或插入 II 广告，然后将 I 广告发往 A 市，II 广告发往 B 市，一段时间内，计算分析两地区产品销售量变化的情况，得出 I 、II 两种广告的销售效果。

第五种是促销比较。是选择两个区域，A 区域只发布广告，停止其他一切促销活动，而 B 区域则既发布广告也进行各种促销活动，经过一段时间后，将两个区域的销量进行比较，即可得出广告在整体营销活动中所占的比重。现代医药企业往往要进行整合营销，广告在其中是非常重要的一个环节，如果要对广告在整合营销中的具体贡献单独进行测量，就要用到促销比较。

(二) 统计法测评

统计法是运用有关统计原理与运算方法，推算广告费与产品销售的比率，测定广告的销售效果。这种方法，目前在中国较为流行。以下介绍几种计算公式：

1. 广告费比率法

$$广告费比率 = 广告费/销售量 \times 100\%$$

广告费比率越小，表明广告效果越大。

2. 广告效果比率法

$$广告销售量（额）效果比率 = [销售量（额）增长率/广告费用增长率] \times 100\%$$

$$广告销售利润效果比率 = \frac{销售利润额增长率}{被调查者总人数} \times 100\%$$

广告费增加率越小，销售增加率越大，则广告效果比率越大，广告效果越好。

3. 广告效益法

$$R = \frac{S_2 - S_1}{P}$$

式中，R 为每元广告效益；S_2 为本期广告后的平均销售量；S_1 为未做广告前的平均销售量；P 为广告费用。

每元广告效益的得数越大，则效果越好。

4. 市场占有率法 市场占有率是指某品牌产品在一定时期、一定市场上的销售额占同类产品销售总额的比例。

$$市场占有率 = \frac{某品牌产品销售额}{同类产品销售总额} \times 100\%$$

$$市场占有率提高率 = \frac{单位广告费用销售增加额}{同类产品销售总额} \times 100\%$$

$$市场扩大率 = \frac{本期广告后的市场占有率}{本期广告前的市场占有率} \times 100\%$$

5. 广告有效率与声音占有率法 这种方法主要用来评价广告开支是多还是少。声音占有率是指某品牌产品在某种媒体上，在一定时间内的广告费用占同行业同类产品广告费用总额的比例。市场占有率与声音占有率之间存在一定的比例关系。对于老产品而言，市场占有率与声音占有率的比例为 $1:1$；新产品为 $1:5:1\sim2:1$；这一比例又称为广告有效率，其计算公式为：

$$广告有效率 = \frac{市场占有率}{声音占有率} \times 100\%$$

6. 盈亏临界点法 盈亏临界点法的关键是确定平均销售广告费用率，计算公式为：

$$L = \frac{X + \Delta X}{C}$$

得出：

$$\Delta X = LC - X$$

式中，X 为基期广告费用；ΔX 为报告期广告费用增加额；C 为报告期产品销售额；L 为平均销售广告费用率。

上述统计公式，基本点都是从广告费与销售额的关系来把握广告效果。方法简单明了，容易掌握。然而，有一点需要指出的是，这几个公式都是通过销售额的变化来反映广告效果的程度。在实际的营销活动中，销售额的变化，往往包含着多种因素，广告效果仅为其中的一种。所以，在考察销售过程中的广告效果时，应该排除其他影响因素，才能比较准确地捕捉住广告所给予销售行为的影响。

7. 广告效果指数 (advertising effectiveness index，AEI)

$$AEI（广告效果）= \frac{1}{N}\left[a - (a+c) \times \frac{b}{b+d} \right] \times 100\%$$

如表 12 - 1。

表 12 - 1 广告效果指数计算表

		广告认知		合计人数
		有	无	
购买	有	a	b	$a+b$
	无	c	d	$c+d$
合计人数		$a+c$	$b+d$	N

其中: a = 看广告购买的人; b = 没有看广告的购买的人; c = 看了广告,但没有购买的人; d = 没有看广告,也没有购买的人。

该方法将消费者分成: ①对广告有无认知; ②有无购买商品。按 2×2 分割表进行计算,能够比较准确、客观地把握广告效果。

其他的广告效果指数也可进行计算(表 12 - 2)。

表 12 - 2 广告效果指数含义及公式

指数名称	指数含义	公式
UP(usage pull)	使用牵引率	$UP = \dfrac{a}{a+c} - \dfrac{b}{b+d}$
PFA(plus for ad.)	广告附加效果	$PFA = \dfrac{ad-bc}{b+d}$
NAPP (net ad. produced purchases)	纯广告销售效果	$NAPP = \dfrac{a-(a+c)\dfrac{b}{b+d}}{a+b}$

8. 相关系数法

$$相关系数 = \frac{ad-bc}{(a+b)\ (c+d)\ (a+c)\ (b+d)}$$

公式中, a、b、c、d 的含义与广告效果指数相同。一般情况下,相关系数如在 0.2 以下,称为低效果;在 0.2 ~ 0.4 之间,是中等效果;在 0.4 ~ 0.7 之间称为较高效果;在 0.7 以上为高效果。

(三) 店头调查法测评

以药房为对象,对特定期间的医药广告产品的销售量、产品陈列状况、价格、POP 广告(销售点广告)以及推销的实际情况进行调查。

例如利用医药产品推销员或导购员在药店里开展宣传医药产品的活动,发放医药产品特性和功效的宣传册等。这种模式会直接导致产品销售量的变化。产品销售量的变化程度,能够反映出广告的质量高低。再如把录制好的广告片在促销药店环境中播放，观察其所产生的销售效果。

第三节 医药广告沟通效果的测评

一、对医药广告沟通效果测评的理解

医药广告作品是通过媒体与消费者接触的，目标消费者在接触到媒体传递的有关信息内容后会产生各种变化，这些变化是由广告自身所产生的影响带来的，也就是广告的沟通效果。对广告接触消费者后所引起的变化和产生的影响大小进行考察评估，就是广告沟通效果的测评。

测评医药广告沟通效果，主要是对广告"认知效果"和广告"心理变化效果"的评定。媒体战略与广告的"认知效果"联系在一起，而医药广告作品在很大程度上决定着广告的"心理变化效果"。广告沟通效果的测评，能够更科学、更直接、更客观地反映广告作品和广告媒体的沟通效力，是核查广告目标实现程度的最佳手段之一。

二、医药广告沟通效果测评的内容和方法

测评医药广告沟通效果主要包括广告作品表现效果、媒体接触效果和心理变化效果等方面的内容。

（一）广告作品表现效果的测评

1. 广告作品的测评内容 广告作品包括广告主题、广告创意等要素，广告作品的测评就是对这些要素进行评价分析。

（1）测评广告主题 主要围绕广告主题是否明确、能否被认可、诉求重点是否突出、与目标消费者的关注点是否一致、能否引起注意、能否满足消费者的需求等问题。

（2）测评广告创意 主要看广告创意的构思和设计方案定位是否准确、主体是否鲜明、突出、有冲击力，能否激起消费者购买欲望等进行检验、测评。对广告创意进行测评，便于充分了解目标受众的有关意见和建议，以便能及时调整、修正已有的创意，选择最佳的创意方案，减少广告创作过程中的风险和成本。

（3）测评广告作品 主要对广告沟通效力进行测评。如作品的吸引力、冲击力有多大，能使消费者产生信任感、喜好、购买欲望的程度如何，广告的构图、色彩、表现手法是否恰当等。广告作品的测评即能检验作品表现是否符合创意方案，也可对创意做进一步的审定，这有利于最后的修补和完善，

以保证广告作品能够完美地与目标消费者接触。

2. 测评方法

（1）评分法 在广告刊播之前，广告创作人员可对同一商品制作多份广告原稿，然后邀请预定的诉求对象对不同表现的广告原稿进行评价鉴定。一种方法是采用消费者评定法，由消费者进行评判或比较，测验出哪一种广告所引起的反应最大、印象最深；另一种是采用要点采分法，即预先根据测评的要求列出评价项目，制成表格，请消费者在表上给各个广告作品打分，以此测定对各个广告稿的印象如何，确定优劣。

这种方法的理论假设是：倘若一则广告能有效地激发消费者的购买行为，那么，它在表12-3中对特性的评价上就应得高分。具体如表12-3所示。

表12-3　广告作品评价表

评价项目	评价标准				满分	最后得分
吸引力	此广告吸引读者的注意力如何 此广告对潜在购买者的吸引力如何				20	15
阅读性	此广告能使读者进一步详细阅读的可能性有多大				20	15
认知力	此广告的中心意思或利益突出吗				20	20
亲和力	这种广告适合于读者吗 这种诉求激起购买欲望的有效性有多大				20	20
行为力	此广告激起购买行为的作用有多大 此广告引起潜在购买行为的作用有多大				20	10
广告得分	0~20	20~40	40~60	60~80	80~100	80
广告等级	极差	下等	中等	上等	极优	

（2）雪林法 雪林法是美国纽约雪林调查公司（Schwerin Research Corporation）所发明和倡导的一种电视节目和广告效果测验方法。

具体来说，雪林法是在节目中的广告播出前后，按"竞争选择技巧法则"，根据受众对品牌选择情况，作为衡量电视广告效果好坏的标准。

雪林法广告测验是在没看广告之前，让被测验者选择自己喜爱的品牌（包括竞争品牌和测验品牌），并进行记录。被测验者看完广告片后，再次进行品牌选择，并将选择的品牌产品送给被测验者。如果被测验者对测验品牌的选择性高，则表示广告的效果较好。另外，在看完广告片后还可以要求被测验者尽量写出广告上出现的商品名称，作为记忆资料。

（二）媒体接触效果的测评

1. 媒体接触效果的测评内容　广告媒体接触效果的测评，指的是消费者对各种形式的媒体的接触情况的测评。医药广告通过哪些媒体可能被消费者接触到？目标消费者接触媒体传达的医药广告信息会有何种变化？对媒体接触效果进行测评，是对广告受众接触特定媒体和特定广告作品的评判，实际上也是对广告媒体计划的检测。对于报纸、杂志、电台、电视、户外等媒体形式测评指标是不同的，可能涉及发行量、阅读率、收听率、收视率、人流量和车流量统计以及新媒体如网络的访问量、点击率等，调查方法当然也有所不同。

2. 媒体接触效果的测评方法

（1）面谈法 面谈法是调查各种平面媒体阅读率、阅读人口、到达率等指标常用的一种方法。首先采用 PPS（概率与规模成比例）的抽样方法，对各城市 15 岁及以上的城市常住居民进行随机抽样，以保证抽中的样本真实地反映被调查城市的居民结构；然后通过一种统一控制（排除由于访问员的个人素质问题而导致数据质量有偏差）的抽样过程，由访问员对样本受众进行访问或将问卷交由样本受众完成后寄回。当然该过程必须确保精度和对样本受众的有效接触。面访时，为避免读者在选择阅读报刊时的序位偏差，报头卡的排列按全国性报刊、地方性报刊等顺序进行轮换。为了确保真实性和质量，一般都要进行问卷的卷面审核及电话复核和实地复核等步骤以确保问卷的真实和有效。

（2）日记式调查法 日记式调查法是指通过抽样，选择适当数量的被调查者（调查对象），由他们将每天所看或所听的节目，填入设计好的调查问卷中（如表 12 - 4 所示）的一种方法。一般以家庭为单位，把所有家庭成员每天收视（听）广播电视节目（一般是电视）的情况，按年龄、性别等类别全部记录下来。调查期间，由调查员逐日到被调查家庭访问，督促如实记录。7 天或 10 天为一个调查周期，调查期满，调查员负责收回问卷，进行统计分析，算出收视比率。

表 12 - 4 调查问卷样式

年 月 日（星期）

时间	频道	节目	4 ~ 12 岁		13 ~ 19 岁		20 ~ 34 岁		35 岁以上		全体
			男	女	男	女	男	女	男	女	
18：00 ~ 19：00	CCTV1										
	CCTV8										
	某卫视频道										

日记式调查主要采用人工方法，比较费时耗力，有时由于不能及时记录，

同时存在强化被调查者电视意识的问题，所以准确度难以保证。

（3）电话调查法　是向持有电视机的家庭打电话询问其正在看的节目的一种方法。首先从电话簿中按随机抽样法，选出所要调查的家庭，然后准备好电话（一般以 10 部电话以上为宜），每一部电话机设 1 名调查员。例如要调查晚间 20：30 到 21：30 的节目收视率，所有的调查员要从 8 点半起同时向各样本家庭打电话，问他们家中是否在看电视，如果在看的话，是看什么节目，这就是所谓电话调查法。由于有电视的家庭不一定有电话，因此，电话调查法的调查结果，不一定足以代表所有电视持有家庭之收视率。但是当调查某一个节目时，比较容易进行，且所需费用也较少，能较快地得到分析结果，所以电话调查法在节目收视率或电台收听率等调查上应用较多。需要注意的是，电话调查所提的问题，要特别简单，以免被调查者厌烦而拒绝或敷衍了事。电话调查的缺点是：不易获得具有代表性的调查样本，获得的信息较少等。

（4）机械调查法　是在调查对象的家庭安置自动记录装置，装置用电话线与专业调查机构的计算机相连，按预定设计的时间自动记录电视节目的收视情况，由计算机汇总统计，向有关客户提供统计数据的一种方法。这是现在调查电视节目收视率最常用的方法。调查对象按社区家庭的比例抽取，样本数根据需要确定。随着科技的进步，机械调查法也在不断进步。早先是由调查对象在装置上按钮来记录收视情况，常常有遗忘的情况。20 世纪 90 年代以后，开始使用自动识别装置系统，能够自动记录下收看电视节目者性别、年龄等信息，但也会给家庭带来心理压力，由于担心暴露隐私，而影响收视率的准确测定。表 12－5 为美国尼尔森调查公司日本分公司对日本 6 家电视台收视率的调查数据表。

表 12－5　日本六家电视台收视率调查数据表（％）

时间：　　　年　　月　　日 19 时　　　　　　　　　　　　　　　　地区：东京

	NHK		NTV（读卖）		TBS（每日）		CX（产经）		ANB（朝日）		TX（日经）	
节目	新闻		棒球		猜猜看		足球		娱乐		爆笑	
家庭	12.7		21.3		9.6		11		14.4		8.2	
13～19 岁	3.2		5.1		9.8		8.2		5.9		1.2	
其中	男	女	男	女	男	女	男	女	男	女	男	女
20～34 岁	1.4	2.3	5.2	4.6	4.7	6.4	9.9	5.1	2.6	9.2	1.0	2.9
35～49 岁	4.3	5.8	9.7	11.7	3.5	6.3	5.4	8.0	1.1	7.7	1.3	3.9
50 岁以上	12.7	15.3	21.6	17.3	2.0	2.8	3.4	2.4	5.6	10.7	8.2	9.0

机械调查可以得到两种资料：一种以家庭为单位进行统计，日本较多采

用；一种是测定个人收视率状况，美国较多采用。但是应该指出，根据收视率的大小，还不能完全测定媒体接触效果。因为收看某一电视节目，并不等于接触了这一时段的广告，同时仅从收视率上，也不能看出接触媒体的受众与广告传播目标对象间的关系。比如，某一黄金时段，某节目收视率很高，但收看节目的观众，却有很大的比例不是广告主需要的目标对象；而某节目总的收视率可能不高，但恰好是广告主需要的观众。由此来看，收视率这项指标对于判断媒体接触效果也是不完全的。所以，近些年来，又特别提出认知率的问题。认知率是个人或家庭收看、收听在某一时段或某一节目中插播的广告的比率，但实施这种调查的难度更大，要求将更严格、更细密，目前尚处于进一步探索过程中。

（三）心理变化效果的测定

广告信息被目标消费者接触后，可能并不能够直接导致购买行为，但却能够使消费者知识和感觉上发生某些变化。了解消费者的这些心理变化，也可以把握广告所产生的效果。广告能否影响消费者的心理变化，是实现广告目标、衡量广告效果的重要内容。

消费者的心理变化是看不见摸不着的，需要通过一定的调查活动得到。调查心理变化效果，是测定广告效果极其重要的一环。心理变化的指标，能够测量出消费者对于广告的认知态度，同时，也在某种程度上可以预测消费者下一步的行动趋势。心理变化效果的测评主要采用问卷调查、访谈、投射测验的方式。这些方法用于测评消费者对产品的喜好程度、品牌倾向性、信任程度、购买动机等。

鉴于调查消费者的态度，会因被测者害羞、掩饰、敷衍、紧张、寻求赞赏等心理，不能了解到真实情况，或因消费者自身态度原本就不明显、无条理而无法作答。这时，常采用投射测验（projective technique）。投射测验多采用不完整或形象模糊的实验材料，要求被调查者对实验材料作出解释说明。由于实验材料的不完整和模糊性，被调查者在试图做解释说明时，不得不带有自己的主观经验，于是其真实态度就在无意中被反映出来。这种现象心理学称为投射，投射测验也因此得名。具体种类如下。

（1）文字联想法（word association test，WAT） 选择与调查内容有关的词、句或摘要列出，要求被调查者展开自由联想或在一定范围内自由或限定联想，并加以回答。比如，调查者说"打喷嚏"，继而让对象联想有关情形。同样，调查者说"公交车上"，再由对方自由想象……调查者通过分析人们经词组刺激所产生的联想来推测其态度。在广告活动中，产品种类、品牌及所用的演员，往往会产生很丰富的联想。所以，在广告效果调查过程中，文字联想法是一种经常使用的测定方法。

（2）语句完成法（sentence completion test，SCT） 结合调查项目，设置一些未完成的句子，要求被调查者将句子补充成一完整的、有意义的语句，从中分析被调查者的感受、态度或特殊反应等。句子可以缺少主语或谓语。主语可以为第一人称，也可为第三人称。使用第三人称时，运用了射影法原理，被调查者更能畅所欲言，更能反映其内心想法。例如：

我认为某电视节目（刊物）是_____的节目（刊物）；

周围的人们认为某电视节目（刊物）是_____的节目（刊物）。

（3）绘画测验法（picture frustration method，PFM） 向被调查者展示某种场景的图画，一般是几个人在谈话，要求被测者根据图画讲述一个小故事或完成其中一人的对话。也有使用墨迹渲染的图形，要求被测者联想。这个方法，往往能反映出一些难用语言难以表达的内容。

（4）语义差别法（semantic differential method，SDM） 语义差别法，简称S. D. 法，是美国伊利诺大学的奥斯古（C. E. Osgood）教授研究提出的。在刺激与反应之间，有联想传达过程，语意差别法就是测定这种过程的方法，本法常被用作测定企业形象。语意差别法分为评价性因素、潜在性因素、活动性因素3种。按照上述3种因素的测量用语，可以得出被测验者对企业形象的印象。

例如某公司想了解自己的广告在受众心目中的印象，设计其问卷形式如下：针对某一商品形象或某一广告表现，要了解消费者的态度评价或感情好恶时，可用这一方法，具体如表12-6所示。

表12-6　S. D. 法调查问卷

	非常	一般	非常	
唯美的				低俗的
明朗				阴暗
有趣				无聊

（5）主题统觉法 主题统觉法是让被调查者从广告画面或广告词想象、描述或解释其中的情景、人物关系等，以测试广告传播效果。

第四节　医药广告社会效果的测评

医药广告的社会效果主要是对医药广告活动所引起的对社会文化、教育等多方面的作用进行综合测评。医药广告在为医药企业带来经济效益的同时，也会对社会产生正面或负面影响，与社会公众利益密切相连，而社会效果不可能以简单的指标来标示衡量，因此既要通过一些已经确定的或约定俗成的基本法则来测评，又要结合其他的社会因素来综合考评。医药广告社会效果测评的结果，关乎企业和产品在社会和消费者中确立的印象和认识，企业应予以重视。

一、医药广告社会效果测评的依据

（一）真实性

医药广告所传达的信息内容必须真实，这是测评广告社会效果的首要方面。医药广告发挥影响和作用，应建立在真实的基础上，向目标消费者实事求是地传递企业和产品的有关信息，企业的经营状况，产品的功效、性能等，都要符合事实的本原，不能虚假、夸大、误导。虚假的广告诉求内容，是侵害消费者利益的表现，并将形成非常恶劣的社会影响。真实的广告，是经济发展、社会进步的再现，体现高尚的社会风尚和道德情操。所以，检测广告的真实性，是考察广告社会效果的最重要的内容。

（二）法规政策

医药广告必须符合国家和政府的各种法规政策的规定和要求。以广告法规加强对广告活动的管理，确保广告活动在正常有序的轨道上运行，是世界各国通行的方法。法规管理和制约，具有权威性、规范性、概括性和强制性的特点。中国于1995年2月1日开始实施的《广告法》，就是适用于国内的一切广告活动的最具权威的专门法律。而《国际商业广告从业准则》属于国际通行的国际公约性质的规则条令。

（三）伦理道德

在一定时期、一定社会意识形态和经济基础之下，人们要受到相应的伦理道德规范方面的约束。医药广告传递相关的内容以及所采用的形式，也要符合伦理道德标准。符合社会规范的医药广告也应是符合道德规范的广告。一则广告即使合法属实，但可能给社会带来负面的东西，给消费者造成这样或那样的、包括心理和生理上的损害，这样的广告就不符合道德规范的要求。要能从建设社会精神文明的高度来认识，从有利于净化社会环境、有益于人们的身心健康的标准来衡量。

（四）文化艺术

医药广告活动也是一种创作活动，医药广告作品实际上是文化和艺术的结晶。从这方面对广告进行测评，由于各种因素的影响，不同的地区、民族所体现的文化特征、风俗习惯、风土人情、价值观念等会有差异，因而也有着不同的评判标准。

医药广告应该对社会文化产生积极的促进作用，推动艺术创新。一方面要根据人类共同遵从的一些艺术标准，一方面要从本地区、本民族的实际出发，考虑其特殊性，进行衡量评估。要看广告诉求内容和表现形式能否有机统一；要看能否继承和弘扬民族文化、体现民族特色、尊重民族习惯等；要看所运用的艺术手段和方法是否有助于文化建设，如语言、画面、图像、文字等表现要素是否健康、高雅；同时，也要看能否科学、合理地吸收，借鉴国外先进的创作方法和表现形式。

二、医药广告社会效果测评的方法

医药广告对社会道德、文化、教育、伦理、环境等社会环境产生的影响是具有复合性和累积性的。一则医药广告有可能立即产生轰动的社会效果，也可能潜移默化地影响社会的各种道德规范或行为规范等。广告社会效果的测评分为两种情况：短期社会效果和长期社会效果测译。

测评广告的短期社会效果时，可采用事前、事后测量法。通过比较消费者接触广告之前和之后在认知、记忆、理解以及态度等反应的差异，测评出广告的短期社会效应。

（一）事前测评

通常医药广告发布以前实施事前测评。邀请专家、消费者代表等，从法规、道德、文化等方面，对广告作品可能产生的社会影响作出预测性的评析，包括广告的诉求内容、表现手法、表达方式、语言、声音等，综合有关意见和建议，发现问题，及时修改。

（二）事后测评

事后测评是在医药广告发布之后进行，可采用回函、访问、问卷调查等方法，及时收集整理广大消费者的意见、反映，分析研究社会公众对广告的态度、看法等，以此分析医药广告的社会影响程度，为进一步的广告活动决策提供参考意见。

测评广告的长期社会效果，需要运用较为宏观的、综合的、长期跟踪的调查方法测评。长期社会效果包含对短期效果的研究，同时要考虑广告复杂多变的社会环境中所产生的社会效果。如广告的劝服、诱导性行为容易激发消费者的注意和学习，甚至以实际行动相附和。因此，要测评广告对社会的道德观念、伦理价值、文化精髓等社会道德体系规范的影响。

本章小结

医药广告效果是指医药广告信息传播出去之后对受众产生的所有直接或间接影响效应，也就是广告活动对信息沟通、产品销售及社会经济等产生的各种影响作用。沟通效果、销售效果和社会效果是广告效果的 3 种基本类型。医药广告效果的特性包括时滞性、累积性、复合性、长期性、间接性、层次性和竞争性。

医药广告销售效果测定，是在投入一定广告费及广告刊播之后，所引起的医药产品销售额与利润的变化状况的测定。测定的方法包括：销售地域法、统计法、店头调查法。

测评广告沟通效果主要包括广告作品表现效果、媒体接触效果和心理变化效果等方面的内容。

广告作品表现效果测评的方法包括评分法和雪林法。

媒体接触效果测评的方法包括面谈法、日记式调查法、电话调查法、机械调查法。

心理变化效果测定的方法主要是投射测验法。

医药广告的社会效果主要是对广告活动所引起的对社会文化、教育等多方面的作用进行综合测评。测评应以真实性、法规政策、伦理道德、文化艺术为依据。

思考与讨论

1. 医药广告效果的特性包括哪些方面？
2. 简述医药广告沟通效果的内容和方法。
3. 简述医药广告的社会效果测评依据。
4. 假设有关广告效果的一次调查数据如下表所示，试根据例表提供的数据，计算如下指标："使用牵引率"（UP）、"广告效果指数"（AEI）、"纯广告销售效果"（NAPP）、"广告附加效果"（PFA）。

	接触广告者		非接触广告者		合计人数	
	人数	比重	人数	比重	人数	比重
购买者	700 人		600 人			
非购买者	1300 人		2400 人			
合计人数						

● **拓展练习** ●

如何衡量和提高广告效果？

企业的广告投资越来越大，1997 年美国 10 个最大的广告主在电视、报纸、杂志、电台这些可测定广告效果的媒体上，平均花费的费用是 10.65 亿美元，投在海报和其他不易测量广告效果的媒体如直邮、专业媒体和互联网上的广告费平均是 6.31 亿美元。而最近的一项统计显示，200 家企业平均广告投入 2 亿美元，另外 100 家企业平均投入 8000 万美元。

但无论是中国还是欧美国家，大多数广告主对他们的广告投资感到失望。研究显示，只有 1/3 的广告活动对销售产生了明显的即时影响，不到 1/4 的广告产生了延迟效果。据统计，美国大多数广告主投在广告上的费用与他们从中获得的收益差不多。

国内大企业在广告策略方面没有计划，投资缺乏理性。但研究发现，国外跨国公司有时也会在广告方面失策，并受到专家指责。广告没有实现企业高层管理者的预期收入，大多数广告沦为低层次的营销功能，只关心完成指定的销售任务而不管广告效果是否达到最优。事实上，广告是一系列创造性的策略组合，广告计划的过程不应该停留在一个简单、官僚化的运作程序上，而应该集中在广告的创造性促销功能方面。

如何衡量广告与销售的关系？

广告既是不完全竞争的原因，也是不完全竞争的结果。在广告主和广告受众（消费者）之间存在信息不对称的市场条件下，广告的作用是通过传递新产品质量方面的信息（信号）使更多的人（包括从来不使用这种产品的人）购买新产品，从而向上移动需求曲线。

这一结论是假设其他厂商的广告支出水平不变，当考虑到行业中其他竞争企业（包括生产替代品、互补品或同类商品的厂商）的反应时，广告对企业利润的影响就变得复杂了。广告可以使销售量从行业中的一个厂商转移到另一个厂商。所以，在均衡时，广告对需求没有影响。即两个（假设）竞争厂商同时做广告，价格和产量与没做广告时相同，而此时的利润则由于广告支出而比以前更低。

　　这就是博弈论中讲到的囚徒困境的另外一个例子。即如果两个厂商相互合作并都不做广告，那么两个厂商都会更好一些。而如果说没有这样的合作，则不论对方怎样行动，每个厂商都值得做广告。

　　在现实生活中，广告所产生的效果要大于他们的相互抵消作用。这正如从不吸烟的人受香烟广告的影响而开始吸烟，已经吸烟的人会比以前吸得更多的道理一样。所以，当一个厂商的广告规模比所有其他厂商的规模大得多时，该厂商所面临的需求曲线就会发生改变。

　　竞争性广告的出现减少了企业的利润。企业经常考虑的一个问题是，不做广告肯定不行，但广告应该做多长、多大又没有具体的标准，他们需要知道广告投资应该维持什么样的规模才能获得最优的投资回报？

　　为什么广告的投资效果不佳？

　　广告界有句传言：谁能测出广告的效果，谁就能获得诺贝尔奖，这句话给广告传递的是消极的信息。在西方经济学看来，不能量化就不能算科学，不能研究效率就不能入主流，由此看来以上传言只不过是广告人或代理商聊以自慰或推脱责任的托辞。

　　的确，客户——代理关系的建立也是一种相互选择的博弈过程，而博弈的结果往往是客户即广告主承担风险的决策。由于现在的广告代理商大多缺乏良好的声望，他们要么太过于浮躁，太看重短期利益，要么缺乏为客户长期服务的能力或责任感。有多少代理商能完全理解大卫·奥格威所说的"任何广告都是对品牌形象的长期投资"的真正含义？广告业早期的开创者像阿尔伯特·拉司克、史坦内·罗瑟，被客户们看作天才的经营伙伴，还有二战之后的广告界的领导人物，如威廉·伯恩巴克、李奥·贝纳、大卫·奥格威、罗瑟·瑞夫斯，他们都具有鲜明的个性、远见和威望，为客户创造了许多经典的广告，受到客户的尊重。而今天很多广告代理商只是热衷于炒作一些概念，很少人能成为真正的行业领导者。因此，一些企业的高层管理者很少把他们的代理商当作合作伙伴，很少与他们沟通。

　　导致广告效果不佳的另一个原因是广告主对广告的漠视。

　　由于广告的效果不明显，使得企业在做广告决策时往往依赖于官僚的、刻板的政策，要么过于注重过程，要么过于看重结果，这些政策常限制了那些艺术性的、创造性的广告活动，对企业是非常有害的。

例如，一个跨国公司要求负责广告的经理只负责文案并预先推荐，文案需要得到职能管理部门的认可，要呈交一份连同广告在内的书面报告解释这一广告活动，并说明这一广告是怎样按照公司的政策执行的。直到广告计划得到最终认可之前，负责广告费用投放的主管还要重新评价广告部门作出的预算决策是否合理。

这种只关心过程而不关心广告最终效果的政策的后果是：企业广告活动中最具智慧的东西往往在管理金字塔的最底层产生，而那些中高层经理人员的任务不是去创造而是去层层筛选和过滤。

毫不奇怪，他们通常会选择最安全的广告，不会令他们的上司瞪大眼睛的广告，当然这样的广告目标消费者也是不会睁大眼睛看一看的。换句话说，广告经理的任务是先让上司满意而不是让消费者满意，结果那些会引起市场反响的广告往往最先被否定掉。

广告效果不佳的另一个更重要的原因在于过多的促销或销售促进活动侵蚀了广告的利润。

营销概念里促销包括广告、销售促进、个人销售、贸易展示、直接营销、公共关系与对外宣传等。在这些促销措施里，广告和销售促进是最常用的两种促销方式，而且常常一起配合进行。从有利的一方面讲，销售促进可以加快销售、增加销售量，当产品处在成长阶段时，好的促销可以建立稳固的销售地位，成为市场的领导者。而广告有助于建立和强调产品质量，树立品牌形象和创造市场价值。

从20世纪80年代开始，欧美一些企业开始将营销费用从广告转到销售促进方面，销售促进费用每年增长13%，而广告只增长10%。到了90年代，广告与销售促进各占营销费用的50%，促销费用甚至高于广告费。

然而，研究证明，只有16%的贸易促销是盈利的。尽管从有利的方面来讲，销售促进可以加速销售进程，营销可在任何时间、任何地点直接到达中间商和消费者，使销售量达到最大。但一般情况下销售促进包含一个直接诱因，如价格折让、附加礼品或提供特别信息，通过这些激励措施鼓励购买，促销费用是很大的，而且过分强调价格最终会损坏品牌形象，购买者倾向于一次买卖而不会产生品牌忠诚。

在营销实践中，有些企业希望看到立即见效的营销效果，往往偏爱或擅长于销售促进，当销量增加而利润并不同步增长时，他们首先想到的是削减广告费，这种以减少广告费为代价的过度促销必然会减少利润。

资料来源　夏清华. 如何衡量和提高广告效果［J］. 中国广告，2001，(11)：25.

拓展练习思考题

根据以上阅读资料谈谈你对医药广告社会效果的认识。

第十三章

医药广告管制

药品违法广告

2003 年 11 月，山西一家晚报刊登了有关"××酒"的广告，不仅利用学术机构、医疗机构、专家、医生的名义和形象来证明它的疗效，甚至还使用了所谓"国家食品药品监督管理局机关服务局"的名义。

根据 2007 年 5 月 1 日起施行的《药品广告审查发布标准》，药品广告不得含有利用医药科研单位、学术机构、医疗机构或者专家、医生、患者的名义和形象作证明的内容。"××酒"违法广告的目的是拿所谓专家、患者作秀，以现身说法的方式来博得患者的信任。

保健食品违法广告

2004 年 3 月，吉林省一家晚报刊登了这样一篇文章《世界卫生组织宣布：肿瘤 1/3 可治愈》，宣称中国专家成功研制最新一代抗癌产品——××灵芝宝，为肿瘤患者告别病痛，重获健康提供了可靠保障。

根据 2005 年 7 月 1 日开始施行的《保健食品广告审查暂行规定》，保健食品广告不得含有与药品相混淆的用语，直接或者间接地宣传治疗作用，或者借助宣传某些成分的作用明示或者暗示该保健食品具有疾病治疗的作用。××灵芝宝作为保健食品，却在广告中大谈可使"肿瘤患者告别病痛"，超出了法规所许可的范围，实际上是在误导患者。

医疗违法广告

2004 年 4 月，江苏一家晚报以整版篇幅对××医院集团进行了详细介绍，指出这家医院的"治疗好转率达到 92.8%，危重病人抢救成功率达到 96.5%，过敏及输液后反应抢救成功率达到 100%⋯⋯"

《医疗广告管理办法》明确规定，医疗广告中禁止出现宣传治愈率、有效率等诊疗效果的内容。没有任何一家医疗机构可以保证 100% 治愈某种疾病。××医院集团吹嘘各种治愈率，目的是向患者暗示"保证治愈"。

资料来源　佚名. 违法药品、保健食品、医疗广告案例点评. 华夏医药网［OL］. http：//www. hyey. com/yanfa/tcm/mhp/200406/35256. html.

第一节　医药广告管制的法规与机构

广告促销是药品、保健食品、医疗器械、医疗服务常用的促销手段，在提高企业或医疗机构知名度、美誉度，向消费者传递商品和医疗服务的信息，促进产品销售和医疗服务开展等方面有着重要的作用。但是，由于利益的驱使，生产商、经销商和医疗机构在进行广告时常常存在违法的行为。2007 年，中国共审查批准药品广告 11058 件，医疗器械 2419 件，保健食品 2888 件；有 79 个审批后的药品广告、20 个审批后的医疗器械广告和 23 个审批后的保健食品广告因存在问题，被国家食品药品监督管理局要求重新审查。

中国政府向来非常重视这些与人们生活、生命安全密切相关的商品和医疗服务广告的管制，分别针对药品、保健食品、医疗器械、医疗服务制定了相应的法律法规，并有专门的监管机构对医药广告进行审批和监管。下文将对药品、保健食品、医疗器械、医疗服务的广告法律法规进行介绍。

一、中国医药广告管制的主要法律法规

为了规范广告活动，促进广告业的健康发展，保护消费者的合法权益，维护社会经济秩序，发挥广告在社会主义市场经济中的积极作用，1994 年，出台了《中华人民共和国广告法》（中华人民共和国主席令第 34 号），该法是中国广告管制方面惟一的一部法律。1987 年 10 月，国务院发布了《广告管理条例》（国发［1987］94 号）。2004 年 11 月，国家工商行政管理总局修订了

《广告管理条例施行细则》（国家工商行政管理总局局令 18 号），并于 2005 年 1 月 1 日起施行。依据《中华人民共和国广告法》等法律，有关部门制定了药品、保健食品、医疗器械、医疗广告管理等一系列相关的部门规章和规范性文件。

药品广告方面，2007 年，国家食品药品监督管理局和国家工商行政管理总局联合制定并颁布了《药品广告审查办法》（国家食品药品监督管理局局令第 27 号）和《药品广告审查发布标准》（国家工商行政管理总局局令第 27 号）。

保健食品广告方面，2000 年，原国家工商行政管理局和卫生部联合公布了《关于加强保健食品广告监督管理的通知》；2005 年，国家食品药品监督管理局发布了《保健食品广告审查暂行规定》（国食药监市〔2005〕211 号）。

医疗器械广告方面，1992 年，原国家工商行政管理局和原国家医药管理局联合颁布《医疗器械广告管理办法》（原国家医药管理局局令第 9 号）。1995 年，原国家工商行政管理局出台了《医疗器械广告审查标准》（国家工商行政管理局令第 23 号）。同年，原国家工商行政管理局和原国家医药管理局联合颁布了《医疗器械广告审查办法》（原国家医药管理局局令第 24 号）；2008 年，国家食品药品监督管理局向社会公开征求《医疗器械广告审查办法》意见，《医疗器械广告审查办法》将正式出台。

医疗广告方面，卫生部在 2006 年新修订并颁布了《医疗广告管理办法》（卫生部令第 26 号）。

（一）有关药品广告的法律规定

药品广告是利用各种媒体或者形式发布的含有药品名称、药品适应症（功能主治）或者与药品有关的其他内容的广告。

1995 年 3 月 22 日，原国家工商行政管理局、卫生部联合发布了《药品广告审查办法》，并以原国家工商行政管理局令第 25 号颁布实施。1995 年 3 月 28 日，原国家工商行政管理局以 27 号局令颁布了《药品广告审查标准》。为了保证药品广告真实、合法、科学，2007 年 3 月 3 日，国家工商行政管理总局以局令 27 号修订并颁布了新的《药品广告审查发布标准》。为加强药品广告管理，保证药品广告的真实性和合法性，2007 年 3 月 13 日，国家食品药品监督管理局和国家工商行政管理总局联合修订并颁布了新的《药品广告审查办法》，并以国家食品药品监督管理局局令第 27 号颁布实施。下文将对新修订颁布的《药品广告审查办法》、《药品广告审查发布标准》的主要内容进行介绍。

1.《药品广告审查发布标准》的主要内容

（1）禁止发布广告的药品 ①麻醉药品、精神药品、医疗用毒性药品、放射性药品；②医疗机构配制的制剂；③军队特需药品；④SFDA 依法明令停止或者禁止生产、销售和使用的药品；⑤批准试生产的药品。

（2）药品广告内容的管理　①药品广告内容以说明书为准。药品广告的内容必须真实、合法。药品广告内容涉及药品适应症或者功能主治、药理作用等内容的宣传，应当以国家食品药品监督管理局批准的说明书为准，不得进行扩大或者恶意隐瞒的宣传，不得含有说明书以外的理论、观点等内容。②药品广告中标明的内容。药品广告中必须标明药品的通用名称、忠告语、药品广告批准文号、药品生产批准文号。

药品广告必须标明药品生产企业或者药品经营企业名称，不得单独出现"咨询热线"、"咨询电话"等内容。

非处方药广告必须同时标明非处方药专用标识（OTC）。

药品广告中不得以产品注册商标代替药品名称进行宣传，但经批准作为药品商品名称使用的文字型注册商标除外。

药品的通用名称、忠告语、药品广告批准文号、药品生产批准文号、药品生产企业或者药品经营企业名称的字体和颜色必须清晰可见、易于辨认；在电视、电影、互联网、显示屏等媒体发布时，出现时间不得少于5秒。

已经审查批准的药品广告在广播电台发布时，可不播出药品广告批准文号。

（3）药品广告不得出现的情形和内容　药品广告中有关药品功能疗效的宣传应当科学准确，不得出现的情形包括：①含有不科学地表示功效的断言或者保证的；②说明治愈率或者有效率的；③与其他药品的功效和安全性进行比较的；④违反科学规律，明示或者暗示包治百病、适应所有症状的；⑤含有"安全无毒副作用"、"毒副作用小"等内容的；含有明示或者暗示中成药为"天然"药品，因而安全性有保证等内容的；⑥含有明示或者暗示该药品为正常生活和治疗病症所必需等内容的；⑦含有明示或暗示服用该药能应付现代紧张生活和升学、考试等需要，能够帮助提高成绩、使精力旺盛、增强竞争力、增高、益智等内容的；⑧其他不科学的用语或者表示，如"最新技术"、"最高科学"、"最先进制法"等。

药品广告应当宣传和引导合理用药，不得直接或者间接怂恿任意、过量地购买和使用药品。药品广告合理用药宣传不得含有的内容包括：①含有不科学的表述或者使用不恰当的表现形式，引起公众对所处健康状况和所患疾病产生不必要的担忧和恐惧，或者使公众误解不使用该药品会患某种疾病或加重病情的；②含有免费治疗、免费赠送、有奖销售、以药品作为礼品或者奖品等促销药品内容的；③含有"家庭必备"或者类似内容的；④含有"无效退款"、"保险公司保险"等保证内容的；⑤含有评比、排序、推荐、指定、选用、获奖等综合性评价内容的。

（4）药品广告的禁止性规定　①药品广告不得含有利用医药科研单位、学术机构、医疗机构或者专家、医生、患者的名义和形象作证明的内容；②药品广告不得使用国家机关和国家机关工作人员的名义；③药品广告不得含有军队单位或者军队人员的名义、形象，不得利用军队装备、设施从事药品广告宣传；④药品广告不得含有医疗机构的名称、地址、联系办法、诊疗项目、诊疗方法以及有关义诊、医疗（热线）咨询、开设特约门诊等医疗服务的内容；⑤药品广告不得含有涉及公共信息、公共事件或其他与公共利益相关联的内容，如各类疾病信息、经济社会发展成果或医药科学以外的科技成果；⑥药品广告不得在未成年人出版物和广播电视频道、节目、栏目上发布。药品广告不得以儿童为诉求对象，不得以儿童名义介绍药品。

（5）处方药广告的规定　①处方药可以在国务院卫生行政部门和国家食品药品监督管理局共同指定的医学、药学专业刊物上发布广告，但不得在大众传播媒体发布广告或者以其他方式进行以公众为对象的广告宣传；②处方药不得以赠送医学、药学专业刊物等形式向公众发布处方药广告；③处方药名称与该药品的商标、生产企业字号相同的，不得使用该商标、企业字号在医学、药学专业刊物以外的媒体变相发布广告；④不得以处方药名称或者以处方药名称注册的商标以及企业字号为各种活动冠名；⑤处方药广告的忠告语是："本广告仅供医学药学专业人士阅读"。

（6）非处方药广告的规定　①非处方药广告不得利用公众对于医药学知识的缺乏，使用公众难以理解和容易引起混淆的医学、药学术语，造成公众对药品功效与安全性的误解；非处方药广告必须标明非处方药专用标识（OTC）；②以非处方药商品名称为各种活动冠名的，可以只发布药品商品名称；③非处方药广告的忠告语是："请按药品说明书或在药师指导下购买和使用"。

2.《药品广告审查办法》　《药品广告审查办法》的内容见第二节第三部分。

（二）有关保健食品广告的法律规定

1.《关于加强保健食品广告监督管理的通知》　2000年10月31日，原国家工商行政管理局和卫生部联合公布了《关于加强保健食品广告监督管理的通知》。通知对加强保健食品广告作出了如下规定。

（1）保健食品广告中不得使用医疗用语或者易与药品相混淆的用语，禁止宣传疗效，禁止宣传改善和增强性功能的作用。

（2）保健食品广告应当严格依照由卫生部核发的保健食品证书中的保健功能进行宣传，不得超出和扩大。保健食品功能仅限22种：免疫调节、调节血脂、调节血糖、延缓衰老、改善记忆、改善视力、促进排铅、清咽润喉、调节血压、改善睡眠、促进泌乳、抗突变、抗疲劳、耐缺氧、抗辐射、减肥、促进生长发育、改善骨质疏松、改善营养性贫血、对化学性肝损伤有辅助保护作用、美容（祛痤疮／祛黄褐斑／改善皮肤水分和油分）、改善胃肠道功能（调节肠道菌群／促进消化／润肠通便／对胃黏膜有辅助保护作用）。

（3）保健食品广告应有明显的保健食品标志，应使消费者容易识别其为保健食品。①在可视广告（如影视、报刊、印刷品、店堂、户外等广告）中，保健食品标志所占面积不得小于全部广告面积的1/36；其中，报刊、印刷品广告中的保健食品标志，直径不得小于1厘米，影视、户外显示屏广告中的保健食品标志，须不间断地出现。②在广播广告中，应以清晰的语音表明其为保健食品。保健食品标志见图13－1。

保健食品

图 13－1　保健食品标志

2.《保健食品广告审查暂行规定》　为加强保健食品广告的审查，规范保健食品广告审查行为，2005年5月24日，国家食品药品监督管理局颁布了《保健食品广告审查暂行规定》，并于2005年7月1日开始实施，该规定主要针对保健食品广告的审查作出具体要求。

（1）保健食品广告宣传内容的依据　保健食品广告中有关保健功能、产品功效成分（标志性成分）及含量、适宜人群、食用量等的宣传，应当以国务院食品药品监督管理部门批准的说明书内容为准，不得任意改变。

（2）保健食品广告不得出现的情形和内容　保健食品广告应当引导消费者合理使用保健食品，保健食品广告不得出现下列17种情形和内容：含有表示产品功效的断言或者保证；含有使用该产品能够获得健康的表述；通过渲染、夸大某种健康状况或者疾病，或者通过描述某种疾病容易导致的身体危害，使公众对自身健康产生担忧、恐惧，误解不使用广告宣传的保健食品会患某种疾病或者导致身体健康状况恶化；用公众难以理解的专业化术语、神秘化语言、表示科技含量的语言等描述该产品的作用特征和机理；利用和出现国家机关及其事业单位、医疗机构、学术机构、行业组织的名义和形象，或者以专家、医务人员和消费者的名义和形象为产品功效作证明；含有无法证实的所谓"科学或研究发现"、"实验或数据证明"等方面的内容；夸大保健食品功效或扩大适宜人群范围，明示或者暗示适合所有症状及所有人群；含有与药品相混淆的用语，直接或者间接地宣传治疗作用，或者借助宣传某些成分的作用明示或者暗示该保健食品具有疾病治疗的作用；与其他保健食品或者药品、医疗器械等产品进行对比，贬低其他产品；利用封建迷信进行保健食品宣传的；宣称产品为祖传秘方；含有无效退款、保险公司保险等内容的；含有"安全"、"无毒副作用"、"无依赖"等承诺的；含有最新技术、最高科学、最先进制法等绝对化的用语和表述的；声称或者暗示保健食品为正常生活或者治疗病症所必需；含有有效率、治愈率、评比、获奖等综合评价内容的；直接或者间接怂恿任意、过量使用保健食品的。

（3）保健食品广告中必须说明或者标明的内容　保健食品广告必须标明保健食品产品名称、保健食品批准文号、保健食品广告批准文号、保健食品标识、保健食品不适宜人群。

保健食品广告中必须说明或者标明"本品不能代替药物"的忠告语；电视广告中保健食品标识和忠告语必须始终出现。

（4）保健食品广告的禁止性规定　保健食品不得以新闻报道等形式发布广告。国务院有关部门明令禁止生产、销售的保健食品，国务院有关部门清理整顿取消的保健功能的产品禁止发布广告。

（三）有关医疗器械广告的法律规定

医疗器械广告是指利用各种媒体或形式发布的含有医疗器械名称、产品适用范围、性能结构组成、作用机理等内容的广告。仅宣传医疗器械产品名称的无需审查，但应当标注医疗器械注册证号。向医疗机构和专业人士提供的用于学术交流的技术资料无需审查。国家有关部门针对医疗器械广告，出台了系列部门规章，下文将分别对现行的部门规章进行介绍。

1.《医疗器械广告管理办法》　为加强对医疗器械广告的管理，保障人民身体健康，原国家工商行政管理局和原国家医药管理局联合颁布了《医疗器械广告管理办法》，于1992年10月1日开始正式实施。主要内容如下。

医疗器械广告必须真实、科学、准确，不得进行虚假、不健康宣传。

（1）禁止发布广告的医疗器械　①未经国家医药管理局或省、自治区、直辖市医药管理局或同级行政管理部门批准生产的医疗器械；②临床试用、试生产的医疗器械；③已实施生产许可证而未取得生产许可证生产的医疗器械；有悖于中国社会习俗和道德规范的医疗器械。

（2）医疗器械广告中不能含有的内容　①使用专家、医生、患者、未成年人或医疗科研、学术机构、医疗单位名义进行广告宣传；②使用"保证治愈"等有关保证性的断语;③有与同类产品功效、性能进行比较的言语或画面、形象;④运用数字或图表宣传治疗效果;⑤宣传不使用做广告的产品可能导致或加重某种疾病的语言、文字、画面;⑥可能使人得出使用广告产品可以使疾病迅速治愈、身体迅速康复的印象或结论的语言、文字、画面、形象。

(3)广告客户和广告经营者必须立即停止发布广告的情形　经批准发布的医疗企业广告,如发生下列情况之一的,广告客户和广告经营者必须立即停止发布广告:①使用中发现医疗器械有不安全现象;②医疗器械质量下降,不能达到产品质量标准的;③因质量问题拥护或消费者投诉情况属实的。

(4)医疗器械广告对专利的规定　标明获专利权的医疗器械广告,必须说明获得专利的类型。在专利获批准之前,不得进行与专利有关的宣传。

(5)医疗器械广告的忠告语　推荐给个人使用的具有治疗疾病作用或调节生理功能的医疗器械,除了医疗器械广告证明出具机关批准可以不在广告中标明忠告性语言的以外,均须在广告中标明对患者的忠告语言:"请在医生指导下使用"。

2.《医疗器械广告审查标准》　为了保证医疗器械广告的真实、合法、科学,原国家工商行政管理局颁布了《医疗器械广告审查标准》,并于1995年3月3日开始正式实施,主要内容如下。

(1)医疗器械广告内容的依据　医疗器械广告应当与审查批准的产品市场准入说明书相符,不得任意扩大范围。

(2)不得发布广告的医疗器械　①未经国家医药管理局或省、自治区、直辖市医药管理局(或同级医药行政监督管理部门)批准进入市场的医疗器械;②未经生产者所在国(地区)政府批准进入市场的境外生产的医疗器械;③应当取得生产许可证而未取得生产许可证的生产者生产的医疗器械;④扩大临床试用、试生产阶段的医疗器械;⑤治疗艾滋病,改善和治疗性功能障碍的医疗器械。

(3)医疗器械广告的禁止性规定　①医疗器械广告中不得含有表示功效的断言或者保证,如"疗效最佳"、"保证治愈"等;②医疗器械广告不得贬低同类产品,不得与其他医疗器械进行功效和安全性对比;③医疗器械广告中不得含有"最高技术"、"最先进科学"等绝对化语言和表示;④医疗器械广告中不得含有治愈率、有效率及获奖的内容;⑤医疗器械广告中不得含有利用医疗科研单位、学术机构、医疗机构或者专家、医生、患者的名义、形象作证明的内容;⑥医疗器械广告不得含有直接显示疾病症状和病理的画面,不得令人感到已患某种疾病,不得使人误解不使用该医疗器械会患某种疾病或者加重病情；⑦医疗器械广告中不得含有"无效退款"、"保险公司保险"等承诺；⑧医疗器械广告不得利用消费者缺乏医疗器械专业、技术知识和经验的弱点，以专业术语或者无法证实的演示误导消费者。

（4）医疗器械广告必须标明的内容　推荐给个人使用的医疗器械，应当标明"请在医生指导下使用"。医疗器械广告的批准文号应当列为广告内容同时发布。

3.《医疗器械广告审查办法》　1995年3月8日，原国家工商行政管理局和原国家医药管理局联合颁布的《医疗器械广告审查办法》正式实施。为进一步加强医疗器械广告管理，保证医疗器械广告的真实性和合法性，2008年，国家食品药品监督管理局向社会公开征求《医疗器械广告审查办法》意见，《医疗器械广告审查办法》将正式出台。

（四）有关医疗广告的法律规定

医疗广告，是指利用各种媒体或者形式直接或间接介绍医疗机构或医疗服务的广告。近年来，医疗广告快速增长，2005年全国医疗广告年经营额达76亿元，在商品类别广告经营额中居第六位。2005年至2006年前三季度，全国共查处违法医疗广告1.1万余件。仅2006年前三季度，工商行政管理机关查处违法医疗广告4644件，占查处违法广告案件总数的12%。

为加强医疗广告管理，保障人民身体健康，2006年11月27日，国家工商行政管理总局、卫生部联合召开新闻发布会，公布了修订后的《医疗广告管理办法》，明确了医疗广告发布前的审查制度，强调医疗广告必须由省级卫生行政部门对广告内容进行审查，取得《医疗广告审查证明》后方可发布。《医疗广告管理办法》于2007年1月1日起正式实施，主要内容如下。

1.《医疗广告审查证明》是发布医疗广告的依据　医疗机构发布医疗广告，应当在发布前向卫生行政部门、中医药管理部门申请医疗广告审查。未取得《医疗广告审查证明》，不得发布医疗广告。《医疗广告审查证明》分为正本和副本，正本和副本都应载明的医疗广告发布的内容。

2. 医疗广告内容的限制　医疗广告内容仅限于以下项目：①医疗机构第一名称；②医疗机构地址；③所有制形式；④医疗机构类别；⑤诊疗科目；⑥床位数；⑦接诊时间；⑧联系电话。

3. 医疗广告中不得含有的情形　医疗广告的表现形式不得含有以下情形：①涉及医疗技术、诊疗方法、疾病名称、药物的；②保证治愈或者隐含保证治愈的；③宣传治愈率、有效率等诊疗效果的；④淫秽、迷信、荒诞的；⑤贬低他人的；⑥利用患者、卫生技术人员、医学教育科研机构及人员以及其他社会社团、组织的名义、形象作证明的；⑦使用解放军和武警部队名义的；

⑧法律、行政法规规定禁止的其他情形。

4. 医疗广告应当标注的内容 发布医疗广告应当标注医疗机构第一名称和《医疗广告审查证明》文号。

5. 医疗广告的其他禁止性规定 禁止利用新闻形式、医疗资讯服务类专题节（栏）目发布或变相发布医疗广告。

有关医疗机构的人物专访、专题报道等宣传内容，可以出现医疗机构名称，但不得出现有关医疗机构的地址、联系方式等医疗广告内容；不得在同一媒体的同一时间段或者版面发布该医疗机构的广告。

（五）国家广电总局和新闻出版总署有关医药广告的法律规定

1. 国家广电总局有关医药广告的法律规定

（1）《广播电视广告播放管理暂行办法》 2004 年 1 月，国家广电总局颁布的《广播电视广告播放管理暂行办法》规定：①广播电视广告应当健康文明，不得播放含有色情或性暗示等内容的广告，不得播放治疗性病的广告；②播放广播电视广告应当尊重大众生活习惯，不得在 6:30 至 7:30、11:30 至 12:30 以及 18:30 至 20:00 之间人们用餐时播放容易引起受众反感的广告，如治疗痔疮、脚气等类药品及卫生巾等卫生用品的广告。

（2）《关于整顿广播电视医疗资讯服务和电视购物节目内容的通知》 2006 年 7 月 18 日，国家广电总局和国家工商行政管理总局联合下发了《关于整顿广播电视医疗资讯服务和电视购物节目内容的通知》，通知规定：①医疗资讯服务节目应侧重介绍疾病预防、控制和治疗的科学知识。以医生、药师、专家等专业人士作为特约嘉宾进行健康讲座的，不得在此类节目中宣传治愈率、有效率。②不得宣传未经医疗界普遍认定和采用的医疗方法。③不得播出专家或医生与患者或家属现场或热线沟通、交流的内容。④医疗资讯服务节目可以介绍特约嘉宾的身份、技术职称及其所在医疗机构的名称，除广播电视播出机构设立的听（观）众咨询电话外，不得出现被介绍医疗机构的地址、联系方式。⑤电视购物节目内容，应当真实、合法，标明推销产品的经营、销售企业名称及有关产品审查批准文号。⑥自 2006 年 8 月 1 日起，所有广播电视播出机构暂停播出介绍药品、医疗器械、丰胸、减肥、增高产品的电视购物节目。

（3）《广电总局关于进一步加强广播电视广告播放管理工作的通知》 2007 年 7 月 30 日，国家广电总局向各省、自治区、直辖市广播影视局发出《广电总局关于进一步加强广播电视广告播放管理工作的通知》规定：凡属虚假违法，内容不良，格调低下的医疗、药品、性保健品广告和各类性暗示广告一律不得播出。

2007年9月25日，国家广电总局表示，再次严令禁播八类涉性药品、医疗、保健食品广告及有关医疗资讯、电视购物节目：①证照不全和擅自篡改审批内容的；②以医患、专家、名人做证明的；③所有保证疗效、宣传治愈率的；④有关治疗性疾病、生殖系统疾病的；⑤性药品、性保健品和其他内容低俗、画面不雅的成人用品广告；⑥以性药品、性保健品、治疗生殖系统疾病的药品和医疗机构作为栏目、剧场冠名的；⑦由药品、保健食品生产、经销企业和医疗机构制作或提供的各类医疗、健康类的资讯服务节目；⑧含有性暗示、性挑逗等不良语言和画面的女性丰胸、塑身内衣广告。

2. 国家新闻出版总署有关医药广告的法律规定　2006年10月18日新闻出版总署办公厅公布了《关于禁止报刊刊载部分类型广告的通知》，涉及医药广告的内容如下。

（1）自2006年11月1日起，所有报刊暂停发布以下广告：治疗尖锐湿疣、梅毒、淋病、软下疳等性病及牛皮癣（银屑病）、艾滋病、癌症（恶性肿瘤）、癫痫、乙型肝炎、白癜风、红斑狼疮等疾病和无痛人工流产内容的医疗广告。

（2）药品、保健食品、消毒及其他生活用品的广告，不得出现表示提高、增强性生活能力及性生理器官的内容。

（3）禁止以军队单位或军队人员的名义、形象或者利用军队装备、设施等从事药品、医疗广告宣传；禁止对军队特需药品、军队医疗机构配制的制剂进行广告宣传。

（4）印刷品广告不得刊载上述几类广告，不得以新闻报道形式发布广告。非法印刷品广告不得随报刊发行配送。

二、中国医药广告管制的行政机构

中国医药广告管制的行政机构包括审查机构和监管机构。审查机构包括药品监督管理部门、卫生行政部门、中医药管理部门。监管机构均为工商行政管理部门。

（一）药品广告管制的行政机构

国家食品药品监督管理局对药品广告审查机关的药品广告审查工作进行指导和监督，对药品广告审查机关违反本办法的行为，依法予以处理。

省、自治区、直辖市药品监督管理部门是药品广告审查机关，负责本行政区域内药品广告的审查工作。

县级以上工商行政管理部门是药品广告的监督管理机关。

（二）保健食品广告管制的行政机构

国家食品药品监督管理局指导和监督保健食品广告审查工作。

省、自治区、直辖市（食品）药品监督管理部门负责本辖区内保健食品广告的审查。

县级以上（食品）药品监督管理部门应当对辖区内审查批准的保健食品广告发布情况进行监测，报同级工商行政管理部门查处。

（三）医疗器械广告管制的行政机构

国家食品药品监督管理局对医疗器械广告审查机关的医疗器械广告审查工作进行指导和监督，对医疗器械广告审查机关违反本办法的行为，依法予以处理。

省、自治区、直辖市食品药品监督管理部门是医疗器械广告审查机关，负责本行政区域内医疗器械广告审查工作。

县级以上工商行政管理部门是医疗器械广告监督管理机关。

（四）医疗广告管制的行政机构

卫生行政部门、中医药管理部门负责医疗广告的审查，并对医疗机构进行监督管理。

工商行政管理机关负责医疗广告的监督管理。

第二节 医药广告管制的主要内容

一、对广告主、广告发布者和广告经营者的管制

《中华人民共和国广告法》、《广告管理条例》和《广告管理条例施行细则》针对广告主、广告发布者和广告经营者作出了明确的规定。

广告主，是指为推销商品或者提供服务，自行或者委托他人设计、制作、代理服务的法人、其他经济组织或者个人。广告发布者，是指为广告主或者广告主委托的广告经营者发布广告的法人或者其他经济组织。广告主、广告经营者、广告发布和从事广告活动，应当遵守法律、行政法规，遵循公平、诚实信用的原则。广告主、广告经营者、广告发布者之间在广告活动中应当依法订阅书面合同，明确各方的权利和义务。广告主、广告经营者、广告发布者不得在广告活动中进行任何形式的不正当竞争。

（一）针对广告主的管制

广告主自行或者委托他人设计、制作、发布广告，所推销的商品或者所提供的服务应当符合广告主的经营范围。广告主委托设计、制作、发布广告，应当委托具有合法经营资格的广告经营者、广告发布者。

广告主自行或者委托他人设计、制作、发布广告，应当具有或者提供真

实、合法、有效的下列证明文件：①营业执照以及其他生产、经营资格的证明文件；②质量检验机构对广告中有关商品质量内容出具的证明文件；③确认广告内容真实性的其他证明文件，如批准证明文件。

广告主发布广告前应依照有关法律法规由广告审查机关对广告内容进行审查；未经审查，不得发布。广告申请人自行发布药品广告的，应当将《药品广告审查表》原件保存 2 年备查。广告申请人自行发布医疗器械广告的，应当将《医疗器械广告审查表》原件保存 2 年备查。

（二）针对广告经营者和广告发布者的管制

1. 广告经营者和发布者的审批管理　中国对广告经营者的资格进行严格的审批管理。从事广告经营的，应当具有必要的专业技术人员、制作设备，并依法办理公司或者广告经营登记方可从事广告活动。

广告经营者应当按照法律的规定，向工商行政管理机关申请，办理审批登记手续：①专营广告业务的企业，发给《企业法人营业执照》；②兼营广告业务的事业单位，发给《广告经营许可证》；③具备经营广告业务能力的个体工商户，发给《营业执照》；④兼营广告业务的企业，应当办理经营范围变更登记。

广告经营者除符合企业登记等条件外，还应具备下列条件：①有负责市场调查的机构和专业人员；②有熟悉广告管理法规的管理人员及广告设计、制作、编审人员；③有专职的财会人员；④申请承接或代理外商来华广告，应当具备经营外商来华广告的能力。

广播电台、电视台、报刊出版单位的广告业务，应当由其专门从事广告业务的机构办理，并依法办理兼营广告的登记。广播电台、电视台、报刊出版单位，事业单位以及法律、行政法规规定的其他单位办理广告经营许可登记，应当具备下列条件：①具有直接发布广告的媒体或手段；②设有专门的广告经营机构；③有广告经营设备和经营场所；④有广告专业人员和熟悉广告法规的广告审查员。

2. 广告经营者、广告发布者的审核义务　广告经营者、广告发布者按照国家有关规定，建立、健全广告业务的承接登记、审核、档案管理制度。广告经营者、广告发布者依据法律、行政法规查验有关证明文件，核实广告内容。对内容不实或者证明文件不全的广告，经营者不得提供设计、制作、代理服务，广告发布者不得发布。

广告发布者、广告经营者受广告申请人委托代理、发布药品广告的，应当查验《药品广告审查表》原件，按照审查批准的内容发布，并将该《药品广告审查表》复印件保存 2 年备查。广告发布者、广告经营者受广告申请人委托代理、发布医疗器械广告的，应当查验《医疗器械广告审查表》原件，按照审查批准的内容发布，并将该《医疗器械广告审查表》复印件保存 2 年备查。

二、医药广告的审查制度

利用广播、电影、电视、报纸、期刊以及其他媒体发布药品、医疗器械、保健食品等商品的广告，广告主必须在发布前依照《药品广告审查办法》、《保健食品广告审查暂行规定》、《医疗器械广告审查办法》、《医疗广告管理办法》的规定，由广告审查机关对广告内容进行审查；未经审查，不得发布广告。任何单位和个人都不得伪造、变造或者转让广告审查决定文件。

（一）药品广告的审查制度

药品广告是利用各种媒体或者形式发布的广告含有药品名称、药品适应症（功能主治）或者与药品有关的其他内容的，药品广告应当按照《药品广告审查办法》规定，经企业所在地省、自治区、直辖市人民政府药品监督管理部门批准，并发给药品广告批准文号；未取得药品广告批准文号的，不得发布。

非处方药仅宣传药品名称（含药品通用名称和药品商品名称）的，或者处方药在指定的医学药学专业刊物上仅宣传药品名称（含药品通用名称和药品商品名称）的，无需审查。

1. 药品广告审查的法律依据　《广告法》、《药品管理法》、《药品管理法实施条例》、《药品广告审查发布标准》、《药品广告审查办法》、国家有关广告管理的其他规定。

2. 药品广告批准文号的申请人的资格　药品广告批准文号的申请人必须是具有合法资格的药品生产企业或者药品经营企业。药品经营企业作为申请人的，必须征得药品生产企业的同意。申请人可以委托代办人代办药品广告批准文号的申办事宜。

3. 不予受理药品广告申请的情形

（1）篡改经批准的药品广告内容进行虚假宣传的，由药品监督管理部门责令立即停止该医疗器械广告的发布，撤销该企业该品种的药品广告批准文号不满 1 年的。

（2）对提供虚假材料申请药品广告审批，被药品广告审查机关发现不满 1 年的。

（3）对提供虚假材料申请药品广告审批，取得药品广告批准文号的，药品广告审查机关在发现后应当撤销该药品广告批准文号不满 3 年的。

（4）执行撤销药品广告批准文号行政处罚程序中的。

4. 药品广告申请的审查程序　药品生产企业要发布药品广告，须经企业所在地省、自治区、直辖市人民政府药品监督管理部门批准，取得药品广告批准文号，同时报国务院药品监督管理部门备案；未取得药品广告批准文号的，不得发布广告。在药品生产企业所在地以外的省、自治区、直辖市发布药品广告的，发布广告的企业应当在发布前向发布地省、自治区、直辖市人民政府药品监督管理部门备案。药品广告批准文号申请审查程序见图 13 – 2。

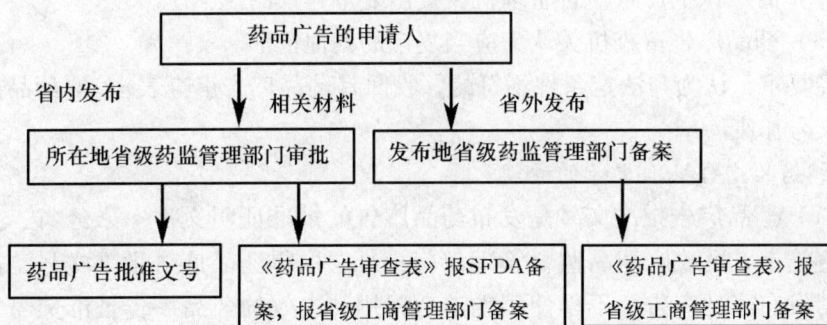

图 13 – 2　药品广告批准文号申请审查程序

5. 药品广告申请应提交的证明文件　药品生产企业申请药品广告批准文号应准备的资料包括：

（1）药品生产企业的《营业执照》复印件。

（2）药品生产企业的《药品生产许可证》或者《药品经营许可证》复印件。

（3）代办人代为申办药品广告批准文号的，应当提交申请人的委托书原件和代办人的营业执照复印件等主体资格证明文件。

（4）药品批准证明文件复印件、批准的说明书复印件和实际使用的标签及说明书。

（5）非处方药品广告需提交非处方药品审核登记证书复印件或相关证明文件的复印件。

（6）广告中涉及药品商品名称、注册商标、专利等内容的，应当提交相关有效证明文件的复印件以及其他确认广告内容真实性的证明文件。

药品生产企业异地发布药品广告备案应当提交的材料包括：

（1）《药品广告审查表》复印件。

（2）批准的药品说明书复印件。

（3）电视广告和广播广告需提交与通过审查的内容相一致的录音带、光盘或者其他介质载体。

6. 药品广告需要复审的情形　已经批准的药品广告有下列情形之一的，原审批的药品广告审查机关应当向申请人发出《药品广告复审通知书》，进行复审。复审期间，该药品广告可以继续发布。

（1）国家食品药品监督管理局认为药品广告审查机关批准的药品广告内容不符合规定的。

（2）省级以上广告监督管理机关提出复审建议的。

（3）药品广告审查机关认为应当复审的其他情形。

经复审，认为与法定条件不符的，收回《药品广告审查表》，原药品广告批准文号作废。

7. 药品广告批准文号的管理

（1）药品广告批准文号是发布药品广告的批准证明文件　未经省、自治区、直辖市人民政府药品监督管理部门批准，取得药品广告批准文号，广告主不得发布药品广告。不得使用伪造、冒用、失效的药品广告批准文号发布药品广告。

（2）注销药品广告批准文号的情形　注销药品广告批准文号的情形包括：①《药品生产许可证》、《药品经营许可证》被吊销的；②药品批准证明文件被撤销、注销的；③药品被国家食品药品监督管理局或者省、自治区、直辖市食品药品监督管理部门责令停止生产、销售和使用的药品。

被注销药品广告批准文号的，也不得发布药品广告；已经发布广告的，必须立即停止。

（3）药品广告批准文号的有效期　药品广告批准文号有效期为1年，到期作废。经批准的药品广告，在发布时不得更改广告内容。药品广告内容需要改动的，应当重新申请药品广告批准文号。

（4）药品广告批准文号的格式　"×药广审（视）第0000000000号"，"×药广审（声）第0000000000号"，"×药广审（文）第0000000000号"。其中"×"为各省、自治区、直辖市的简称。"0"为由10位数字组成，前6位代表审查年月，后4位代表广告批准序号。"视"、"声"、"文"代表广告媒体形式的分类代号。

（二）保健食品广告的审查制度

1. 保健食品广告的审查部门　国家食品药品监督管理局指导和监督保健食品广告审查工作。省、自治区、直辖市（食品）药品监督管理部门负责本辖区内保健食品广告的审查。

县级以上（食品）药品监督管理部门应当对辖区内审查批准的保健食品广告发布情况进行监测。

2. 保健食品广告的申请人的资格 申请人必须是保健食品批准证明文件的持有者或者其委托的公民、法人和其他组织。

申请人可以自行或者委托其他法人、经济组织或公民作为保健食品广告的代办人。

3. 保健食品广告的申请 国产保健食品广告的发布申请，应当向保健食品批准证明文件持有者所在地的省、自治区、直辖市（食品）药品监督管理部门提出。进口保健食品广告的发布申请，应当由该产品境外生产企业驻中国境内办事机构或者该企业委托的代理机构向其所在地省、自治区、直辖市（食品）药品监督管理部门提出。

4. 保健食品广告申请应当提交的文件和资料

（1）《保健食品广告审查表》。

（2）与发布内容一致的样稿（样片、样带）和电子化文件。

（3）保健食品批准证明文件复印件。

（4）保健食品生产企业的《卫生许可证》复印件。

（5）申请人和广告代办人的《营业执照》或主体资格证明文件、身份证明文件复印件；如有委托关系，应提交相关的委托书原件。

（6）保健食品的质量标准、说明书、标签和实际使用的包装。

（7）保健食品广告出现商标、专利等内容的，必须提交相关证明文件的复印件。

（8）其他用以确认广告内容真实性的有关文件。

（9）宣称申请材料实质内容真实性的声明。

提交上述文件和资料复印件的，需加盖申请人的签章。

5. 保健食品广告的申请审查程序 保健食品广告批准文号申请审查程序见图13-3。

6. 保健食品广告批准文号的管理

（1）保健食品广告批准文号的有效期 保健食品广告批准文号有效期为1年。保健食品广告批准文号有效期届满，申请人需要继续发布广告的，应当依照本规定向省、自治区、直辖市（食品）药品监督管理部门重新提出发布申请。

（2）保健食品广告批准文号需申请重新审查的情形 经审查批准的保健食品广告需要改变其内容的，应向原审批地省、自治区、直辖市（食品）药品监督管理部门申请重新审查。

```
┌─────────────────────────┐          ┌─────────────────────────┐
│   国产保健食品广告的申请人   │          │   进口保健食品广告的申请人   │
└─────────────────────────┘          └─────────────────────────┘
            │ 相关材料                            │ 相关材料
            ▼                                    ▼
┌─────────────────────────┐          ┌─────────────────────────┐
│ 保健食品批准证明文件持有者所 │          │ 该产品境外生产企业驻中国境内办 │
│ 在地省级药监管理部门审批   │          │ 事机构或者该企业委托的代理机构 │
│                         │          │ 所在地省级药监管理部门审批   │
└─────────────────────────┘          └─────────────────────────┘
            │                                    │
            └──────────────┬─────────────────────┘
                           ▼
                ┌─────────────────────┐
                │  保健食品广告批准文号  │
                └─────────────────────┘
                           │
                           ▼
                ┌─────────────────────────┐
                │ 《保健食品广告审查表》报    │
                │ SFDA备案，报省级工商管理部门 │
                └─────────────────────────┘
```

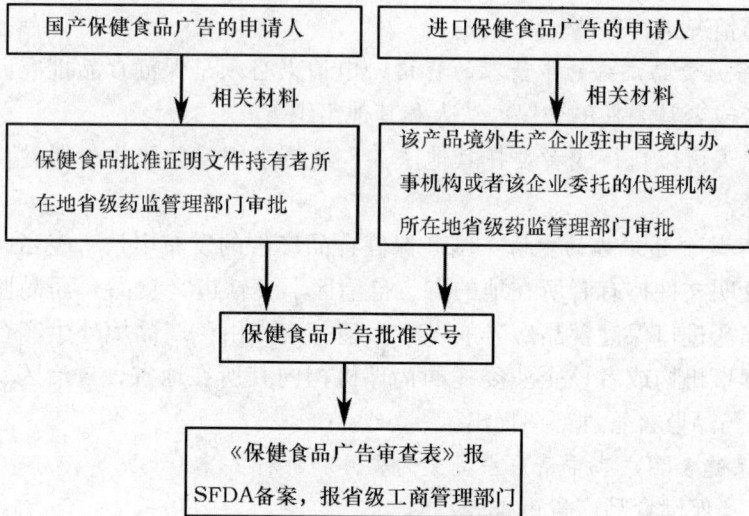

图 13-3　保健食品广告批准文号申请审查程序

　　保健食品的说明书、质量标准等广告审查依据发生变化的，广告主应当立即停止发布，并向原审批地省、自治区、直辖市（食品）药品监督管理部门申请重新审查。

　　（3）收回保健食品广告批准文号的情形　经审查批准的保健食品广告，有下列情形之一的，原审批地省、自治区、直辖市（食品）药品监督管理部门应当收回保健食品广告批准文号：①保健食品批准证明文件被撤销的；②保健食品被国家有关部门责令停止生产、销售的；③广告复审不合格的。

　　（4）保健食品广告批准文号的格式　保健食品广告批准文号为"×食健广审（×1）第×2号"。其中"×"为各省、自治区、直辖市的简称；"×1"代表视、声、文；"×2"由10位数字组成，前6位代表审查的年月，后4位代表广告批准的序号。

（三）医疗器械广告的审查制度

1. 医疗器械广告审查的法律依据

（1）《广告法》。

（2）《医疗器械监督管理条例》。

（3）《医疗器械广告审查发布标准》。

（4）《医疗器械广告审查办法》。

（5）国家有关广告管理的其他规定。

2. 医疗器械广告的审查部门　国家食品药品监督管理局对医疗器械广告

审查机关的医疗器械广告审查工作进行指导和监督，对医疗器械广告审查机关违法行为，依法予以处理。

省、自治区、直辖市食品药品监督管理部门是医疗器械广告审查机关，负责本行政区域内医疗器械广告审查工作。

县级以上工商行政管理部门是医疗器械广告监督管理机关。

3. 医疗器械广告申请人的资格　申请发布医药器械广告的申请人是指提出医疗器械广告审查申请，具有合法资格的医疗器械生产企业或者医疗器械经营企业。

医疗器械经营企业作为申请人的，必须征得医疗器械生产企业的同意。

申请人可以委托代办人代办医疗器械广告批准文号的申办事宜。代办人应当熟悉国家有关广告管理的相关法律、法规及规定。

4. 医疗器械广告的申请　申请医疗器械广告批准文号，应当向医疗器械生产企业所在地的医疗器械广告审查机关提出申请。

申请进口医疗器械广告批准文号，应当向产品注册登记表中列出的注册代理机构（或代理人）所在地医疗器械广告审查机关提出申请；如该产品的境外医疗器械生产企业在境内设有组织机构的，则可向该组织机构所在地的医疗器械广告审查机关提出申请。

5. 不予受理医疗器械广告申请的情形

（1）篡改经批准的医疗器械广告内容进行虚假宣传的，由药品监督管理部门责令立即停止该医疗器械广告的发布，撤销该企业该品种的医疗器械广告批准文号不满1年的。

（2）对提供虚假材料申请医疗器械广告审批，被医疗器械广告审查机关发现不满1年的。

（3）对提供虚假材料申请医疗器械广告审批，取得医疗器械广告批准文号的，医疗器械广告审查机关在发现后应当撤销该医疗器械广告批准文号不满3年的。

（4）执行撤销医疗器械广告批准文号行政处罚程序中的。

6. 申请医疗器械广告批准文号应当提交的证明文件　申请医疗器械广告批准文号，应当填写《医疗器械广告审查表》，并附与发布内容一致的样稿（样片、样带）和医疗器械广告电子文件，同时提交以下真实、合法、有效的证明文件：

（1）申请人的《营业执照》复印件。

（2）申请人的《医疗器械生产企业许可证》或《医疗器械经营企业许可证》复印件。

（3）申请人是医疗器械经营企业的，应当提交医疗器械生产企业同意其作为申请人的证明文件原件。

（4）代办人代为申请医疗器械广告批准文号的，应当提交申请人的委托书原件和代办人的营业执照等主体资格证明文件。

（5）医疗器械产品批准证明文件（含《医疗器械注册证书》、医疗器械注册登记表等）的复印件。

（6）申请进口医疗器械广告批准文号的，应当提供进口医疗器械代理人或境外医疗器械生产企业在境内设立组织机构的资格证明文件复印件。

（7）广告中涉及医疗器械注册商标、专利、认证等内容的，必须提交相关有效证明文件的复印件及其他需确认广告内容真实性的证明文件。

提供上述证明文件的复印件，需经申请人签章确认。

7. 医疗器械广告审批程序　医疗器械广告审批程序见图 13-4。

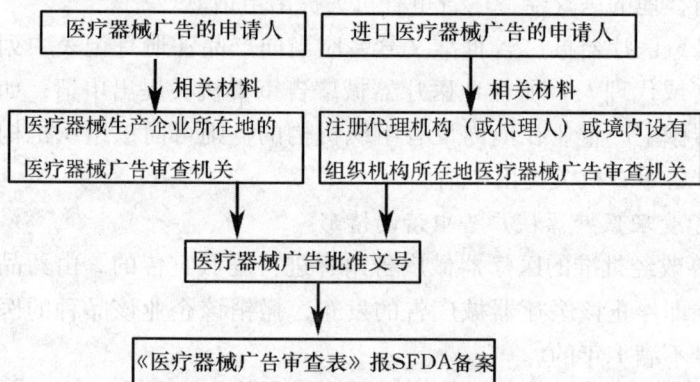

图 13-4　医疗器械广告审批程序

8. 医疗器械广告需要复审的情形　已经批准的医疗器械广告，有下列情况之一的，国家食品药品监督管理局将要求原审批的医疗器械广告审查机关进行复审。复审期间，该医疗器械广告可以继续发布。

（1）国家食品药品监督管理局认为医疗器械广告审查机关批准的医疗器械广告内容不符合规定的。

（2）省级以上广告监督管理机关提出复审建议的。

（3）医疗器械广告审查机关认为应当复审的其他情况。

经复审，对确实存在问题的医疗器械广告，医疗器械广告审查机关应当予以纠正，并收回《医疗器械广告审查表》，该医疗器械广告批准文号作废。

9. 医疗器械广告批准文号的管理

（1）医疗器械广告批准文号的有效期　医疗器械广告批准文号有效期为

1 年。

（2）医疗器械广告批准文号需申请重新审查的情形　经批准的医疗器械广告，在发布时不得更改广告内容。医疗器械广告内容需要改动的，应当重新申请医疗器械广告批准文号。

（3）医疗器械广告批准文号的注销情形　有下列情形之一的，医疗器械广告审查机关应当注销医疗器械广告批准文号：①医疗器械广告申请人的《医疗器械生产许可证》、《医疗器械经营许可证》被吊销的；②医疗器械注册证明文件被撤销、注销的；③食品药品监督管理部门责令终止生产、销售和使用的医疗器械；④其他法律、法规规定的应当注销行政许可的情况。

（4）医疗器械广告批准文号的格式　医疗器械广告批准文号为"×医械广审（视）第 0000000000 号"、"×医械广审（声）第 0000000000 号"、"×医械广审（文）第 0000000000 号"。其中"×"为各省、自治区、直辖市的简称；"0"由 10 位数字组成，前 6 位代表审查的年月，后 4 位代表广告批准的序号。"视"、"声"、"文"代表用于广告媒体形式的分类代号。

（四）医疗广告的审查制度

1. 医疗广告的审批部门　工商行政管理机关负责医疗广告的监督管理。卫生行政部门、中医药管理部门负责医疗广告的审查，并对医疗机构进行监督管理。

2. 医疗广告申请人的资格　非医疗机构不得发布医疗广告，医疗机构不得以内部科室名义发布医疗广告。

3. 医疗广告的申请　医疗机构发布医疗广告，应当向其所在地省级卫生行政部门申请。

中医、中西医结合、民族医医疗机构发布医疗广告，应当向其所在地省级中医药管理部门申请。

4. 医疗广告的申请应当提交的材料　医疗机构发布医疗广告，应当提交以下材料。

（1）《医疗广告审查申请表》。

（2）《医疗机构执业许可证》副本原件和复印件，复印件应当加盖核发其《医疗机构执业许可证》的卫生行政部门公章。

（3）医疗广告成品样件。电视、广播广告可以先提交镜头脚本和广播文稿。

5. 医疗广告的审批程序　医疗广告审批程序见图 13－5。

6. 应当收回《医疗广告审查证明》的情形　有下列情况之一的，省级卫生行政部门、中医药管理部门应当收回《医疗广告审查证明》，并告知有关医

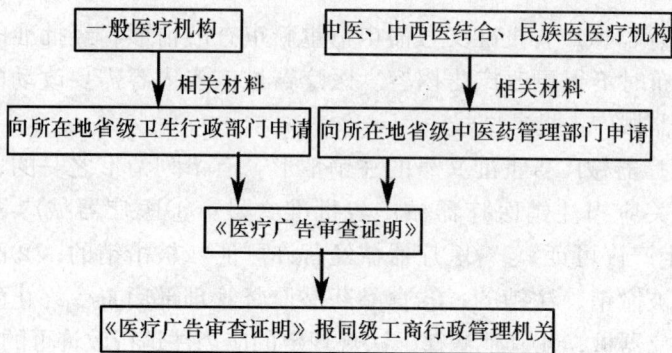

图 13 – 5　医疗广告审批程序

疗机构：

（1）医疗机构受到停业整顿、吊销《医疗机构执业许可证》的。

（2）医疗机构停业、歇业或被注销的。

（3）其他应当收回《医疗广告审查证明》的情形。

7. 发布户外医疗广告的管理　医疗机构发布户外医疗广告，应在取得《医疗广告审查证明》后，按照《户外广告登记管理规定》办理登记。

医疗机构在其法定控制地带标示仅含有医疗机构名称的户外广告，无需申请医疗广告审查和户外广告登记。

8.《医疗广告审查证明》的管理

（1）《医疗广告审查证明》的有效期　《医疗广告审查证明》的有效期为1年。到期后仍需继续发布医疗广告的，应重新提出审查申请。

（2）医疗机构应当按照《医疗广告审查证明》核准的广告成品样件内容与媒体类别发布医疗广告。医疗广告内容需要改动或者医疗机构的执业情况发生变化，与经审查的医疗广告成品样件内容不符的，医疗机构应当重新提出审查申请。

三、医药广告的法律责任

1. 利用广告对商品或者服务作虚假宣传的法律责任　利用广告对商品或者服务作虚假宣传的，由广告监督管理机关责令广告主停止发布、并以等额广告费用在相应范围内公开更正消除影响，并处广告费用1倍以上5倍以下的罚款；对负有责任的广告经营者、广告发布者没收广告费用，并处广告费用1倍以上5倍以下的罚款；情节严重的，依法停止其广告业务。构成犯罪的，依法追究刑事责任。

篡改经批准的药品广告内容进行虚假宣传的，由药品监督管理部门责令立即停止该药品广告的发布，撤销该品种药品广告批准文号，1年内不受理该品种的广告审批申请。

2. 发布广告内容违法的法律责任　发布广告使用中华人民共和国国旗、国徽、国歌的；使用国家机关和国家机关工作人员的名义；使用国家级、最高级、最佳等用语；妨碍社会安定和危害人身、财产安全，损害社会公共利益；妨碍社会公共秩序和违背社会良好风尚；含有淫秽、迷信、恐怖、暴力、丑恶的内容；含有民族、种族、宗教、性别歧视的内容；妨碍环境和自然资源保护；法律、行政法规规定禁止的其他情形。由广告监督管理机关责令负有责任的广告主、广告经营者、广告发布者停止发布、公开更正，没收广告费用，并处广告费用1倍以上5倍以下的罚款；情节严重的，依法停止其广告业务。构成犯罪的，依法追究刑事责任。

3. 未经广告审查机关审查批准发布广告的法律责任　未经广告审查机关审查批准发布广告的，发布的广告与审查批准的内容不一致的，由广告监督机关令负有责任的广告主、广告经营者、广告发布者停止发布，没收广告费用，并处广告费用1倍以上5倍以下的罚款。

4. 广告主的法律责任　广告主提供虚假证明文件的，由广告监督管理机关处以1万元以上10万元以下的罚款。

广告主伪造、变造或者转让广告审查决定文件的，由广告监督管理机关没收违法所得，并处1万元以上10万元以下的罚款。构成犯罪的，依法追究刑事责任。

5. 广告主、广告经营者、广告发布者的民事责任　广告主、广告经营者、广告发布者违反本法规定，在广告中损害未成年人或者残疾人的身心健康的；假冒他人专利的；贬低其他生产经营者的商品或者服务的；广告中未经同意使用他人名义、形象的；依法承担民事责任。

发布虚假广告，欺骗和误导消费者，使购买商品或者接受服务的消费者的合法权益受到损害，由广告主依法承担民事责任；广告经营者、广告发布者明知或者应知广告虚假仍设计、制作、发布的，应当依法承担连带责任。广告经营者、广告发布者不能提供广告主的真实名称、地址，应当承担全部民事责任。社会团体或者其他组织，在虚假广告中向消费者推荐商品或者服务，使消费者的合法权益受到损害的，应当依法承担连带责任。

6. 发布药品、医疗器械广告违反《广告法》的法律责任　发布药品、医疗器械广告违反《广告法》的规定，含有不科学的表示功效的断言或者保证的；说明治愈率或者有效率的；与其他商品、医疗器械的功效和安全性比较的；利用医药科研单位、学术机构、医疗机构或者专家、医生、患者的名义和形象作证明的；药品广告的内容没有以国家食品药品监督管理局批准的说明书为准的；处方药广告没有标明"本广告仅供医学药学专业人士阅读"忠告语的；非处方药广告没有标明"请按药品说明书或在药师指导下购买和使用"忠告语的；麻醉药品、精神药品、医疗用毒性药品、放射性药品、医疗机构配制的制剂、军队特需药品、国家食品药品监督管理局依法明令停止或者禁止生产、销售和使用的药品、批准试生产的药品等不能做广告的药品发布广告的；由广告监督管理机关责令负有责任的广告主、广告经营者、广告发布者改正或者停止发布，没收广告费用，可以并处以广告费用1倍以上5倍以下的罚款；情节严重的，依法停止其广告业务。

7. **处方药广告违反《药品广告审查发布标准》的法律责任** 处方药在大众传播媒介发布广告或者以其他方式进行以公众为对象的广告宣传的；以赠送医学、药学专业刊物等形式向公众发布处方药广告的；处方药名称与该药品的商标、生产企业字号相同的，使用该商标、企业字号在医学、药学专业刊物以外的媒体变相发布广告的；以处方药名称或者以处方药名称注册的商标以及企业字号为各种活动冠名的；由广告监督管理机关责令负有责任的广告主、广告经营者、广告发布者停止发布、公开更正，没收广告费用，并处广告费用1倍以上5倍以下的罚款；情节严重的，依法停止其广告业务。构成犯罪的，依法追究刑事责任。

8. **提供虚假材料申请药品广告审批的法律责任** 对提供虚假材料申请药品广告审批，被药品广告审查机关在受理审查中发现的，1年内不受理该企业该品种的广告审批申请。对提供虚假材料申请药品广告审批，取得药品广告批准文号的，药品广告审查机关在发现后应当撤销该药品广告批准文号，并3年内不受理该企业该品种的广告审批申请。

9. **医疗机构违法发布广告的法律责任** 医疗机构违反规定发布医疗广告，县级以上地方卫生行政部门、中医药管理部门应责令其限期改正，给予警告；情节严重的，核发《医疗机构执业许可证》的卫生行政部门、中医药管理部门可以责令其停业整顿、吊销有关诊疗科目，直至吊销《医疗机构执业许可证》。未取得《医疗机构执业许可证》发布医疗广告的，按非法行医处罚。

医疗机构篡改《医疗广告审查证明》内容发布医疗广告的，省级卫生行政部门、中医药管理部门应当撤销《医疗广告审查证明》，并在1年内不受理该医疗机构的广告审批申请。

四、药品、医疗器械、保健食品广告发布企业信用管理

为切实维护广大消费者的合法权益，加强对药品、医疗器械、保健食品广告的监督管理，强化药品、医疗器械、保健食品生产经营企业诚信守法意识，促进药品、医疗器械、保健食品广告发布企业信用体系建设，2007 年 10 月 16 日，国家食品药品监督管理局颁布了《药品、医疗器械、保健食品广告发布企业信用管理办法》，并于 2008 年 1 月 1 日开始正式实施。

药品、医疗器械、保健食品广告发布企业信用管理，是指食品药品监督管理部门在依法履行广告审查职责的同时，通过对药品、医疗器械、保健食品广告的监测，对药品、医疗器械、保健食品生产经营企业发布广告行为进行信用等级认定，并根据信用等级开展针对性的监督管理工作。

(1) 信用等级的认定　药品、医疗械器、保健食品广告发布企业的信用等级分为三级：守信、失信和严重失信。信用等级的认定周期为 1 年，时间从每年的 1 月 1 日到 12 月 31 日。

守信，是指企业本年度内发布的广告经食品药品监督管理部门监测，没有违反国家有关广告法律法规的。

失信，是指企业本年度发布的药品、医疗器械、保健食品广告有违反国家有关广告法律法规的，但违法情节不严重。

严重失信，是指企业本年度内发布的药品、医疗器械、保健食品广告违法情节严重，广告中含有以下内容：①任意更改经批准的产品适应症、功能主治或适应范围以及保健功能等内容进行虚假宣传的；②含有不科学地表示功效的断言或者保证、含有利用医药科研单位、学术机构、医疗机构或者专家、医生、患者、消费者等的名义和形象为产品功效作证明的；③违反有关广告法律法规的规定，含有其他严重欺骗和误导消费者进行虚假宣传的。

(2) 信用等级的调升　被认定为失信等级的企业，在随后 1 年内发布的广告无违法违规的，其信用等级可调升到守信等级。

被认定为严重失信等级的企业，在随后 2 年内发布的广告无违法违规的，其信用等级可调升到守信等级。

被认定为失信等级的企业，在随后 1 年仍然存在违法发布广告的行为，无论违法情节是否严重，其信用等级将下调至严重失信等级。

(3) 信用等级的公示　①信用等级的公示的机构。地（市）级食品药品监督管理部门可以根据违法广告情节、影响程度等情况，在本辖区内发布消

315

费安全警示。对违法发布广告情节严重的，省级食品药品监督管理部门可以在辖区内对其违法行为进行信用等级公示或发布消费安全警示。②信用等级公示主要内容。广告中标示的产品名称、产品生产企业或经营企业的名称、发布违法广告媒体和时间、发布违法广告内容、简要概述、刊播次数以及食品药品监督管理部门采取的措施等。

本章小结

医药广告包括药品广告、保健食品广告、医疗器械广告、医疗广告等4种。

4种医药广告的监管基本都包括以下几个方面：禁止发布广告的品种、广告必须标明的内容、广告不能含有的情形和内容、广告批准文号申请人资格、申请应提交的资料、广告申请审查程序、批准文号管理。对于药品还应掌握处方药和非处方药的广告管理，对于保健食品应掌握广告宣传功能的限定。此外，还需要了解国家广电总局和新闻出版总署针对医药广告作出的相关规定。

发布药品、保健食品、医疗器械广告，应向所在地省级食品药品监督管理部门申请广告批准文号，而医疗广告应向省级卫生行政部门申请广告批准文号。县级以上工商管理部门全面负责违法药品广告、保健食品广告、医疗器械广告、医疗广告的查处，是医药广告的监管机构。

中国对广告主、广告发布者和广告经营者有特定的管制要求。广告主、广告发布者和广告经营者应当承担法律赋予的相应的权利、义务和责任，按照广告经营者和发布者的审批制度从事广告活动。

中国对药品、医疗器械、保健食品广告发布企业实行信用管理，对医药企业的信用进行社会公示，医药企业应当自觉维护自己的商业信用。

思 考 与 讨 论

1. 禁止发布药品广告的药品品种有哪些？
2. 药品广告中必须标明哪些内容？
3. 药品广告中不得出现的情形和内容有哪些？
4. 保健食品广告不得出现的情形和内容有哪些？
5. 医疗广告不得含有的情形有哪些？

● 拓展练习 ●

1. 通过网络收集药品违法广告案例，并运用本章的法律法规知识进行分析。

2. 通过网络收集保健食品违法广告案例，并运用本章的法律法规知识进行分析。

3. 通过网络收集医疗器械违法广告案例，并运用本章的法律法规知识进行分析。

4. 通过网络收集医疗违法广告案例，并运用本章的法律法规知识进行分析。

第十四章

医药国际广告

德国"Alka – Seltzer"胃药系列平面广告设计

　　"Alka – Seltzer"是德国拜耳公司生产的一种非处方胃药，主治胃部不适。该公司为此药的宣传设计了一系列的平面广告和立体广告，并投放市场。在平面广告设计中，有两则画面（图 14 – 1，图 14 – 2，"Alka – Seltzer"胃药平面广告系列）是将湖面以及湖底景观通过电脑处理，形成了人的胃部形状，画面形象，执行力很强。从创意角度上说用鳄鱼和食人鱼来比喻人们的一种不良饮食规律非常贴切，对胃部所造成的影响一目了然。如此创意，让人印象深刻。

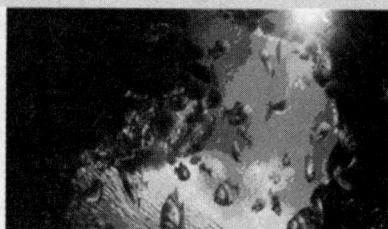

图 14-1 "Alka-seltzer" 平面广告系列1　图14-2 "Alka-seltzer"平面广告系列2

图14-3 "Alka-seltzer" 平面广告系列3 图 14-4 "Alka-seltzer"平面广告系列4

这两幅广告虽然新颖独特，但也许是该公司领导层担心画面较为恐怖，会让一部分人不愿接受。为此，公司在亚洲宣传这种药品时，重新发布了较为轻松幽默的平面广告（图14－3、图14－4）。广告中，可口的猪排、牛排变成了拳击高手、跆拳道冠军。当人们消化不良时，再美味的食物都将变成难以对付的敌手，而现在最佳的对抗武器就是"Alka－Seltzer"消食片。相当有趣的创意，如此幽默的构思，给公众带来的视觉效果可能比"Alka－Seltzer"消食片更有成效。

图片来源　Alka Seltzer 胃药系列平面广告. 顶尖设计网［OL］. www. bobd. cn.

第一节　概　述

一、医药国际广告的概念

医药国际广告（international medical advertising），是医药企业以营利为目的，通过国外或国际性的传播媒体，向国外医药市场宣传其商品、劳务、观念的广告活动。其目的在于通过广告传播，使医药产品或服务能迅速进入国际市场。

医药国际广告与一般国内广告在诸多方面有着不同的性质，导致医药国际广告的策略、创意、设计制作等方面都有不同，但国内外广告的最终目的都是一样，即扩大产品在当地市场的销售。

二、医药国际广告产生与发展的动因

早在20世纪50年代末、60年代初期，一些国家或地区的医药企业如香港依马打、泰国李万山、美国默克等，在进入国外市场实现跨国医疗经营时，医药国际广告就随之产生了。随着全球经济一体化和市场营销国际化程度的加深，医药广告国际化已成为一个普遍现象。归纳起来，推动医药国际广告产生与发展的原因可以归纳为4个方面。

（一）医药产品全球化营销

这是医药国际广告产生和发展的关键因素，随着商品竞争愈加激烈，凡是有商品的地方都不免会有与之相应的商品广告。从20世纪80年代末期开始，一些发达国家由于本国经济增长缓慢、市场饱和、市场竞争加剧以及医药产品销售限制等原因，医药行业开始从以前的重视国内销售，转为重视拓

319

展和培育国外市场，进而实施医药产品全球化经营。随着国际营销的不断增加，各国之间的经济关联日益增强，使得国际企业的对外扩张和国际贸易也日趋活跃。同时，先进的通讯技术、逐渐便利的运输服务以及自由贸易的扩大也促使了全球化医药大市场的形成。到了 20 世纪 90 年代末期，几乎所有的著名医药企业或老字号药商都在进行着海外营销。

另外，医药企业还从生产、营销到广告均在构建全球性策略，制定统一计划，生产全球性产品，执行全球性广告，继而出现了全球性广告主和国际医药品牌。

（二）国际广告集团的发展加快了国际广告的进程

20 世纪 80 年代末开始，大型国际广告公司发展势头迅猛，为全球国际商品提供全面的广告服务，包括医药企业在内的跨国集团纷纷向这些广告公司寻求帮助。有实力的医药企业的全球营销目标对国际广告公司的全球化提出了更高要求，比如这些企业通常需要国际广告公司的当地代理执行广告制作，并且需要广告公司可以在某一市场范围内收集、了解、分析当地消费者的各种信息，并为之建立工作网络。一些跨国医药企业为了加强其国际广告的执行能力和市场影响力，会选择一两个大型广告制作公司，专门为其设计广告以及传播策略，从而促使国际广告公司向集团化发展，这也进一步加剧了广告的国际化进程。

（三）现代科技推动医药国际广告载体的发展

20 世纪 90 年代末期，以数字化技术为代表的科技浪潮席卷全球，以网络为代表的新兴传播媒体也以惊人的速度在全球得以发展和普及。不断进步的传播媒体，改变了世界"距离"，使整个世界变成了一个"村落"，人类社会的各种信息，也包括国际医药信息都将被各个地域的人们所了解。发达的传播媒体从技术的角度促进了全球化信息共享的飞速发展，为全球化信息的收发提供了一个技术平台。这些都直接或间接地促进了医药国际广告的发展。

（四）医药国际广告本身也刺激了其全面发展

医药企业通过国际广告的策划和实施获得了明显的利益，促使其加大国际广告的投入，从而刺激国际广告的全球发展。医药国际广告发展到今天，它将更加全面、更加个性地去传达医药商品的各种信息。通过医药国际广告，企业将能够更好地和各目标市场的消费者进行沟通，被目标市场认同、接受，同时塑造产品国际品牌形象，提高产品的知名度和美誉度。另外，还可以利用医药国际广告收集各市场的竞争情况与消费信息，适时调整自己的产品策略或积极进行新产品的研发。正是由于这些显著利益的存在，刺激了医药企业加大对国际广告的持续投入，从而促进了医药国际广告的进一步发展。

三、国际广告的意义

（一）促进世界经济发展，推动全球经济一体化

随着国际贸易和国际营销的发展，全球经济一体化的趋向使整个世界正逐步发展成为一个统一的大市场。越来越多的医药企业参与国际经济活动，参与日益激烈的国际竞争。国际广告应国际贸易和国际营销的需要而产生，随着国际贸易和国际营销的发展而发展。反过来，它又极大地激活了世界经济的发展，将更多的贸易纳入一体化的范畴，推进全球经济一体化的进程。

（二）增强国际贸易竞争能力，获取国际贸易营销利益

对外贸易是一个企业乃至国家对外经济发展的重要组成部分，国际广告的首要任务，就是为出口商品进行促销推广。一个国家或地区，要有效实施外贸商品出口计划，就必须开展有力的国际广告宣传。西方发达国家为配合其对外贸易，投入国际广告宣传的费用每年高达上千亿美元。中国对外贸易的广告宣传，虽然近年有较大发展，但比起世界贸易强国来说，仍是相距甚远。作为国际营销的重要利器和国际贸易的重要手段，国际广告可以不断增强外贸出口商品的竞争能力，加速一个国家或地区对外贸易的发展，从而不断提升其国际经济地位和经济实力。

（三）开拓国外产品市场，塑造国际品牌形象

对具体从事国际营销的广告主来说，国际广告是帮助其商品打入国际市场的重要促销手段。通过国际广告运作，可以使外国目标市场上的消费者了解自己产品的特性与功能，从而产生购买欲望，最终产生购买行为，同样也为相关产品树立了国际品牌形象，这有利于区域性名牌产品发展为国际性名牌产品。国际广告活动通过国际市场调查，为广告主提供有关国际市场商品、环境和消费者的基本资料，及时调节国内生产结构，开发新产品，生产适合国外消费者兴趣偏好的产品。

通过国际广告宣传，使广告主、产品与消费者发生良好的沟通，能极大地提高产品的知名度与美誉度，使消费者对产品产生良好的认同与接受，从而建立良好的品牌形象，打开市场销路，促进国际营销的顺利开展。

第二节　医药国际广告策略

现代国际医药市场的营销活动，要求医药企业不仅要开发、生产出适合国际市场患者需求的特效药品，制定符合当地消费水平的价格，还要选择恰当、畅通的分销渠道，更要通过适当的传媒，让消费者及时、充分地了解医

药产品的各种情况，从而对企业产品产生购买动机和购买行为。在这种营销活动中，国际促销策略主要有 4 种形式：人员推销、广告、营业推广和公共关系。本节着重探讨广告策略。

一、国际广告策略的含义

所谓国际广告策略，就是指国际广告信息传播的可行性方法。它是企业在分析产品特征、内外环境、国际市场、广告成效、媒体选择、政府监控和成本效益等关系基础上，对世界市场广告活动的传播方式作出的总体决策。国际广告就是为了配合国际商品营销活动，在产品出口目标国或地区时所进行的商业宣传。

很多时候，为了让出口产品能迅速进入国际市场，产品企业通常会以本国的广告发展为基础，展开国际宣传，为产品赢得国际声誉，扩大产品的海外销售，从而实现广告总目标。制定国际广告策略，首先必须有一个总的广告目标。广告目标主要是两个方面：一是通过广告树立企业或产品的良好公众形象；二是刺激公众对本企业产品的需求欲望并最终购买。总的来说就是实现企业的盈利目标。

二、国际广告基本策略

由于国际广告活动是在国际市场范围内展开的，它必须要解决的一个重要问题就是如何以有效的策略执行并实施广告信息的传播。国际广告策略从形式上看一般包括标准化策略和差异化策略两种。

（一）标准化策略

国际广告的标准化策略，也称为一体化策略，指以相同的广告主题和内容、同样的创意和表现，在各国家和地区的目标市场实行统一的广告信息传播。

国际广告标准化，是以统一的广告形式在世界范围内进行传播，除了广告语言文字随国家不同而改变以外，广告的创意、内容、表现形式、传播方法等都是相同的。标准化策略考虑的是世界人类社会的共性和趋同。虽然世界上不同国家和地区、不同民族的人们，在心理、文化、审美、意识等方面都存在着较大的差异，但是在生理、健康、安全等生存方面，又表现出了人们的共同需要。正如可口可乐当年宣传它的使用价值时，在其全球广告中都说到："口渴的感觉使四海成为一家"，这句话体现了全世界人类的基本生理需要——解渴。邦迪创可贴行销世界各地时，常使用的广告语"妥贴保护，伸缩自如"也一度被世界各国的消费者所接受，邦迪产品所宣扬的保护与方便，正是全世界消费者所需要的。除了在健康、安全、环保、荣誉等生存方面表现出人类共性以外，又如勤劳、勇敢、真诚、善良、耐劳等也是世界上许多民族共有的优良传统，一旦这些内容在广告中作为信息的载体或表现的手段，较容易在更广的范围内得到认可，从而增强了广告传播在不同文化区域的适应性。"海尔"在它的国际广告宣传中都会用不同的语言表达同一句话："海尔，真诚到永远"。

全球联系越来越紧密，人类的经济、文化、社会生活逐渐趋同，人们将拥有更多的共同喜好与需要。广告标准化策略，也正是顺应了这一世界发展潮流。这种策略的优点主要表现在：

第一，执行便利。标准化策略可以将国际广告确定一个相同的主题，制作统一的宣传作品，各市场分部拿到该广告作品后，按照总公司的要求，不加改动或稍加修改地进行统一传播，执行起来非常便利。

第二，节省开支。标准化策略是将广告费用进行统一管理，总部控制广告费用的支出，然后根据市场竞争的需要有重点地投放广告。这样既降低了广告成本，节省了广告费用，也避免了广告资源的分散。

第三，追求整体效益。通过标准化策略的实施，可以集中各种相关资源，如策划、创意、设计、制作人才以及资金和技术设备等，制定出适宜世界范围内传播的广告主题，创作出独到、新颖、受众所接受的广告，总部能统一收集宣传效果信息，充分发挥各种资源的整体效益，同时与企业理念、营销总目标保持一致，更好地为企业战略发展所服务。

第四，有利于建立全球统一的品牌形象。在市场竞争日益激烈的背景下，世界进入了一个"品牌形象竞天下"的时期，统一的品牌形象有利于提高企业和产品的可识别性，增强其在市场中的竞争力，达到"同一景象、同一声响、同一销售"的目标。

但是，企业如果一味追求广告标准化也不一定是上策，毕竟该策略没有考虑到各国市场的特殊性，在执行中很难顾及各个国家和地区的特殊文化、风俗习惯、宗教信仰等方面的情况，导致有些广告信息及其传播方式很难被所有地区消费者所理解和接受。"Pepsodent"牌牙膏曾经在东南亚宣传产品使牙齿保持洁白的功效，未想到在当地发黑和发黄的牙齿却是"威望"的象征。这则广告的效果也就可想而知了。标准化策略并非是"放之四海而皆准"的真理，其实施是有条件的，就是广告宣传的产品，必须是与各地消费者的需要和期望相一致的产品，必须能从中寻找到世界性的共同主题。可见，该策略的实施对于产品来说，是有一定范围限制的，否则，实行该策略将无法达到预期的效果。也就是说，对同类产品的购买动机相似时，宣传者就可以采用这种策略。

标准化策略在 20 世纪 90 年代以前，常被跨国公司所推崇，以表现本企业的全球营销战略，如可口可乐、辉瑞制药、强生、麦当劳等在早期的广告策划中，都体现出了世界一体化宣传特征，广告内容和表现手法在世界市场上都基本相同。

（二）差异化策略

将相同的广告主题推向子公司，每个子公司以这个广告主题为基础，对其市场做适当差异化策略，也称为本土化策略。国际广告的差异化策略是指根据目标市场的特点，采用有针对性的广告策略，设计不同的广告主题，传播不同的广告信息，以迎合目标市场的消费者需求。差异化策略的出现，是由各目标市场的独特性而催生的。受不同市场特点的影响，国际广告活动应该遵从各目标市场区域的文化、风俗、政治、人群心理、消费习惯等方面的特征，从而制定符合当地市场需要的广告内容，使广告所传达的信息更容易被目标受众所接受。

实施国际广告差异化策略，要根据各个国家或地区市场的具体情况，作出不同的广告策划，以不同的广告主题、广告形式及广告内容来进行产品宣传，这样较容易取得广告传播的成功，达到宣传目的。具体说来，其优点主要表现在如下几方面。

1. **适应不同目标市场购买需求的特殊性**　Tang 果珍在美国作为橘子汁的代用品销售情况较好；然而法国人在早餐时并不喝橘子汁，广告中就重新定位产品，在法国把它作为新鲜饮料而进行宣传。普甘公司在巴西推销汰渍洗衣粉时，在广告中没有采用像其他地区强调洗衣粉"增白"这一主题，而传播其他方面的主题，因为巴西人较少穿白色衣服。

2. **尊重当地的购买习惯**　不同地域的人们在购买产品时会受到当地风俗习惯、宗教信仰、文化背景、政治经济等环境的影响，为不同地域的人们量身定做广告宣传，可以克服当地市场的进入障碍，减少其广告传播的阻力。如力士香皂在德国的广告传播，展现的是一位明星手拿力士香皂要去冲淋浴的场景；而在英国的广告，则是一妇女在浴盆里使用力士香皂的画面。这则广告反映出德国人爱冲淋浴而英国人则偏爱浴池的不同习俗。

3. **传播针对性强**　国际广告本土化策略最大的特点是因地制宜，这样有利于体现广告的个性特点。美国莱威牌牛仔裤，在欧洲大陆的商业电视广告性感色彩极浓；在英国，广告则突出莱威牛仔裤是美国货，塑造全美英雄——充满神奇色彩的西部荒漠中的"西部牛仔"；在澳大利亚，广告传播的目的是树立商标威信并带来产品利益，"合身不紧身，一夜好逍遥"的广告突出了莱威的质量威信。

　　当然，国际广告差异化策略也有其不足之处，主要表现在两个方面：首先，该策略要根据所开发或投放的不同市场进行单独的广告策划、设计和制作，广告成本高，而且容易导致广告资源过于分散。其次，在广告制作时，一般需要得到当地分支机构的协助，各地域进行不同的传播，没有一个共同的主题，这不利于整体品牌形象的塑造和统一品牌形象的确立。

　　虽然如此，但鉴于差异化策略的重要性，目前很多大型的经济组织在制作国际广告时，一般都会考虑采用差异化策略，以求广告能达到最好效益。采用差异化策略较为成功的如宝洁、肯德基、松下电器、葛兰素史克（该企业与天津中新药业合资成立了中国中美史克制药有限公司）等。

阅读资料

　　一份研究报告显示：1976年，抽样中多达70%的厂商采取"完全标准化"的广告行动；到1987年，这一比例降至10%。在智威汤逊（J. Walter Thompson）广告公司有着33年工作经验的杰瑞米·布尔莫（Jeremy Bullmore）写道："世界上最具原创力和有效性的广告大多难于理解，除了专门从事广告的人外……不要相信'好广告都是不言而喻的'这一古老谚语。好广告只有对它的目标顾客才是不说自明的。大量好广告特意使用代号或者密语，将这些目标之外的人拒之门外。这便是广告之所以好的原因之一。"

　　资料来源　佚名. 举出麦当劳的广告，分析其广告策略. 百度知道 [OL]. www. zhidao. baidu. com.

　　国际市场发展到现在，很多有实力的跨国公司已经开始尝试"合二为一"的广告策略——采用不同的广告内容，宣传相同的产品理念。在企业文化、产品宣传中既反映出高度统一的战略目标，又因不同市场而制定符合当地情况的即时战术。这样，既统一了跨国公司在全球市场所做广告的主题，也照顾了地方市场的特点；既防止因过分强调差异化而造成的信息分散和损耗的出现，又避免因过分强调标准化而出现目标市场难以全部接受的情况。这实际上是标准化策略和差异化策略的融合与变通。总之，无论是选择标准化还是差异化广告策略，其目的都在于有效地将相关信息传递给目标受众，使消费者理解和接受这些信息，促成企业产品的销售。

三、影响医药国际广告策略的因素

医药国际广告要制定其总策略，必须要把握目标市场的各类影响因素，在此基础上有目的地进行医药国际广告制作和投放。影响医药国际广告策略的主要因素有以下内容。

（一）不同政治、经济环境对医药广告策略的影响

虽然政治、经济环境是一个宏观概念，但是政治、经济环境不同，对开展广告活动都会有着不同的制约作用。广告主要做的，就是如何去顺应这个环境。在 20 世纪 80 年代，日本大冢公司率先在天津建立第一家医药合资企业，当时其广告语的最大特点就是口号化："您好，中国的朋友们"、"为中国的现代化作出贡献"等，此类为中国发展和中日友好振臂高呼的广告口号成为当时日本在华广告的一大特色。进入 20 世纪 90 年代后，中国开始有计划地大力发展社会主义商品经济，此时的国外医药企业则摒弃了原来的政治口号宣传，开始针对中国市场的不同需求，注重差异化宣传，强调产品给消费者带来的利益，通过大量的广告信息传播，进一步占据中国医药市场。

医药企业在进入目标市场之前，应该对该市场地域的政治以及经济环境进行详细了解，发布与之相适应的广告宣传，努力争取该市场的大众认可，起到一个良好的宣传和促销作用。

（二）不同文化、习俗、法令对广告策略的影响

广告活动是一种复杂、微妙的文化传播过程，广告与目标国的社会风俗、文化偏见、国家法规以及人们的意识观念、价值取向等有着不可分割的联系。一个成功的国际广告，意味着不同文化间彼此有效的交流和适应。

（三）媒体环境对广告的影响

广告的大力发展离不开媒体作为传播载体。在进入目标市场前，企业应该对该国媒体环境进行准确地调查和充分地了解。不同国家对不同媒体，有着不同的重视程度，而不同类型的媒体有着不同的地域覆盖深度、广度和作用时间，同时在选择不同的媒体时所遇到的技术问题也不同。总的来看，虽然立体媒体发展迅速，但印刷品仍然是世界上阅读人群最多的广告媒体，其次才是电视、广播、网络和户外广告。其中像英国、德国、丹麦、瑞士、芬兰、瑞典、挪威等经济、文化、教育发达的国家，印刷品广告所占比例最大，以这些国家的报刊作为媒体可能会取得比较理想的效果；而在美国、澳大利亚、意大利、日本、中国内地和香港等国家和地区，印刷品和电视同作为主要的广告媒体；而在拉美等一些发展中国家，报纸的人均占有量非常低，电视却成了当地的信息传递主要媒体，甚至在某些国家电台广播依然是信息传递载体的主角。

另外，在选择广告媒体时除了要考虑媒体接受环境外，也要考虑到各国和地区对广告媒体的一些特殊规定和管理。比如英国规定不准在少儿节目中或节目前后刊播医药广告；美国规定新药（处方药）在上市头 2 年内不得在大众媒体上做面向广大消费者的广告等。

（四）各类事件以及季节性销售情况对广告活动的影响

很多广告会因目标市场将要发生或即将发生某个事件或当地季节需求而进行针对性地宣传，广告主题和内容仅仅围绕相关主题进行，这就需要企业采用差异化策略对某一市场的广告进行专门诉求。美国强生制药在获得 2008 年北京奥运会全球合作伙伴权后，在中国的广告宣传中，常宣传自己的奥运会赞助产品，包括急救消费产品、个人健康护理用品、医疗器械和诊断产品以及非处方药品等。

四、医药国际广告策略的操作技巧

（一）倡导标准化与差异化相结合的国际广告策略

医药广告国际化宣传的常见策略是标准化策略和差异化策略。具体哪种广告策略能给医药企业带来最好效益，这并没有一个标准答案，关键在于医药企业的广告宣传是否符合当地情况，是否被国外市场消费者所接受。事实上，从众多企业推出的成功广告来看，现在的国际广告提倡的是一体化与本土化相结合的宣传方式，为了达到促销目的，广告主将统一化策略与差异化策略混合使用。

2006 年 5 月 8 号，"华为"放弃了沿用 28 年的标识，全力迈向国际化。因为对于未来国际市场用户，尤其是欧美用户而言，具有中国本土特色的拼音标识，比较难以辨识和接受。同时，"华为"也试图通过换标，改变其"价格低廉"的定位以及咄咄逼人的印象，以寓意和谐的莲花花瓣造型，融入全球电信市场，着力经营一个负责可靠的合作者形象。

（二）综合分析目标市场定位

各个市场都有其特殊性，这就要求国际广告在看到普遍性的同时，还要多分析他们的特殊性。这主要是包括对目标市场的价值取向、思维特性、道德规范、民情风俗、宗教信仰、文化教育以及社会经济发展状况等的确切把握。

随着经济一体化程度的不断加深，人类社会日益衍生出符合全球经济发展要求的共同世界文化。比如，保护环境、维护和平、生命与健康、可持续发展，甚至包括伦理、道德等问题都在向世界趋同化发展，开展国际广告活动时，有必要对广告文化进行市场定位，既要迎合目标市场各种文化的民族特点，更要注重适应和满足文化的国际化需要，树立科学的现代广告文化观。

（三）制定完整的广告策划方案

一整套战略性的广告策划案是非常重要的。一般来说，企业在进入国外市场的时候应该采用渐进的广告策略，整体设计，步步推进。这种渐进式策略包括两个方面：一是广告目标在地域上的渐进；二是广告诉求在内容上的渐进。广告诉求内容的渐进，指的就是广告所表达的基本思想逐步深入。

这个深入过程可以分成4个阶段：

第一阶段，从产品还未进入国外市场，到产品完全进入市场为止。在这个阶段，广告基本上是介绍和宣传产品的名称、功能、规格、品种、用途等，让潜在消费者知道企业，了解产品，提高产品的知名度。

第二阶段，在大多数潜在消费者知道产品后，广告要从告知转到刺激欲望、指导消费、诱导购买上来。主要内容为重点介绍产品的特色，产品能给消费者带来的利益，产品对特定消费者的适应性等。这时的广告是一种诱导性广告。这个阶段是达到广告目标最为关键的一个阶段。

第三阶段，实际上是品牌附加值宣传的阶段。广告宣传的重点不是产品，而是企业，是企业的牌子、声音、地位、信誉、形象等。其目的是促使消费者对企业产生良好的印象，对产品产生偏爱和信任，提高社会影响力。

第四阶段，主要是提醒式或强化式广告宣传阶段。这要求广告宣传在媒体选择、构思创意、广告语言和广告色彩运用等方面要更具特色，因为企业及其产品已被外国消费者所熟知，产品已进入成熟期，市场竞争日趋激烈，广告必须起到树立商品独特形象，巩固已有市场，强化消费者购买信心，刺激重复购买的作用，至少不要让人们忘记了这些产品。

当然，这还要求企业不能按部就班，要因地、因时进行一个科学的广告策略组合。

第三节　海外广告业及其管理

发达国家生产力水平发达，广告发挥作用的范围更广，广告管理也较为规范。发达国家广告发展的道路、营销管理的方式、广告行业的管理方法等是值得参考和借鉴的。为此，研究发达国家的医药广告现状，了解其先进的管理经验、健全的法制规定，是发展中国医药国际广告事业不可缺少的工作之一；同时，了解部分发达国家的广告管理制度，也为本国企业广告宣传走向世界打下一定基础。

一、美国：广告自由　管理严格

美国是当今世界上广告业最发达的国家之一。它的广告投入几乎占了世界广告总投入的一半，同时全球大多数的广告公司都来自美国。为了有效管理这个庞大的广告业，美国政府除了完善全国性和地方各州的广告立法之外，在管理机制上，采用了政府管理和行业监督相结合的广告管理方式，一方面由政府根据美国国会制定的法律法规进行监管；另一方面政府大力提倡广告行业进行自我管理。

美国政府管理广告的机构主要有两个：联邦贸易委员会（以下简称 FTC）和联邦通讯委员会（以下简称 FCC）。其中最权威、最综合的广告管理部门是 FTC。它的主要职责和日常工作是制定广告规章并负责市场广告监督，并调查处理消费者对各类广告的指控，召开广告处理听证会，处理各种违法违规广告等。FTC 在广告管理中非常重视对各类虚假广告和违反商业道德原则的促销行为的监管。对于违规广告，FTC 有权要求停止宣传或作出广告更正。如果广告主接受委员会的处理决定，则可免予经济处罚，否则，FTC 可采取正式的法律程序，对他们进行处罚。

另外，FCC 主要管理邮寄类广告，同时也管理诸如电视、广播的广告投放数量和播出时间。对虚假邮购广告，FCC 有权对它们进行审查和处理。凡属于"不公正、虚假的违法违规"广告，比如某保健产品声称能使人"恢复青春"、"青春长驻"；或在缺乏足够科学证明的情况下声称某药品能"预防癌症"或"包治百病"等，都将立即要求广告主更正广告、停止播放甚至罚款、赔偿损失等措施。若电视台或广告主不执行 FCC 的决定，委员会还可请求法院强制执行。

当然，为了保护广告发布者的合法权益，美国法律还规定，如果广告发布者对 FTC 和 FCC 的处罚不服，可向法院起诉或向国会陈述，法院和国会有权推翻 FTC 和 FCC 的决定。

除了国家政府管理外，美国广告业的行业监督组织也很多，而且管理也非常有效，如全美广告评议委员会、全美广告公司协会、美国广告联盟等，其中最有权威的是全美广告评议委员会。该委员会亦称为全美广告监察委员会，隶属美国广告联合会。它是由广告主、广告公司、公众代表组成的非政府组织。该委员会负责管理广告主对他们竞争者所做的广告宣传提出的控告，调查普通公民的指控，并对广告实行监督。

具体到医药行业，在美国，所有医疗商品都可以做广告。据当地部门统计，平均每个美国市民每年将看到约 30 小时的医药电视广告，尤其是处方药的广告量在不断增加。

虽然美国广告业发达，广告管理制度较为健全，但是由于存在着这样那样的法规制度漏洞，美国药品广告宣传市场中还是多少存在有违规违法的医药宣传和促销行为。比如许多制药企业通过媒体进行广告宣传时故意夸大药品的疗效，刻意隐瞒药品的风险，有意进行缺乏科学根据的宣传或者非法地为尚未获得批准的药品做广告等。有资料显示，美国市民因上医药虚假广告的当所花费的费用，每年高达数百亿美元。

但是，药品监管部门采取了许多有力手段打击虚假药品广告，管理条文非常详细。比如，在宣传药品疗效的同时，必须以"同等的宣传规模和醒目程度"详细说明药品的毒副作用。对新药的宣传推广把关更为严格，美国的《处方药用户收费法》（英文简称PDUFA）明确规定新药和新医疗器械在上市后头2年不得在大众媒体做广告。

除了详细的规则外，药品监管部门还制定了严厉的处罚条款，任何虚假医疗广告都将受到比其他虚假广告数额更大、更严厉的处罚，情况恶劣的，甚至罚得几乎倾家荡产。美国马里兰州一位药品开发商凭借假"博士"文凭，谎称他发明了一种主要成分为芦荟的新药，该药能有效治愈艾滋病、癌症等疑难病症，结果3000多人为此上当受骗，随后，FDA联合其他政府职能部门迅速展开调查，最后，这位"博士"被FDA起诉，马里兰联邦地方法院判其4年监禁，罚款22万美元。

每年，FDA都会查处和没收许多违法保健药品和医疗器械产品。美国市场上十分猖獗的医药虚假广告，也让美国政府下定决心，大力整顿虚假产品广告。美国国会通过的"PDUFA"新法案中特别添加了一条规定，即今后所有保健食品、膳食添加剂类产品如在大众媒体上做广告，其内容须在3个月之前交由FDA、FTC审核后才能放行。如企业未经审查即刊出其产品广告，则视为违法，不仅要面临经济重罚，而且有可能会被撤销生产许可证。

在美国，除了政府管理和行业管理外，广告主都有完善的自律守则。它们有自己的广告律师，负责处理与竞争者的广告纠纷。这样既可以避免与竞争者发生纠纷，又可较好地应付那些不可避免的广告纠纷。

二、英国：强调自律　杜绝虚假

英国的广告历史悠久，可以追溯到18世纪。19世纪50年代以前，英国广告一直居世界首位。现在英国广告的总体规模仍然位居世界前列。而且，英国的广告管理体系在欧洲也是较为健全和发达的。

英国政府通过立法严格限制广告的范围和内容。早在1907年，英国就颁布有《广告法》，法令禁止广告妨碍公园以及娱乐场所或风景地带的自然美。1925年，该法经过修改后，进一步扩大了禁止范围：禁止损害乡村风景、公路、铁路、水道、公共场所以及任何有历史价值的街市；禁止损害闹市中居民的利益，阻碍行人及乘车人的行动。1968年英国颁布了《医药条例》。它规定在为医药商品做宣传时，广告内容中的每种医药产品都必须与医药委员会颁发的许可证相符合。这个规定有两条：一是分论广告和医药品的医药规则；二是专论药品广告的医药规则。另外，英国还有众多关于商品广告宣传的管理法规，比如《医药治疗广告标准法典》、《销售促进法典》、《香烟法规》、《独立广播局广告标准和实务法》等。正是由于广告立法方面卓有成效的工作，使英国的广告活动很早就纳入了法制的正轨。

英国十分强调广告的自我管束作用。英国负责管理广告的政府机构是英国广告标准局（英文简称ASA）。该局明确规定了哪些广告可以发布，哪些广告禁止宣传。但是，在广告管理中作用最大的还是广告自我管理系统。该系统由两大部分组成：一是对非广播媒体广告的管理系统；二是"独立广播权威"。前者由20多个广告业协会联合组成，负责制定非广播媒体的规范及广告法律服务。后者主要负责电视、广播广告审查。所有电视广告和广播广告必须由"独立广播权威"进行2次审查。第一次审查广告剧本，主要审查广告的内容及广告语言；第二次是审查广告的制作，主要审查制作作品与第一次审查内容有无出入，若有较大出入或违法迹象，可令广告主停止传播。英国广告自我管束的主要法则是1962年制定的《英国广告职业行为准则》（英文简称BCAP）和1984年修订的《英国促销职业行为准则》（英文简称BC-SP）。这两个法则主要体现了广告从业者共同遵守的具体准则和自律措施以及对许多具体商品制定的详细强制规定。

在医药广告方面，为了规范医药广告管理，杜绝虚假广告的产生，英国政府从法律法规的制定颁布到监管机构的设置监督，从广告制作的明文规定到消费者的指控受理，从医药生产、商业营销到患者用药等，已形成一整套制度严格、有章可循、有法可依的医药广告监管体系。这与政府对医药广告管理的高度重视密不可分。

在英国，任何一种医疗产品在投入市场之前，都必须获得英国药监部门颁发的上市许可证。医监部门对任何一种医药产品的药效、功能、质量、适用人群、副作用及产品安全标准都有一整套严格的监审和试验程序，许可证颁发后，也并非永久有效，而是每5年重新审核，合格后重新发放。

英国负责制定、修改和实施国内非广播广告和促销法的"广告行为委员会"，对有关保健和美容的医药产品提出明确规定：对产品的介绍必须准确；

不准宣传药品没有副作用，而夸大药效则更是绝对禁止的等。

"独立电视委员会"是负责英国电视广告的监管机构，该组织对医药电视广告文字的规定共有 36 条，内容涵盖医药、治疗、保健、营养和食品添加剂五大类。具体规定除了与"广告行为委员会"的法规大体相同外，还具体规定在电视广告中，医药类广告不准使用明星做广告，禁止社会名人、体育和娱乐界名人对某一医疗产品进行褒奖宣传，更不允许明星直接做医药产品代言人；不准在播放少儿节目期间刊播医药类广告；电视媒体在刊登医药类广告之前，必须根据法律检查该产品是否取得药监部门颁发的上市许可证，其次还要检查广告内容是否合法。

监督医药广告宣传的最后一道防线就是国家广告投诉制度。简单讲，消费者发现医药广告违反了某项法规，或者因医药广告的虚假诱导而导致使用损害后，可以直接向英国任何一个药品监督部门进行投诉。

三、法国：监管严厉　禁区很多

法国的广告特点是突出广告的艺术性。在法国，报纸和杂志媒体是构成广告传播的主要手段（占总广告费用的六成以上）。此外，法国的户外广告、交通广告、霓虹灯广告、橱窗广告等也非常发达。

法国对电视广告的控制是非常严格的。在法国的三家国家电视台中，政府只允许一台和二台做广告，每天播放广告的时间不能超过 24 分钟；在播放电视节目时，禁止中途插播广告；完全禁止烟草及与烟草有关的产品、酒类做电视广告；严禁电视中出现低级趣味、过于猥亵和可能导致观众身心不安的广告内容。另外，监管部门对电视广告实行事先审查制，未经审批的广告不得进行发布。

法国广播电视广告审查机构由政府和三家国家电视台、法国消费者协会、广告公司等单位集资组成，其中政府投资占 51%。它实际上是一个半官方的组织，主要职责是审查全国所有广播、电视广告的内容，以保障广告的真实性，防止虚假广告。该机构审查广告不收取任何费用，但广告公司、电台、电视台需按比例从广告主当年营业额中提取费用。广告通过审查之后，才能开始剧本制作。制作完成后，广告的标准稿还要提交机构进行复审，以查验是否与批准的剧本相一致。没有审查机构的批准证明，任何电视媒体都不得播放。

法国有关广告方面的法规主要有：《关于防止在商品销售中欺骗和有关防止食品、农产品质量下降的法律》、《不正当行为防止法》、《彩票禁止法》、《禁止带有赠品的销售法》、《消费者价格表示法》、《不正当广告禁止法》、《利用诱惑物销售及欺骗广告的限制法》、《商业、手工业引导法》等。

法国广告业自律团体是广告审查协会（英文简称 BVP），宗旨是保障消费者利益，促进广告健康发展。该协会于 1953 年由法国广告联盟（英文简称 FFP）、消费者协会和主要的广告经营者组织而成，它站在消费者立场上，对除广播、电视外的所有媒体的广告进行审查。它可以在广告发布前提供咨询，并处理所有消费者和行业关于广告的申诉，并监督广告法规的实施情况。

除此之外，法国早在 1920 年便建立起围绕广告活动的国际机构——国际商会（英文简称 ICC），制定了《广告活动国际标准纲领》，以此作为净化广告活动的准绳。该纲领还成为世界上许多国家制定广告规则的依据，并在施行的过程中多次修定。

1998 年 7 月，法国成立了"国家卫生制品安全局"，负责对药品市场及其广告进行统一管理；1999 年 3 月，"国家卫生制品安全局"正式替代以前的"法国药品管理局"，全面负责全国药品的管理工作，管理范围扩大到所有与人体健康相关的所有产品，管理手段较以前大有改进，尤其是对医药生产和销售各环节及各种生产设备和原料都做了详细规定，通过严格检查和监督，从源头上防止不法厂家生产劣质医疗产品。

为保护公众利益不受侵害，国家卫生制品安全局对医药广告做了很多详细规定，比如，要求医疗产品不得在尚未获得上市批准的情况下，提前进行广告宣传；不准在药品广告中出现"绝对可靠"、"特别安全"、"效果最令人满意"等夸大疗效的字样；不能在广告中出现"第一"、"最好"等词语；任何医疗产品在投放市场 1 年后，不能再继续称作"新药"；广告中禁止宣传某药品为"纯天然"，因为纯天然的东西不一定对人体无伤害。

四、德国：医疗完善 法规严厉

众所周知，德国的制药及医疗行业非常发达，许多国际医疗品牌如拜耳、西门子、史达德等都来自德国。但有趣的是，德国在电视和报纸等大众媒体上很少发现医药类广告，就算电视上偶尔宣传阿司匹林等极为普通的非处方药，广告结束时都会千篇一律地告知大众："为预防用药风险及副作用，请您仔细阅读药品说明书并向专业医生咨询"。究其原因，一是德国法律对药品广告限制严厉；二是德国采用医药分离体系，德国人的严谨，使面向大众的大多数药品广告无法直接获得利益回报，无形中避免了药品宣传中的虚假成分。

关于德国法律，1994 年，德国重新修订的《医疗广告法》，对包括药品及医疗器械在内的所有医疗商品广告都给予了严格规定。该法规定，处方药只允许在指定药店中销售，也只能在专业杂志上刊登广告。同时，对非处方药广告的审查、制作、投放等也有严格规定。另外，该法律还规定所有医药类广告都必须清楚、明显地标注其副作用及服用方法等所有相关要素，否则将同时对制药商和广告商进行严厉处罚。

　　除了法律上的严格规定以外，上面提到的德国完善的"医药分离"制度也为医药广告规范作出了巨大贡献。所有德国国民都必须参加医疗保险。一般情况下，参保人可以在政府许可的医疗保险诊所自由选择就医，只有在急诊时、或得到医疗保险诊所医生所开的转诊证明后，才能前往其他医院继续治疗。在德国，医生虽然有权力给患者开具处方笺，但患者可以自由选择药店购药，购药地点不受医生的约束，因治疗和购买规定药品所产生的费用则由医疗保险公司核对报销。这样，医生在开立处方时，就只会考虑"对症下药"，以维护医院或诊所的信誉，吸引患者前来就医，而不会成为医药企业推销药品的渠道。

第四节　国际广告的发展趋势

　　据统计，2008年仅3个事件就会有60亿美元的广告费被注入世界广告市场，其中30亿美元将投入北京奥运会，20亿美元用于美国总统选举和国会选举，10亿美元投放欧洲杯足球赛。国际广告的大投入与其高速发展是密不可分的。现代社会的不断进步，科学技术的高速发展，国际商品日益繁多，市场竞争日渐激烈……这些都将刺激着国际广告不断发展。今后的国际广告将会呈现其特有的发展趋势。

一、国际广告内涵扩大

　　国际广告向来被认为是国际营销中的重要部分，一般被限定在目标市场上的电视、广播、报纸、杂志、网络等五大媒体以及当地户外广告上。20世纪90年代，世界消费市场和国际媒体都发生了很大变化。一是国际市场总体体现供过于求，消费者选择余地很多，这时，单向说服性广告的效果逐渐减弱，今后必须认真了解目标市场的不同需求和反馈，有针对地做到双方良好沟通；二是广告主用来传递信息的广告媒体形式日益增多，广告载体选择面更广。于是，人们聊及国际广告，其所指的内涵同一般广告一样，已经比以前大大扩大了。后来有学者将广告内涵的扩大表述为以下2个方面。

（一）从消费者到生活者

　　以前，广告业使用消费者这个概念，消费者一般指购买或使用某产品或服务的人。广告要影响的对象是消费者，于是，人们努力研究作为消费者的个体或群体的各种消费行为、消费心理以及媒体接触习惯等，以期找出其消费活动规律，制定相应的策略。生活者概念的提出是一次巨大的观念转变，消费者被还原为实际生活中的人，消费活动仅仅是人们的日常生活中的一个小小组成部分，除此之外，还有娱乐、学习、交友、休息、社区活动等不同的生活方式，还有人们的生活态度、价值观等，这些活动显然与消费活动密不可分。广告要达到良好的信息沟通，就必须深入人们的生活，研究生活者的生活方式、生活态度、行为方式，才能有良好的沟通，才能卖出自己的产品。广告显然已不是传递产品或服务信息那么简单了，而已深深地融入人们的日常生活。

（二）从单向的说服性传播到全方位的信息沟通

广告不再是广而告之一定的商品或服务信息就够了。在当今信息社会里，每位生活者获得信息的渠道越来越多，四大媒体仅仅是其获得信息的一小部分渠道而已。面对越来越多的信息，生活者只能凭主观感觉非常迅速、浅层地进行处理。在这种情况下，作为信息发送者，广告主的信息很容易被生活者所忽略或误解，沟通也就无从谈起。因此，广告主只有根据目标生活者的实际生活形态，采取全方位的信息沟通策略，也就是利用一切可能利用的信息渠道，尽可能地把同一信息传递给生活者。在这个过程中，还必须随时了解生活者的反馈，以便及时作出调整。这样，广告主可以利用的媒体就远不止四大媒体，举凡能够传递信息的载体，如体育、文艺、社会活动、SP（sales promotion，营业推广）、公关宣传等，都成为广告主与生活者沟通的有效媒体。这种理论在广告业中的实际应用，就是这几年在国内很热门的整合营销传播（IMC），即综合、协调地使用各种形式的传播方式，传递本质上一致的信息，以达到宣传目的的一种营销手段。近年来日本比较流行的"企业沟通"理论，实际上与此同出一源。敏锐地掌握这一趋势，许多世界级广告公司纷纷调整自己的定位，如世界上最大的广告公司电通，直接把自己定位为"卓越信息沟通"的公司。

二、品牌形象的国际宣传投资加大

在竞争日益激烈的国际市场，评判国际广告是否有效的因素之一，就是广告主对营销策略及对广告代理商的选择。近年来，国际广告在宣传方面也发生了变化。

在产品高度成熟化、同质化的今天，消费者已经很难辨别不同企业同类产品的差异，或者说即使能够区分同类产品间的差异，但实际上这种差别通常无关紧要。今后消费者会更多地依据产品品牌来选择相关产品。因此，产品品牌成为企业竞争实力的优势将越来越明显，它将是一个企业的国际资产。广告主在追求某一具体产品短期利益的同时，也开始以长期的一系列策略来宣传自己的品牌形象。只有强大的企业品牌才能保证在市场上持久生存。美国 BBDO 广告公司的前总裁菲利普·杜森伯里（Phil Dusenberry）说过：消费者永远不会放弃品牌，只有品牌放弃消费者。企业只有重视品牌的国际效益，才能从长远和全局的观点来审视每一个国际营销计划和广告计划。

在 20 世纪 90 年代以前，广告中随时强调的是产品的特色，偶见宣传自己的独特销售观念，只要把产品比同类产品优越的地方表述给消费者，便认为是有效的广告。但随着国内外市场的变化，产品的成熟、消费观念的改变等，产品企业发现，制作和发布品牌形象广告，可能在某一产品的销售量方面不会有立竿见影的效果，但是长久性的社会效益将给企业带来产品广告无法产生的企业收益，因为和品牌广告相比，产品广告的内容是短暂的，是会最终被淘汰的。正因如此，产品企业已经开始加大对品牌广告的投入，无论这个广告是在哪个市场上投放。

三、满足不同消费者的心理需求

由于国际市场的特殊性，导致国际广告逐渐侧重本土化，这就要求广告主对目标市场必须进行仔细全面的调查和对目标顾客的心理分析。广告不单单局限在产生吸引市场的画面及声响，还要充分了解目标市场的心理与特殊需求，从而引起共鸣。

四、国际广告制作更为专业化

现代社会和商品经济的高速发展，要求国际广告更为专业化。其中包括建立理论思想，完善市场调查，了解消费者需求，制定广告策略，不断创新广告设计，合理运用媒体，全面分析竞争环境，开展专题研究等等。只有拥有高水准的广告专业制作团体才能应付现今的广告要求。而专业化的广告团体更加重视广告策略的重要性，帮助企业解决市场广告推广的全部问题，提供全面周到地服务。

五、广告表现形式的多样化和人情化

由于产品更新周期缩短，广告的变化周期也随之缩短，所以必须及时地变换广告的表现形式和内容，使广告保持新鲜感，标新立异，与众不同，同时时刻考虑满足消费者的心理，制作富有当地人情味的宣传作品，保持与消费者的近距离沟通。

六、国际广告设计突出当地风格

国际广告的标准化主要体现在全球化策略上，而产品宣传已经越来越重视市场差异化和本土化，就算是曾经一贯以标准化策略来制定国际广告的跨国企业，也已经开始意识到，必须按照目标市场的不同特征，制作和发布因地制宜的广告作品，必须考虑到不同市场之间的文化、经济、媒体、法律等方面的差异。广告的传播必须放在特定的文化背景下，满足不同市场的需求。

七、广告管理倾向行业自律和社会监督

世界各国的广告管理一般包括国家政府管控和行业自己监督两种，同时依靠社会监督作为辅助。政府管控通过一系列的国家法规法令来实现，对广告内容的合法性、广告投放范围、宣传时间、广告竞争等有较详细的规定。由于各个国家或地区广告发展不同，政府广告监控在具体内容和方法上产生差异。行业自律是通过广告业的各种行业协会制定一系列规则，由其成员企业共同遵守，而社会监督是通过社会群众对市场各类广告进行监督评论，形成舆论导向。这些措施可以建立有序、健康的市场秩序，从而寻求整个行业的持续发展。政府管理具有强制性，某一法令或判决的产生有时可能导致某一广告行业的损失，而行业自律和社会监督则可以通过各方协商来解决，营造双赢局面，避免某一行业的全面损失。因此，目前西方广告业管理在整体上的趋向是行业自律和社会监督逐渐加强，以此来避免政府法规的过多管制。

八、更多地参与各种公众活动

参与公众活动，更多地是体现在加大公益广告的投放力度。公益广告是广告主接近目标市场，塑造公众良好形象，与社会达成良好沟通的一种重要手段。近年来，公益广告形成了一种世界性的广告潮流，无论是广告大国，还是广告强国，无论是广告主、广告公司还是媒体，都非常支持公益广告，非常乐意发布创意颇新、思想性强、公众喜爱的公益广告。在中国，每年都会有许多国内外企业以自己品牌冠名播出的公益广告，被公众所接收并接受。

总之，国际广告随着社会的发展、传播科技的进步以及人们生活水平的提高，在广告观念、策划、制作以及传播技巧等方面都会有进一步的发展。

本章小结

医药国际广告（international medical advertising），是医药企业以营利为目的，通过国外或国际性的传播媒体，向国外医药市场宣传其商品、劳务、观念的广告活动。其目的在于通过广告传播，使医药产品或服务能迅速进入国际市场。

医药产品全球化营销，国际广告集团的发展，数字化和网络技术等新兴传媒及现代科技在广告中的应用，医药企业加大对国际广告的持续投入等都是医药国际广告发展的重要推动力。

国际广告的意义在于：能促进世界经济发展，推动全球经济一体化；能增强国际贸易竞争能力，获取国际贸易营销利益；能开拓国外产品市场、塑造国际品牌形象。

国际广告策略，就是指国际广告信息传播的可行性方法。它是企业在分析产品特征、内外环境、国际市场、广告成效、媒体选择、政府监控和成本效益等关系基础上，对世界市场广告活动的传播方式作出的总体决策。

国际广告的基本策略包括：标准化策略和差异化策略。国际广告的标准化策略，也称为一体化策略，指以相同的广告主题和内容、同样的创意和表现，在各国家和地区的目标市场实行统一的广告信息传播。国际广告的差异化策略是指根据目标市场的特点，采用有针对性的广告策略，设计不同的广告主题，传播不同的广告信息，以迎合目标市场的消费者需求。

影响医药国际广告策略的因素包括：政治环境、经济环境、文化、习俗、法令、媒体、各类事件以及季节性销售情况等。

国际广告的发展趋势是：国际广告的内涵在不断扩大；品牌形象的国际宣传投资不断加大；本地化以满足不同消费者的心理需求；制作更为专业化；广告表现形式也倾向于多样化和人情化；广告设计突出当地风格；广告管理倾向行业自律和社会监督；广告更多地参与到各种公众活动。

思 考 与 讨 论

1. 医药国际广告产生与发展的动因是什么？
2. 国际广告的意义何在？
3. 影响医药国际广告策略的因素有哪些？

● 拓展练习 ●

跨国公司"不良招牌"辱华事件

2008年6月，获得戛纳铜奖的是法国TBWA为"大赦国际"拍摄的广告，包含射箭、游泳、举重等主题，内容主要是借奥运体育项目扭曲中国人权状况。比如，在"游泳"的广告中，游泳馆里出现的不是游泳选手，而是身着警察制服的人，将一人的头按入水里，画面恐怖，人物变态。环球时报记者在戛纳广告节官方网站上，还看到"大赦国际"对各国领导人扭曲的形象"广告"。

2005年1月，吉野家广告在鸡胸上印有五星红旗……

2004年12月，一款名为《足球经理2005》的网络游戏因含有危害中国主权和领土完整的内容，将中国台湾及港澳地区当作独立国家，将西藏和"中国"并驾齐驱，严重违反了中国的法律法规。

2004年12月，一则在电视上播放的名为"恐惧斗室"的耐克球鞋广告片被国家广电总局叫停。该片采用"中国武术高手、类似'飞天'的东方美女、东方龙"等形象代表"恐惧力量"。该片被认为违反了"广播电视广告应维护国家尊严和利益，尊重祖国传统文化"和"不得含有亵渎民族风俗习惯的内容"的有关规定。

2003年第12期《汽车之友》杂志上，丰田汽车共刊登了3份汽车广告，分别为其3款新车"陆地巡洋舰"、"霸道"和"特锐"。在"报道"车的广告页上，2只石狮蹲踞路侧，其中1只挺身伸出右爪向"霸道"车做行礼状。该广告的文案为"霸道，你不得不尊敬"。

资料来源　张巧丽，张蕾，窦丽丽.跨国公司广告辱华事件叠出　广告应尊重民族感情［N］.公益时报，2005－06－29.

拓展练习思考题

1. 你认为不良国际广告出现的原因是什么？
2. 试讨论如何避免不良广告的发布。
3. 你认为国际广告应该如何拉近与所在国消费者之间的距离？

第十五章

医药广告伦理

虚假医疗广告：忽悠人迟早总要还的

近些年，某些小型专科医院在市场上显得异常活跃。每当打开当地的一些报纸，半版、整版的平面广告就扑面而来，先让我们回头看看各种媒体上频繁出现的广告词吧："高超专治疑难杂症"、"药到病除"、"治愈率百分之百"、"有效率百分之88.4%"、"无任何副作用"、"不开刀、不住院、无痛、无肿"、"10天之内年轻10岁、百日之内长高7.5公分、乙肝3个月治愈最经济"……

这些小型专科医院你方唱罢我登场，大把大把的真金白银刺激着人们的眼球。不难想象，作为医疗产业中一支新兴的力量，小型专科医院其所面临的市场压力是显而易见的，但是，其生存与发展过程中是否一定要用大规模广告来造势炒作呢？

目前，一些小型专科医院所选择的营销策略不外乎以下几种：平面品牌广告费用过大，就做短期的软性广告；中央媒体花钱多，就在地方小媒体上轮番轰炸；确立一两个专科，通过自主销售低价处方，来实现大钱大赚，小钱小赚的目的；不可否认，这些广告宣传中往往带有明显的夸大和误导，甚至无中生有、杜撰出康复病例来提升自己的口碑，实现网罗消费者，聚拢人气的目的。

倘若以短期获利的眼光来看考察这一现象，这些小型专科医院这种方式无疑是有效的，广告出去，病人进门，结果定然可以财源滚滚。然而，从长处考虑，这些小型专科医院寿命可能会因此做法而提早夭折。举个例子，2004年，有关报道援引某权威专家的介绍称，××民营专科医院在治疗不孕不育症方面确有其独到之处，相关设备在国内也算领先的。而其广告营销策略的实施也颇为到位，请来著名影星和歌星作它的形象代言人。广告一经投放，效果自然不凡。但是，夸大不实的内容终究还是使这个红红火火的民营专科医院成为了众多媒体与民众谴责的对象，其违法广告也被勒令停播。

资料来源　于斐. 忽悠人迟早总要还的. 中国营销传播网［OL］.
　　http：//www. emkt. com. cn/article/270/27002. html.

第一节　概述

一、医药广告伦理的概念

伦理学是一门在人类社会复杂关系中，以道德和道德关系为主题进行研究的一门学科。伦理学讨论的对象是人，是人的道德问题。而广告伦理学是建立在伦理学基础上，将伦理观念与各种社会关系相联系，通过人的思想意识，运用一定的手段作用于广告活动的一门科学。广告伦理的提出，无疑是广告文化进步的标志。围绕广告的经济利益和社会伦理责任的争论，在任何国家、任何时候都没有停止过。广告伦理对社会产生的深远影响，越来越引起广告学者和业内人士的关注。

早在苏格拉底时代，伦理学就已经出现。在此很难分毫不差地照搬。从实用角度出发，在此分析伦理学的3个层面，并将它们应用于广告。

在第一个层面上，伦理由2个彼此相关的成分组成：①某一社会的人们共同奉行的传统习俗；②该社会建立起来的、旨在修正以往习俗并指导未来行为的伦理规范。

以上这些成分构成了社会伦理行为的基本原则，以判断某一个体或企业（或广告主）偏离常规的程度。在此，个人权利要服从群体通用的（因此，也就是恰当的）标准。

每个个体还面临着第二个伦理问题：态度、情感和信仰，它们共同构成个人的价值观体系。当2个体系发生冲突时，个人应该按照自己的信仰行事，还是应该服从团体及其规章制度的意志？例如，不吸烟的广告公司员工有可能为烟草客户制作广告，于是伦理第一个社会层面的矛盾显现了出来。吸烟在美国已经有相当长的历史，而且至今合法。然而，美国公共卫生医务长官却一直指出吸烟是一个全国性的健康问题（有害大众健康）。于是，第一伦理层面的这个冲突将决策责任转向了第二层面——个人层面。由于（不创作香烟广告面临的）不利结果是失去收入，因此，非烟民可能会选择制作这些广告，但同时又保持自己工作环境的禁烟状态。伦理问题在第二个层面上至少暂时或部分地得到了调和——或者说，至少合理了一些。

如果某个个人或团体无法解决伦理困惑，他们就必须对这个问题进行讨论，对它重新进行定义。因此，伦理的第三个层面涉及单一伦理概念，如责任、正直、真实、好与坏、是与非等。这些概念是彼此独立的还是通用的？抑或彼此重合的？或者，它们是否彼此相关？是否取决于环境和由这个环境而造成的后果？个人的道德和伦理观是受宗教信仰、社会和个人价值观影响的，这些因素会左右对上述问题的答案（图 15-1）。

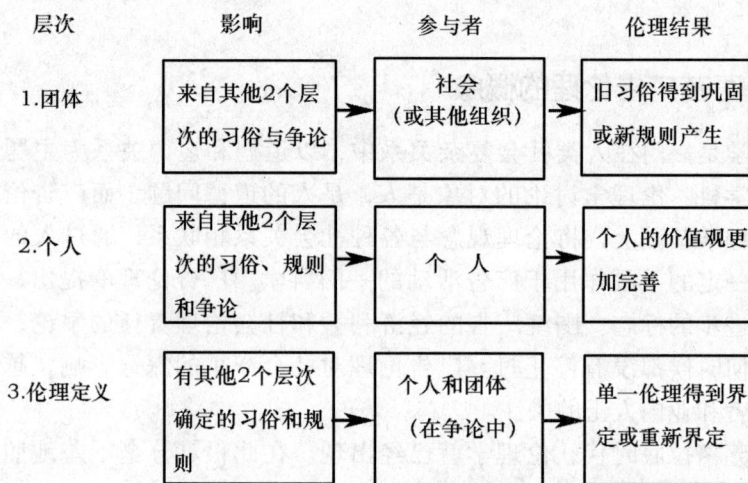

层次	影响	参与者	伦理结果
1.团体	来自其他2个层次的习俗与争论	社会（或其他组织）	旧习俗得到巩固或新规则产生
2.个人	来自其他2个层次的习俗、规则和争论	个人	个人的价值观更加完善
3.伦理定义	有其他2个层次确定的习俗和规则	个人和团体（在争论中）	单一伦理得到界定或重新界定

图 15-1　伦理道德的层次

医药广告伦理是探讨当今医药广告出现的伦理失范问题。医药产品是不同于一般商品的特殊商品，经营者和患者的沟通本来就有很大局限性，除了医生对患者的影响外，医药广告对患者也有很大的影响力。近些年来，中国医药广告不仅在数量上有了很大增长，社会发展和科技进步也使广告的内容、形式、表现手法等日趋丰富，对市场的影响力也日益扩大，这在一定意义上也促进了医药市场的繁荣。但是，在医药广告市场繁荣发展的同时也出现了一些问题，如发布虚假医药广告，在密集广告投放中投入边际收益递减所带来的资金浪费，广告制作、发布不够科学等，这些问题引发出一系列令社会与公众难以容忍的道德、伦理问题。造成这种现象的根本原因就是，不少医药广告人盲目地追求个性和意志的表现，并受经济利益驱使，从而忽略消费者的利益，丧失广告人的社会责任和根本使命。

诚然，在市场经济条件下，广告已成为人们经济生活中不可或缺的东西，树立品牌、促进销售的经济功能仍是广告的首要功能，但作为一种信息传播的形式，广告在推销产品或服务的同时，也在推销一种生活方式和价值观念，它也在"教导"人们应该如何去消费、如何去享受生活、如何去确立自己的生活方式、行为方式和价值观念等。因此，广告除承担着经济生活中的功能外，还应履行自己的社会伦理责任。

二、医药广告伦理道德的基本原则

（一）诚信经营原则

诚信是商家经营的基本原则，要求广告内容既要做到一般意义上真实，即为消费者提供准确的商品信息、服务内容，更要做到广泛意义上的真实，即引导社会和广大消费者树立和形成健康的消费观念和生活方式。但市场上层出不穷的虚假广告、五花八门的不正当促销手段，让消费者难以放心。在全国各级消费者协会平时所调解的案例中，大都是由于商家缺乏诚信所致。《消费者权益保护法》规定，经营者与消费者进行交易时，应当遵循自愿、平等、公平、诚实信用的原则。经营者应当向消费者提供有关商品或服务的真实的信息，不得做引人误解的虚假宣传。

（二）公平竞争原则

公平竞争，要求从业者与参与者遵循市场竞争规则，自觉规范广告行为，从而有助于以道德规范弥补现行广告管理体制与广告法律法规的缺陷，净化广告市场，为广告业的自身发展创造一个自律、有序、健康的社会环境。

（三）公众利益至上原则

要充分保障公民及社会各类主体的合法权益，这是代表最广大人民群众根本利益的体现，是贯彻科学发展观"以人为本"理念的必然要求。打击虚假违法广告，就是在维护消费者和经营者的合法权益。思索着中国广告业高歌猛进的发展，两者都一再印证了同一个颠覆不破的真理：惟有基于公众利益、人民利益、国家利益，中华民族大家庭才能够"万众一心、团结奋斗"；惟有归于公众利益、人民利益、国家利益，伟大的中国特色社会主义事业才能够永不止步、永远向前。

（四）生态友好原则

可持续发展，以人为本，和谐社会的构建是指导中国目前经济、社会、政治的重要理论。建设环境友好型社会是基本国策，资源保护是关系到可持续发展的重要内容，"生态文明"写入十七大报告，既是中国多年来在环境保护与可持续发展方面所取得成果的总结，也是人类对人与自然关系所取得的最重要认识成果的继承和发展。所以在广告活动中，不得妨碍环境和自然资源保护，要遵守生态友好原则。

第二节　医药广告伦理冲突与禁忌

一、医药广告伦理冲突的主要表现

（一）虚假广告泛滥成灾

市场经济的发展加快了新产品的开发和更新换代，使得同类产品的差异日趋缩小，导致了市场竞争的加剧，"广告大战"也就愈演愈烈。由于媒体的空前壮大，为广告提供了方便的传播网络，广告通过平面的、垂直的或者立体式的媒体给受众提供详尽的产品或服务的信息成为现实，于是人们便生活在一个遍布广告的世界里，甚至有人戏称"我们呼吸的就是广告"。从满目皆是的"牛皮癣"广告到频繁的上门推销、电话推销、手机短信推销，以及"收礼只收脑白金"一遍又一遍的罗嗦，盖中盖的铺天盖地播出……全方位广告信息的"疲劳轰炸"搅乱了受众正常的价值判断能力和选择能力，受众普遍认为广告的泛滥在时间、精力甚至是注意力上都是一种浪费。的确，数以万计的广告为人们的生活增添了不少色彩与生趣，但也明显地呈现出日渐泛滥和拥堵的现象。更让人无法忍受的是，这些数以万计的广告中还存在着数目惊人的虚假广告。

从来没有一个时期，让广告业这一令美国总统赞叹不已的行业在中国陷入今天这样尴尬的信用危机。中国消费者协会的一项调查显示，近几年来虚假广告投诉已成为增长幅度最大、群众反映最为强烈的投诉。

根据消协的有关数据，近几年全国的虚假广告投诉呈快速上升状态，1998 年共受理消费者投诉 667016 件，其中虚假广告投诉 10507 件，占总投诉的 1.58%；1999 年共受理消费者投诉 720410 件，其中虚假广告投诉 13932 件，占总投诉的 1.93%；2000 年共受理消费者投诉 706496 件，其中虚假广告投诉 14263 件，占总投诉的 2.02%，2001 年上半年共受理消费者投诉 336721 件，其中虚假广告投诉 7785 件，占总投诉的 2.31%。

中国现行法律并没有明确界定虚假广告的法律概念及其一般构成要素，依据《广告法》、《消费者权益保护法》、《药品管理法》、《食品卫生法》等法律关于虚假广告的规定，可以认为：虚假广告是指对商品或服务的主要内容做不真实的或引人误解的表示导致或足以导致消费者作出错误判断从而对其产生高期望值的广告。虚假广告像一个黑色幽灵在生活中无孔不入。损害了消费者的身心健康，侵害了合法经营者的正当权益，破坏了公平诚信的伦理规范，给正常的社会秩序造成了严重冲击。当前最让人痛恨、最为肆掠的虚假广告非"虚假医疗广告"莫属，全国各地工商部门查处的虚假广告案中医药行业竟占据 7 成 ~8 成。虚假医疗广告看似上天赐予的馅饼，实为人造可怕的陷阱。虚假医疗广告已经成为社会一大公害，2005 ~2007 年"两会"上共有数百件提案、议案涉及医疗广告，代表、委员们都强烈呼吁有关部门对虚假医疗广告予以重拳整治。这一切在中国广告业快速发展，行业面临 WTO 规制下理性调整之时，尤须郑重对待。若对虚假广告、不实宣传的加剧听之任之，必将会使业已摇摇欲坠的中国广告业信用雪上加霜。商业信用危机最终会毁了整个行业。

（二）利用广告谎言误导消费者

广告谎言分为以下 4 种情形。

1. 夸大治疗效果，误导或欺骗消费者　一些医疗机构花了巨资在媒体广告上将自身的医疗水平和治疗效果进行夸大宣传，宣称他们是有多年行医经验的"专家"，对一些特殊疾病能"明确诊断和有效治疗"，诱使消费者对其"高超"的医疗技术深信不疑。但实际上，相当一些所谓"专家"的资格及治疗技术水平却并不高超。

2. 只宣传产品优点　一些医疗机构只宣传产品优点，对产品中可能不受欢迎甚至有害的方面则避而不提。并不是所有的广告都会像香烟广告一样，在其宣传中加上一句"吸烟有害健康"之类的警示语。在广告界，这种只说一半真话的"欺骗"被美其名曰"合法的谎言"。然而，对于广告所宣传的产品，未提及的方面（如果有的话）与它提到过的方面一样重要，尤其是在宣传和销售某种具有副作用或危险性的产品时，更是如此。如果不向购买者提示产品的副作用和危险性，该广告就是不道德的——这已是不存在任何争议的共识。

3. 利用名人的社会影响诱导消费者　2004 年 8 月 19 日，北京市消费者协会通过媒体发出了一封"致社会名人、明星"的公开信，建议公众人物爱惜名誉，提高社会责任意识，不要在金钱诱惑下，无根据地以自身为例向广大消费者推荐医疗产品或服务。北京市消费者协会归纳了近期当前名人、明星广告存在的五大主要问题：一是一些名人、明星自己没有亲身体验过所宣传的产品而在广告中却称其使用效果好，误导消费者。某女影星在广告中称其使用某化妆品后，"皮肤变白了，感觉极佳"。而恰恰是这位影星在公开场合却宣称其只用另一牌子的化妆品。二是一些名人、明星做的医疗服务和药品广告，虚假宣传、夸大疗效。三是一些名人、明星做的保健食品广告违法宣传疗效。保健食品是食品，不是药品。保健食品只能起保健作用而不能产生疗效。但相当多的保健食品广告在宣传疗效，其中以名人、明星做的保健食品广告为突出。四是一些名人、明星做的广告背后设有陷阱，消费者受侵害严重。消费者出于对名人、明星的信任，听信一些广告购买产品或接受服务，往往花费巨大而没有效果，甚至使得一些贫困消费者举债累累。如某明星做的医疗广告，宣称有"极高治愈率"，引得求医者千里迢迢来就医，几个疗程花费了数万元，也没治好病。这些虚假医疗广告的背后还隐藏着天价药品、不明示诊治处方真实内容、不真实记录病历、不向患者或家属明示真实病情等陷阱。五是一些名人、明星做的虚假广告带来了社会公众对名人、明星的怀疑和不信任。

许多明星为了追求广告收入，在对商品的性能和功效没有调查，甚至不做基本核实的情况下，完全按照广告制作人的要求，言之凿凿地向大众宣称产品的神奇作用，客观上成为一些不良商家的助手，欺骗消费者。在大街上经常看到不法商贩兜售货物，旁边都会有"托儿"，明星在这些事件中扮演的角色，尤其是那些以自身为例向广大消费者推荐产品或服务的明星，就是借助了更先进、更高效的科技手段的"超级托儿"。然而许多明星认为自己并不是商家，也不是广告经营者，对广告内容的真实性无须负责，最多会受些舆论冲击，不会有实际损失。事实上，有些明星明知广告的用语和内容是虚假的，仍然宣传，给消费者造成误导的，在民法上构成欺诈行为，是侵权行为的一种，应当承担侵权责任。而根据《广告法》第38条规定，广告的发布者、经营者明知或者应知广告虚假仍进行设计、制作、发布的，应与广告主一同向受欺骗的消费者承担连带赔偿责任。虽然明星并非发布者、经营者，但却是重要参与制作人，是整个广告的核心，不同于一般的广告演员可以免除责任，应当承担起制作虚假广告的责任。

4. 宣称"专治疑难杂症，效果显著"，欺骗消费者 一些医疗机构在宣传中大打"专治疑难杂症"的幌子，标榜最"擅长治疗"心血管疾病、皮肤病、不孕不育、男科妇科、糖尿病甚至癌症等疾病，甚至现阶段一些医疗界公认尚无良好治疗方法的疾病，也成为他们"精良医术"可以解决的问题。最典型的新兴医院的广告问题，其核心根本不在名人做广告，而是医药行业应不应该做广告的问题。在国外，医院和药品根本就不容许在大众媒体上做广告，只要现有的法律允许医药行业做广告，即便名人不来掺和，消费者也依然会上虚假医疗广告的当。实际上，他们打着"效果显著"的幌子宣传疗效，对一些顽疾、绝症也仅仅是控制病情发展和延长生存时间。

以上4种情形都违背了社会伦理原则中基本的义利观。诚然，广告作为一种商业行为，其一切活动都带有明显的功利色彩，但这不应是狭隘的"自私自利"、"见利忘义"。功利主义的创始人边沁与密尔都强调"为最大多数人寻求最大的幸福"的伦理原则，认为防止痛苦、促进最大多数人的幸福应该是行为的标准与目标。当前广告传播活动并没有以"最大多数人"的利益为准绳——广告传播主体只从自身的利益出发，希望在广告中传播夸大的信息或不完全表现信息，而广告代理商为谋取一时利益同样会违背社会伦理原则照搬制作，传播媒体又可能因为经济的因素而放松对广告传播内容的审核，传播过程中这一系列不合乎道德的行为导致了广告谎言、广告欺骗大量的产生。广告传播中这种过分短视的行为让广告谎言已经成为相当严重的社会问题。据 2005 年 6 月 9 日《人民日报·华南新闻》报道，2004 年广西各大媒体共发布医疗广告 1.29 万（条）次，违法虚假广告占总数的 98% 以上，其虚假主要体现在内容虚假、疗效不可信。将这个数据反过来看也就是该地区医疗广告的真实率不到 2%。

广告谎言带来的不仅是消费者身心的威胁，社会资源的浪费，更重要的是它严重扰乱了市场经济秩序，使广告传播活动面临尴尬的信任危机。良性的广告传播活动应该是双赢的、可持续发展的，广告传播过程中各主体都应该兼顾经济与社会、利益与责任两方面的效益，绝不能重利轻义，违背社会伦理道德。

（三）歪曲和误导价值观

广告借助于媒体与手段，对商品或服务进行宣传，从而达到营销目的，显然，广告是商品交换的产物，随商品生产和交换的出现而出现，这不是一种纯粹的经济活动，其中蕴含了丰富的民族文化与社会文明，是人类社会进步与发展的体现，也是人类文明发展的标志，对人们的价值观起着潜移默化的作用。

与国外广告伦理失范现象相类似，中国当前的广告中也充满着消费主义、物质享乐主义和泡沫经济等消极因素，而且广告领域内存在的伦理缺失现象更为严重：有的广告提倡"享受"、"奢靡"的生活方式，将物质欲望的升格标榜为"境界、品质、层次"的提升，诱导消费者盲目崇拜商品；有的广告贬低同类，欺骗误导，低级庸俗；有的广告炫耀财富，崇洋媚外，甚至有损国格。这些误导价值观念的广告可能导致人们精神的空虚甚至灵魂的异化，在更深的层次上对个人和社会产生更为严重的危害。多伦多一研究机构的一份报告指出："广告中大量描述的所谓"理想生活形态"会导致消费者对现实生活的不满，梦想像一把上膛的枪，它可能美化生活，也可能毁弃人生于一种遥不可及的莽撞追求"。当片面追求物质、享乐成为社会心理的组成部分时，广告只会将整个社会文化引向拜金主义，使社会走向庸俗。美国广告先驱巴顿曾指出，"广告不能为了推销产品而有意说服一些人去过超支的日子，这种行为是不道德的，它不利于整个社会形成一种良好的生活趣味。"

（四）违背社会公德和商业道德

中国社会发展正处于一个转型时期，公共的道德规范还没有完善和刚性化，一些道德理念还在社会的表层游走，没有植根于民众的内心，为追求私利，广告违背商业道德的现象屡见不鲜。有的经营者为追求短期利益或不正当利益，故意发布不正当比较广告，捏造与散布虚假事实诋毁竞争对手的商品、服务或企业信誉，或者恶意利用客观事实，渲染竞争者偶然或意外的缺陷来贬低其商品或者服务，或将自己商品或服务的优势与竞争对手的劣势比较来误导消费者……这些行为从法律上来说定性为不正当竞争行为，从伦理的角度审视则是违背商业道德的行为。更有甚者，有的广告作为追求经济效益的手段，竟然粗暴地践踏社会公德。在成都，"麦当劳"在某电视台播出消费者向商家下跪求折扣的广告，引起了社会的强烈质疑和反感。如果说这则广告尚有一丝哗众取宠的"创意"的话，时下某些新闻媒体上发布的"征婚交友"广告则不知该如何评述，有的广告用语模糊、暧昧，有的甚至发展到毫不掩饰征求"一夜情"、寻找情人、甚至联系卖淫嫖娼的真实面目。这些严重违背社会公德的广告，不仅未成年人可能深受其害，即便对成年人也是百害而无一利。

（五）对特殊受众产生负面影响

传播活动都会有一定的传播对象，这一对象群体可以依据年龄、性别、职业、文化等标准从广大的受众中分离出来。广告的传播对象并非以最广泛的公众为诉求对象，而是关注那些与其自身利益相关的那部分被细分化的受众。比如民生"小金维他"的诉求重点是儿童与关心孩子健康的母亲；"百事可乐"则大力渲染年轻人的活力与现代。选择谁作自己的诉求对象，表面上似乎无可非议，因为传播活动总有不同的重心，但这其中却又隐含着伦理因素，因为未成年人和妇女是特殊的受众。

有学者把儿童及青少年称为广告的"易受影响的受众"，所谓易受影响的受众是指那些对广告诉求缺乏足够能力作出有见识判定的受众。正因为这样，过多地暴露于广告中的儿童会经常向父母提出购买要求。另外一个广受批评的现象是：现在很多广告都利用儿童来进行宣传。由于儿童具有一种普遍的亲和力，以儿童为形象代理往往很容易为人所接受。但儿童过早涉足商业领域对其以后的成长肯定有诸多不利影响。青少年方面，广告在价值观引导上的不负责任的态度与做法也备受大众批评。当前，许多广告有意无意地宣扬个性，这本身并无可厚非，但一些广告宣扬个性的无条件张扬，这就值得质疑了。因为这种价值观表现出一种对正统与权威、原则与规范不恰当地蔑视与不屑态度。在实际中，这种广告对传统文化的解构力之大，或许是广告人及其客户都没有意识到的。"我只要高兴就好"、"喜欢，有什么不可以？"等，在这种观点中，任何束缚与控制都不受欢迎，道德原则与规范也同样是受鄙弃的，很明显，这种观点根本就不利形成良好的社会秩序及优良的价值品位。

由于未成年人认知能力、分辨能力尚未成熟，缺乏足够的保护自我不受广告影响的能力，因此在接受广告信息时，不能完全对广告信息进行正确的判断，这种影响会使未成年人的兴趣爱好、价值取向、思维方式、心理需求、道德发展都受到广告潜移默化的作用。另外，针对未成年人的广告其产品的最终购买权在父母，这些广告正是通过创造和强化未成年人对产品的现时要求，来影响成人的购买选择，这也正是这些广告把诉求的目标放在未成年人而不是成人身上的原因，由此引发的社会伦理问题是不言自明的。

女性被广告列为诉求对象已很普遍，但其在广告中的形象却总是倍受争议，广告中女性要么总是被放置在传统社会的"附属"位置，要么过分凸现性特征、形象完全商品化，这不仅使许多女性受众对此不满，而且这种传播诉求极易给女性群体的价值观造成负面导向，误导其相信女性的价值就在于外在美，拥有外在美便能达到改变命运的目的。

二、产生医药广告伦理冲突的主要原因

（一）法律法规制定的相对滞后

广告缺失伦理的法律原因：健全的法律制度可以促使广告活动遵循法律法规和伦理道德规范，是规范市场经济主体行为必不可少的工具。中国当前的广告法律制度不完善，是催生广告伦理冲突的主要原因。

1. 广告法律制度存在明显的法律空白　广告立法空白的存在，使广告从业人员有机可趁，他们可以披着合法的外衣，为追逐利益而公然践踏伦理道德。比如：《广告法》侧重商业广告的管理，缺乏对公益广告、政府公告等非商业广告的规范，对这些广告中存在的伦理缺失问题，现行的法律制度便无能为力。此外，如今明星担任代言人的虚假广告频频曝光，受害者提起诉讼几乎都以败诉告终，原因在于没有相应的法律依据追究明星的责任，只能无奈地给予道德上的谴责。

2. 《广告法》的部分规定欠缺执法操作性　《广告法》的部分规定欠缺执法操作性，使广告经营者的某些行为处于合法，但有悖伦理的"灰色"区域，这些行为或法律难以覆盖，或其法律性质很难判断，使工商执法部门无所适从，从而难以有效控制广告的伦理缺失。如《广告法》虽然一再强调广

告的真实性，却从未明确界定虚假广告的法律含义，国家工商行政管理总局《关于认定处理虚假广告问题的答复》对于虚假广告的认定，强调的是广告内容与事实是否相符而未强调广告内容是否会误导消费者；也就是说，如果广告断章取义，省略部分重要信息，但其他信息是真实的，则该广告虽然误导消费者，但在法律上是合法的，这显然有违立法初衷，也与世界各国关于虚假广告的法律规定相背，不利于消费者权益的保护。再如，《广告法》中规定广告内容"必须符合社会主义精神文明"，然而"文明"并非一个严谨的法律术语，其含义过于抽象，导致事实上不能对"不文明"的广告进行严格的认定。此外，《广告法》明确规定：广告中不得使用最高级、最佳等用语，一些广告经营者便打擦边球，利用"天下无双"、"无可比拟"、"绝对可靠"等广告语表达"最佳"的含义，因为没有使用"最"字，广告法只能听之任之。

3. 法律对广告的伦理缺失处罚力度不够　《广告法》规定的处罚主要是以广告费用作为计算标准，处罚最高金额是广告费用的5倍，而在实践中广告费用很难计算。考虑到违法可能付出的代价与可能获得的收益之间的巨大差异，广告主、广告经营者往往明知广告违法，却难以抗拒利益的诱惑而以身试法。

4. 对广告经营的法律监督乏力　主要表现在：①行政监督不力。中国广告的行政监督机构（以工商行政管理部门为主）对广告的监督往往只注重对广告经营的审批等程序和形式上的审查，忽视了对广告的实质内容（包括广告的伦理性）审查，加之没有建立便捷有效的广告受众者投诉渠道，使得广告的行政监督不力。②消费者权益保护机构监督乏力。消费者协会的性质是"半官半民"，没有独立的行政权，在解决不同类型的消费者投诉方面又缺乏灵活性，这大大削弱了消协的监督作用。③新闻媒体监督不力。新闻媒体的舆论监督由于其威慑力大，作用突出，被政治家誉为"第四权力"。中国缺乏比较完整的新闻法律法规体系，对新闻媒体的监督权力和义务尚未予以界定，加之新闻媒体自身又承担着广告发布者的角色，与广告主和广告经营者之间存在一定的利益关系，使新闻媒体的舆论监督未能发挥其应有的作用。

（二）经济高速发展，行业内竞争日益激烈

经济高速发展，行业内竞争日益激烈，广告主经济压力增大，是催生广告伦理冲突的又一重要原因。

广告主利用广告的目的十分明确，即向消费者传播产品或服务的信息，刺激需求，促进销售。对广告主来说，广告是营销活动的一个环节，是一种促销的手段，它承载着营销职责中非常重要的一部分。而营销的最终目标是实现产品和服务与消费者之间的交换，为企业创造利润。

随着市场经济的不断发展，行业内的竞争以及行业与行业间的竞争日趋激烈，几乎没有任何一个企业可以在市场的风云变化中高枕无忧。企业最重要的经营目标之一是经济上的盈利，广告费用的支付对广告主来说是一种投资，是一种具有很高期望值的投资；而风云变幻的市场，不断升级的商战，又使广告投资成为一种高风险的投资。尽管广告能够刺激消费，帮助企业推广商品、服务和理念，提高企业的知名度，塑造良好的品牌形象，有助于企业经营活动的持续发展。但是，并非所有的广告都能如广告主所愿，广告预算、广告投资决策、广告媒体投放等方面的失误都可能造成经济上的巨大损失。因此，广告主是在背负了极大的经济压力的状态下参与广告活动的。由于广告主对广告的制作、发布有着绝对的发言权，所以广告主的经济压力也会间接影响到整个广告活动的最终走向，甚至催生出广告伦理问题冲突。

（三）从业人员素质的参差不齐

调查表明，在正规的广告专业教育中，普遍存在着重"器"轻"道"的教育思想偏差，广告伦理的教育没有受到相应的重视，广告从业人员的道德素质无从提高，这就直接导致了广告界对广告道德问题的"集体无意识"。

另外，广告传播对社会文化、伦理精神、民俗风尚的漠视，对受众消费心理和价值追求把握的欠缺以及职业道德精神的缺失，也是造成广告伦理冲突的主要原因。

由此看来，广告伦理的建设是在今后一段时间内所面临的一项非常艰巨的任务。

广告运作中的广告主、广告内容、广告对象受众、广告表现手段等基本要素无不受制于特定时期、特定区域的传统文化或公众文化及其相应的文明程度，在不同时期内有不同的依托对象和显示途径、生成方式，广告无一不随着具体的时空情境而及时调整自身在文化形态中的位置，所以，所有的广告元素在不同程度上都具有社会文化的时代痕迹。中国传统医疗文化、欠发达的经济与欠发达的医疗卫生事业相互碰撞，产生了独特的中国医药广告文化。传统的中国文化在道德、伦理等方面对广告的约束力不能低估，医药广告在文化层面上的日渐异化，与伦理道德的丧失和过度强调金钱的作用不无关联，要尽可能地避免虚假广告，至少将其降低到可以忍受的程度，民族文化精华渗透至经济活动乃至其他任何活动，也是一个民族长期的文化目标。

本 章 小 结

广告伦理学是建立在伦理学基础上，将伦理观念与各种社会关系相联系，通过人的思想意识，运用一定的手段作用于广告活动的一门科学。广告伦理学是近年来发展起来的一门新兴的边缘学科，是应用伦理学在广告领域中对具体的、现实的伦理问题之研究。围绕广告的经济利益和社会伦理责任的争论，在任何国家、任何时候都没有停止过。广告伦理对社会产生的深远影响，特别是广告实践中的伦理失范现象，越来越引起广告学者和业内人士的关注。

广告伦理应该遵循的 4 项基本原则：诚信经营原则、公平竞争原则、公众利益至上原则、生态友好原则。本章结合大量数据和案例，详细介绍了广告伦理冲突的种种表现形式，如虚假广告泛滥成灾、利用广告谎言误导消费者、歪曲和误导价值观、违背社会公德和商业道德、对特殊受众的产生负面影响等。最后探究了医药广告伦理冲突背后的深层原因，并列出了广告伦理缺失的种种危害。

思 考 与 讨 论

1. 什么是医药广告伦理？
2. 广告主的广告伦理与广告主的社会责任有什么区别？
3. 什么是虚假广告？试举几例。
4. 广告主如何遵循广告伦理进行自我管制？

● 拓展练习 ●

达尔康——对使用者的安全是否该负责任？

时间：1984 年 2 月 29 日。地点：明尼苏达州明尼阿波利斯地方法院。事件：3 位公司负责人被传唤到庭，接受法官迈尔斯·洛德的审判。他们分别是 A·H·罗宾斯公司董事长兼总经理小 E·克莱伯斯·罗宾斯，研究部主任卡尔·D·兰斯福特博士，公司总顾问小威廉·A·福雷斯特。令 3 位负责人大为吃惊、尴尬和恼火的是，洛德法官公开谴责他们公司在销售达尔康之盾（Dalkon Shied，一种宫内避孕器，简称达尔康）过程中不负责任的行为。

早在古代，人们就对节育，特别是 IUDS 避孕产生了兴趣。不过那时大多数方法都是危险和不可靠的。1967 年，约翰斯·霍普金斯医学院妇科学副教授休·J·戴维斯同发明家埃尔文·勒纳发明了一种新型宫内避孕器。最初试验结果被看好，勒纳于 1968 年申请专利并准备推向市场，于是达尔康公司成立。由于缺乏销售部门，两位老板很快意识到必须寻找一家公司来销售产品。此时，A·H·罗宾斯公司表达了他们的兴趣，并以 75 万美元购得达尔康的所有权。

A·H·罗宾斯公司总部设在弗吉尼亚州，在十多个国家设有分公司，其麾下有不少名牌产品，一个多世纪以来，一直为名声极佳的商界成员。买下达尔康后，该公司急需在潜在竞争对手挤入之前尽快占领市场。他们迅速制定方案，把达尔康投向市场。1971 年 1 月，罗宾斯公司取得所有权后仅 6 个月，达尔康就做好了面向全国销售的准备。其利润是惊人的，生产成本只有约 25 美分，而价格却达 4.35 美元。

一种进攻型营销战略开始实施。几百名销售人员接受培训，以便与医生打交道。广告既面向医药专业人员——包括出售宫内避孕器的机构、诊所的内科医生，也直接面向妇女，并劝她们说："如果医生推荐就应该使用，如果医生对产品表示怀疑，也可以使用。"因此，除了专业医药期刊外，《家庭生活》和《小姐》以及其他类似的杂志也刊登了达尔康的广告。在主要医学期刊的广告上，戴维斯博士（该产品最早的研究者和合作发明人）是形象颇佳的学者型医生，广告词中还从他发表的文章中摘出词句加以宣传。不过他对该产品经济利益的关注并没有被披露，他也并非一位态度客观、没有偏见的研究人员，这些正常医学研究所必需的基本素质他都不具备。

结果达尔康成为避孕器市场的热门货。到 1972 年为止，世界上使用的宫内避孕器有 1200 万件，而在美国就有 300 万件。达尔康独占鳌头：1971 年约有 114.6 万件售出，据估计市场份额占 40%。1972 年 4 月仅 1 个月之内，就有大约 88000 名妇女使用了该产品。

然而，医生的抱怨开始增多。在早期几个月内，许多抱怨针对的是该产品安放不便；后来，抱怨的性质越来越严重。

1973 年 6 月，疾病防治中心的一位名叫亨利·S·康恩的研究员发起了一次宫内避孕器安全性能的普遍调查。在对美国医生的调查中，暴露出一些令人吃惊的棘手问题。用达尔康和妇女原因不明地怀孕而住院的情况之间似乎存在着某种重要联系。他提议批准进行一次更为详尽的调查。接下去的几个月里，更为严重的问题暴露出来，包括一些与达尔康有关的死亡事件。1973年10月罗宾斯公司改换了产品包装的标签，加上了告诫："据报道，有严重脓毒症发生，这种病症后果致命。此病症往往与怀孕后未摘除达尔康而发生的自然流产有关。鉴于此，在医生确定怀孕后，应摘除避孕器，不可大意。"达尔康继续销售。

但更多的死亡事件接连发生。1974年6月底，FDA要求（而不是命令）罗宾斯公司停止销售达尔康。迫于公众压力，公司宣布在FDA检测结果一出来就停止销售其产品。但是，公司仍然坚持称现在正使用该产品的妇女不会有危险。到1975年3月为止，已有186起控告罗宾斯公司的诉讼。直到1980年9月，也就是达尔康问题出现之后6年，罗宾斯公司才最后向20万名医生发出信函，催促他们取出所有使用者体内的达尔康。

1984年，由于不断上升的律师诉讼费和赔偿与罚金，罗宾斯公司申请破产。根据破产经营规定，在公司及其债权人准备制定方案偿付公司债务时，所有对该公司的诉讼都要中止。受害者的律师们发现，这一行为是虚假的，是带有欺骗性的，不过是该公司在达尔康使成千上万人受害后逃脱责任的一个手段而已。

在此，人们看到一个已陷入绝境的公司，用其虚假的行为，将一家信誉良好，具有百年历史的企业引向了破产的绝境。更令人痛心的事实是，使成千上万无辜的公众遭受到无情伤害。怎么会发生这种情况呢？虽然这些人本性并不邪恶，但他们误入歧途太深，他们最大的错误就是当他们的产品日益显露出严重危害健康的问题时视而不见，继续加以掩饰，以至一位联邦法官站出来谴责该公司缺乏职业道德。这个事件的结果是：除律师外，所有人都亏了——怎么就变得如此不可收拾呢？

资料来源　［美］罗伯特·F·哈特利. 胡敏，郑涛等译. 商业伦理. 北京：中信出版社，2000.

拓展练习思考题

1. 上述阅读材料中涉及到哪些广告伦理问题？试提出解决途径。
2. 你认为医药企业应当如何遵循医药广告伦理进行广告营销？

参 考 文 献

[1] 张金海，姚曦. 广告学教程 [M]. 上海：上海人民出版社，2006.

[2] 陈培爱. 广告学原理——复旦博学·广告学系列 [M]. 上海：上海人民出版社，2003.

[3] 刘家林. 新编中外广告通史 [M]. 第 2 版. 广州：暨南大学出版社，2006.

[4] 孙有为. 广告学 [M]. 北京：世界知识出版社，2001.

[5] 现代广告杂志社. 中国广告业二十年统计资料汇编 [M]. 北京：中国统计出版社，2000.

[6] 艾瑞咨询. 2007 全球广告市场研究报告 [R]. 艾瑞市场咨询有限公司（iResearch Consulting Group），2007.

[7] 艾瑞咨询. 2006 中国广告市场研究报告 [R]. 艾瑞市场咨询有限公司（iResearch Consulting Group），2006.

[8] 侯胜田. 药品营销调研——应用与案例 [M]. 北京：化学工业出版社，2004.

[9] 侯胜田. 绿海战略——获取持久竞争优势 [M]. 北京：清华大学出版社，2007.

[10] 侯胜田，陈建成. 绿海战略——企业可持续发展战略探讨 [J]. 太原理工大学学报（社科版），2006（2）：75-78.

[11] 曾志. 医药广告学 [M]. 北京：科学出版社，2007.

[12] 李东进. 现代广告学 [M]. 北京：中国发展出版社，2006.

[13] 苗杰. 现代广告学 [M]. 北京：中国人民大学出版社，2004.

[14] 李宝元. 广告学教程 [M]. 北京：人民邮电出版社，2004.

[15] 印富贵. 广告学概论 [M]. 北京：电子工业出版社，2006.

[16] 韩光军. 现代广告学 [M]. 北京：首都经济贸易大学出版社，2005.

[17] 严学军，汪涛. 广告策划与管理 [M]. 北京：高等教育出版社，2005.

[18] 陈培爱. 现代广告学概论 [M]. 北京：首都经济贸易大学出版社，2004.

[19] 王青泉. 广告原理与实务 [M]. 北京：化学工业出版社，2008.

[20] 袁安府，范钧，李吉昆. 现代广告学概论 [M]. 杭州：浙江大学出版社，2007.

[21] 朱强. 广告公司经营与管理 [M]. 武汉：武汉大学出版社，2007.

[22] 张健康. 广告学概论 [M]. 杭州：浙江大学出版社，2007.

[23] 阿伦斯. 丁俊杰译. 当代广告学 [M]. 北京：华夏出版社，2000.

[24] （美）沃尔特·D·斯科特. 广告心理学——对与成功广告息息相关的心理学原理的简明阐述 [M]. 北京：中国发展出版社，2004.

[25] 舒咏平. 广告心理学教程 [M]. 北京：北京大学出版社，2004.

[26] 宋学宝. 广告学 [M]. 北京：清华大学出版社，2003.

[27] 林秀珍，韩小冬. 医药广告学 [M]. 北京：中国医药科技出版社，1993.

[28] 张家平. 广告心理学 [M]. 上海：上海教育出版社，2007.

[29] 徐耀魁. 西方新闻理论评析 [M]. 北京：新华出版社，1998.

[30] 胡天佑. 药品广告理论与务实 [M]. 北京：中国医药科技出版社，2003.

[31] 陈培爱. 广告学概论 [M]. 北京：高等教育出版社，2004.

[32] 徐豪，陈宏军. 广告学概论 [M]. 合肥：合肥工业大学出版社，2006.

[33] 蔡嘉清. 广告学教程 [M]. 第二版. 北京：北京大学出版社，2005.

[34] 余明阳，陈先红. 广告策划创意学 [M]. 第三版. 上海：复旦大学出版社，2007.

[35] 陈培爱. 广告学原理 [M]. 上海：复旦大学出版社，2004.

[36] 陈乙. 广告学原理与策划 [M]. 成都：西南财经大学出版社，2007.

[37] 傅根清，杨明. 广告学概论 [M]. 济南：山东大学出版社，2004.

[38] 胡其辉. 市场营销策划 [M]. 大连：东北财经大学出版社，2006.

[39] 陈启杰. 市场调查 [M]. 北京：高等教育出版社，2006.

[40] （美）纳雷·K·马尔霍特拉. 市场营销研究：应用导向 [M]. 第4版. 北京：电子工业出版社，2007.

[41] （美）托马斯·C·金尼尔，詹姆斯·R·泰勒. 市场调研——一种应用方法 [M]. 上海：上海人民出版社，2005.

[42] 何佳讯. 广告案例教程 [M]. 上海：复旦大学出版社，2002.

[43] 严学军，汪涛. 广告策划与管理 [M]. 北京：高等教育出版社，2001.

[44] 周立公，现代广告学教程 [M]. 上海：上海财经大学出版社，2005.

[45] 王肖生. 现代广告设计 [M]. 上海：复旦大学出版社，2002.

[46] 颜伯勤. 成功广告80例 [M]. 北京：中国友谊出版公司，2002.

[47] 苗杰. 现代广告学 [M]. 北京：中国人民大学出版社，2000.

[48] 饶德江. 广告策划与创意 [M]. 武汉：武汉大学出版社，2003.

[49] 魏超. 网络广告 [M]. 北京：中国轻工业出版社，2000.

[50] 邱沛篁. 实用广告学基础 [M]. 四川：四川大学出版社，1993.

[51] 和中孚. 广告学原理 [M]. 北京：中国经济出版社，1991.

[52] A. Jerome Jewler. 广告创新战略 [M]. 北京：中国经济出版社，1999.

[53] 李宝元. 广告学教程 [M]. 北京：人民邮电出版社，2002.

[54] 何修猛. 现代广告学 [M]. 上海：复旦大学出版社，2004.

[55] 余明阳，陈先红. 广告策划创意学 [M]. 第二版. 上海：复旦大学出版社，2003.

[56] 陈培爱. 如何成为杰出的广告文案撰稿人 [M]. 厦门：厦门大学出版社，2003.

[57] 张浩. 新编广告文案写作格式与范本 [M]. 北京：蓝天出版社，2005.

[58] 张丽，医药广告实务 [M]. 北京：中国中医药出版社，2006.

[59] 高志宏，徐智明. 广告文案写作 [M]. 北京：中国物价出版社，2006.

[60] 李东进. 现代广告学 [M]. 北京：中国发展出版社，2006.

[61] 王伟芳. 广告概论 [M]. 北京：高等教育出版社，2006.

[62] 马中红. 广告策划与广告文案创作 [M]. 苏州：苏州大学出版社，2003.

[63] 许传宏. 广告文案 [M]. 上海：上海人民美术出版社，2008.

[64] 侯胜田. 医药营销案例点评 [M]. 北京：中国医药科技出版社，2006.

[65] 吕巍. 广告学 [M]. 北京：北京师范大学出版社，2007.

[66] 陈宏军，江若尘. 现代广告学 [M]. 北京：科技出版社，2006.

[67] 范云峰，王钰. 营销广告策划 [M]. 北京：中国经济出版社，2004.

[68] 倪宁. 广告学教程 [M]. 第二版. 北京：中国人民大学出版社，2004.

[69] 张翔，罗洪程. 广告策划——基于营销的广告思维架构 [M]. 长沙：中南大学出版社，2003.

[70] 刘林清. 现代广告学 [M]. 北京：经济管理出版社，2005.

[71] 曾智主. 医药广告学 [M]. 北京：科学出版社，2007.

[72] 苏文. 处方药广告壁垒重重——国外药品广告制度一瞥 [N]. 中国医药报，2003 - 06 - 28（B8）.

[73] 谢微. 中国品牌的海外广告攻略 [J]. 江苏商论，2007（11）：101 - 102.

[74] 程明. 浅析国际广告的本土化与一体化 [J]. 青年记者，2001（2）：49 - 50.

[75] 王雨. 国际市场促销中的广告策略研究 [J]. 中国科教博览，2004

(11)：128－129.

[76] A. Jerome Jewler；Bonnie L. Drewniany. Creative Strategy in Advertising（广告创意策略）[M]. 北京：机械工业出版社，2003.

[77] 陈正辉. 广告伦理学 [M]. 上海：复旦大学出版社，2008.

[78] 苏士梅. 论传统伦理道德对现代广告传播的影响 [J]. 新闻界，2005（5）：134－135.

[79] 周中之，吴欢喜. 广告的社会伦理责任 [J]. 吉首大学学报（社会科学版），2006（1）.

[80] 威廉·阿伦斯. 丁俊杰，程坪，等译 [M]. 当代广告学. 北京：人民邮电出版社，2006.

[81] 肖继军. 中国广告领域伦理失范现象探析 [J]. 改革与战略，2006（01）.

[82] 傅守祥. 女性主义视角下的广告女性形象探析 [J]. 思想战线，2003（05）.

[83] 张曦. 现代广告的伦理思考 [J]. 洛阳师范学院学报，2005（01）.

[84] 徐娜，陈晓阳. 当前医疗广告的道德缺失与伦理重建 [J]. 中国医学伦理学，2005（01）：8－10.

[85] 李静. 虚假广告的多维法律规制 [J]. 太原师范学院学报（社会科学版），2003（03）.

[86] 陈绚. 广告道德与法律规范教程 [M]. 北京：中国人民大学出版社，2002.

[87] 崔斌箴. 论广告的道德负面影响及其规范 [J]. 上海大学学报（社会科学版），2003（05）.

[88] 许小君. 广告法律与案例 [M]. 北京：中国广告电视出版社，1995.

[89] 戈公振. 中国报学史 [M]. 北京：中国新闻出版社，1985.

[90] 徐新平. 新闻伦理学新论 [M]. 长沙：湖南师范大学出版社，2001.

[91] 约瑟夫·斯特劳巴哈，罗伯特·拉罗斯. 今日媒体：信息时代的传播媒体 [M]. 北京：清华大学出版社，2002.

[92] 刘宏. 中国传媒的市场对策 [M]. 北京：北京广播学院出版社，2001.

教学支持说明

（1）"全国高等医药院校管理类规划教材（市场营销系列）"组织者力求为采用本系列教材任课教师提供系列化教学解决方案和教学资源，将免费提供相关教材电子版演示课件、习题答案以及案例分析要点和点评。欢迎与本系列教材编写团队或中国医药科技出版社联系索取。

为保证教学支持资料仅为教师获得，烦请授课教师填写教材使用证明。

联系方法：

地址：北京市北三环东路 11 号　　　　　　地址：北京市海淀区文慧园北路甲 22 号

北京中医药大学管理学院　侯胜田　收　　中国医药科技出版社　薛军　收

邮编：100029　　　　　　　　　　　　　邮编：100082

电话：010 – 64286488　　　　　　　　　电话：010 – 62235640

邮箱：houshengtian@ tsinghua. org. cn　　邮箱：xuejun2008@ 126. com

（2）本系列教材编写团队和中国医药科技出版社将根据教材使用情况，组织任课教师进行各种形式教材使用经验交流活动，真诚邀请相关学校教师参与相关活动及后续教材编写工作。

证　　　明

兹证明_____大学_____院/系_____学年开设的课程，采用中国医药科技出版社出版的全国高等医药院校管理类规划教材（市场营销系列）_____（书名）作为本课程教材，本课程为_____（选修/必修）课程，授课教师为_____，学生共_____人。

授课教师申请获得与本书配套的教学支持资料。

邮编和地址：_____

电话/手机：_____

电子邮箱：_____

院长/系主任：_____（签字）

　　　　　　　　　　　　　　　　（学院/系办公室盖章）

　　　　　　　　　　　　　　　_____年____月____日